“十二五”普通高等教育本科国家级规划教材
普通高等教育“十五”国家级规划教材
高等学校广告专业系列教材

广告心理学

（第三版）

黄合水　曾秀芹　著

高等教育出版社·北京

内容简介

本书先后被列入“十五”“十二五”国家级规划教材。

本书从广告运作的角度，对广告策略的心理基础、广告策划的心理依据和方法、广告说服的原理和方法、广告表现的心理规律、媒体策划心理、广告要素及其心理效应、广告效果测量等内容进行了系统阐述。本书内容丰富，资料翔实，注重理论性和实用性的结合。

第三版更新了大量广告案例和数据资料，增加了移动互联网时代广告实践的最新内容，引入了广告心理学的最新研究成果，并设置了二维码链接广告案例和拓展资料以供教学、赏析。

本书可作为广告学、营销学、传播学等相关专业本科生、研究生教材，也可以供广告策划、公关策划、营销传播等从业人员参考学习。

图书在版编目（CIP）数据

广告心理学 / 黄合水，曾秀芹著. --3版. --北京：高等教育出版社，2020.5（2022.12重印）

ISBN 978-7-04-053988-2

Ⅰ.①广… Ⅱ.①黄… ②曾… Ⅲ.①广告心理学-高等学校-教材 Ⅳ.①F713.80

中国版本图书馆CIP数据核字（2020）第060163号

策划编辑 武 黎　责任编辑 武 黎 黄子祺　封面设计 张 志　版式设计 杜微言
插图绘制 于 博　责任校对 刘娟娟　责任印制 朱 琦

出版发行	高等教育出版社	网　　址	http://www.hep.edu.cn
社　　址	北京市西城区德外大街4号		http://www.hep.com.cn
邮政编码	100120	网上订购	http://www.hepmall.com.cn
印　　刷	三河市华骏印务包装有限公司		http://www.hepmall.com
开　　本	787mm×1092mm 1/16		http://www.hepmall.cn
印　　张	20.25	版　　次	2005年4月第1版
字　　数	490千字		2020年5月第3版
购书热线	010-58581118	印　　次	2022年12月第6次印刷
咨询电话	400-810-0598	定　　价	40.80元

本书如有缺页、倒页、脱页等质量问题，请到所购图书销售部门联系调换

物 料 号　53988-00

普通高等教育"十五"国家级规划
广告学专业系列教材编委会名单

与世界共舞

——普通高等教育“十五”国家级规划
广告学专业系列教材出版总序

中国广告教育研究会原会长　陈培爱

本套教材的编辑出版缘起于1997年。当年在南昌大学召开的中国新闻教育学会理事会会议上，高等教育出版社的领导与相关院校从事广告教育的教师积极磋商，鉴于当时中国广告教育飞速发展的态势，在继新闻学、广播电视新闻学系列教材之后，“应组编一套全国性的广告学系列教材”这个构想经过几年的努力，现在终于得以实现，并且列入“十五”国家级规划教材，这标志着中国广告教育在学科体系建设方面得到了不断完善。

一

我国广告教育经过30多年从无到有、从有到大的发展，取得了令人振奋的成绩。广告教育的发展不仅表现为办学数量的增长和规模的扩张，还表现为办学模式的科学化以及办学质量的显著提升。广告教育发展正在从“高速”走向“高质”，这是广告学科发展的内在需要和必然趋势。据统计，截至2008年6月底，教育部备案的新闻传播教学点共877个，这些教学点分布于全国300多家高校中。其中值得思考的是，广告学作为新兴学科，在新闻传播学科的领域得到快速发展，已大大超过学科历史更为悠久的新闻学专业，呈现出蓬勃发展的势头。本人曾把中国广告教育的发展大体分为三个阶段，即第一阶段酝酿期（1979—1983），第二阶段探索期（1983—1992），第三阶段快速发展期（1992至今）。事实证明，在第三阶段发展期，中国广告教育的规模已超过传统的新闻学教育，逐步走向成熟，较好地适应了广告业发展的需要及与国际广告教育的接轨。

我国广告教育在30多年的时间里迅速扩展，目前，全国已有超过300所高校开设广告教育课。广告学科从无到有，从一门新兴的边缘学科很快发展成为一门独立而很有发展前景的系统学科，并形成艺术型、经贸型、新闻传播型等三类为主的教育模式。作为一门年轻的学科，我国广告教育在高速发展的同时也产生了亟待解决的问题：

一是速度与质量不匹配。由于广告行业是社会的“热门”职业，许多高校在尚不具备条件的情况下，形成一种有条件要上，没有条件创造条件也要上的遍地开花的办学局面。这就使有限的广告教育资源，分散在全国300所以上不同类型的高校里，导致教学质量差异极大。

二是广告教育资源整合不足。由于不同的院校有各自不同的优势，因此各自强调某种知识类型的重要性。广告学所涉及的各类专业知识还未能综合成一个紧密联系的知识整体,影响了学科体系的建设,并严重阻碍了广告教育向高质量发展。

三是广告教育业内的交流沟通不够。截至2009年底,全国共有广告经营单位20.50万户,从业人员133.31万人,另有300所以上高校的广告教学人员及学生。无论是广告教育界与实务界之间,还是广告教育界内都缺乏及时有效的沟通,造成知识传播的相对封闭,这也是阻碍广告教育高质发展的重要原因。

进入21世纪后,我国广告教育发展的一个最重要的特征是,从过去的"高速"发展转为今后的"高质"发展。我们必须把握这种历史性的转变机遇,不失时机地推动我国广告教育向纵深发展。

二

中国广告教育已由"高速"向"高质"发展转变,而在"高质"发展中应注重社会需求导向。《中国教育发展和改革纲要(1999—2000)》指出:"各高等学校都要面向社会主义现代化建设,大力培养多种规格、侧重应用的人才……注意培养适当数量从事研究和教学的人才。"作为应用型学科教育,30多年来中国广告教育为广告业界培养和输送了大批优秀人才。然而应用型人才并不等同于技能培训,高等院校广告教育的目标应该是为业界培养和输送大量既熟悉中国传统文化,又对现代社会消费时尚有着敏锐洞察力,并懂得国际市场营销、广告策划创意和媒介组合运作的复合型、创新型高级广告专业人才。

广告教育在过去30多年中积累了丰富的经验,基本的教育框架已经搭建起来,学科发展逐步走向成熟,教师队伍进入成长期,教材建设日益多样化,所需教学设备也渐趋完善。在这种状况下,要进一步提高我国广告教育的质量,就必须坚持以社会需求为导向,在课程体系改革、教材建设及创新教育等方面,采取行之有效的措施。

首先,抓住一个关键——课程体系改革。

广告学专业培养的是复合型人才,社会对广告人才的需求已从技能型逐渐转向懂经营战略、懂整合营销传播的高层智能型人才。课程体系的训练必须在跨学科的交叉渗透中进行科学的规划,按照不同的培养目标确定内容与比例。这里以厦门大学为例,提出三大模块五类课程的设想:

1. 公共基础课程:包括政治理论课、思想品德课、军事知识课、外语、计算机应用等,占总学分的25%。

2. 素质教育课程:这一模块的课程体现为文理渗透、学科互补的特点,对广告学专业的学生来说,必须跨出本专业在经济类、管理类、心理学类、文史哲类等学科的诸多素质课程中选修相关课程,以此拓宽知识面,增强发展的后劲。这类课程可占总学分的10%。

3. 专业类课程:这类课程包括专业基础课和选修课两类。在内容上,可按整合营销传播的思路,在营销和传播两大块安排课程,形成科学实用的创新课程,这类课程可占总学分的55%左右。

此外是其他教学环节,包括军事训练、社会实践、毕业论文,占总学分的10%。

抓住了课程体系改革这个关键,也就抓住了提高人才培养质量的最重要的环节,体现了面向世界、面向未来、面向现代化的人才培养新模式的设想。

其次,站稳两个基点——素质教育与高科技挑战。

我国大学的人才培养模式经历了从20世纪50年代重知识,到60年代重能力,再到90年代强调知识能力与素质并重协调发展的三次转变。在这一转变过程中,文化素质教育逐渐被提到特别重要的位置,尤其是近年来,可持续发展的高等教育观念的提出,给予素质教育以更多的关注。人们越来越深刻地认识到,在信息时代到来的今天,知识与知识之间的互相渗透越来越明显,相近学科之间的界限日趋模糊,各学科之间在方法和理论上需要相互支持。只在本专业基础上发展本专业理论将变得十分困难。比如广告学科,它在发展过程中就借鉴了多门人文社会科学的成果来丰富本学科的理论。实践证明,把传播学、经济学、管理学、心理学、社会学及文史哲学等学科的方法、理论引入广告学科,大大拓展了该学科的研究领域与视角。

人类面临着高科技的挑战。以互联网为核心的信息高速公路的迅速延伸,网络广告的蓬勃发展,给广告教育提出了更高的目标。网络媒体虽然有着许多优势,但它却无法取代传统媒体,二者互补共存是长期存在的局面。要培养高质量的广告人才,既要加强原有的专业知识和业务技能的培训,又要把网络知识和运用技能作为重要的教育内容。站稳了这个基点,才能从容应对知识经济和网络经济的到来。

再次,树立三个观念——质量、市场与国际化。

质量意识观念。中国广告教育的发展模式要从数量扩张转变到上质量上水平。过去主要追求增加专业点、扩大招生规模、多设课程多出教材,今后的目标要指向创一流出精品,要形成一些有重大影响的名牌特色课程,出版一批高质量具有权威性的教材,造就若干学术精湛、教育有方、师德远播的学术带头人,以提高广告学科在学术界的地位。

市场意识观念。要使广告教育向"高质"转化,就要强化市场意识、服务意识、效益意识,要从计划经济条件下的办学方式转变到市场经济条件下的办学方式。现在学生是缴费上学自主择业,是教育的服务对象,是消费者。要尊重学生的权益与需求,发挥学生在教师主导下的主体地位的作用。

国际化意识。由于国际竞争的日趋激烈,高等教育出现了国际化或全球化的高潮。在高等教育国际化的进程中,许多国家把培养国际意识的人才放在突出的位置。美国企业界强调:由于国际化,使得培养"全球意识"成为保持美国竞争优势的关键,因而必须大力加强"国际化"教育。广告人才要尽快与国际接轨,就必须对原有人才培养模式进行大胆改革,创建培养外向型的复合应用型人才的新教学模式和育人体系。

最后,采取四种措施——方法论、教材、现代技术与质量评估体系。

21世纪是充满激烈竞争的世纪,以高质量的高等教育迎接新世纪的挑战,是增强我国综合国力的重要保证。在上述观念转变的基础上,我们在提升广告教育质量方面有下面四种应对措施。

其一,加强方法论的指导。21世纪是知识经济时代,知识经济是一种不断创新的经济。广告教育要适应这种挑战,必须坚持以课堂教学改革为主渠道,大力提高学生的主体意识、参与意识、问题意识和获取知识的能力,发展学生的个性,开发学生潜能,培养学生的创新精神。为此,要对学生加强方法论的指导,将教学活动从以传授现成的知识为主转向以引导学生掌握获得和运用知识的方法为主。

其二，使用高水平教材。高水平教材的思路有两条，一是组织专家学者编写统一教材，可体现学科发展中某一阶段的一流水平，可自主选用。这次推出的“十五”国家级规划广告学系列教材，就是一种尝试。二是各院校也可编写自己有个性的教材。信息时代主张尊重教师的个性，编写各抒己见的教材，倡导因材施教的教学方式。

其三，应对高科技挑战。在教学活动中采用现代信息技术，是提高广告教学质量的重要手段和措施。高校广告人才培养、教学的手段和方法必须适应信息技术发展的要求。高等学校要加强校园网、电子图书馆、多媒体教室等数字化教学环境的建设，为教师和学生使用信息技术创造条件。

其四，建立人才质量评估体系。要根据新世纪对广告人才培养的要求，建立科学有效的教育质量评估和宏观监测机制，引导和规范社会评估高等学校人才培养质量的活动，建立用人单位、教师、学生共同参与的教学质量内部评估和认证机制，以利于把广告人才培养质量提高到一个新水平。

当然，上述所有措施的落实，都归结到教师人才队伍的质量建设上。要采取各种有效方式，全面提高教师队伍的整体素质。

三

至2009年年底，我国广告经营单位已有20.50万家，专业广告公司12.49万家，广告从业人员133.31万人，广告人才需求市场业已形成。然而，绝大多数广告专业人员未受过系统广告教育，缺乏有关广告经营管理、策划创意的专业知识和基本技能。在广告人才培养方面，由于我国广告教育起步较晚，现用教材有些是从国外照搬过来，不符合中国国情；有些是各校自编，当时由于条件和起步都较低，内容已显陈旧或重复，不能适应时代飞速发展的需要。作者中有些不熟悉教学规律，或不熟悉广告市场运作，都影响了广告教材的质量。因此，急需一套比较全面系统的、与国际接轨的、适合中国国情和教学需求的广告学全国统编教材。鉴于我国广告教育的现状与未来发展，此次由教育部高等教育司、中国新闻学科教学指导委员会、高等教育出版社、中国广告协会、中国广告教育研究会及相关高校共同努力，推出一套十几本广告学系列教材。此套新编广告学教材力求克服过去某些教材内容陈旧、缺乏资源整合、不利于交流的弊病，充分体现时代精神，密切关注国内外广告研究发展的动态，展示我国广告界近年来的学术成果，形成一套系统性、实践性与前瞻性相结合的新世纪教材。可以预见，本套教材的适时推出将会产生良好的社会效益和经济效益，并为提高中国广告教育质量做出贡献。

本套教材将在以下方面力求有新的突破：

整合现有教学资源。一是不同院校之间的教学资源的互补与交流，二是广告业界的实战经验与广告理论研究的互补与交流，三是中外广告教育经验的互补与交流。在此基础上拓展广告教育的视野和空间。

构建开放式办学平台。目前中国的广告教育已迈向多元化。普通高校已开办专科教育、本科教育、硕士及博士教育等不同层次的教育模式，而大量的民办高校、电大、夜大、自学考试等办学层次也迅速发展。据估计，目前国内各类广告教育点已超过300个。因此，希望本套教材能作为各类办学模式的参考平台。

国际化人才培养。国际化人才的知识结构体现在课程体系及教材编写上，其中有些知识元素是必须具备的，如全球营销、全球广告的理论知识与技术，国际传播的理论与全球媒体知识，丰富的跨文化知识。这些在本套教材中都力求更多的体现。

本套教材的推出，标志着中国广告理论研究逐步走向成熟，广告的学科建设已奠定了较为稳固的基础，中国的广告教育在“量”的积累的基础上已有明显的“质”的提高。加入 WTO 之后，国内广告界迫切需要大量与全球化经济接轨的国际型创新广告人才，我国广告行业人才队伍的规模、结构都将发生深刻变化。我们相信，只要教育界与广告业界共同努力，采取切实可行的措施，就能较大幅度地提高我国广告教育的质量，实现我国高等广告教育的可持续发展。

2004 年 4 月 1 日
写于厦门大学
2010 年 3 月 15 日
修订于厦门大学

第三版前言

广告学是应用性学科，必须紧跟社会发展的步伐，与时俱进，甚至要在某种程度上预测未来、引领广告实践。在移动互联网、自媒体、大数据和AI迅速发展的背景下，广告信息生产、传播（或配送）以及消费者的接收方式，都发生了天翻地覆的变化。与此同时，消费者所处的社会环境、消费者价值观念和行为方式也在悄然改变。这些变化必然促使基于消费者认知、态度、行为意向的经典广告心理学也发生相应变化。因此，将这些变化融入新版的《广告心理学》中便成为此次修订的推动力和目的。为了实现这一目的，我们做了以下三件事：

（1）删除。以是否适合移动互联网时代为标准，删除老旧的理论知识、广告案例和数据资料。

（2）更新。当有些内容删除之后会影响章节、段落的逻辑结构和意思表达时，通常采用以新换旧的方式。如上一版中提到的一些品牌，现在已经没有影响力了，就更换成读者比较熟知的品牌。

（3）增加。增加移动互联网时代广告实践的新内容，如广告文案的机器人写作、广告程序化购买、基于算法的个性化推荐、为达到精准营销的行为定向广告、与媒体环境整合为一体的原生广告等；同时，引入最新的广告心理学研究成果。

原有版本是传统媒体时代的产物，必然具有鲜明的传统媒体形象。此次修订后，我们希望新的版本能够给读者留下移动互联网时代的印象。当然限于能力、水平等因素，还有许多不足，请读者多批评指正！

黄合水

2019年10月19日

再版前言

《广告心理学》第一版已经出版5年了。本着“与时俱进”和“止于至善”的精神，作者参考读者的反映，删除了原版中的小资料和部分图表，增加了一些最新的研究成果，更新了部分广告作品案例。其中第一、六章修改幅度较大。此外，为了便于读者更快、更系统、更全面地了解、认识广告，附录增加了作者的心力之作“广告五字诀”，将作者20多年来对广告的认识用口诀的形式奉献给广大读者。

黄合水

2010年12月20日于厦门大学

前　言

广告既要讲究艺术，又要讲究科学。广告的科学性一方面要求广告实践遵循广告活动的基本规律，另一方面要求广告决策遵循科学决策的程序，并以客观事实为依据。

广告心理学研究广告活动在与消费者相互作用过程中产生的心理现象及其心理规律。它从消费者的角度审视广告活动的全过程，为广告实践中的决策如广告目标、广告主题、广告表现等提供科学的依据和理论指导，为广告实践中的问题如品牌定位、广告效果测定等提供科学的解决方法。

基于对广告以及广告心理学的上述理解，基于作者十几年来讲授广告心理学课程的教学经验和有关的实践经验，基于作者对国内外广告心理学研究文献的阅读了解，形成目前这本《广告心理学》。

本书有四个主要特点，第一，全书以广告活动过程为主线来搭建广告心理学框架体系，这明显不同于以普通心理学体系为框架的广告心理学著作；第二，在介绍或论述某种观点、理论时，尽量以各种各样的研究成果为依据，以增加这些理论观点的可靠性，因此书中的图表比较多；第三，书中在介绍别人的观点、理论时，尽量加注，以表明来源可靠和尊重原作者；第四，本书尽量引用了国际上近百年来关于广告心理学的研究成果，特别是国外20世纪90年代以前的成果，体现该学科的历史积累或沉淀。

遗憾的是，由于能力、精力和条件的限制，还有不少关于广告心理学领域的研究成果未能在本书中展现出来，希望在今后的再版中得到进一步的充实。

本书存在的缺点或错误，还请广告界同仁和广大读者批评指正。

黄合水

2005年1月9日于厦门大学白城

目　录

第一章 绪 论

本章将简要地介绍广告心理学的研究对象、研究领域及研究方法，分析广告心理学与相关学科的关系，回顾广告心理学的发展简史。

第一节 广告心理学的研究对象

广告活动是广告人组织、策划的，广告作品是广告人制作设计出来的。广告人策划的广告活动、设计的广告作品，目的是要对受众的思想、情感、观念和行为产生影响。那么广告的接受者是谁呢？在通常情况下，人们都会想到是作为商品购买者和使用者的消费者。但是广告活动的影响对象仅仅是消费者吗？其实不然，受广告活动影响的人还包括渠道商、投资者、供货商、政府管理者、外部人才、内部员工、联盟商、竞争者和非政府组织人员。当然，一个广告的接受者（或受众）可能身兼多种身份，如既是消费者，又是渠道商，还是投资者等。

1. 消费者

广告的目的就是要告知消费者产品或服务信息，并劝说消费者接受产品或服务。因此将消费者作为广告的核心对象是自然而然、天经地义的。广告主或广告计划者只有在对消费者的消费心理、消费行为有较为清楚的了解之后，才可能在有效的时机、利用有效的途径、把有效的信息传递给消费者，对消费者进行有效的说服。

2. 渠道商

企业要将产品销售给消费者，渠道商是一个重要的环节。渠道商包括传统渠道商（如经销商、批发商、零售商）和电商平台（如天猫商城、唯品会、京东等）。如果渠道商不接受企业的品牌、不给予产品适当的货架空间、不让售货员向顾客推荐产品，那么企业只有采用直销的办法，否则产品就无法推销出去。渠道商会不会、愿意不愿意销售这个企业的产品呢？多种因素制约它们做出这种决定，其中一个重要因素就是广告活动。在其他因素（如批发价格、品牌等）不变的情况下，广告活动投入的多少就是渠道商考虑是否代理销售一个品牌的砝码。研究甚至发现，在不同电视媒体投放广告，也会影响渠道商对投放广告企业的看法①。

3. 投资者

通常来说，企业的投资者包括股东（股民）、债权人（银行、基金、保险公司等）以及潜在的投资者。无论是哪种投资者，在投资决策中，有关企业的全部信息都在其考虑的范围之内，包括业绩、人力、财力、市场（消费市场和资本市场）、技术、关系、管理、发展前景等方方面面。这其中，业绩是最受投资者关注的。广告虽然不是影响投资者最为直接的因素，但是企业的广告投放往

---

① 黄合水等：《央视广告传播优势研究》，《广告学报》2007 年第 2 辑.

往是企业绩效的风向标,因而会在一定程度上影响投资者的信心。细心观察我国股市变化就会发现,有些企业在中央电视台(简称“央视”)一年一度的广告招标中中标之后,其股价就开始上升。

4. 供货商

企业的竞争力首先在于对成本的控制。对于大多数企业来说,向外购买的原料或服务常常是最大的日常运作成本,尤其是在制造业中,产品的成本构成中可能会有超过60%是来自外购的原料和配件,而这个比例在零售和批发的商业企业中也许会更高。供货商以及供货商的合作愿意、合作方式等,关系到一个企业的运营成本以及产品和服务的质量。所以如何获得优质供货商的青睐,是企业经营成败的重要因素之一。虽然影响供货商的合作意愿和积极性的因素有很多,但是广告、营销活动以及依靠广告营销活动建立起来的品牌在某些情况下起着非常重要的作用。

5. 政府管理者(监管者)

一个企业会在很多方面跟政府发生联系:政府不仅对企业负有监管职责,有时候还是企业的大顾客。因此,企业要了解这个大顾客的购买心理以及如何对他们进行有效的广告宣传和营销活动。此外,政府官员以及在政府机构工作的职员对一个企业的认识,必然会在一定程度上影响到企业的生存、发展。一个给政府官员留下良好印象的企业,其各方面的发展都会比较顺利,相反则会增加许多麻烦。

6. 外部人才

外部人才通常包括大量应届毕业生、可能跳槽的在岗人员等。优秀人才是现代企业的核心竞争力。不断地吸引优秀人才加盟企业,是企业长远发展的根本。优秀人才在选择企业时,会考虑企业提供的待遇、工作条件,也会考虑企业在他们心目中的形象,而企业形象又在一定程度上与广告联系在一起。与一个不做广告的企业相比,频繁做广告的企业,对应届生的吸引力会更大一点。

7. 内部员工

一个优秀的企业,应该是一个内部凝聚力很强的企业。大量同心同德、同甘共苦、共度时艰的员工,对任何一个企业来说都是一笔无形的财富。所以,针对企业内部员工,通过各种方式进行沟通以提高内部凝聚力是很有必要的。但是,内部员工也会受企业各种外在的广告活动影响。因此对内部员工与广告的关系进行一些研究也是有价值的。

8. 联盟商

当今企业之间建立合作联盟已经是相当普遍的现象。在企业之间的联盟中,广告本身可能就是一个合作的筹码。例如媒体与任何企业的联盟,媒体提供给对方的就是广告空间和时间。企业之间,往往也是一家提供让利,另一家提供顺带的广告宣传。因此,一家企业广告活动的力度以及产生的效果也会影响到加盟商的意愿。

9. 竞争者

在市场经济的条件下,企业之间既有合作更有竞争。企业之间的竞争除了产品、服务质量的竞争之外,营销、广告的竞争也十分激烈。央视市场研究(CTR)等机构的媒体广告监测业务的生存和发展,其实就是企业广告竞争的必然结果。换言之,一个管理规范的企业,在进行广告宣传时都会及时地了解竞争对手的广告活动情况,并据此调整自己的广告战略。一家企业的广告活动展开时，必然会对竞争者产生某种影响。对于这种影响如果能够加以估计和预判，那么广告的效果就会更加显著。

10. 非政府组织人员

在国外，非政府组织的形式多种多样，他们的行动不仅对企业甚至对政府都有相当的影响力。他们对企业所做出的反应通常都与企业的社会公民责任相关。构建企业与非政府组织的良好关系，也是企业应该努力去实现的，而广告传播（如企业做公益广告等）在这种关系中，也担当一定的角色。

第二节　广告心理学的研究领域

广告旨在对受众产生影响，但是受众受到广告的影响及其程度因广告活动不同而异。燕舞收录机和太阳神口服液也许早就不存在了，但是它们的广告语“一首歌来一片情”和“当太阳升起的时候，我们的爱天长地久”让人久久难以忘怀。恒源祥广告那“发羊财”“羊羊羊”的口号还在耳边，而当时的产品本身却早已烟消雾散。20 世纪 90 年代铺天盖地的“脑黄金”葬送了史玉柱以及他的“巨人”帝国，而今铺天盖地的“脑白金”却又奇迹般地救活了史玉柱。也就是说，有的广告活动对人产生了深刻的正面影响，有的影响不大，有的甚至产生负面影响；有的广告只对人的认识产生影响，有的广告只对人的情感产生影响，有的广告却对人的认识、情感和行为都产生了影响。广告对人的影响是积极的还是消极的、影响程度是大还是小，都与广告活动的组织策划水平、广告设计制作水平有密切的关系。因此要使广告产生预期的影响力，就需要对广告活动与消费者之间的相互关系、相互影响的实质作深入的探讨。广告心理学就是探索广告活动与消费者相互作用过程中产生的心理学现象及其心理规律的科学。具体来说，广告心理学的研究领域主要包括以下几个方面。

1. 广告作用于消费者的心理机制

广告主期望达到的促进产品销售的目的，实质上就是要对消费者的行为产生影响，希望消费者看了广告之后能够采取购买行动。但是，如果消费者接触了广告之后，没有采取购买行动，产品的销售量没有上升，这是否意味着广告就没有作用呢？要科学地回答这一问题，要求广告心理学研究者研究在广告刺激的作用下，消费者经历了哪些心理历程。这是广告心理研究的一个重要领域。探明广告的作用机制，对于广告主预设广告目标、制定广告战略、衡量广告的效果都有重要的理论指导意义。

2. 广告诉求的心理依据

广告通过向消费者说些“什么”来引导消费者的思想、情感和行为变化。但要使广告说的“什么”有的放矢，让消费者爱听、听进去，广告创作者必须了解消费者需要什么、对什么事情比较敏感，哪些问题引起他们的兴趣，哪些问题会激发他们的欲望。也就是说，要探讨消费者的需要、动机以及影响他们购买、消费的原因。

在广告诉求过程中，“说什么”固然重要，但“如何说”“由谁说”也同样重要。社会心理学的研究已经表明，有时候“如何说”或“由谁来说”比“说什么” 更为重要。所以广告心理学在研究“说什么”背后的规律的同时，也探讨“如何说”“由谁说”等相关问题的基本心理原则。

3. 广告表现的心理规律——对广告的认知

人们受外界事物的影响是从认识外界事物开始的。广告对消费者的影响也是从消费者对广告的认知开始的。消费者认知的效率和效果提高了,广告的传播效果、说服效果才能得到有效的提高。所以深入研究消费者的广告认知过程,或者将认知心理学的研究成果运用到广告实践中,都是十分必要的。对广告的认知包括对广告的注意、感觉、知觉、理解和记忆等方面的内容。

4. 媒体接触心理

媒体是连接广告与消费者的桥梁,是传递广告信息的渠道。媒体与消费者的关系,决定着广告信息能否为消费者所接受。当消费者与媒体关系密切,经常接触媒体,广告信息被接受的概率就比较高。反之,当消费者远离媒体,广告信息的到达率就下降。因此,了解媒体接触的心理特性,了解消费者接触媒体的意图、目的以及心理活动,比较各种媒体在受众心目中的差异,分析不同媒体的功能、作用等,也成为广告心理学研究所关心的问题。此外,不同媒体组合的效果、媒体选择的消费行为依据等也是这个领域关注的问题。

5. 广告构成要素与广告效果的关系

广告作品的基本构成要素包括语言(解说词或文案)、画面(图像和插图)和音响,以及广告与媒介环境的一致性(主题一致和形式一致)。印刷广告的语言包括标题、副标题、小标题、图注和正文等,广播电视媒体的语言包括导语、口号和正文等。图画包括构图和色彩,构图中又有人物、景物和商品之分。音响包括音响效果、音乐。而在新媒体广告中,广告与媒介内容的融合、主题一致,广告形式与媒介环境一致性都会影响广告效果。总之,一则广告作品的构成要素有很多。

广告效果的产生是广告各个构成要素共同作用的结果,但是不同的构成要素在广告中所发挥的作用不同,对广告效果的贡献也不一样。因此,探讨各种广告构成要素的作用及其运用原则,是广告心理研究的又一个领域。

6. 广告效果及其测量方法

在这个研究领域,包含两个研究方向,一个是广告活动究竟能产生哪些效果,对消费者能产生哪些影响,对社会、文化的进步和发展起到什么样的作用;另一个是开发广告效力测定的方法、技术或手段。这些问题的研究不仅对广告实践具有重要的意义,而且对检验和发展广告理论,也有重要的作用。

7. 消费者的心理差异

广告通常对特定的消费者进行宣传,那么一个具体的产品应该向哪一个消费群体作宣传呢?如何来识别广告所要面对的消费群体呢?某一特定的消费群体具有什么心理特点呢?他们与其他消费群体在心理上有何不同呢?这些都是广告心理学需要通过研究加以回答的问题。

8. 消费者对广告的反应

广告会对消费者产生影响,但是消费者如何看待广告,这反过来也会影响广告活动以及广告业的发展。随着时代的进步和广告业的发展,人们对广告的看法、意见、态度和处理广告的方式方法也会不断变化,这就需要广告心理学家密切关注和及时了解。

9. 广告创作的心理活动

创意是广告活动的一个重要环节,创意活动是广告人的一种思维活动,因此有必要探讨、总结广告人的创意方法,将心理学关于思维的研究引入广告创意实践。

10. 商品的消费心理

广告活动的目的是推销商品,所以大多数广告活动的内容都与商品有关,特别是广告信息的开发和组织更是与商品属性息息相关。因此,了解各种商品在消费者心目中的地位、形象,商品各种属性在消费者心目中的分量,消费者如何认识商品、为何购买商品、如何使用商品等问题,也成为广告心理学研究的范畴。

11. 品牌资产

20 世纪 90 年代以后,品牌资产问题引起了营销学界和广告学界的广泛关注,人们甚至认为,积累品牌资产是广告活动的长远目标。目前,有许多心理学家从消费者的角度来研究这一领域的问题,提出了许多新的理论见解。

12. 广告主的心理

广告主是广告活动的行为主体。广告主对广告、对消费者、对产品、对媒体的认识,会影响到广告策略的运用、媒体的选择。

13. 广告对渠道商、供货商、投资者、联盟商、政府职员、外部人才、内部员工、竞争者、非政府组织人员的影响

上述各研究领域因时代不同而受到不同程度的重视。例如在 20 世纪六七十年代,广告心理学研究的重点是广告作用机制、广告效果及其测量,而到了 90 年代末,媒体(特别是网络)和品牌成为研究的焦点。图 1-2-1 是对收录在 PsycINFO 光盘数据库中于 2000 年前发表在《广告》(*Journal of Advertising*,简称 JA)和《广告研究》(*Journal of Advertising Research*,简称 JAR)两本杂志中的 1030 篇广告心理学论文的分析结果。从图 1-2-1 可以看出,在 21 世纪之前,广告作用的心理机制是最受研究者关注的。

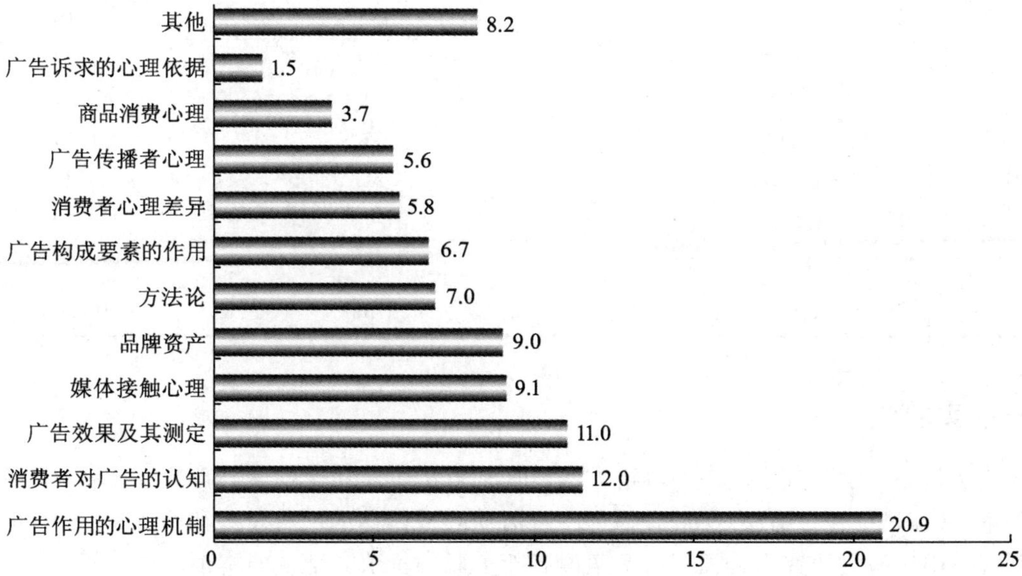

图 1-2-1　广告心理研究领域分布状况(单位:%)

第三节　广告心理学的研究方法

广告心理学的研究既采用心理学的一些研究方法，也吸收了传播学以及其他社会科学的研究方法。

有学者选取了4个引领广告学研究的国际期刊：*Journal of Advertising*、*Journal of Advertising Research*、*International Journal of Advertising*、*Journal of Current Issues and Research in Advertising*，针对2001年至2015年1722篇文章中的2158项研究进行内容分析，以揭示近15年来全世界广告心理学研究方法的分布状况。结果表明：在这2158个研究中，有1795项(83.17%)是定量研究，169项(7.83%)为定性研究和194项(8.99%)是论文。而在1795项定量研究中，有885项是实验报告(49.30%)，其次是483项调查，(26.91%)、152项内容分析(8.47%)、142项二级市场数据分析(7.91%)和133项期刊研究(7.41%)(见表1-3-1)[①]。可见在广告心理学研究中，定量研究方法占了大多数，尤其是实验法和调查法。

表1-3-1　广告心理学的研究方法

方法	研究数	所占百分比(%)
定量研究	1795	83.18
实验法	885	41.01
调查法	483	22.38
内容分析	152	7.04
市场/媒体数据研究	142	6.58
期刊研究	133	6.16
定性研究	169	8.47
深度访法	119	5.51
文本分析	25	1.16
案例研究	21	0.97
观察法	4	0.19
论文(Essay)	194	8.99
总计	2158	100.00

一、实验法

实验法是心理学研究中的一种普遍方法。这种方法主要用于探索心理现象之间是否存在着因果关系，是探讨广告传播心理机制、揭示广告活动心理规律的一种重要研究方法。20世纪初，拉斯勒就采用实验法研究广告插图与文案内容相关联的价值。他从两本杂志中选择出全页广告并插进测验杂志中，让大学生和农妇看杂志5至7分钟，然后检查他们对广告的记忆。研究发

① Chang C. *Methodological issues in advertising research: Current status, shifts, and trends.* Journal of Advertising, 2016:1-19.

现,有关联插图广告的回忆率大约是无关联插图广告的10倍。[1] 两年后,亚当斯对463位被试(接受调查、实验的人)进行实验,以考察版面大小不同的广告的发布顺序对该系列广告记忆的影响,结果表明,如果一个公司做四次大小不同的广告,那么先大后小比由小到大效果好。[2] 20世纪80年代以后,随着研究的深入,更复杂的实验设计常常出现在研究文献之中。

实验法是指在控制条件下对某种心理现象进行观察的方法。在实验中,研究者可以控制住一些干扰或无关因素,使另一些因素发生有序的变化,而后观察在不同条件下被试所产生的心理变化。

实验中由研究者控制的因素,通常称为自变量或独立变量。研究者在改变不同实验条件下所观察或测量到的心理活动和行为,称为因变量或依存变量。例如在探讨影响户外广告效果因素的研究中,户外广告的位置、色彩等因素就是实验中的自变量,而研究者通过调查获得的关于户外广告的记忆成绩则为因变量。在采用实验法的研究中,为了明确自变量与因变量之间的关系,研究者必须对其他可能对观测结果产生影响的因素加以控制,尽量使得观测条件仅仅存在着自变量水平的差异,而不存在其他情况的不同。例如在研究两则平面广告的效果差异时,自变量是平面广告的不同设计,称设计1和设计2;因变量是两则广告在速示条件下被试觉察到广告存在所需要的呈现时间的长短。在这个实验中,不同的被试因视力不同可能会影响到观测的结果,所以研究者必须控制两则广告的被试的视力水平,使他们尽可能相同。

实验法一般分为实验室实验和现场实验(也叫作自然实验)。实验室实验是在实验室条件下借助专门的实验设备,对实验条件严格加以控制下进行的。这种方法的优点是控制条件比较容易实现,允许人们对实验结果进行重复验证,因而在研究中被广泛加以运用。但是实验室实验法也存在着一个致命的弱点,即实验条件是由研究者严格控制的,实验情景带有很强的人为性质。被试处在控制情景中,清楚自己正在接受实验,这种意识可能会对实验结果产生干扰,影响结果的客观性。

现场实验是在自然条件下进行的。在现场实验中,研究者也对实验条件进行了控制,但这种控制通常不是人为地创造条件,而是适当地选择自然条件。被试一般不清楚自己正在接受实验,实验结果比较符合客观实际,比较容易为人们所理解、接受。但是现场实验也存在明显的不足,即控制或选择不同的实验条件很困难,对其他干扰因素往往无法加以严格控制,这些问题使得它在实际运用中受到一定的限制。

二、调查法

调查法是社会科学的重要研究方法。早在1917年,盖斯勒就采用调查的方法来研究广告对人们购买特殊品牌的影响。他们调查了300个被试,要求他们在听到20种商品的名字时,说出首先出现在心中的品牌以及购买该品牌的原因。该研究发现,一类商品中品牌数量越少,知道该商品一或两个品牌的人越多。广告是回忆广告品牌时第二重要的原因。[3]

---

① Laslett H R. *The value of relevancy in advertisement illustrations.* Journal of Applied Psychology, 1918, 2(3): 270 – 279.

② Adams H F. *The effect of climax and anticlimax order of presentation on memory.* Journal of Applied Psychology, 1920(4): 330 – 338.

③ Geissler L R. *Association – reactions applied to ideas of commercial brands of familiar articles.* Journal of Applied Psychology, 1917, 1 (3): 275 – 290.

采用调查法进行研究时,研究者要预先拟好调查问题(或问卷),然后通过适当的手段,让受调查者表达他们对事物、观点的态度或意见。这种方法常常用于广告心理研究之中,用以探讨人们对广告活动的意见和看法,以及广告活动对消费者产生的心理影响,即广告效果。

根据调查者与受调查者之间的接触方式的不同,调查法可分为邮寄问卷调查、电话调查、面对面调查。邮寄问卷调查是把设计好的问卷通过邮政寄给受调查者,由受调查者自己填答后回寄给调查者。电话调查是调查者通过电话向受调查者询问有关的问题,并记录受调查者所作出的回答。面对面调查是由调查者当面向受调查者提出问题,在受调查者作出回答之后加以记录。这三种方法各有利弊,邮寄问卷调查适合于受调查者比较分散的情况下进行,但问卷回收难度较大;电话调查具有快速方便的特点,但向受调查者询问的问题不能过于复杂;面对面调查可以比较深入地研究问题,但是研究费用比较高。

在使用调查法时,如何进行抽样需要非常谨慎,因为大多数调查都是抽样调查,研究者是通过样本来推断总体的情况。如果抽样不合理,样本没有代表性,那么所作的统计推论就有问题。

三、内容分析法

内容分析法是一种对第二手资料(或案头资料)进行分析以揭示其中隐含的规律的方法。它是传播学研究中的一种重要方法。在广告心理研究中,它经常被用于广告活动心理策略运用以及民族心理差异的研究,例如,研究了解理性诉求和感性诉求这两种策略在现行报纸广告中的运用情形。此外,研究者还经常将它与其他方法(如实验法)结合起来,用于探讨广告作品的各种构成要素与广告效果之间的关系,例如广告语的各种特点与广告语记忆效果的关系等。

采用内容分析法进行研究时,通常要经过以下几个步骤:

第一,确定所要分析的问题,对每一个问题进行严格的定义,制定可以掌握、容易操作的内容分析标准和编码方法(或评分方法)。1977 年雷斯尼克等人的研究,对理性诉求(情报性诉求)广告下的操作定义是"含有一种或一种以上信息内容的广告",对广告中可能有的信息内容,他们界定为 14 种,包括产品的功能、用途、价值和质量等。① 对于每一种信息内容,他们制定了严格的分析标准。例如,对于"功能用途"的分析标准是"产品有什么用途,与其他产品相比较,该产品的使用效果好到什么程度"。评分方法是,有上述信息的广告记为"1",没有的就记为"0"。

第二,对现有案头资料进行科学合理的抽样,要求被抽到用于分析的资料具有代表性。

第三,对编码员进行训练,让他们熟练地掌握内容分析标准和编码过程。经过训练,力求使不同的编码员对内容分析标准的理解达成一致。在实际研究中,一般要求不同编码员的一致性程度达到 85% 以上。

第四,对编码后获得的数据进行统计分析。

以上实验法、调查法、内容分析法这三种方法各有特色,分别适用于不同的研究课题,既可以单独使用,也可以把几种方法结合起来使用。②

---

① Resnik A J & Stern B L. *An analysis of information content in television advertising*. Journal of Marketing, 1977, 41(1): 50－51.

② 对研究方法感兴趣的读者,可以参阅黄合水、陈素白:《广告调研技巧》(第五版),厦门大学出版社 2016 年版。

第四节 广告心理学与相关学科的关系

广告心理学是一门边缘交叉学科，与心理学、广告学、消费心理学等学科都有密切的关系。它在引用、吸收其他学科理论和方法的基础上，逐步发展成为一门独立的学科。

一、广告心理学与心理学

心理学是研究人的一般心理现象和心理规律的科学，心理学研究所揭示的许多规律是各个应用心理学科的理论基础，当然也是广告心理学的重要理论基础。例如在广告心理学中，要求广告人员创作出来的广告语不要过长，这一指导原则的理论依据就是认知心理学关于短时记忆的研究结论，即短时记忆的容量一般为 7 ± 2 个组块。所以，要深入研究广告活动中的心理学问题，离不开基础心理学研究提供的理论基础和方法。

广告心理学是从探索心理学原理在广告活动中的应用开始，而后逐渐发展形成一门独立的学科。虽然广告心理学与基础心理学都是以人为研究对象，但是心理学研究的是一般情况下的人，而广告心理学研究的则是处于广告活动情景中的人。虽然广告心理学要以基础心理学的研究为基础，但是广告心理学的研究成果，反过来也丰富了心理学的学科知识。

总之，广告心理学是心理学在应用领域的一个分支。也可以说，广告心理学是应用心理学的一个分支。所以在广告专业杂志出现之前，许多广告心理学研究成果主要发表在应用心理学杂志上。

二、广告心理学与广告学

广告学是探讨广告活动现象及其一般规律的科学。广告学的研究描绘出广告活动的基本框架，广告心理学正是在广告学所描绘的广告活动框架之下，探讨人在广告活动中产生的心理现象和心理规律，为广告活动提供理论基础。相对而言，广告学研究的广告活动过程是宏观的，而广告心理学研究的广告活动中人的心理是微观的。

在广告学中，人们既强调广告的艺术性，也强调广告的科学性。但在广告心理学中，人们更加重视从科学性的角度来审视和探讨广告以及广告活动。换个角度来说，广告心理学是适应广告的科学性要求逐步发展起来的。它为广告活动中的各种决策提供科学的理论依据、实证依据。例如广告目标的决策问题，如果没有广告心理学提供的层次效果等理论模型，解决起来就缺乏理论基础。现代广告诉求对象的确定，如果没有心理学关于人格分类的理论和测量手段，广告宣传要做到有的放矢就比较困难，因为传统的按人口统计学特征来界定广告诉求对象在许多情况下并不十分有效。

三、广告心理学与消费心理学

广告心理学与消费心理学有着非常密切的关系。在西方国家，广告心理学常常被看作是消费心理学的重要组成部分。这种认识并非偶然，因为无论是广告心理学还是消费心理学，都将消费者作为重要的研究对象。特别是关于消费动机的研究，深受这两个学科的重视。也可以说，在消费动机这个领域，两个学科是统一的。但是仅将广告心理学当作消费心理学的一部分是不恰当的。原因在于:第一,广告心理学所研究的一些问题,消费心理学研究并不关心,如广告的认知过程、广告的说服、广告创意的思考方法、媒体接触的心理活动等。相反,一些消费心理学关注的问题,广告心理学并不关心,如消费情景、文化环境对消费行为的影响等。第二,消费心理学侧重研究人与商品的关系,广告心理学虽然也关注这种关系,但它更加侧重于人与广告活动的关系。第三,消费心理学研究服务于市场营销,而广告心理学研究主要服务于营销活动中的广告宣传。所以说,这两个学科既有共同关心的问题,也有各自要解决的问题。它们是相互交叉的两个学科。

如今我们进入移动互联网时代,信息通信技术将全球人类生活紧密联结起来,广告信息载体、制作、消费和反应都在发生重大变革。广告产业与互联网产业、全球营销与数字营销、品牌咨询战略产业与自媒体变革密切融合,广告产业界和学术界都在重新思考广告内含和功能。广告业务也变成品牌主动介入用户媒介行为或品牌相关的用户媒介行为,意图产生联结和互动,从单向、强制的传播转向与消费者进行策略性交流与互动。在高等教育中,不少新闻传播学院也正在大刀阔斧地改革,纷纷开设了互动媒体设计、计算广告学等课程。这些改变体现在学术研究上,使得广告学与更多学科发生交叉,并融合成一体。有一项研究检验了2005—2014年期间,5本广告学研究方面最权威杂志与50本引用率最高杂志之间的引用率与被引用率。结果表明广告学杂志引用最多的其他学科排序为:市场营销、消费者研究、心理学和传播学,而广告学研究被其他学科杂志引用的排序为:市场营销、商业、传播学和心理学,其中有关数字媒体、电子口碑传播、UGC、社交网络和SMS方面的研究被其他学科引用最多,而传统广告研究被引用得最少。广告学在大的学科体系中的位置表明,广告学与新生代消费者研究和互动传播关系最为紧密。①

第五节 广告心理学的发展简史

广告是商品经济的产物,在人类社会发展到商品交换之后,人们便开始了广告活动,即采取各种手段吸引人们进行商品交易或买卖。由此推断,广告已经有了相当长的历史。在漫长的广告发展过程中,为了有效地招徕顾客,广告者不断地进行摸索,不断地改变广告技法。如叫卖者用摇铃、敲打器械代替喊叫,将“叫卖”改变为“唱卖”,以及后来利用大众媒体进行广告宣传等。这些广告技法以及工具的革新和演变,实质上都意味着叫卖者(广告者)对经验的总结和对顾客接受信息状况有了新的认识,反映了广告者对广告心理现象及规律的探索。尽管如此,真正将广告和心理学联系起来,是在19世纪末科学心理学诞生之后。

1879年,著名的德国心理学家冯特在德国莱比锡建立了人类历史上第一个心理学实验室,由此标志着科学心理学的诞生。从那以后,许多心理学实验室纷纷建立,越来越多的心理学家开始放弃原来的内省法(早期的心理学研究方法)转而采用实验法、调查法来研究心理学问题。1895年,美国明尼苏达大学心理实验室的盖尔率先采用问卷调查法,探索消费者对广告及广告商品的态度和看法。经过几年的调查研究,1900年盖尔出版了《广告心理学》一书。一般认为盖尔的这些研究是广告心理方面最早的研究,但是盖尔的研究工作没有产生足够的影响。1901年

---

① Nelson M R, Ham C D, Ahn R. *Knowledge flows between advertising and other disciplines: A social exchange perspective.* Journal of Advertising, 2017, 46(2):1-24.

美国西北大学心理学家斯科特在芝加哥的年会上提出把广告的工作实践发展成为一门科学，对此可以大有作为的见解，得到了当时与会者的热烈支持。在随后的两年间，斯科特连续发表了12篇有关广告心理的文章，并汇集成一本书，书名叫《广告原理》，于1903年出版。该书的问世标志着广告心理学的诞生。1908年，斯科特进一步将广告心理学的知识系统化，写成《广告心理学》出版。与此同时，闵斯特博格也开展了关于广告面积、色彩、文字运用、广告编排等因素与广告效果关系的研究，这些研究成果汇集在他所撰写的《心理学与经济生活》一书中。①

早期关于广告心理的研究都是在以生产者为中心的经济条件下进行的，因而研究的目的也自然是服务于卖方市场。第二次世界大战之后，随着商品经济的快速发展，市场竞争日益激烈，市场营销观念由生产者为中心向消费者为中心转变，对消费者行为的研究越来越受到广告研究者和心理学家的重视，美国的许多商业机构都开展消费者行为尤其是消费者购买动机这一涉及广告主题或广告诉求问题的研究，其中比较典型的是速溶咖啡行销障碍的深层动机研究。这些实用性研究，大大地丰富了广告心理学的知识。

与此同时，心理学和社会心理学的研究也有了很大的发展。一方面，当时的心理学界正处于行为主义心理学的时代，以华生、斯金纳为代表的行为主义心理学家围绕着刺激与反应的问题进行了大量研究。另一方面，以霍夫兰为代表的一批社会心理学家在战后继续了战时关于说服方面的研究，也取得了丰硕的成果。这些研究成果以及心理学其他相关的研究成果大量被引用到广告实践之中，从而丰富了广告心理学的内容，促进了广告心理学的发展。

20世纪60年代以后，西方发达国家的科学技术突飞猛进，经济高速成长，广告业也取得了前所未有的发展。在这种背景下，对广告活动的科学化要求日益提高。作为广告活动的基础理论学科，广告心理学越来越受到人们的关注和重视。在这一阶段，心理学本身也发生了重大的历史性变化，一种新的心理学思想、一个新的心理学学科——认知心理学诞生了。认知心理学以其旺盛的生命力在短短的时间里取代了传统行为主义心理学的地位，渗透到心理学的各个研究领域。

在广告活动实践的推动下，在认知心理学以及其他科学技术发展的影响下，特别是随着广告学科的专业杂志JAR、JA等刊物相继创刊，60年代以后的广告心理学取得了巨大的发展。具体体现在以下几个方面：

（一）研究成果越来越丰硕

2005—2014年，中美两国权威期刊中，有关广告心理学的研究成果成倍增加（如图1－5－1）。2005年，中国和美国有关广告心理学的文献分别只有5篇和10篇，而到了2014年，它们分别上升为35篇和40篇。②

（二）研究机构和研究人员众多

2007—2016年，在CSSCI收录期刊发表广告心理学研究名列前茅的机构如图1－5－2所示。从图中可以看出中国传媒大学、中国人民大学、武汉大学、复旦大学、南京大学、厦门大学、暨

① 陈培爱：《广告攻心术》，厦门大学出版社1993年版，第8页。

② 简予繁：《数字传播背景下广告研究的中美比较——基于CSSCI与SSCI的实证研究（2005年—2014年）》，《广告大观（理论版）》，2015年第5期。

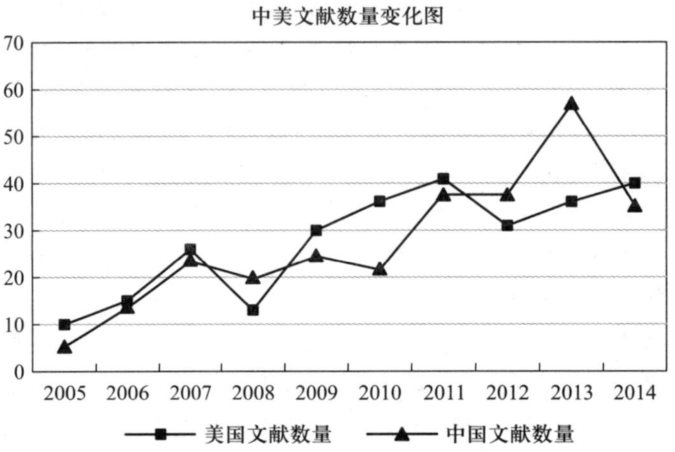

图 1-5-1 中美 2005—2014 年广告学研究的文献数量增长图

南大学、四川大学、上海大学、华中科技大学和北京大学等高校都具有众多的研究成果①。简予繁的研究显示，在 2005—2014 年期间，中国共有 363 名作者在 CSSCI 杂志和《广告研究（理论版）》上发表文章，其中有 3 名作者来自企业，其余的作者均来自高校。而美国广告心理学的研究群体更大，共有 587 名作者在 SSCI 收录的期刊上发表学术论文，其中 393 名作者来自大学，来自企业的作者共有 76 人，政府机构有 6 人，研究机构的作者人数为 112 人。可见，从事广告心理学研究的学者和机构众多，不但包括院校，还包括公司、政府部门及其他研究机构。对此，中美对比情况如图 1-5-3 所示。②

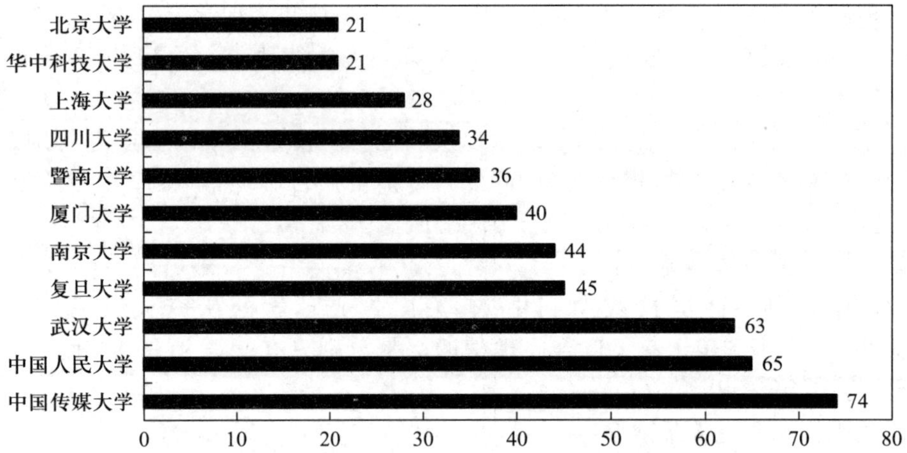

图 1-5-2 在 CSSCI 收录期刊上发表论文名列前茅的高校

① 莫莉、曾梓萱、佘菁琦：《中国广告学科定位与发展走向：基于 CSSCI 十年研究综述（2007—2016）的启示与建议》，《广告大观（理论版）》2017 年第 5 期。

② 简予繁：《数字传播背景下广告研究的中美比较——基于 CSSCI 与 SSCI 的实证研究（2005 年—2014 年）》，《广告大观（理论版）》2015 年第 5 期。

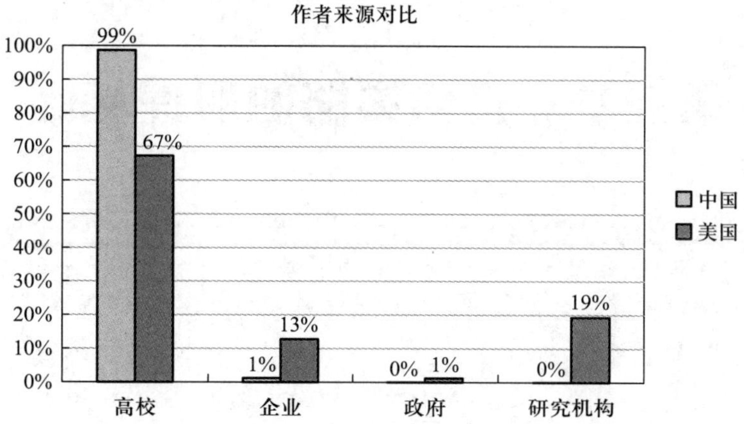

图 1-5-3 发表论文名列前茅的中美研究机构性质对比图

（三）研究的领域越来越广泛

包括广告的认知过程、广告表现和民族心理的关系、各种广告表现或诉求手段的心理效果分析、广告传播的心理机制、广告的说服技巧、潜意识与广告、广告的情感作用、广告对儿童的影响、消费者对广告的反应、广告效果的测量指标和测量方法、品牌资产、赞助广告及其效果、网络广告及其效果、广告重复和效果等。

（四）研究方法越来越多样

传统的研究以调查法、实验法为主要手段。现代的广告心理学研究不仅继承了传统的研究方法，而且采用了一些心理学、传播学研究的新方法，如内容分析法、语义分析法、投射法和大数据挖掘等。对传统的研究方法在技术上也作了改进和更新，采用了许多现代电子技术设备，如录音录像设备、速示器、计算机、眼动记录仪、心电图、脑电波分析仪、核磁共振、肌电图等。例如克鲁格曼等人（1994）利用眼动记录仪研究青少年对香烟上警语的反应。① 此外，随着计算机技术和统计学的发展，研究数据结果的分析水平也有了明显提高，一些高级的统计分析方法纷纷出现在已发表的研究报告之中。例如巴班和格伦鲍姆采用因素分析方法研究黑人和白人对广告刺激的反应。②

由于广告心理各个方面研究的发展以及研究资料的积累，20 世纪 80 年代以后，在美国、日本等发达国家，一些广告心理学方面的专著纷纷出版问世。如朝仓利景的《广告心理学》，阿尔维特和米切尔的《心理过程与广告效果：理论、研究和运用》。③ 这些著作的问世，标志着广告心理学已经初步成为一门具有相对完整体系和内容的独立学科，它们不仅探索有关心理学理论原理在广告实践中的运用，也研究广告活动本身特有的心理现象和心理规律。

---

① Krugman D M, Fox R J, Fletcher J E & Fischer P. M et al., *Do adolescents attend to warnings in cigarette advertising? An eye-tracking approach.* Journal of Advertising Research, 1994, 34(6): 39-52.

② Barban A M & Grunbaum W F. *A factor analytic study of Negro and white responses to advertising stimuli.* Journal of Applied Psychology, 1965, 49(4): 274-279.

③ Alwitt L F & Mitchell A A. *Psychological processes and advertising effects: Theory, research and applications*, LEA, 1985.

第二章　广告策略的心理基础

> 广告要讲究策略,这是不言而喻的。广告策略可以针对竞争对手制定,也可以针对广告对象——消费者制定。在制定针对广告对象的策略时,广告策划者必须对消费者有比较深入的了解。

第一节　各种消费群体的心理特征

大多数品牌都有其相应的消费群体(市场区隔),不同的消费群体,其消费心理和行为特征也不一样。广告主在制定广告战略时要做到有的放矢,使广告活动有效地打破消费者的心理防御,那么了解目标消费群体(或广告诉求对象)的心理特征就十分必要。在广告和营销实践中,由于以人口统计学特征作为标准来区隔市场或区分消费群体极为广泛,所以本节按年龄、性别、经济收入、文化程度等方面将所有消费者加以区隔,在此基础上,着重探讨各种群体在广告活动和消费活动中的心理、行为特征及其差异。

一、年龄差异

以年龄来区隔市场,通常可分成0—6岁(学龄前期),7—12、13岁(小学期),13、14—18、19岁(中学期),19、20—27、28岁(工作初期),28、29—50岁(工作中期),51—60岁(退休前期),60岁以上(养老期)等七个年龄段。这些不同年龄段的消费者,他们较为突出的差异体现在以下几个方面。

1. 在广告效应方面

不同年龄段的消费者,由于身心发展程度不同,在经济生活和家庭生活中的地位不同,广告对他们产生的影响也有所不同。对有些消费者来说,广告使他们知道了某一品牌的产品;对另一些消费者来说,广告帮助他们形成了品牌的形象;还有一些消费者可能因为受到广告的影响而采取购买行动。

学龄前儿童最初是在襁褓中被动跟着父母一起看广告的。逐渐地,他们学会了能够主动观看变化无穷的广告画面。在学龄前这一阶段,随着儿童语言能力的不断发展,他们从鹦鹉学舌地念着一些广告词和广告品牌名字开始,逐步学会了复述广告语,如由简单地念"脑白金""特仑苏",到完整地复述"今年过年不收礼,收礼只收脑白金"。不过,此时,广告还不大会引起他们对广告产品的占有欲,也很难直接影响他们的购买行为。但是,他们善于鹦鹉学舌的结果会导致其父母亲或看护人增加了对品牌名称和某些广告词的记忆。换言之,学龄前儿童常常会充当广告传播的"二级传播"者,为广告主做免费广告。

到了小学期,儿童已经学会了自己到商店买东西,并拥有成人给的少量自己可以支配的零花钱。这时广告效应在他们身上的表现是多方面的。第一，广告可能诱使他们把零花钱甚至包括给他们买学习用品的钱花在买巧克力、QQ 糖、卡通形象或小玩具上，即直接导致他们的消费行为。第二，比起学龄前儿童来，小学生的语言表达能力已得到很大的发展，电视、广播广告中使用的一些歌谣、顺口溜、广告口号、品牌名称等，很容易被他们记住并脱口而出，例如“广告做得好，不如新飞冰箱好”，“我们是害虫，我们是害虫，正义的来福灵，正义的来福灵……”，“脑白金、年轻态、健康品”，“怕上火喝王老吉”，“不是所有牛奶都叫特仑苏”等广告词和广告歌谣，常常可从小学生口中听到。所以说，他们是更优秀的“二级传播”者。第三，广告中，特别是电视广告中儿童喜欢的玩具、食品，有时会引起他们的占有欲，并促使他们进一步向家长提出要求。许多家长尽管也认识到长期无条件地满足小孩子的要求是不合适的，但在这些“小皇帝”要求不太大的“圣旨”面前，家长却常常不愿意“抗旨”。根据西班牙社会调查部门对阿根廷、巴西和墨西哥 4500名 6—11 岁的儿童进行的消费习惯调查，那些在家中收看付费有线电视的儿童，其购物行为要多出收看一般电视的孩子，因为有线电视和卫星电视节目中的广告比一般电视更多。该调查还发现，孩子们在购买服装方面也不都是听从大人的，有 22% 的孩子坚持自己挑选所喜爱的服装，有 69% 的孩子能接受家长的部分意见，只有 9% 的孩子完全听从家长的意见。① 另一项对 250 位 3—21 岁被试在 28 天里向父母索要用品的调查显示，索要的比例是13.5%，索要的数量随年龄增长而下降，较大的孩子较少索要，因为他们伴随父母购物的机会较少。对谷类和小吃的要求各年龄组一样。较小孩子提出的大多数要求发生在家中。对于孩子的要求，母亲最常见的反应是答应要求。②

有一项对 144 个三年级的学生所进行的实验还发现，广播广告播出次数与儿童的广告记忆度相关，广告播出次数越多，儿童的广告记忆度越强。实验中广告连续播出三次的学生广告记忆度均值为 4.47（满分为 5），广告播出一次的学生广告记忆度均值只有 3.47（满分为 5）。多播放两次广播可以令儿童的广告记忆提高 1.00 分。某些重复的卡通广告也能够带给儿童更高的广告记忆度进而增加儿童对产品的需求。③

对于中学生，广告的效应主要体现在影响他们零花钱的使用以及某些他们需要的日常用品的选择上。例如当中学生需要一双鞋时，家长可能给钱让他们自己去购买，或带他们到商店选购。在中学生的品牌选择中，广告可能起着重要的作用。此外，中学生也可能是家庭购买决策的信息或意见提供者。开明的父母常常会接受或采纳他们的意见。杜拉基亚（1986）曾经访问 168 位 8 年级的印第安男孩和 88 位母亲，结果表明，母亲认为她们的孩子是她们获得品牌信息的重要来源④。

当中学生走出校门步入社会以后，他们逐步在经济上获得完全的自主和独立，此时，广告不仅能增加他们的品牌意识，改变他们的品牌态度，还能进一步影响他们的品牌选择和购买行为。

---

① 《参考消息》2001 年 6 月 18 日。

② Isler L, Popper E T & Ward S. *Children' s purchase requests and parental responses: Results from a diary study*, Journal of Advertising Research, 1987, 27(5): 28 – 39.

③ 何建平、罗爱：《广告播出频次对儿童的广告好感度、记忆度影响研究——以卡通广告为例》，《现代传播》2016 年第 9 期。

④ Dholakia R R. *Brand names or cognitions? A look at information processing behavior of Indian mothers and sons*, Management and Labor Studies, 1986, 11(2): 115 – 121.

换言之，成年人由广告引起的欲望能够转化为现实的满足。在这点上，他们与前面几个年龄阶段的消费者有着明显的区别。这也是为什么大量的广告都是针对成年消费者的缘故。

2. 在媒体接触行为方面

消费者与媒体的接触是广告暴露于消费者、影响消费者的基本前提。消费者在媒体接触行为方面的年龄差异可以从下列几个方面来考察。

（1）媒体类型的接触倾向

媒体类型的接触倾向与消费者的媒体信息接受能力以及日常活动范围有关。学龄前期儿童由于文字语言知识少，活动范围受到家长们的限制，他们一般只能接触电视媒体。有些户外广告如街道两旁的路牌广告、霓虹灯广告等，虽然有时也会进入他们的眼帘，但对他们几乎不起作用，因为他们接受这些信息有困难。在整个小学期，儿童的活动范围仍旧有限，虽然他们的语言能力有了很大的发展，但能够使他们感兴趣的仍然是有丰富视觉刺激的电视媒体以及可以玩游戏的互联网。

中学生和大多数成年人一样，活动的范围显著扩大了。此时，各种广告媒体，不管是大众媒体、户外广告媒体，还是互联网，他们都有能力接受其信息。他们可以按其意愿去接触任何一种媒体。但是到了养老期，个体的活动范围又缩小了，他们除了在公园或离家不远的地方活动之外，大多数时间都是待在家里或老年人娱乐场所。因此，他们的媒体接触范围又逐渐缩小到几种大众媒体上。

除了上述客观原因之外，兴趣爱好也是人们选择接触媒体类型的原因之一。例如在互联网上可以聊天和进行各种游戏娱乐活动，所以它深受青少年人的喜欢，是青少年接触的主要媒体。

（2）花在媒体上的时间

接触媒体是人们闲暇活动的重要组成部分，但是随着近年来网络媒体的兴起，新兴媒体和传统媒体的媒体接触时间随年龄的变化呈现出不同的趋势。总的来说，传统媒体接触率随被访者年龄提升而提升，新兴媒体在青少年人群中的接触率更高。在传统媒体中，电视接触占比随被访者年龄提高而提高，15—24 岁人群中，仅有 50.8% 的人每天会在家里接触电视，随着被访者年龄的提升，55 岁及以上人群中，每天在家里接触电视的人数占比达到了 96.5%。广播和报纸作为传统媒体，其接触特征表现为受众年龄越高，接触占比也越高。而在家里上网的各年龄段人群的占比则随被访者年龄的提升而降低，15—24 岁人群在家里上网的占比为 82.9%，25—34 岁人群在家里上网的比例为 91.4%，35—44 岁人群在家里上网的比例为 77.8%，而 45—54 岁人群在家里上网的比例则降低到 51.7%，55 岁及以上人群在家里上网的比例更是低到 22.6%。在线观看网络视频点播方面，该类媒介接触特征表现为受众年龄越高，接触占比越低的特征（如图 2－1－1）[①]。

（3）媒体内容的选择取向

在四大媒体中，媒体的主要内容包括新闻、文化科学知识和文艺节目等。受众对媒体内容的兴趣，与他们的知识经验以及他们在社会中承担的责任有关。一般来说，年龄越小，对文化科学知识的兴趣和欲望就越强。年龄越大，知识经验越丰富，在社会中承担的责任越重大，了解国内外时事政治对他们来说也越重要。

在与传统媒体差异很大的网络媒体世界中，尤其是在移动互联网时代，人们对媒体内容的取

① 2016 年 CSM 媒介研究 12 城市基础研究。

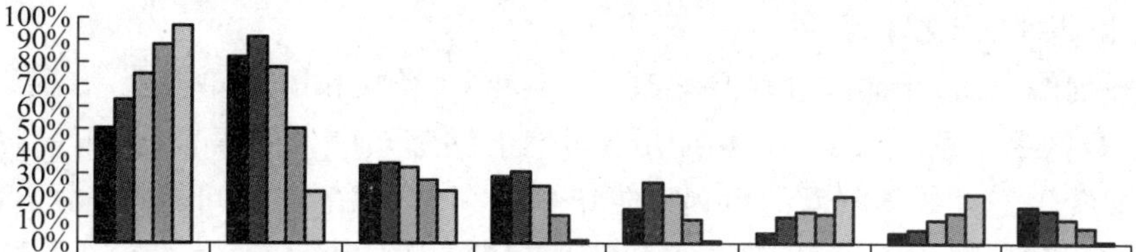

	电视(在家里)	在家里上网	户外广告	在家或单位以外的地方上网	在工作单位上网	广播	报纸	在线观看网络视频点播
■ 15~24	50.8%	82.9%	34.6%	29.7%	14.7%	4.3%	4.1%	16.1%
■ 25~34	63.9%	91.4%	35.1%	31.3%	26.8%	11.1%	5.3%	14.6%
■ 35~44	75.1%	77.8%	33.7%	24.5%	20.8%	13.3%	10.0%	10.4%
■ 45~54	88.6%	51.7%	27.9%	10.9%	9.5%	11.7%	12.5%	5.9%
□ 55岁及以上	96.5%	22.6%	23.2%	2.5%	1.4%	20.4%	21.2%	2.2%

图 2－1－1　各年龄阶段受众媒介使用习惯

向，也会有很大的变化。以前受众只能作为被动的信息接收者，现在，许多受众热衷于在社交媒体发布信息，如在各种论坛上发表言论，发微信朋友圈，更新微博和 QQ 空间等，也有相当一部分受众热衷于在各类平台进行直播。广告实践者要不断地关注网络媒体在这方面的发展。

3．在认知方面

人的认知能力随着生理机能的变化而变化。当生理发育成熟时，认知能力的发展亦趋于稳定。而当生理机能开始衰退时，认知能力也逐渐下降。所以认知能力和认知特点的年龄差异在 18 岁以前和 55 或 60 岁之后表现得比较突出。

在注意力方面，儿童（包括学龄前儿童和小学生）注意的特点是：(1) 能把注意力集中在感兴趣的事物上（包括广告），而且一旦他们集中注意于某事，就很难同时再注意别的事。但是这种注意很容易因其他强烈的刺激而转移。例如当他们在做作业时，隔壁房间的电视声响就可能会分散他们注意力。(2) 对新奇、运动、变化的刺激容易产生注意，而对静止、枯燥、单调的刺激容易丧失兴趣，这也是他们为什么喜欢看广告、动画片而不喜欢看室内电视剧的原因之一。(3) 注意自己能理解的东西。张令振、彭聃龄的研究表明，即使在学龄前期，儿童也能主动地注意自己能理解的节目内容。① 儿童的这些注意特点在少年（中学生）以至于成年人身上也有所体现，不过随着年龄的增长，人们对刺激物的注意主要靠刺激物的意义性来维持。

在记忆方面，年龄上的差异首先表现在记忆方式上。在 12、13 岁以前，儿童的机械记忆得到了充分的发展，他们的大量知识都是通过机械记忆积累下来的。所以在儿童广告文案的创作上，应该强调广告语的语音特征而不是语义信息。13、14 岁以后，个体的语义记忆不断发展，并逐渐代替机械记忆而处于主导地位。其次表现在记忆能力上，年龄小记忆力强，记住的东西容易保持而且保持得久。年龄越大，特别是到了 50 岁以上，一方面是学习的东西不容易记住，另一方面是记住的东西容易遗忘。杜波的研究证实了记忆能力随年龄变化而变化的观点。该研究从 3 个文案测验公司搜集了资料，利用“一天后回忆”“品牌回忆”“再认”等广告记忆测量指标，比较了 18 岁以下、18—34 岁、35 岁及以上等 3 个年龄组的广告记忆。研究发现，广告记忆的确随年龄变化

---

① 彭聃龄、张令振：《学前节目电视节目理解特点的研究》，《中国广播电视学刊》1990 年第 2 期。

而变化，年龄越小，记忆越好。[①]

在感知理解方面，年龄差异主要表现为：年龄小，经验和语言知识少，有些语言符号无法感知（如广告上有些字儿童不认识）。有时儿童虽然能够感知广告的语言，但不一定能够准确理解其含义。例如希尔安大败毒胶囊的电视广告语中的一句话“下面的问题就解决了”（指生殖系统的问题），许多小孩子虽然听了很多遍，但仍不能理解。对一些“双关语言”“幽默语言”，他们甚至可能会误解。随着年龄的增大，到了17、18岁以后，个体的语言感知和理解能力就基本上发展成熟了。研究还发现，部分5—6岁的儿童可以分辨出广告，包括针对儿童和成年人的广告[②]，甚至2岁的儿童就有这种区分能力[③]。7—8岁以后一般能够理解广告的意图[④]。

在思维方面，年龄小（特别是15、16岁以下）的儿童，他们的思维批判性还没有发展成熟，对老师的话，对书本的知识或传播媒体上的观点、看法往往深信不疑，[⑤]正如20世纪90年代，有些小孩子看了“我不打针，我不打针”的银黄口服液电视广告之后，坚持不打针一样。17、18岁以后，个体的思维批判性逐渐发展成熟，开始对事物、观点持审慎态度。此时广告想对他们进行有效说服也变得困难。

4. 在需要和动机方面

众所周知，人的需要有些是与生俱来的，有些是后天习得的。后天的需要是人们在学习生活和社会活动中产生的。在个体的发展过程中，年龄越小，先天需要的地位越突出，由这种需要产生的动机对个体行为的支配作用也越大。随着年龄的增长，后天各种各样的需要逐渐产生，并成为强有力的动机直接主宰着个体的行为。由此可见，处于不同年龄段的个体，对他们的行为，特别是消费行为产生较大影响的需要和动机也不一样。

（1）12、13岁以下。对于这一年龄段的儿童来说，他们的日常行为中所隐含的需要或动机主要包括生理需要（饮食等）、好奇心以及家长和老师的赞赏和奖励。生理需要和好奇心与他们的消费行为有关，是他们购买和消费行为的内在动力。例如当他们口渴时，他们会用自己的零花钱去买矿泉水；当他们看到一种新式的玩具或文化用具时，由于好奇心的驱使，他们会要求家长给他们买。家长的赞赏或老师的表扬作为他们的一种需要，更多的体现于激励他们的学习行为。

（2）13、14—18、19岁。与儿童相对照，这一年龄段的个体活动范围扩大了，社会交往增多了。他们的自我意识逐渐觉醒，性意识开始萌发，独立感也在增强。他们的需要开始显得多样化。除了正常的生理需要和好奇心之外，他们的群体归属需求、成人感以及对美的追求已逐渐在他们的行为中表现出来。同伴拥有的东西他们也希望拥有，以便获得同伴的认同；成人的意见他们有时会表示反对或提出自己的看法，表示自己不再是一个小孩。在这一年龄段，随着年龄的增长，下面两种需要越来越突出：

---

① Dubow J. S. *Advertising recognition and recall by age——Including teens.* Journal of Advertising Research, 1995, 35(5): 55 - 60.

② Blosser B J & Roberts D F. *Age differences in children's perceptions of message intent.* Communication Research, 1985, 12(4): 455 - 484.

③ Young B M. *Anticipating children's reactions to television commercials: Emulation, fears and misunderstandings.* Report to the Independent Television Commission (ITC), 1997.

④ Jarlbro G. *Children and advertising on television.* Nordicom Review, 2000(1): 71 - 78.

⑤ 林崇德：《中学生心理学》，北京出版社1983年版。

第一，成熟的渴望，即希望自己是成人。这表现在他们喜欢模仿成人的行为举止，如男孩子学抽烟、喝酒，女孩子学化妆、打扮等。他们希望别人把他们当作成人看待，任何把他们看作小孩的言语、举止往往都会引起他们的不愉快或反感。

第二，性的需要。随着生理发育的逐渐成熟，少年的性意识逐渐增强，他们开始对异性产生好奇，并喜欢在异性面前表现自己。他们开始注重自己的衣着打扮，有意识地表现自己的魅力，对性知识的探求欲望也日益增强。

（3）19—29 岁。这一年龄段的青年，除了继续深造之外，大多数人都步入社会开始参加工作，逐步掌握自己的经济命脉。其中大学生和待业青年虽然在经济上仍然依赖于父母或家庭，但是他们对自己所需物品基本上拥有购买的决定权。

这一年龄段的多数青年，没有家庭负担，闲暇时间充裕，社会交往活动多，他们的身体和智力发展基本成熟，人格和世界观也初步形成并趋于成熟，他们代表着新一代的社会风貌。此时影响他们行为的心理因素主要有：

第一，逆反心理。逆反心理表现为认为越是得不到的东西，越想去得到；越是不允许接触的东西，越想去接触；越是不让知道的东西，越想方设法弄清楚；越是不允许干的事情，越想去试一试。逆反心理是一种普遍的心理现象，但在青年人身上表现最为突出。能够有效运用人们的逆反心理，也可以使广告获得成功。例如，“陌陌”在微博文案中曾写道，“别和陌生人说话，别做新鲜事，继续过平常的生活。胆小一点，别好奇，就玩你会的，离冒险远远的，有些事想想就好，没必要改变。待在熟悉的地方，最好待在家里，听一样的音乐，见一样的人。重复同样的话题。心思别太活，梦想要实际，不要什么都尝试。#就这样活着吧#”。“陌陌”以一段看似消极的文案、夸张刺激的画面、迷糊充满睡意的配音，一针针刺痛我们沉睡的内心，“陌陌”的商业电视广告（Television Commercial，TVC）选择逆反的“刺激”方式，恰恰是精准地对用户痛点的搔痒，激发用户群体去追求更加新奇、个性、有趣的社交方式。

第二，博得异性的好感。这一年龄段的青年正处于恋爱、婚姻阶段，他们与异性交往的机会比较多，希望从交往的对象中选择自己的异性朋友或终身伴侣。在交往过程中，如何博得异性的好感不仅是继续交往的前提，也是交往成功的保证。为了达此目的，青年们常会采用一些办法，如赠送对方喜爱的物品，通过外表装饰表现自己的美丽、风度和不俗的气质。

第三，冒险心理。青年人无牵无挂，身强体壮，精力充沛，这是他们敢于冒险和勇于冒险的资本。青年人冒险心理表现为敢于接受新思想、新事物、新观念，对于采取某种行为所导致的不利后果和获得的利益，他们更关心后者。在新产品打开市场时，敢于冒险的人往往被看作是突破口。国外早期的一项研究发现，越敢冒险的人，广告对他们商标选择的影响越大。换句话说，那些不因怕出差错而缩手缩脚的人，受广告宣传的影响较大。[①]

第四，好胜心理。争强斗胜是青年人的一大特点。好胜心有时表现为好虚荣、好攀比，它是人的自尊需要的表现。青年人一般不愿意承认自己的智力、能力弱于别人。相反，每个人都企图表现出不亚于别人，甚至强于别人，在消费方面也是如此。

（4）29—50 岁。这一年龄段是人生中事业步入顶峰的阶段，也是人生历程中最艰难的时期。在工作上，他们要承担最复杂、最繁重的任务；在生活上，他们要关心老人、照顾小孩、完成繁

① 弗雷德里克·拉斯、查尔斯·柯克帕特里克：《销售学》，电子工业出版社 1987 年版。

琐的家务;在经济上,他们要抚养子女、赡养老人和维持家庭生活。如果把18—29岁的年轻人称为感情冲动型的人,那么,28—50岁就是理性务实型的人。对这一年龄段的人来说,下列几个方面对他们的购买和消费行为起着重要的作用:

第一,功利心理。其表现是期望以最小的付出获得最大的利益或满足。中青年人的功利心理与他们所承受的经济压力有关。许多广告和促销活动在价格上做文章,其实质就是针对消费者的功利心理而为。

第二,方便心理。繁忙的人总希望能避开琐事,或从琐事中节省出时间来。因此,如果一种物品或工具比另一种更便于使用,将更受欢迎。中青年人繁重的家务和工作任务造成他们产生对物品方便性的要求。

第三,家庭温暖。家庭的温暖主要表现为家中成员的和睦相处、相亲相爱、互相尊敬和帮助。中青年人对家庭温暖的需要,一方面是因为和睦的家庭有利于解除工作和社会事务上的精神压力;另一方面有利于将更多的精力投入工作和事业中。然而家庭融洽气氛的保持,除了思想上的沟通和工作上的相互支持外,有时也需要借助于物质来交流感情。例如丈夫出差回来给妻子买一条裙子,妻子为丈夫的生日买一套他很早就想买的西装。

第四,对子女的爱。美国广告学家施塔奇关于动机强度的调查研究表明,“对子女的爱”这是强烈动机,它仅次于“食欲”动机,处于第二位。在家庭观念和传宗接代观念更强的我国,这一动机的强度以及它对人们的购买和消费行为的影响作用,是不言而喻的。[①] 如今各种名贵的少年儿童用品之所以在市场中销售行情看好,原因就在于此。

(5) 50—60岁。大多数这一年龄段的人正在担任他们一生中最重要的角色。重要的工作任务要求他们付出大量的时间和精力,所以投入其他方面的时间和精力就相对较少。在这个年龄段,人的体力和精力都在下降,已有的信念越来越稳固,处理问题的方式也越来越模式化。在家庭生活方面,这一年龄段的人由于子女逐渐独立,因此他们关心的问题也由子女的婚恋、就业逐渐转移到自己的晚年生活上。此时,对他们的消费行为影响较大的因素有:

第一,守旧心理。上了50岁的人倾向于保留自己的生活习惯和生活风格,他们愿意接受他们曾经信任、喜爱的物品,而不愿意接受新的物品。换句话说,他们在品牌的选择上表现出强烈的品牌忠诚,要说服他们接受一种新的品牌相当困难。另有一项研究还发现,“抑制”新产品或对新产品反应“迟钝”者一般都是老年消费者。一项对新产品反应的调查研究表明,有19%的人一般拒用新产品。在这19%的人中,58%的人年龄在50岁或50岁以上。而在那些不拒用新产品的81%的人中,年龄在50或50岁以上者仅占20%。[②]

第二,健康需要。随着身体机能的衰退,51—60岁的人逐渐意识到健康的重要性。由于物质生活条件已稳定或完善,健康需要就成为他们最强有力的消费行为源动力。老年健身活动的兴起和普及,老年保健药品的兴盛,都反映了他们对健康的需要。

(6) 60岁以上。60岁以上的人基本上从各种事物压力中摆脱出来。他们一般在家休养,但可以根据自己的意愿选择某些活动。由于生活方式的重大改变(由在职人员变成退休人员)以及身心机能的衰老,他们的心理需求也发生了一些变化。西蒙斯1960年的跨文化研究指出,老

① 蓝三印、罗文坤:《广告心理学》,香港天马出版社1979年版。

② 王德馨、江显新:《市场学》,三民书局1970年版。

年人有5种基本需要或目标：[①]一是尽可能设法将生命延长；二是获得更多的休息；三是保持他们所具有的成就；四是保持活动的心情，希望有事情可做，以便打发时间，但不一定完成什么事情；五是在一种快乐生活的希望之中舒适地死亡。

简而言之，老年人的需要集中在健康和愉快地度过晚年悠闲的生活，要满足他们的这些需要一方面依靠老年人自身的生活安排，另一方面则依赖于子女们的"孝心"。许多广告就是通过激发子女的"孝心"来打开老年产品的市场。脑白金就是通过给父母亲送礼的广告来撬开市场的。

二、性别差异

男性和女性不仅在生理上存在差异，在传统社会角色以及心理、行为等方面也存在一定的差异。在购买和消费活动中，消费者的性别差异早就受到市场学家、消费心理学家的重视。消费心理学家布莱克威尔、恩格尔和科洛特1969年研究过301位丈夫和妻子在冰箱和汽车购买决策中的差异。他们的研究将决策过程分为几个阶段加以分析，发现在冰箱的购买决策中，妻子的参与人数比例较大，而在汽车购买决策中，丈夫的参与人数比例较大（见表2－1－1）。

表2－1－1　电冰箱和汽车购买决策过程中丈夫和妻子参与决策人数百分比　单位：%

决策阶段	冰箱		汽车	
	丈夫	妻子	丈夫	妻子
购买前计划阶段				
发起人	71	89	93	39
提议购买何种款式、机型	33	70	80	29
提议购买何种品牌	33	45	73	21
拟订预算	35	45	73	17
寻找消息阶段				
收集信息：由他人口中得知	92	85	57	43
由媒体上得知	59	55	57	43
购买阶段				
惠顾	88	86	96	73
购买者	71	79	94	52

性别差异是一个很广泛的研究领域，这里仅就与广告活动有关的一些问题作分析。

1. 媒体接触

在传统社会，男性接触媒体的人数比例一般要大于女性。例如1997年对全国受众的调查表明：无论是经常或每天看电视、听广播，还是读报纸、读杂志，男性的比例都大于女性的比例。在媒体的内容趣向上，男性一般比较关心新闻、经济、体育信息；女性对文艺、戏曲和动画片则略感兴趣一点，对妇女节目则远比男性感兴趣。此外，男性对于暴力、动作的信息或节目（如体育节目、武打电视剧）比较喜欢，而女性则对描述感情生活的节目感兴趣。

随着社会的发展以及女性地位的上升，媒体接触的性别差异正在缩小。以我国的互联网用

① 井上勝也等：《老年心理学》，上海翻译出版公司1986年版。

户为例,截至2018年12月,中国网民男女比例为52.7∶47.3,网民性别结构进一步与人口性别比例接近(如图2-1-2)[①]。

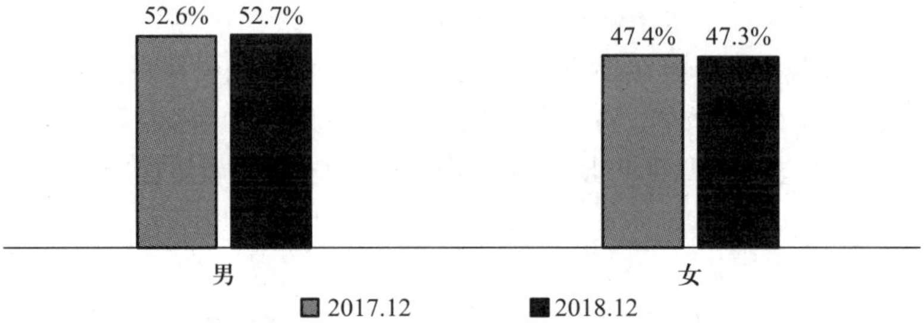

图2-1-2　中国网民性别结构

在媒体内容取向上,随着时代的发展,不同性别受众的兴趣改变并不大。男性比较关心新闻、经济和体育信息,而女性对文艺、娱乐和电视剧更感兴趣。据艾瑞调研数据显示,男性新媒体用户移动端观看的节目内容排在前3位的分别为:新闻资讯(53.7%)、电影(50.7%)、电视剧(37.0%);女性用户移动端观看内容的前3位的分别为:电视剧(50.9%)、电影(49.3%)、新闻资讯(49.3%)。可以看出女性与男性在媒体内容偏好上的差异:女性用户在电视剧上高于男性13.9个百分点,在综艺节目上高于男性12.1个百分点;男性用户则在体育赛事上高于女性11.1个百分点,在财经节目上高于女性6.6个百分点(如图2-1-3所示)。[②]

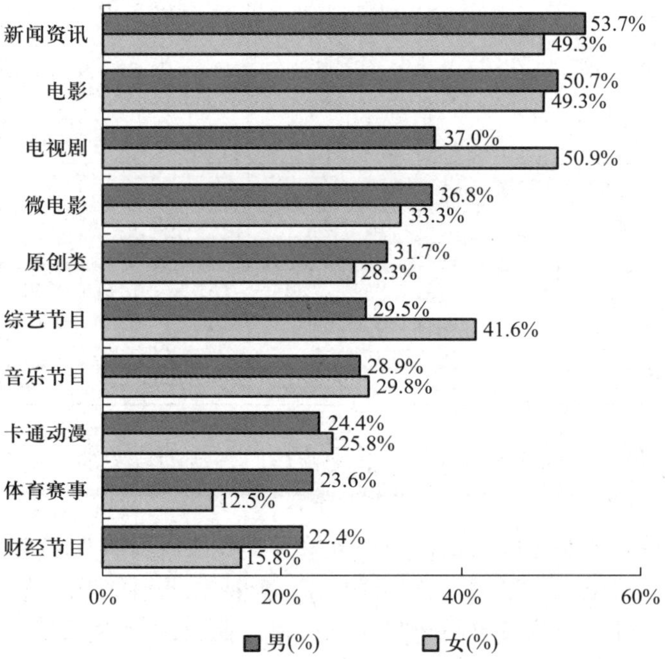

图2-1-3　不同性别客户移动端观看内容分布图

① 中国互联网络信息中心:第43次《中国互联网络发展状况统计报告》,2019年2月。

② 艾瑞咨询于2014年12月至2015年1月通过IUserSurvey在IClick社区上联机调研获得。

2. 消费心理

对女性消费者来说,在广告的诉求和表现上,要十分重视下列两个对她们的购买和消费行为有重要影响的内在因素。

(1) 美的追求。俗话说"爱美之心人皆有之"。但相对而言,女性对美的追求比男性更为强烈,这可能是长期以来的传统观念——"郎才女貌"所造成的。当今服装、化妆品、减肥产品、健美产品市场十分活跃,其背后深刻的市场推动力主要是女性的爱美之心。不过对现代女性来说,她们追求的不仅是视觉效果上的美,更是自身的整体魅力。

(2) 当好贤妻良母。贤妻良母是传统中被广为强调、认可和接受的优秀女性形象。在强调男女平等的今天,人们虽然不再强调女性应该当好贤妻良母,但是传统的观念在人们心目中是很难改变的。

贤妻良母是一个内涵十分丰富的概念,很难加以定义。不过,"贤妻良母"应该具有什么道德思想观念和行为方式,似乎每个人特别是女性都很清楚,因此,她们的思想和行为表现会自觉不自觉地以头脑中的"贤妻良母"概念为准绳。

当好"贤妻良母",不仅体现在精神生活方面,也体现在物质生活方面。例如做一个好母亲,很重要的一个方面就是要照顾好孩子,让孩子健康成长。而做一个贤妻,至少要把家里弄得干干净净,让丈夫穿得整整齐齐。这样,许多商品的销售也就跟如何帮助女性成为"贤妻良母"联系起来。

对男性消费者来说,影响他们购买和消费行为的内在因素与女性消费者不同。

(1) 爱潇洒。"男人爱潇洒,女人爱漂亮",这是一度十分流行的一首通俗歌曲的歌词,还有一首歌曲《潇洒走一回》也广为流行,都是因为歌词唱出了青年人的心声。

青年男子的爱潇洒之心体现在衣食住行各个方面。广告如能恰如其分地诉诸男性青年消费者的爱潇洒之心,就能够引起他们的共鸣。由于青年男子的这一心理特点,所以男士服装广告经常的做法是邀请一些"帅哥"作为品牌代言人,通过展示服装给他们带来的潇洒气度,以吸引男性消费者的关注和喜欢。

(2) 追求自尊。在某种意义上说,男人的自尊有时比生命还重要。男人的许多出乎意料的甚至是危害他人、危害社会的行为,其个人内在的原因就是自尊心受到伤害。所以为了得到自尊,男人都把事业(不管是什么事业)或工作看得很重,甚至比家庭还重。他们希望通过自己努力得来的成果赢得他人和社会的承认或赞许。有时当他们的自尊心无法得到充分满足时,他们也会借助各种物品来满足。

一项面向全国8872个网络消费者实施的在线调查研究表明,我国网络消费者的性别比例相当,但不同性别在网购频次、价格接受程度、购后评论、潜在购买商品类别及电子商务网站设计的偏好上都有或多或少的差异。半年内网络达到20次及以上的消费者以女性为主;与女性相比,男性消费者对价格敏感度低一些,他们更能够接受1000元以上高价商品,而女性更能够接受500元以下的中低价商品;总体消费者中有38.70%的人群每次购物之后都会进行主动评价,并且女性多于男性,与男性消费者相比,女性消费者更倾向因愉快的或不愉快的购物体验而进行评价;在潜在购买的商品类别上,男性消费者最有可能购买的是IT数码产品(占76.6%)和户外运动用品(占55.3%),而女性最有可能购买化妆及护理用品(占70.6%)和食品保健品(占55.4%);电子商务网站各设计因素对不同性别影响作用不同,女性消费者相对而言更容易受到网页背景色、站点图标、布局等外观设计因素的影响，男性更注重网站结构和导航设置等影响站点易用性的内在设计因素。[①]

另一项面向全国超过一万名葡萄酒消费者调查结果显示，不同性别的葡萄酒消费者在饮酒原因、对葡萄酒的口味偏好、对葡萄酒的产区偏好以及购酒价格上存在差异。在饮酒原因上，接近一半的男性消费者因为高雅有品位选择饮用葡萄酒，而65.7%的女性消费者饮用葡萄酒是因为更看重其具有美容的功效。在对葡萄酒的口味偏好分析上，男性消费者更喜欢偏酸、偏涩、口味长久及酒香浓郁的葡萄酒，而女性消费者更喜欢偏甜、酸甜适中、柔和、口感清淡的葡萄酒。

在对葡萄酒购买价格上，60.1%的女性可以接受300元以下价格较低的葡萄酒，而男性的比率为56.3%；对于500元以上较高价格的葡萄酒，只有18.7%的女性消费者接受，而男性消费者却有21.2%人可以接受。跟前一个调查研究一样，男性能够接受更高价格的商品，对价格敏感度低些。[②]

3. 对广告的反应

2014年一项关于受众对不同类别植入式广告的反应发现，不同性别的受众，对植入式广告的接受程度是不一样的。在态度上，男性受众对显性植入产品比女性受众表现得更为积极，与此相反，女性受众对隐性植入产品比男性受众表现得更积极。在购买意向上亦是如此，男性受众对显性植入产品的购买意向高于女性受众，而女性受众对隐性植入产品的购买意向高于男性受众。因而，企业在进行广告植入时，要根据产品的特点及目标消费者的不同，选择不同的植入方式。具体地说，当企业产品面向男性消费市场时，可以考虑采用显性植入；相反，当企业产品面向女性消费市场时，则宜采用隐性植入[③]。

另一项2017年的实验研究表明，女性受众对新的广告形式——消费者生成广告（Consumer Generated Advertising，CGA）的真实性感知高于男性受众，并且女性受众与男性受众对于此类广告信息存在不同的感知机制。相比男性，女性受众更容易受广告可信度的影响，因而她们更容易对消费者生成广告产生真实性感知。同时，由于女性在处理与别人的连接关系时，往往将自己与别人等同起来，因而其更容易将自己与广告创作者等同起来，从而对广告真实性感知更强。该研究结果对营销具有很好的启示：对女性目标市场而言，消费者生成广告实践对受众态度的影响更显著，因而企业在开拓以女性为主要消费群体的目标市场时，更应重视消费者生成广告的实践应用[④]。

三、经济收入差异

以经济收入的高低为标准，消费者一般分为高收入者、中等收入者和低收入者。经济收入不同的消费者，在许多方面都存在着差异。仅就广告信息的运用而言，研究发现，收入越高的消费者，对广告信息的运用越多。[⑤] 在媒体态度和对广告的态度上，伯内特比较了812位年龄在65岁以上的高收入和中等收入老年人的差异。研究发现，报纸、杂志、电视和广播对不同收入老年

---

① 陈梅梅、董平军：《中国网络消费者行为特征》，《中国流通经济》2017年第2期。

② 国观智库：《葡萄酒行业万人调查——性别篇》，2015年11月。

③ 王平、宋思根、居瑶：《基于受众性别和固定植入情境的植入式广告有效性分析》，《管理学报》2014年第5期。

④ 王平、范秀成、张建军等：《基于态度改变模型的消费者生成广告真实性影响因素研究》，《财贸研究》2017年第4期。

⑤ Callahan F X, *Advertising's influence on consumers.* Journal of Advertising Research, 1974, 14(3): 45－48.

人的覆盖有显著差异。高收入女性喜欢阅读报纸的食品、生活方式、旅游部分，中等收入的妇女喜欢广告增刊。高收入者与低收入者对媒体和广告价值的态度也有所不同，高收入者认为广告侮辱了他们的智慧，贬低了妇女的地位。[①]

在消费心理方面，不同收入阶层的差异也是很大的。

1. 高收入者

按照某一特定社会的普通生活水准来衡量，高收入者的经济状况是经济收入扣除维持一般生活水准的支出外，还有相当的剩余。由于经济上的富足，他们不仅会选择较高品质的物质生活方式，而且在精神文化生活方面也会有较高的要求。在商品消费方面，他们突出的特点包括：

（1）逐名心理。高收入者的逐名心理主要表现在他们的品牌选择过程中。对这类消费者来说，他们的购买决策比较简单，他们很少去考虑产品的品质，而是以产品的品牌知名度为依据。在同类竞争品牌中，不管质量、价格如何，只要名气大就容易获得他们的青睐。这也是名牌效应之所以会产生的深层原因。

（2）攀比心理。大多数消费者都是因为实际需要才购买商品或服务的。但是，对于有些高收入者来说，商品有无实际用途、服务是否必要，这些都是无关紧要的，关键是“别人有了，我不能没有”，“别人见过的，我不能没见过”，“我买的东西档次不能比别人差”。这种心理是当今奢侈品市场兴旺发达的原因之一。

（3）冒险心理。以较为丰厚的经济收入为后盾，高收入者不担心某种物品购买可能导致的经济损失，因而勇于试用新产品。顾客行为学家罗伯逊 1966 年分析过 18 项研究，发现在 13 个有关收入与创新性关系的研究中，9 项研究发现消费者的收入与创新性有正相关，4 项无相关，0 项负相关。由此可见，把新产品的市场目标指向高收入消费者有利于打开产品的市场销路。[②]

（4）享乐心理。经济上的富有容易产生享乐的心理，这是一种常见的现象。在经济较为发达的沿海地区，各种高级的休闲娱乐服务近些年来蓬勃发展，其消费的推动力不能不说跟高收入者的享乐心理有密切关系。

2. 中等收入者

中等收入者的经济收入大多限制在一定范围之内，他们的经济收入除了满足维持一般生活水平的要求之外，还有一定的富余。所以如果说高收入者以高消费为特征，那么中等收入者则以合理消费为特征。他们在产品购买、消费过程中常常要考虑的主要问题包括：

（1）产品的用途。中等收入者的购买活动一般是在一定现实需要的驱使下进行的。他们对产品的第一要求是具备适合他们需要的某种用途。打个比方，一个吸烟者要买一个打火机，他首先会看哪一种打火机更适合自己的要求。如果他经常在野外工作，他就会要求打火机具有防风功能；如果他准备把打火机摆在茶几上，以便客人使用，那么他会选择外观精美一点的；如果他是为了自己随身使用方便，那么他就可能买一个简单、便宜的。

（2）品牌或产品的象征意义。每一个人都有自尊或自我显示的需要。当人们具备一定条件时，就会尽可能地满足自己的这些需要。在一种产品类别中，往往有多种品牌，它们分别具有不同的象征意义。例如在汽车行业中，奔驰汽车象征着豪华、高品质；保时捷汽车则象征品质和速

---

① Burnett J J, *Examining the media habits of the affluent elderly*. Journal of Advertising Research, 1991, 31(5): 33 - 41.

② Philip Kotler:《行销原理》，楼钧穗等译，中兴管理顾问公司 1979 年版。

度;法拉利不仅象征着速度,还意味着艺术。消费者通过选择不同的商品和品牌,能够在某种程度上表现自我,满足自尊。中等收入者由于经济收入有限,不可能像少数高收入者那样去追逐名牌,所以他们在商品选择时,会更加关心产品和品牌的象征意义。

3. 低收入者

低收入者的经济收入相当有限,通常只能维持较低的生活水准。因此他们在商品购买和消费上表现出如下特点:

(1) 讲究节约。由于受到经济收入限制,低收入者购买的商品一般都是用来解决某些具体生活问题的。过于奢侈或不太实用的消费品,他们都会尽可能避免购买。例如贫穷家庭的孩子,经常只能羡慕同伴或其他同龄孩子拥有时尚玩具、高级学习用品、高级服装,因为他们的父母亲是不会给他们买这些物品的。在品牌选择过程中,价格的高低对低收入者有很大的影响,商品的折价、削价或大拍卖往往都能引起他们的兴趣。

(2) 怕冒风险。对低收入者来说,任何经济损失,哪怕是数量不大,也要尽量避免。购买时,他们对产品的质量通常十分重视。在不了解、不熟悉或没有使用过的产品面前,他们往往小心谨慎、犹豫不决。因此他们常常要采用从众购买或忠诚性购买的策略,即买别人买过的或自己使用过的产品,这样就可以降低购买风险。

四、文化程度差异

以文化程度为标准,消费者可分为文盲或半文盲、小学、初中、高中(含中专)和大学(含大专)及以上等五个细分市场。在广告活动中,对于消费者的文化程度差异,应该着重注意以下三个方面:

1. 媒体接触

文化程度的高低,会影响到人们的信息接受能力。文化程度低,信息接受能力也低,反之亦然。而受众信息接受能力也会影响到受众的媒体接触。据中央电视台总编室的调查,天天接触媒体的受众比例,随文化程度的提高而增大。①

在节目内容的趣向上,一般来说,文化程度越高,对时事新闻的兴趣越浓,文化程度越低,对消遣娱乐方面的内容越感兴趣。对节目中的科学文化知识,文化程度太低者接受不了,文化程度比较高者缺乏兴趣,所以只有中等文化程度的受众相对感兴趣一点。表 2-1-2 关于观众的电视观看目的调查结果说明了这一点。②

表 2-1-2 不同文化程度看电视的目的 单位:%

目的	不识字	小学	初中	高中	大专	大学以上
学习各种知识	—	4.7	5.6	4.8	3.0	3.0
娱乐消遣	34.1	29.2	21.9	16.2	14.2	14.2
了解国内外时事	22.0	30.0	35.2	47.1	61.0	58.4

① 罗明、胡运芳等:《中国电视观众现状报告》,社会科学文献出版社 1998 年版,第 472—474 页。

② 罗明、胡运芳等:《中国电视观众现状报告》,社会科学文献出版社 1998 年版,第 502 页。

2. 对产品的要求

国外的研究表明，文化程度高的人，目光比较远大，着眼于未来，容易接受新思想、新观念。例如，弗里切茨1977年的研究发现，具有较高文化程度的选购者，比较能坚持购买有利于保护环境资源的产品。[①] 又比如，文化程度较高的父母们，一般喜欢给孩子们购买一些有利于智力开发的玩具，而不是买仅仅玩玩而已的手枪、布娃娃之类的玩具。此外，文化程度比较高的消费者比较喜欢格调和品质高、耐久性能好的产品等。

3. 接受劝导

文化程度的高低与知识经验的多寡和思维判断能力的强弱有关。文化程度愈高的人，逻辑思维能力愈强，理解能力也愈强，误解的可能性愈少（如图2－1－4）[②]。教育程度高的人在接受观点、结论时往往需要经过自己的逻辑论证，而这种论证是以自己所掌握的事实材料和自己已有的知识经验为基础的。因此，试图让他们接受一个缺乏论据、论据无力或逻辑不严密的结论或观点比较困难。相反，文化水平低的人往往容易不加批判地接受别人的观点，只要观点或意见的倡导者可靠即可。一般来说，具有高中以上水平的消费者，都具备较高的理性思维能力。

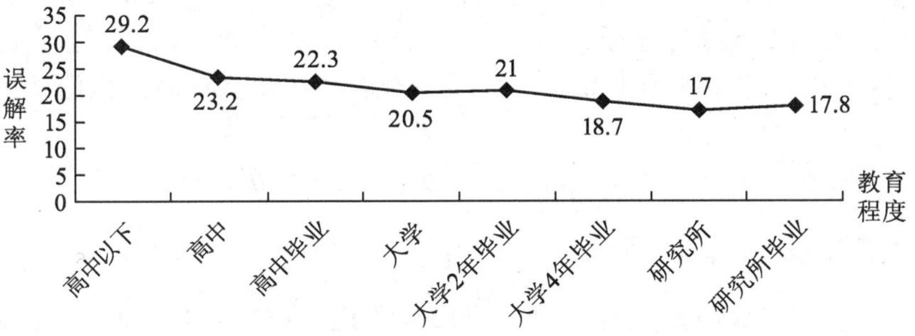

图2－1－4　误解与教育程度的关系（单位：%）

第二节　消费者的品牌选择策略

品牌选择是任何商品购买活动之前消费者都要作出的决策。品牌选择可能在购买现场作出，也可能在家中或其他非购买现场作出；品牌选择可能非常简单，也可能很复杂；品牌选择可能是审慎作出的，也可能是未经深思作出的。一般说来，在购买现场进行的品牌选择是比较简单、未经深思的，而在非购买现场作出的品牌选择则是经过深思熟虑的，是比较复杂的。本节把品牌选择策略分成简单的品牌选择策略和复杂的品牌选择策略两种加以分析。

一、简单的品牌选择策略

简单的品牌选择通常涉及消费者熟悉的、价格低廉的日常用品，与低风险性的品牌购买有

① 仁科贞文等：《广告心理》，外语教学与研究出版社2008年版。

② Jacoby J. & Hoyer W. D. *The comprehension/miscomprehension of print communication: Selected findings*. Journal of Consumer Research, 1989, 15(4): 434－443.

关。例如买一支普通的圆珠笔少则几角钱,多则几元钱。即使买到的笔不好用或者是不合格的,也不会让人觉得损失很大,所以在品牌选择时消费者不会做太多的考虑。

在现代市场活动中,只要细心加以考察就会发现,许多消费者的品牌选择都是采用这种简单的策略,他们或因为产品的外观造型漂亮,或因为许多人都在购买使用,或因为自己曾经使用过,或因为自己经常听说或看过而选择某一品牌。也就是说,他们的品牌选择依据是产品的外观、品牌的知名度、别人是否使用以及自己的消费习惯等,这样就无须费太多心思。

简单的品牌选择最突出的特点,一是选择的思考时间非常短暂,二是选择决定是在购买地点做出的。由于采用这种品牌选择策略的购买现象随着社会经济的发展越来越普遍,所以许多广告主所展开的广告活动经常在产品的销售地点上做文章。这也就是当今无论你什么时候走到杂货小店,还是经由百货商店,你都可以看到各式各样的售卖场所广告(Point of Purchase Advertising,POP)广告的原因。针对简单的品牌选择策略,除了采用 POP 广告之外,其他的广告对策包括:

(1) 给商品设计一个显眼、让人爱不释手的包装。

(2) 借助于大众媒体,努力提高品牌的知名度。这类广告不必作太多的介绍,只要把品牌名称及包装形态让广大消费者熟知即可。

(3) 选择适当的时机搞一些促销活动。如给消费者派送免费样品让他们试用等,培养他们的行为习惯。

(4) 高度重视品牌产品在商店中的陈列。如摆得多一点,摆得显眼一点。

二、复杂的品牌选择策略

一种产品往往有许多属性或特点,如质量、性能、用途、价格、包装造型、知名度,等等。复杂的品牌选择策略是指消费者根据产品各方面的属性或特点进行分析比较和权衡,然后从中选择一种自己比较满意的品牌。在这一策略中,消费者经常要考虑或评价的两个重要变量是:各种属性的优劣(或信念评价值)和各种属性的相对重要性。由于不同的消费者在其品牌属性的信念评价中所采取的方式以及对品牌各属性的重要性看法不同,因而品牌选择时采用的选择模式也不一样,这样就形成了多种复杂的品牌选择模式。

1. 优势模式

该模式假设消费者在进行品牌偏好选择时,会对品牌的各方面属性加以考虑,并要求这些属性都达到最优。如果有一方面不能达到最优,那么该品牌就会被淘汰。以房地产选择为例,假设房地产有三个属性,属性 1 为“位置”,属性 2 为“价格”,属性 3 为“户型”。三个属性的信念评价值范围为 0—10,很好为 10,很不好为 0。现在我们进一步假设有五种品牌(甲、乙、丙、丁、戊)的房地产,它们的信念评价值如表 2-2-1。

表 2-2-1 五种品牌的信念评价值

属性	甲	乙	丙	丁	戊
属性 1	6	8	8	8	6
属性 2	8	9	7	9	8
属性 3	9	9	8	7	9

根据优势模式,表 2－2－1 中,只有乙品牌在三个属性上的信念值都达到最高,因而它将获得消费者的最高评价,并成为被选择品牌中的唯一获胜者。其他四种品牌由于都有一种或两种属性的信念评价值达不到最高,因而不被选择。

采用优势模式进行品牌选择的消费者,其意图是想挑选出十全十美的品牌。客观地说,在当今竞争激烈的市场中,任何一种品牌都很难在各个方面占据优势地位。现实的情况是,甲品牌可能在 A 属性上占优势,而乙品牌则在 B 属性上领先。不过,绝大多数消费者很难对商品的各种属性作出客观的衡量,他们的信念评价往往是主观的。所以尽管客观上没有十全十美的品牌,但有些消费者仍然可以选出他们认为各个方面都有优势的品牌。

商品经济发展初期,在广告中把自己的产品说得十全十美,还有不少人相信。而如今,如果广告再把自己的产品说得什么都好,也只有广告创作者或广告主自己会相信。那么广告如何来塑造品牌的“十全十美”的形象以满足采用优势模式的消费者呢？这里有相应的三种广告对策:

其一是指出广告品牌在各个方面的优势。例如图 2－2－1 的五菱荣光广告分别说明了五菱荣光在驾乘舒适、装饰方便度、省油程度以及安全程度方面的优势。

图 2－2－1　五菱荣光广告

其二是通过不同的媒体或不同的广告介绍产品的不同优点。例如在电视广告上突出商品的外观造型,在报纸广告上强调产品的性能。

其三是努力提高品牌的知名度,或努力塑造品牌在竞争市场中的优势地位,使消费者对品牌作出信念评价时出现社会心理学所谓的“光环(晕轮)效应”,即先让消费者认为某品牌是优秀的,继而让他们自己作出“优秀品牌的各方面都应该是不错的”的推论。

2. 连续性模式

该模式假设人们在品牌选择时先把品牌分成两类,即可以接受的和不可接受的。然后在产品的每一属性上定一个最低标准,要求品牌的每一属性都要达到最低标准才能接受,否则,哪怕是只有一个属性没有达到最低标准,也不予接受。继续上述例子来说,假设有一位消费者在房地产的品牌选择时,给房地产的各个属性定下的最低标准分别为:位置好(信念评价值为8),价格合理(信念评价值为7),户型好(信念评价值为8)。根据这些要求,表2-2-1中的乙和丙都有可能被选择,其他三种品牌均因为有个别属性的评价值没有达到最低标准而被舍弃。

这种模式对于不具特色、普普通通的产品来说,是比较有利的。针对这种品牌选择模式的消费者,广告的做法是明确介绍产品具有多方面的属性。例如图2-2-2的iPhone 6s手机广告,把该产品所具有的内外属性一一地描述出来,其内容包括:采用新的700铝合金材质、支持3D Touch、64位处理器、Touch ID传感器、1200万像素iSight摄像头、4K视频的录制。

图2-2-2 iPhone 6s手机广告

3. 不连续模式

不连续模式与连续性模式基本相似,它也要求品牌的属性达到最低的标准。所不同的是,连续性模式要求所有的属性的信念评价值都要达到最低标准,而不连续模式只考虑产品的重要属性,只要产品的重要属性达到要求,那么该品牌就有可能被选择。至于其他次要的属性是好是坏,都无关紧要。再以上述房地产为例来说,有的消费者可能会认为"位置"是次要的,"各种户型"都可以接受,最重要的是"价格"要合理,并要求达到9分或9分以上。据此,表2-2-1中的乙和丁就成为该消费者的选择对象。青年女性在服装的品牌选择上经常就采用这一模式,她们通常只考虑服装的样式和颜色,只要这两个方面满足她们的要求,其他方面就变得无足轻重。

这是一种应用比较广泛的品牌选择模式。针对这一模式,在广告信息组织上,通常要强调商品的某一或某些属性的重要性,指出产品在这些属性方面能够有效满足广大消费者的要求。有时当消费者所认定的重要属性与你的品牌不相吻合时,那么你的广告努力方向就应该是改变消费者对哪些属性是重要属性的看法。

图2-2-3是麦当劳两款汉堡广告,突出强调汉堡的肉量大,如果这一属性是消费者最为关心的,那么这种诉求无疑是正确的。

4. 编纂式模式

该模式假设消费者的品牌选择就像编写词典一样,一个词的多种注释按其重要性顺序进行排列。消费者在进行品牌选择时,首先考虑品牌的最重要属性,如果第一重要属性还不能导致选

图 2－2－3　麦当劳两款汉堡广告

择(如有多种品牌在这一属性上都没有太大差别),那么,他们就以第二重要属性为标准。如果第二重要属性仍不能导致选择,就考虑第三个属性,如此下去,直至能作出选择为止。该模式可以用表 2－2－2 来表示。根据属性 1,品牌 3 先被淘汰;根据属性 2,又淘汰了品牌 1、4 和 6,剩下品牌 2 和 5;再根据属性 3,淘汰掉品牌 5,因而选择品牌 2。由于根据前三个属性就能作出选择,因此属性 4 和 5 就不用考虑。但如果依照前三个属性还不能作出选择,就要依据属性 4 甚至属性 5 来作选择。针对这一模式,在广告宣传之前必须对其他竞争品牌的各种特点有充分的了解,并把它们与自己的品牌作比较。如果自己品牌是具有表中品牌 3 的属性,那么就要努力说明其他四种属性都比属性 1 重要。如果自己品牌是表中的品牌 6,很显然,突出强调属性 1 和 5 的重要性是最有利的。

表 2－2－2　编纂式模式

	属性 1	属性 2	属性 3	属性 4	属性 5	选择结果
品牌 1	√		√	√		
品牌 2	√	√	√	√		☆
品牌 3		√	√	√	√	
品牌 4	√		√			
品牌 5	√	√		√		
品牌 6	√		√		√	

图 2－2－4 的广告突出强调了洗发水的清洁功能,然后是爽肤功能,进而是保护功能。这则广告就适合采用编纂模式进行品牌选择的消费者,当然它也适合下面一种模式——期望值模式的消费者。

5. 期望值模式

期望值模式主张,消费者的品牌选择是以品牌的每一种属性为标准的,各种属性的重要性在消费者的心目中不一样,但是,它们之间可以互补。也就是说,某一属性的优势可以弥补另一属

图 2-2-4 海飞丝洗发水广告

性的不足。该模式可表示为如下公式：

$$A_{jk} = \sum_{i=1}^{n} W_{ik} \times B_{ijk}$$

公式中，A_{jk}表示 k 消费者对 j 品牌所持的态度，W_{ik}表示 k 消费者赋予 i 属性的重要性权重，B_{ijk}表示消费者 k 对品牌 j 所提供的属性 i 的信念评价值。消费者在最终作出选择时，就是依据每一种品牌的 A_{jk}的大小来决定的。

根据这种模式，在广告宣传上，一方面要努力去改变消费者对品牌属性的重要性的认知，使消费者认为你的品牌最突出的属性是比较重要的。假设你的房地产的交通最方便，那么你的一切广告努力就应该是让消费者觉得房子交通方便是最重要的。另一方面，就是要努力提高消费者对你的品牌的各种属性的评价。这犹如一个高中生想在高考取得好成绩，各个学科就必须均衡发展一样。

6．理想点模式

前面五种模式都假设每一个属性的效用都可以用信念评价值来表示，评价值愈大，其作用也愈大。与此不同，理想点模式主张，在每一个商品属性上，消费者都有一个理想点，各个属性越接近理想点的品牌，越可能成为他们选择的目标。例如在商品房的面积上，消费者可能希望某一适当的大小，如 150 平方米，太大或太小他们都会觉得不合适。理想点模式可用公式表示如下：

$$D_{jk} = \sum_{i=1}^{n} W_{ik} \mid B_{ijk} - I_{ik} \mid$$

公式中，D_{jk}表示 k 消费者对品牌 j 的不满意程度，I_{ik}表示 k 消费者对 i 属性的理想水平。B_{ijk}和 W_{ik}的含义同上一公式。D_{jk}愈小，k 消费者对 j 品牌的偏好就愈强。如果有一种品牌的各种属性皆达到理想的标准，即 $\mid B_{ijk} - I_{ik} \mid = 0$，那么，该品牌也就是最理想的。

针对理想点模式的广告对策，其核心就是：第一，改变消费者的理想点（I_{ik}），使之与你的产品的信念评价值尽可能接近；第二，增加与消费者理想点相接近的品牌属性的重要性权重，或降低与消费者理想点相距较大的品牌属性的重要性权重。举一个例子来说，如果消费者已习惯于浓郁的白酒，而你的白酒比较清淡，那么你的广告就要说服他们，让他们觉得喝清淡白酒更适合。而如果你的酒刚好是浓郁的，但价格偏贵，那么就要强调酒的品位是最重要的。

图 2-2-5 是唯品会的手机客户端广告，所体现的正是这种理想点模式。对大多数消费者来说，理想的当然是正品大牌，而价格最好是特价或打折，广告着力突出了这两点诉求。

图 2-2-5　唯品会手机客户端广告

第三节　消费者的购买行为

消费者的购买行为依据不同的标准，可以进行不同的分类。各种类型的购买行为的发生，既与消费者的特点有关，也与产品的类别有关。因此针对不同类型的购买行为，广告策略也应有所不同。

一、按理性参与程度分类

根据消费者在产品购买过程中的理性参与（或计划完善）程度，购买行为可分为非理性购买行为和理性购买行为。当然，这种分类不是绝对的，大多数购买决策都包含一定程度的计划（理性）。影响购买是计划还是冲动的因素包括：以前对产品的兴趣水平、以前购买的影响、广告暴露等。[①]

1. 非理性购买行为

非理性购买的主要特点之一就是没有计划，这类消费者占有一定的比例（如图 2-3-1）[②]。

非理性购买行为又可以进一步分为忠诚性购买行为、诱惑性购买行为和从众性购买行为三种。这三种非理性购买行为的特点各不相同。

（1）忠诚性购买行为。忠诚性购买与消费者对产品品牌的态度、信任程度以及产品的购买

① Agee T & Martin B A S. *Planned or impulse purchases? How to create effective infomercials.* Journal of Advertising Research, 2001, 41(6): 35-42.

② 明略市场策划（上海）有限公司：《上海高级商场消费人群研究报告》，3see 网 2003 年。

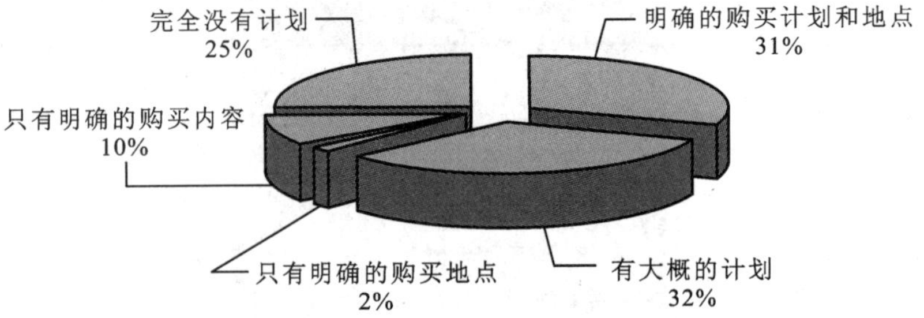

图 2-3-1 消费者购买前的计划

习惯有关。当某种品牌已为消费者所偏爱并取得消费者的信任时，消费者一旦需要这一类别的产品，就会不加思考地选择该品牌，而不愿意花时间去把这种品牌与其他品牌作比较。从品牌的使用频次来说，消费者使用次数愈多的产品，愈可能成为他们选择的对象，即熟悉的东西才敢于相信。一般来说，忠诚性购买行为随消费者年龄的增加而逐渐增多。此外，性格内向的消费者，也更可能发生忠诚性购买行为。

对于忠诚性购买者来说，在广告活动的不同时期，应采取不同的策略。首先，在产品推入市场的初期，广告活动应该以树立品牌形象为目标，促使消费者对品牌产生良好的态度，甚至产生偏爱；其次，在市场导入期过后，广告活动应以促进产品销售为目标，配合促销活动进行，以期造成消费者重复购买，逐步建立消费者的品牌忠诚；再次，当消费者已经初步形成了品牌忠诚之后，广告活动目标就应该转移到支持消费者的品牌态度上来，增加消费者对品牌的信任感。此外，要维护消费者对品牌的忠诚，还必须让消费者在使用产品或服务之后感到满意。这里广告所能做的事是如实地告诉消费者品牌或产品能够带来的利益，不要过分地夸大产品的功能、效用，否则适得其反。长期以来，我国的保健产品、美容产品的宣传大多有夸大之嫌，因此一个又一个品牌被消费者所抛弃，培养不出忠诚的消费者。

（2）诱惑性购买行为。诱惑性购买是由产品本身刺激引起的购买。随着现代产品的造型设计和包装技术的发展，产品的外观、样式对人们产生了不可抗拒的诱惑力。新奇的样式、鲜明的色彩、精致的包装都会让人爱不释手。为了满足一时的好奇心和感官刺激的需要，消费者常常为之慷慨解囊。在当今的市场活动中，这一现象屡见不鲜，从年幼无知的儿童到年过花甲的老人都不乏其例。儿童拥有大量的玩具，年轻姑娘拥有大量的装饰品和服装，都与诱惑性购买有关。

包装是产品的服装，是促使消费者产生诱惑性购买的重要因素。包装的好坏，对产品的销售影响很大。国外关于化妆品的研究发现，许多名贵的化妆品与价格低廉的化妆品在营养成分构成方面没有太大的差别，给人造成二者有巨大差别印象的都是人为因素，其中包装是最重要的因素之一。

诱惑性购买行为的发生与商品在货架的摆设也有关系。哈巴德 1969—1970 年曾对货品在货架上的朝向效果进行研究，他发现朝向走道的同品牌产品减少时，销售量也减低，尤其是消费量大、容易被拿走的产品项目更是如此。反之，当朝向走道的同品牌产品数量增加时，销售量也随之上升。例如，橘子汁由 3 件减少到 1 件时，销售量减少了 29%；而家用喷雾清洁器由 2 件增加到 4 件时，销售量增加了 40%（见表 2-3-1）[①]。

表 2-3-1 货品朝向与销售量的关系

产品目录	以前朝向过道的同品牌货品数	后来朝向过道的同品牌货品数	每周销售量改变的百分比/%
葡萄汁（1 400 克）	4	2	0
橘子汁（1 000 克）	3	1	-29
家用喷雾清洁器（1）	2	4	+40
家用喷雾清洁器（2）	3	1	-66
液体万能清洁器	2	4	+25
无柄移动清洁器	3	1	-60

货架位置的高低也影响货品的销量。研究发现，随着商品在货架上陈列位置的高低变化，销售量也呈现明显的升降变化。商品由顶层降到底层时，销量下降 83%，而由底层升到第四层时，销量上升 43%（如图 2-3-2）。

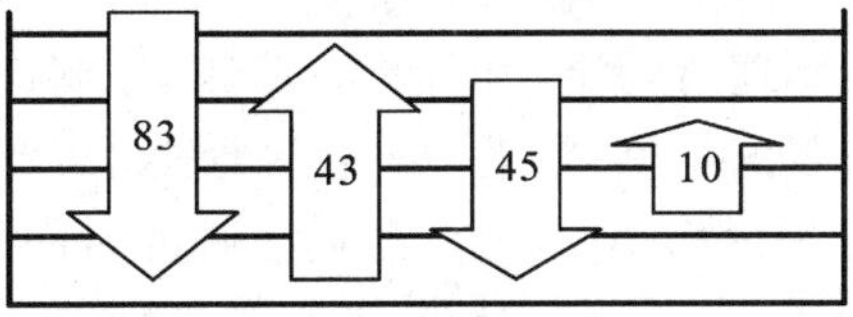

图 2-3-2 货品位置改变时销售量的增减情况

专柜展销、POP 等也会促使消费者产生诱惑性购买。所以，要有效地促进消费者的诱惑性购买行为，有几个方面值得重视：第一，产品的包装造型一定要设计得美观、有特色，让消费者喜欢；第二，搞好商品在商店柜台的陈列，使商品处于显眼的位置；第三，举办商品的专柜展销或联合展销；第四，加强 POP 广告宣传，如橱窗展览、柜台招贴等。

（3）从众性购买行为。从众性购买是指由于受他人或周围情景因素的影响而进行的购买活动。从众性购买行为的发生一般有两种情况：其一，消费者不是真正需要这种商品，他们自己对所购买的产品事先并没有充分的了解，也没有购买的计划。他们的购买行动是由于别人的行动引起的。商店里的抢购现象就是这种从众购买的典型例子。其二，消费者存在着某种需要，有购买某类商品的意图。但是在品牌选择上，他们不是选择经过分析比较后选择较为合适、较为满意的品牌，而是选择他们所隶属团体的成员经常使用的品牌。社会上曾经掀起的流行服装浪潮如“红裙子”“健美裤”“牛仔裤”均是这类从众购买所致。而在如今强调个性化的年代，人们的从众行为则表现为购买与别人不一样品牌、款式的产品。

从众性购买行为的发生与购买情境有密切的关系。当一个人置身于某一情境之中时，情境中其他人的行为和认知判断都会影响到他的行为反应。美国“色泽研究院”曾做过一项测验，把

---

① 郑伯埙：《消费者心理学》，大洋出版社 1977 年版。

六种不同颜色的围巾放在参加测验的妇女面前。当询问她们哪一种颜色的围巾最漂亮时，有75%的人都说第六号围巾最漂亮。过后作个别猜奖游戏，以这些围巾作为奖品，结果获奖的人大多数选择其他围巾，选择第六号围巾者仅占十分之一。其原因就是当众询问时，个人屈服于其他人的压力而作出附和的选择，其他人的这种压力通常是无形的。[①]

促使从众购买现象的发生是产品市场推广的一种快速、有效的重要手段。从众购买的产生，通常是由一些"弄潮儿"率先购买使用，进而影响同一群体的其他人。因此，有些新产品广告宣传的初始阶段，可针对这些"弄潮儿"着力进行攻击，通过他们来影响广大消费者。在广告的创作上，针对从众购买者，一方面可以请合适的名人来担任产品介绍人；另一方面也可以采用流行性诉求的表现手段，让接触广告的消费者觉得该产品是适合他们使用的流行产品。此外，为了促进从众性购买行为的发生，做好 POP 广告和促销活动也是相当重要的。

2. 理性购买行为

理性购买行为是指在掌握必要的商品信息的基础上，经过思考、计划以求有效达到一定目的的购买行为。与上述几种类型的购买者不同，理性购买者通常对产品的特性都有充分的了解，他们对同一类别的各种品牌也有自己的看法，他们的购买活动是根据实际需要事先计划好的。一旦他们作出购买决定，就不大可能再受别人的影响。总之，理性购买行为一般具有下列特点：[②]

第一，从整个生活情况来看，产品是有用的；第二，产品购买是实际生活中最迫切的；第三，购买自己中意的、对自己适合的、体现自己个性的商品；第四，强调产品应该是优质的；第五，完全满意后才购买；第六，强调令人信服的价格；第七，重视按计划购买和靠智慧购买；第八，重视情报性购买，购买时挑选范围较大；第九，购买前考虑产品或品牌的时间较长。

理性购买行为通常有一个复杂的过程，对此，著名的营销学家科特勒用一个简单的模式（如图 2-3-3）来描述。[③] 在这个模式中，他把购买程序分为五个阶段，即唤起需要、资料搜寻、估价行为、购买决定和买后感觉。

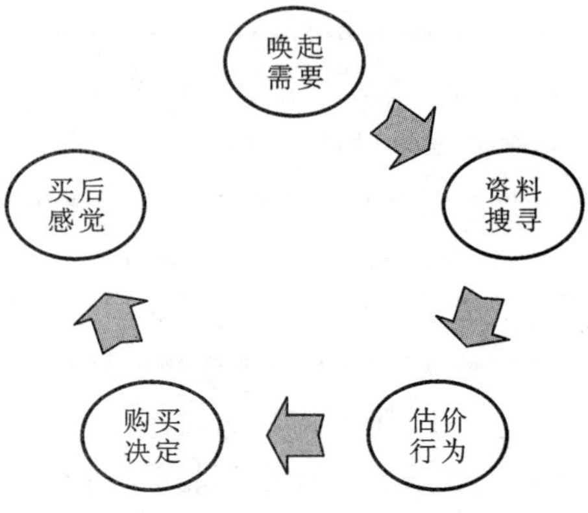

图 2-3-3　理性购买的过程

① 彼特·萨尔曼：《市场心理学》，经济管理出版社 1986 年版。

② 仁科贞文：《广告心理》，中国友谊出版公司 1991 年版。

③ Philip Kotler：《行销原理》，楼钧穗等译，中兴管理顾问公司 1979 年版。

（1）唤起需要是购买程序的起点。消费者在日常生活中，会产生各种各样的需要，如节省开支、减少病痛、减少身体疲劳、娱乐等。消费者的购物行为有时是由这些需要引起的，有时则是由广告唤起的。

假如一个人唤起的需要很强烈，而且可以满足需要的物品就在眼前或附近，那么他就会立即行动以满足需要。例如当一个人口渴时，就会马上买饮料来喝。但是在很多情况下，被唤起的需要是不能马上得到满足的，必须暂时储存在记忆之中以期将来得到满足。例如许多年轻人都希望拥有自己的汽车，但是还不具备经济实力，这种需要只有等待今后来满足。

（2）资料搜寻。按照需要的强度，需要在个人身上会产生两种情况。在不很强烈的情况下，个人对能满足自己需要的资料变得敏感起来，此时他们并不主动寻找资料，但他们接受资料。例如一个人想买家具时会更加注意家具展销广告。在需要强烈的情况下，人们便进入积极的资料寻找状态。消费者花在信息搜索上的时间与购买产品的价格存在正相关。① 一般来说，资料的来源主要有四个方面：个人来源：家庭成员、亲友、邻居、同事等；商业来源：广告、推销员、经销商、包装品、展销会等；公共来源：大众传播媒体、消费者组织等；经验来源：操纵、实验和使用产品的经验。

（3）估价行为。当个人获得资料后，就会处理资料以求对产品品牌形成一定的态度倾向，这就是估价行为阶段。通常，消费者要用很多的资料来形成他们对品牌的态度。没有一种资料可以单独满足他们作出评价的要求。当消费者购买耐用品时，广告是一种重要的信息来源，但其他来源的信息在实际决策中重要得多。②纽曼和斯迪尔林对653个新汽车或大件器具购买家庭的调查也发现，广告是次要的信息来源。该研究还显示，许多广告效果发生在购买决策过程之前。广告来源的运用与乐观展望、认识到需要信息、教育水平中上、妻子单独或单个成人作购买决策相联系。②

（4）购买决定。在购买决定阶段，消费者往往将他们喜欢的品牌作为他们选择的对象。也就是说，购买意向是品牌态度的函数。当然仅有购买意向并不等于产品的实际购买。例如，在决定购买之后采取购买行动之前，市场上又推出更新的品牌，此时，消费者可能改变已有的决定。

（5）买后感觉。买后感觉是产品购买使用后，消费者对产品是否满足需要的评价。它对品牌态度具有重要的反馈作用。如果产品能够有效地解决消费者的问题，让消费者感到满意，那么这种经验就会加强他们对品牌的偏好。反之，消费者可能会改变已有的态度。

由上述对理性购买行为的分析可见，理性购买行为的发生是以事先对商品的了解为基础的。消费者关于商品的知识越多，了解越全面，他们对产品购买的风险知觉就越会下降，购买产品的可能性也会相应地增大。因此，从广告活动的总体战略上看，应该加强商品知识的宣传，让消费者对产品有足够的了解。在广告内容方面，应对产品的特点作充分的介绍或论证，提供有说服力的证据，例如可以引用有关产品的研究结果、技术鉴定资料。总之，广告内容要注意以事实为依据，不要仅作泛泛之谈或口号式的自我吹嘘。此外，对于一些尚未成为人们需要的新产品，在广告上有时应先努力去激发消费者的需要。

---

①② Callahan F X. *Advertising's influence on consumers.* Journal of Advertising Research, 1974, 14(3): 45-48.

② Newman J W. & Staelin R. *Information sources of durable goods.* Journal of Advertising Research, 1973, 13(2): 19-29.

图 2－3－4 是“盛大花园”学区房广告，学区房价格会比普通小区贵上不少，大城市的学区房动辄上千万，消费者不可能凭一时的感情冲动就购买，而是会事先进行充分调查，所以广告中从置业、养生以及教育便利性上对学区房的价值来源作了详细的说明。

图 2－3－4 “盛大花园”学区房广告

二、把购买行为看作一种问题解决活动来分类

这种分类方法是霍华德 1974 年提出来的。霍华德据此把购买行为分为例行反应行为、有限度解决问题和广泛解决问题三类。①

1. 例行反应行为

例行反应行为是最简单的购买行为，常常发生在廉价或常购的商品中。消费者了解产品的等级，知道他们所需要的品牌，也很清楚如何选择他们所喜爱的品牌。消费者并不经常购买同一家公司的产品，因为各种牌号的产品似乎没有太大的差别，而且他们的选择可能受商店无现货或销售特制品等的影响。总之，在例行购买行为中，消费者只把购买看作是一件程序化必须完成的工作，在行动时，不喜欢花太多的时间去思考或搜寻。对于有些物品来说，消费者倾向于购买自己使用过的品牌，如果该品牌买不到，则买跟该品牌比较接近的品牌。例如，当家中的牙膏用完时，消费者可能不假思考地决定购买高露洁牙膏，买不到时，则买中华牙膏或其他比较熟悉的牙膏。

例行反应行为通常受下列因素的影响：

第一是购买的方便性。一般来说，对于一些廉价、常购的商品，消费者愿意在离家不远的地

① 王德馨、江显新：《市场学》，三民书局 1970 年版。

方或网上购买，或者在外出方便时附带购买。可想而知，谁也不会为了买一支牙膏、一袋洗衣粉特意跑到离家很远的大商场购买。

第二是对商品的熟悉性。许多日常用品在质量、性能、功效上都没有明显的差别，因此一旦用习惯了，人们都不太愿意改变。熟悉产生偏爱，偏爱导致不断重复使用。

第三是品牌的知名度。品牌知名度对例行反应行为产生影响，一方面是因为知名度反映了品牌的质量和信誉，另一方面是因为现代的消费者具有"慕名购买"的心态。

第四是购买时的情境刺激。由于在例行反应行为中，消费者对品牌的选择是在商店里进行的，所以售货员的推荐、介绍，商品的包装造型，商品陈列的位置以及店内招贴广告等，都会影响消费者的购买。

由此可见，要影响消费者的例行反应行为，使之倾向于某一品牌，在广告活动目标上，应以提高品牌知名度为主。由于消费者的决策过程非常简单，无需太多资料，所以在媒体选择上，应侧重视听媒体。此外，POP 广告尤其是商品在货架、柜台上的陈列也应加以重视。

2. 有限度解决问题

购买者对各种产品品牌没有什么概念，但很清楚自己所需要的产品的性能和用途。在这种情况下，他们的购买行为往往就是有限度解决问题。换言之，有限度解决问题的购买者知道自己的需要，但不知道何种品牌能满足自己的需要，因而在购买之前采取审慎的态度，或询问他人，或寻找广告阅读，以求增加对各种品牌的了解。例如想买一套适合自己家庭的家具，他们可能知道许多家具店，但不知道这些家具店各有哪些款式的家具，因此在作出购买决定之前，他们会先对这些家具店进行了解。

有限度解决问题所要购买的商品，性能、结构通常比较复杂，而且是现代生活所必需的。消费者的购买过程一般是先弄清楚自己的需要，然后寻找资料了解商品，等到自己对各种各样的品牌都有了比较清楚的了解之后，才作出品牌选择的决定。所以针对这种购买行为，广告应着重让消费者了解产品，并对产品的质量、性能等问题作出较为明确的许诺。在广告媒体选择上，应高度重视印刷媒体如报纸、杂志、广告传单、包装说明书等。

3. 广泛解决问题

广泛解决问题是一种复杂的情境。在这种行为中，购买者对品牌产品的属性不了解，不知道产品如何使用，也不清楚自己所需要的品牌应该具备什么特点、性能、用途。举一个例子来说，有些购车者刚开始对小汽车一无所知，他们不仅不知道自己需要什么性能、特点的小汽车，也不知道各种品牌型号的小汽车有何差别。对于这些消费者来说，他们的购买行为就属于广泛解决问题。由于广泛解决问题类型的购买者对于自己的需要以及品牌的特点都不清楚，所以他们需要更多的信息，需要更长的时间来做决策。

鉴于广泛解决问题的特点，在品牌的广告宣传内容上，要着重介绍产品在现代生活中的作用，激发消费者的新需要；告诉消费者如何使用产品，让他们不对新产品产生畏惧感。在媒体方面，要特别重视运用产品宣传小册，以提供丰富全面的资料。

第四节　各种商品的购买心理

对于不同类别商品的购买活动，消费者的购买决策过程、购买行为方式以及购买动机均有所不同。广告是一种推销商品的重要工具,如果广告主或广告人希望它有效地达到说服消费者购买商品的目的,那么在制定广告策略之前,先了解消费者的商品购买心理是十分必要的。

在现代市场上,商品成千上万,数不胜数。各种各样的商品,可依据不同的标准将它们进行分类。

一、以购买方式为标准进行分类

按此标准,消费商品可粗略地分为日用品、选购品和特殊品。

1. 日用品

日用品是指消费者在购买之前早已熟悉或具有有关知识,只要花很小气力即可购买得到的商品。购买日用品的消费者,一般不愿意花费时间去比较不同商品的价格和品质;愿意接受其他替代品,但希望买到与原来使用商品最接近的一种。日用品的范围相当广泛,包括一般杂货、廉价糖果、牙膏、内衣、牛奶、面包、打火机、纸巾、电池等。当消费者需要某一种物品时,往往希望立即买到。

日用品主要用于满足人们的一些基本生活需要。在购买这类物品时,消费者受购买习惯和价格的影响较大,受时尚或新奇方面的影响不大。对于著名品牌,消费者也不会有过分的偏好。

伍德斯和奥斯本(1970)所进行的调查表明,维持生活所需的产品品牌很少发生改变。例如对于食糖、油盐酱醋,人们经常购买同一牌号的产品。人们之所以一直购买同一牌号的产品,并不是因为他们忠诚于这种牌号,而是因为没有改用其他牌号的理由。

对于日用品的非忠诚购买,也可以用消费者很容易改用低价格品牌产品的情况来加以说明。伍德斯和奥斯本的调查还表明,因价格而改用其他品牌(即购买便宜货)与该产品适用于维持生活行为的程度有关,其关系如表 2-4-1。

表 2-4-1 在 5 年中消费者因价格原因而改用其他品牌产品的百分比① 单位:%

	食糖	清洁剂	除臭剂	香水
因价格而改用品牌	13.7	8.7	3.3	0.3
已改用最低价格的品牌	7.0	10.7	3.3	1.3
总计	20.7	19.4	6.6	2.6

注:产品按维持生活行为适用程度的大小自左至右依次排列。

一般而言,日用品价格低廉,象征意义不大,购买时消费者所冒的风险(包括经济损失和名誉损失)较小,而且它们是需要经常使用的物品,消费者比较熟悉,因而广告对于消费者的日用品购买的影响是相当有限的。美国有一项调查研究了广告对 500 多名妇女的日用品购买行为的影响,结果是广告对购买行为的影响相当小,只有小部分的购买行为是根据某种形式的广告所提供的信息进行的。然而对于另一些产品,像各种用具、玩具、家具和自动化附件等,广告的影响相当大。这些产品不经常购买,所以顾客要利用广告提供的产品品牌和价格等信息。而对于日用品,广告的利用率仅为 10%。这些产品由于经常购买,消费者有了较多的了解,没有必要依靠广告。因此,针对日用品的广告,应该以提醒为目的。

① 郑伯埙:《消费者心理学》,大洋出版社 1977 年版。

随着网络购物的兴起，大量日用品的销售都转移到网上进行。因此网店 POP 的设计就变得相当重要了。

2. 选购品

选购品主要是指家用电器等使用周期较长的物品。消费者在购买这类物品之前，往往缺乏充分的了解。他们需要对同一类型的不同品牌的产品作品质、价格以及其他属性的分析比较，而后决定购买哪一种品牌。

与日常用品相比较，选购品的价值比较高，购买风险比较大。它不像日用品那样一旦需要必须立即购买，消费者对品牌的概念往往也是不确定的。对这一类产品来说，广告提供给消费者的信息相当重要，它能帮助消费者确立品牌的形象。

消费者购买选购品一般是出于日常生活、文化娱乐生活的需要。也就是说，生活的需要是他们购买的主要原因。但是，他们购买这类商品常常也是为了满足自己的其他需要，特别是在品牌选择上，他们可能更多地考虑自己高层次的需要，如自尊需要。因此品牌的象征意义对他们的品牌选择具有较大的影响。

3. 特殊品

特殊品是指那些消费者感觉到不能为其他商品替代的商品，如高级服装等较少更换的物品以及作为特殊礼物送人的手表、珠宝饰物等。被选购的特殊品牌与其他竞争品牌之间的差别是消费者观念上的，并非是客观存在的。

特殊品的购买决策往往需要一段很长的时间。在这段时间之内，消费者会主动搜集有关产品的各方面信息，因而在购买行动发生之前，他们对产品已有了充分的了解。一旦消费者决定购买某种品牌，一般来说，他们不愿意接受替代品牌，而愿意花更多时间去寻找这种品牌。

特殊品的购买跟消费者的“爱和归属需要”“自尊需要”或“自我实现需要”有密切的关系。购买特殊品时，消费者的理性动机要强于情感动机，他们的购买是在长期的深思熟虑之后决定的，而不是凭一时的感情冲动决定的。对于这类物品来说，产品的质量、耐久性是比较重要的，广告应该抓住这些特性进行有效的宣传。

二、以用途为标准进行分类

依照这一标准，各种各样的商品可以分为工业品、医药用品、日杂品、食品、文体用品、化妆品、家用电器、房地产、小汽车等类别。

根据尼尔森网联 AIS 全媒体广告监测，在 2017 年中国广告市场投放总额中，药品及健康产品行业占比最大，已连续 3 年问鼎行业投放之首，其次是饮料、食品、化妆品/个人卫生用品。而同比增长最快的行业是办公用品及设备行业，其同比增幅最大，达 102.5%，其次为媒体及相关行业和旅行/运输行业，增长率分别 28.6% 和 11.1% 。

下面我们着重对广告中经常出现的房地产、汽车、医药用品、食品、家用电器、化妆品、金融服务作分析和探讨。

1. 房地产

20 世纪 90 年代末以来，房地产的发展十分迅速，已经由早期的商用为主演变为民用为主。

房地产作为一种商品，与其他各种商品相比较，是一种极为昂贵的商品。绝大多数房地产消费者都处于事业的起步或发展阶段，购买一处房产，意味着要花掉过去已有的积蓄，并且还要在将来相当长一段时间(如 5 年、10 年、15 年)内不断地支付所欠余额。所以,花很多时间,通过不同的渠道对不同品牌、不同楼盘的房地产进行反复的分析、比较,是普通商品房购买者的典型购买行为。消费者对商品房购买的慎之又慎,还出于生活、工作的考虑,正所谓安居才能乐业。

多数消费者购买房子的目的是为了改善起居空间、方便工作生活、满足住房需求。在选择商品房的过程中,消费和要考虑的因素有很多,包括商品房本身的因素,如楼层、结构、朝向、材料、楼高、价格等;环境因素,如交通、绿地、学校、医院、社区服务等;售后服务因素,如开发商的信誉、物业管理等。根据 2014 年 8 月在广东省进行的一项调查显示,在八类房屋属性当中,受访者对各属性的重视程度排序如表 2-4-2 所示,85 后消费者最重视的住房属性是地理位置、价格以及交通,对商业配套以及住房的户型面积也有相当程度的重视,而最不受重视的属性是装修风格和房地产公司的品牌。[①] 购买房子是一种家庭决策行为,相比家庭个别成员特征,家庭特征对购房影响更大。人口越多的家庭越重视小区的规划,而人口少的家庭对小区规划的重视程度也就弱了很多。所以,房地产的广告宣传要注意区分家庭特征变量。

表 2-4-2　85 后消费者购房时最看重的因素

排序	房屋属性	人数	百分比
1	地理位置	2437	72.9%
2	房屋价格	2391	77.7%
3	交通	2197	71.4%
4	商业配套	2055	66.8%
5	户型面积	1882	61.2%
6	学位	1099	35.7%
7	装修风格	905	29.4%
8	房地产公司与品牌	642	20.3%

另有相当一部分消费者将购买房地产当作一种投资,以期将来出售赢利。这部分消费者考虑的主要是房地产升值的可能性。在这种情况下,地理位置、户型可能是首要考虑的因素。

2. 汽车

汽车作为普通的消费产品,已经在城市中日渐普及。尽管如此,一辆汽车,少则几万、多则十几万、几十万。这样一个价位,对于普通消费者来说,无疑是一笔较大的开支。因此,不管拥有的汽车是什么品牌,拥有汽车本身已经能够说明消费者具有一定的经济地位。所以,显示自己的经济地位,是购买汽车的重要推动力之一,尽管最重要的推动力是交通方便、快捷的需要。

汽车不仅是一种昂贵的产品,同时也是一种复杂的产品。对普通消费者来说,要真正了解汽车这种产品的性能、特点、质量等,的确是非常困难的。因此,相对于其他消费品来说,购买汽车的风险相当高。为了减少风险,消费者会采取各种措施,如广泛地搜寻各种汽车信息,征求"意见领袖"(有车族)的意见,货比三家。但是,最终能够让消费者放心的应该是可靠的安全性能和

① 李莹、林功成:《"85 后"消费者的购房意向及其影响因素研究——以广东省为例》,《广告大观(理论版)》2015 年第 2 期。

售后服务。所以努力让消费者相信产品的安全性和良好的售后服务，是汽车市场推广的关键。总体上说，消费者希望能够选购到安全性能高，性能优良，耗油少，操控方便，性价比较高，有强大售后服务为后盾的轿车。

3. 医药用品

医药用品是用于健身治病的物品，它对于个体生命的延续具有重要的作用。避免疾病、保持身体健康是人类最基本的需要和最强有力的行为动机之一。医药用品的购买与这类需要或动机是分不开的。

医药用品犹如一种问题解决方法，有效性是消费者决定是否运用这一方法来解决问题的关键。据有关调查①，消费者在选择购买家庭日常药品时，影响其行为的主要因素排列次序是：药品的疗效 89%，药品的质量 71%，药品的价格 57%，品牌知名度 37%，药品的成分 28%，厂家实力 14%，促销活动 3%。可见，如果能成功地让人们相信某种药品功能强、效果显著，那么这种药品的市场拓销就已经成功了一半。此外，质量、价格、品牌等因素也是产品促销或广告宣传时需要加以考虑的。

普通病患者的医学科学知识相当有限，所以在药物的购买和使用过程中，医生起着关键甚至是决定性的作用。一般来说，病患者对医生特别是名医犹如小学生对老师一样，都是非常信任的，医生的忠告往往就是病患者的决定。所以，利用医生的威信来影响消费者，是医药用品推销的有效手段。有关的调查结果也支持了这种看法，城市居民把“医生”作为药品最可靠的信息来源，其次是“电视”和“家人亲友”②。可见，在推介药品上，要充分发挥医生、电视和家人亲友的作用。

为了促进产品销售，制药厂家都很注重在零售渠道上的推广，如店外发放传单、张贴海报等。但是作用如何呢？广东现代国际市场研究公司（2001）调查发现，虽然有 36% 的人注意到店外发放宣传单，31% 的人关注到张贴海报，24% 的人见到促销人员或医生助阵讲解，但是，只有很少的人认为这些促销手段会对他们的购买决定产生影响③。可见大部分消费者去药店买药前早已心里有数。

从严格意义上说，保健品不是一种药品，但是在人们的观念中，常常将它作为一种药品来看待，因此也可以说，保健品是药品中特殊的一个类别。

4. 食品

在消费者的心目中，食品最重要的是它的营养和口味。消费者对营养的需求比较一致，几乎每个人都希望购买营养丰富的食品。但是对口味的要求则千差万别，例如四川、湖南、湖北人喜欢辣味，江苏、浙江、上海人喜欢甜味，而东北人则偏好咸味。口味除了满足消费者的饮食习惯之外，还有满足消费者猎奇尝鲜需要的作用。

不过在食品购买中，是买来自己食用还是买来供别人食用，考虑的因素不太一样。例如在儿童食品的消费方面，“我国农村地区儿童零食食品安全风险分析及监管制度创新研究”课题组于 2014 年 9 月中下旬在江西省宜春市某乡镇小学进行的随机问卷调查显示，家长购买儿童食品时倾向于从较正规渠道购买，以大中型超市和集贸市场为主，主要考虑食品安全因素。与家庭购买

---

①③　广东现代国际市场研究公司：《国内中成药厂家如何抢滩 OTC 市场》，3see 网 2001 年。

②　北京美兰德信息公司：《中国城市家庭常备常用药品——消费市场状况揭晓》，3see 网 2002 年。

情况相比,儿童自己选择学校内售卖点、超市和学校附近路边摊三种购买渠道的比例相当,说明他们选择在哪买零食具有随意性,哪儿更方便、哪儿更美味,就去哪儿买。①

酒是食品中的一个类别。在我国的食品广告中,酒类广告举足轻重。对于酒的购买选择,消费者似乎都非常内行。每当逢年过节、请亲送友时,人们都很理智地选择具有特殊品味的酒,如剑南春、五粮液、茅台、杜康、汾酒等;在日常饮用中,消费者也能根据自己的"品味"要求购买某一种品牌而不是另一种品牌。不可否认,不同类别的酒的确存在着很大的差异,许多同一类别但不同品牌的酒也存在着品味上的差别。但这种品味上的差别,大多数消费者一般是很难区别的。所以,在消费者关于酒的购买行为中,品牌的象征意义以及消费习惯比酒的品质、品味更为重要。

饮料也是食品家族的一个成员,而且是一个大成员,在广告中占有重要的一席之地。饮料可以进一步分出许多小类,如碳酸饮料(包括汽水、可乐)、果汁、瓶装水(包括矿泉水、纯净水、蒸馏水)、茶饮料、速溶咖啡、奶饮料(包括鲜奶、酸奶、乳酸菌饮料、豆奶/花生奶)等。消费者购买饮料一般都是基于这两种动机:解渴、补充营养。但在选择产品类别和品牌时,口味、成分(果汁)和品牌起着重要的作用。

5. 家用电器

家用电器包括电视机、录音机、音响、空调、电脑、吸尘器、微波炉、洗衣机、消毒柜、电风扇、热水器等。家用电器这一类别的商品在现代广告特别是在电视广告上,占有相当的比重。

近些年,随着城镇居民收入的迅速增长,家用电器作为城市居民的"大件"家具的年代已经过去了,代之的是房子、汽车等产品。因此家电原来在消费者心中所具有的财富象征意义也逐渐消失,已经变成纯粹的生活必需品。但是相对于消费水平低于城市居民的广大农村消费者来说,购买某些家用电器,仍需要考虑再三。部分家电对他们来说仍然是奢侈品,家电产品及品牌仍然有着重要的象征意义。

过去由于技术、管理尚未成熟等原因,消费者对产品的性能、质量都十分关注。而今,随着市场的成熟,产品质量的提高,人们关心的则是价格、品牌诚信等因素。美的、格力、海尔、海信以及其他品牌的市场规模的变化都与此有关。

6. 化妆品

化妆品是改革开放以来我国最繁荣、竞争最激烈的市场之一。化妆品市场的繁荣和兴旺与人们物质生活水平的提高和对美的追求有密切的关系。与医药用品相比,化妆品的长久效用并不显著。例如我们很难发现使用了某种增白的化妆品,皮肤就增白了多少,但是化妆品的暂时效用却很明显。常言道"三分长相,七分打扮"。人一经打扮,形象就会或多或少地发生变化。正因为如此,化妆品广受消费者特别是女性消费者的青睐。

然而在竞争激烈的化妆品市场中,一种品牌的效用很容易被另一种品牌所替代。换言之,许多品牌功效差别不大,此时,人们选择一种品牌而不选择另一种品牌的依据就不再是产品的功效。其他产品属性如包装、价格以及品牌的知名度、品牌的形象,在品牌选择中的作用就越来越大,也就是说化妆品的人为属性对于销售举足轻重。

---

① 李佳洁、李楠、罗浪:《农村儿童零食消费行为及其影响因素研究》,《湖南农业大学学报(社会科学版)》2015 年第 5 期。

7. 金融服务

1999 年,招行在央视投放了中国第一则银行业电视广告,从此揭开了银行业的广告大战。迄今为止,金融服务已经在中国广告营业额中占有重要的一席之地。

随着我国银行、保险和证券等产业的发展,金融行业的市值在我国国民经济中的比重越来越大。近年来,互联网消费金融市场发展迅猛,传统的银行逐步互联网化,消费金融公司纷纷成立,越来越多的互联网公司参与到金融行业,想从中分一杯羹,行业竞争越发激烈。

与此同时,经济的发展、生活水平的提高促使人们对房地产、汽车、旅游等昂贵物品或服务的消费激增,金融服务对消费者日常生活的影响越来越大,多数成年人都或多或少地使用着金融服务。刚参加工作的年轻人可能入不敷出,常常利用信用卡或蚂蚁花呗进行贷款消费;而刚成家的人可能需要从银行贷款买房,为刚出生的孩子购买教育保险和健康保险等金融产品;人到中年,收入比较丰厚,积蓄较多,可能会购买股票、基金等产品进行理财;退休以后,有时间到全世界各地旅游,可能需要购买旅行保险产品。那么,哪些金融品牌更具有竞争力,更令消费者满意呢?对于银行这样的传统金融服务机构而言,最重要的是服务渠道,包括银行工作人员、电话银行、投诉服务等在内的服务渠道必须畅通便利,银行网点多而广;其次是服务质量与效率,例如,柜员的沟通能力、解决问题能力和服务态度至关重要;最后是金融产品和服务的种类是否丰富,与其他银行相比,产品和服务是否具有优势也是消费者非常重视的。而对于新兴的互联网消费金融公司而言,首先重要的是其系统的易用性,互联网金融作为新生事物,消费者不明白其运作模式,因而公司在网页设计和移动终端应用(APP)开发时要尽量简化设计,让消费者方便快速地探索所需要的产品,并容易自主申请;其次是系统的质量,互联网金融是在线上交易的一种消费金融形式,消费者很关注其网站和 APP 运行是否顺畅、是否存在安全隐患、服务态度如何、服务是否能够全部覆盖消费者的需求等;最后,互联网金融公司的产品是否具有特色也是消费者所关心的,如今,随着互联网消费金融的产品越来越丰富,各公司之间的竞争更加激烈,如果能够依托金融科技和信息科技,通过大数据分析来识别自己的目标消费者,更精准地为其提供个性化服务,那么,这家公司将在竞争中取得更大的优势。

三、以消费者的卷入程度进行分类

卷入是对产品或品牌的关心程度。[①] 根据卷入程度的不同,产品可分为高卷入产品和低卷入产品。高卷入产品如药品、计算机、汽车、房子以及对自己很重要的各种产品,低卷入产品如干电池、洗衣粉、香皂等。对于低卷入产品来说,消费者的错误决策所带来的风险比较小,所以,消费者对品牌评估没有兴趣,购买决策显得比较简单,决策所需的思考时间也比较短;而对于高卷入产品来说,消费者的错误决策所带来的风险比较大,所以消费者对品牌之间的差异很感兴趣,在使用或购买行动之前会仔细评估品牌的差异,进行决策所需的思考时间比较长。

沃恩 1980 年依据消费者的卷入程度(高或低)以及他们考虑广告信息的特点(感性或理性),将广告策略分为四种类型(分布在四个象限),即资讯型、情感型、习惯型和满意型。他认为这些广告策略是分别针对不同的产品的,于是各种产品也被他相应地分为四种类型(如表 2-4-3)。他的模型也被称为 FCB 方格。在 FCB 方格中,各类产品或广告策略对应的广告层次效果是不一样

① Rothschild M. L. *Perspectives on involvement: Current problems and future directions*. ACR North American Advances, 1984.

的,高卷入理性产品对应的层次效果是“认知→情感→行动”,高卷入感性产品对应的是“情感→认知→行动”;低卷入理性产品则是“行动→认知→情感”;低卷入感性产品是“行动→情感→认知”[①]。

表 2-4-3 产品类别(FCB 方格)

	理性	感性
低卷入	2 清洁用品 调味料	香烟、糖果 1 饮料、电影
高卷入	房屋、汽车 4 家电、家具	流行服饰 化妆品、珠宝 3

与沃恩的做法相类似,罗斯特和佩斯 1991 年将消费者的高低卷入程度与拉斯基、阿伦和德(1989)的信息策略分类结合起来,将产品分为四种类型。[②] 第一种是低卷入转换型,如糖果、饮料、新奇品;第二种是低卷入宣告型,如阿司匹林、日常用品、淡啤酒;第三种是高卷入转换型,如汽车、旅游、服饰;第四种是高卷入宣告型,如微波炉、洗碗机、保险。对于这四种类型,罗斯特和佩斯分别指出其相应的广告策略。针对第一种类型的商品,广告应以感性为主要表现方式,品牌形象以暗示或联结的方式来传递,要使目标受众喜欢广告;针对第二种类型的商品,广告强调一或两点利益即可,以单一问题解决方式提醒购买;针对第三种产品,广告以感性为主要表现方式,并尽可能与目标受众的生活形态相联结,使其认为自己与广告产品有关;针对第四种商品,广告要取信于人,不可夸大产品功能,当自己品牌有独特功能时,可使用比较式广告。

这里所谓的宣告型和转换型即拉斯基、阿伦和德的两种信息策略,前者指提供实际、相关的品牌信息,以理性逻辑的方式表现;后者指将消费者使用特定品牌的经验与其独特的心理特性相联结。

四、按风险的高低和消费者的目的分类

温伯格等人 1994 年提出一个所谓的产品彩色矩阵(简称 PCM)的产品分类框架(如表 2-4-4)。该矩阵根据产品风险的高低和消费者的目的将产品分为四个类别,并分别给它们起一个形象的名称。第一类叫作白色物品或大工具,包括大型用具如小汽车、卡车、房子、冰箱、洗衣机、商业设备、保险和机动车轮胎、蓄电池等。第二类叫作红色物品或大玩具,包括流行服装及其配件、染发剂、摩托车、赛车、旅行包、珠宝等。第三类叫作蓝色物品或小工具,包括洗涤剂、家用清洁器、土霉素(OTC)药品、汽油、非点心食品等。第四类叫作黄色物品或小玩意儿,包括小吃、零食、啤酒、酒、香烟等。[③]

---

① Vaughn R. *How advertising works:A planning model*. Journal of Advertising Research,1980,20(5);27.

② Rossiter J R & Percy L. *Advertising and promotion management*. McGrow - Hill,1987.

③ Weinberger M G, Spotts H, Campbell L. & Parsons A. L. *The use and effect of humor in different advertising media*. Journal of Advertising Research,1995,May/June:44 - 56.

表 2-4-4　产品彩色矩阵(PCM)

	功能性工具	炫耀性玩具
高风险	第一类:白色物品或大工具	第二类:红色物品或大玩具
低风险	第三类:蓝色物品或小工具	第四类:黄色物品或小玩意儿

白色物品通常是耐用品或昂贵品,资金风险比较高。消费者的购买动机是产品的功能,消费者加工信息的动机比较强,常常要考虑产品的价格,进行理性的比较选择。所以,在广告上应着重采用理性诉求或信息性诉求,示范或比较的表现方式。红色产品一般是奢侈品,人们为了炫耀而购买。它也是高风险产品,但其风险不仅包括资金风险,还包括社会风险,消费者加工信息的动机比较强,决策考虑比较全面。蓝色商品一般是非耐用品或原材料,购买风险比较低,人们为了其功能而购买,消费者加工信息的动机不强也不弱,决策是启发式的,靠灵感。黄色物品一般是非耐用品,购买动机是"感觉好"或"引人注目",消费者信息加工的动机比较弱,购买行为具有冲动性特点。

五、按广告中理性和感性信息的高低进行分类

台湾学者吕玉华(1990)按感性和理性信息的高低将产品或服务划分为四种类型:第一种类型是高理性高感性信息,包括自用汽车、音响、电视机、住房、机车、手表、随身听等;第二种类型是高理性低感性信息,包括个人电脑、电话机、电话答录机、录像机、洗衣机、微波炉、医疗就诊、存款项目、保险、考试补习班、旅行社、证券商、航空公司、汽车租赁等;第三种类型是低理性高感性信息,包括内衣、保养化妆品、电视节目、电影、色彩化妆品、弹簧床垫、灯饰、香水、皮包、外出服饰、洗发精、理洗烫发、居家服饰、自行车、巧克力、日常外膳、香槟、床罩、品茗茶具、宴请外膳等;第四种类型是低理性低感性信息,如食米、口香糖、啤酒、研磨咖啡豆、报纸、搭乘计程车、矿泉水、卫生纸等。[①] 根据这一分类,她分别提出各类产品相应的广告策略,如表 2-4-5。

表 2-4-5　产品类别与广告策略

商品	广告策略	
	广告信息	媒体组合
第一类	兼具感性和理性	电视和报纸杂志
第二类	以说明性的理性信息为主,用感性诉求建立公司形象,创造差异化	以平面媒体最理想,电视可辅以感性信息,建立企业形象
第三类	以密集式且直接刺激情绪为主,或以画面、图案塑造感性气氛	电视、流行或个性杂志较为理想
第四类	以塑造产品的感性形象为主,理性信息较少	电视为主

① 高渠:《电视广告创作学》,华视出版社 1986 年版。

第五节 消费者对广告的反应

广告活动是针对消费者而进行的。在信息爆炸、传播过剩的今天,每一个消费者每天都面临着大量各种各样的广告的轰炸。广告已经渗入人们生活的各个方面,人们很难避开或不接触广告。在这种情况下,消费者对广告会作何心理反应和行为反应呢?清楚地认识这一问题,对于制定广告策略具有重要的指导意义。

一、消费者对广告的态度

广告态度是人们在日常生活中长期接触各类广告信息而形成相对固定下来的对广告总体表现的赞同或不赞同的倾向,是由广告唤起的各种积极或消极倾向在认知、情感和行为上的反映。消费者只有对产品广告产生了态度取向,才会形成购买欲望,发生购买行为。消费者对广告媒体及对媒体广告的态度是广告研究中最重要的环节之一。以往中外的学界和业界有不少研究开展消费者对广告总体看法的调查。Kantar Media(2017 年)组织了一次跨国消费者调查,①该项研究抽取了巴西、中国、法国、英国和美国 5213 位消费者对主流媒体广告的态度。数据显示,对广告完全不喜欢的消费者占总体的 32%,认为广告对自己没有影响的消费者占 46%,非常喜欢广告的消费者占 22%。媒介的重度用户、中度用户、轻度用户和几乎不使用的用户之间对广告总体态度存着差异,媒介使用率与广告态度之间呈现正向关系。媒介使用得越多,其广告态度越是积极,反之,媒介使用得越少,广告态度就越消极。在重度用户中,消费者对主流媒体广告的态度为:对广告完全不喜欢的占 23%,认为广告对自己没有影响的占 41%,非常喜欢的占 36%;而对轻度用户而言,对广告完全不喜欢的占 37%,认为广告对自己没有影响的占 50%,非常喜欢广告的消费者只有 13%。具体如表 2-5-1 所示。

表 2-5-1 媒介使用程度与广告总体态度之间的关系表

	总计	重度用户	中度用户	轻度用户	几乎不使用
样本量	5213	772	1807	2634	1061
完全不喜欢	32%	23%	27%	37%	53%
无所谓	46%	41%	43%	50%	33%
非常喜欢	22%	36%	30%	13%	14%

表 2-5-2 列举了受访消费者对于各类媒体广告的接受程度,可以看出,总的来说,比较多的消费者喜欢影院广告、杂志广告和电视广告,而比较少的消费者喜欢收音机广告、网络电视广告以及网络视频广告。

据 CNNIC 第 43 次报告,截至 2018 年底,我国网民规模达 8.29 亿,普及率为 59.6%;手机网民规模达 8.17 亿,网民中使用手机上网人员的占比达 98.6%。网民对于各类互联网广告形式的态度变得非常重要。据 2015 年 12 月 iClick 社区对网络广告受众调研数据②,中国网民对网络

① 《Kantar Media:消费者对主流媒体广告的态度调查(附报告)》,199IT 网 2017 年 5 月 27 日。

② 艾瑞咨询:《2016 年中国网络广告用户行为研究报告》,2016 年 4 月。

广告的接受度较高、一般和较低的分布大致为4:3:3,整体来看接受度还不太高。约三成网民对广告持反感态度,其中24.5%的消费者认为网络广告影响了其对于网站和APP的选择,愿意选择广告较少的网站或APP;8.2%的用户认为网络广告直接影响了体验。

表2-5-2　消费者对各类媒体广告的总体态度(n=5312)

广告态度	电视	报纸	杂志	收音机	户外广告牌	影院	网络电视	网络视频	线上打印	社交媒体
完全不喜欢	32%	13%	13%	26%	13%	21%	29%	30%	24%	28%
对自己没有影响	37%	52%	47%	42%	51%	35%	32%	31%	44%	35%
非常喜欢	33%	28%	33%	24%	31%	37%	24%	24%	26%	27%
不知道	2%	7%	7%	7%	5%	7%	15%	16%	6%	10%

注:数据之和不足或超100%由四舍五入所致。

在对各类互联网广告的接触度和点击率方面,超七成网民在使用"购物类网站""搜索引擎""综合门户网站"和"视频网站"时最常关注广告,占比分别为79.3%、73.8%、73.3%和70.8%。而关注过社交类网站广告的网民占比在60%左右。点击广告最多的媒介为"购物类网站""搜索引擎""综合门户网站"和"视频网站",占比分别为61.7%、51.4%、50.7%与47.3%,具体如图2-5-1所示。用户关注和点击保持一致,网民对广告的关注度越高,越可能来点击广告。

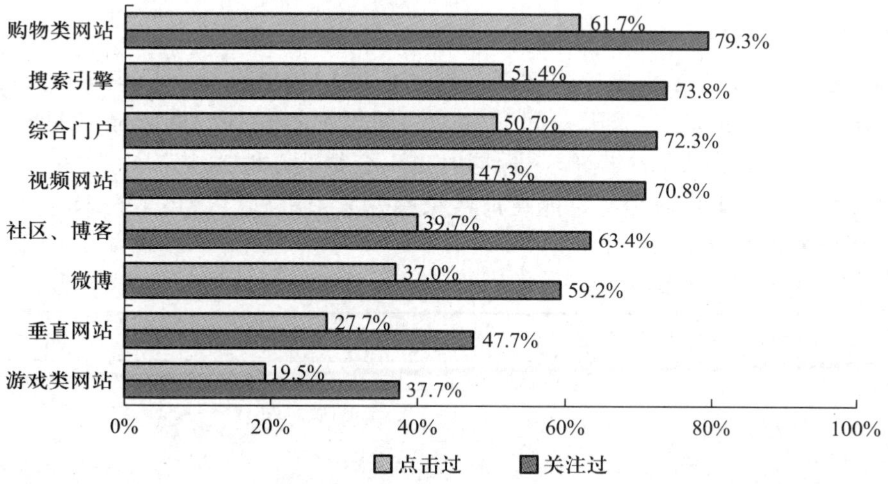

图2-5-1　网民浏览各类网站时关注和点击广告的占比

对于移动端各类广告的接触率与点击率如图2-5-2所示,网民接触最多的类型为"视频广告""二维码广告""图片广告"和"移动端信息流广告",占比分别为42.7%、37.4%、37.4%和35.1%;接触最少的类型为Html5形式广告和富媒体广告,分别为17.2%和17.6%。与互联网广告一样,接触越多的广告类型,网民越倾向于点击此类广告。

二、消费者如何对待广告

前面介绍了消费者对广告的总体态度。那么他们在与广告具体接触时,又是怎样对待广告

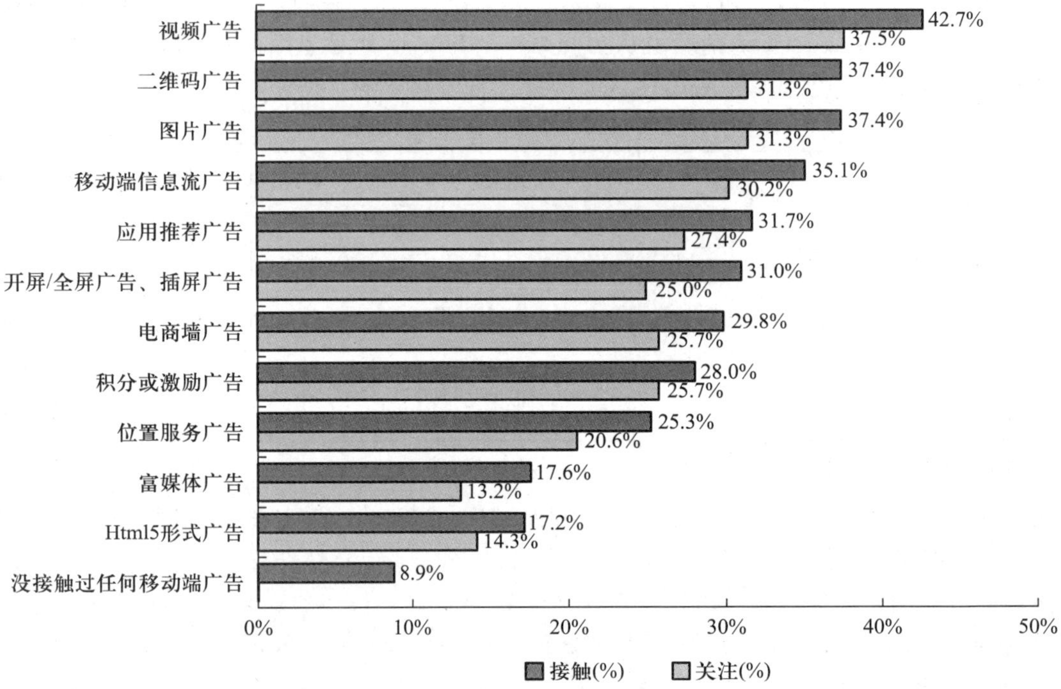

图 2－5－2 网民一年内接触与关注移动端广告的占比

的呢？是回避还是接受呢？据美国广告学者米特尔(1994)的研究结果①,消费者在电视广告播映时,最常采用的行为反应就是“离开房间”“注意房间里别的事”或“调频道”(见表 2－5－3);而在心理反应上,他们既无法完全拒绝广告,同时也不会很认真地关注广告(见表 2－5－4)。其他的研究还发现,广告时调换频道更可能在这些家庭发生:较高收入、孩子在 18 岁以下、有录像机、受过高等教育的多人口家庭。②

表 2－5－3 消费者对电视广告间隙的行为反应 单位:%

反应类型	从不	偶尔	有时	经常	总是
① 我离开房间	2	21	29	47	2
② 我注意房间里别的事	2	16	28	50	4
③ 我继续看电视,好像节目还在进行	11	49	31	8	1
④ 我调频道	14	26	24	31	5
⑤ 当看到一个以前录过的节目时,我就快进	13	11	12	19	45

① Mittal B. *Public assessment of TV advertising: Faint praise and harsh criticism*. Journal of Advertising Research, 1994, 34(1): 35－53.

② Zufryden F S, Pedrick J H & Sankaralingam A. *Zapping and its impact on brand purchase behavior*. Journal of Advertising Research, 1993, 33(1): 58－66.

表 2-5-4　消费者对广告接触的心理反应　单位:%

反映类型	不同意	中性	同意
① 我对电视广告漠不关心,它不会干扰我	40	28	32
② 我经常发现自己很注意电视广告	43	23	34
③ 我发现电视广告是受欢迎的节目间隙,这时我能注意别的事	47	17	36

我国 90 年代初的一项调查结果(见表 2-5-5)显示[①],在广告出现时,观众“从头到尾看下去”的占大约 1/5,有些地区将近 1/3。相反,“马上转换到其他频道”和“开着电视机去干其他事情”合计大约 1/5 至 1/4。

表 2-5-5　当电视出现时段广告时我国观众通常的做法　单位:%

做法	1990 年的结果			1994 年的结果
	上海	广州	北京	
① 马上转换到其他频道	9.7	5.7	11.4	3.1
② 看过一两条后再换频道	19.5	15.5	18.5	—
③ 从头到尾看下去	20.3	31.7	18.5	20.1
④ 开着电视机去干其他事情	11.3	12.8	14.0	5.8
⑤ 选择自己感兴趣的看	39.2	34.3	36.5	47.9
⑥ 耐心等自己喜爱的节目	—	—	—	23.1
⑦ 无回答	0	0	1.1	—

以上是有关对传统媒体广告——电视广告的反应或回避行为。如今互联网广告和移动端广告快速发展,广告种类和形式极大丰富,例如行为定向广告和信息流广告,这些广告相对于传统媒体广告,对网民的生活和隐私入侵更明显,具有更强的干扰性和更低的可信度,这使得受众对广告的反应和回避形式更加多样、更加复杂。以往研究表明,受众的广告回避可以分为身体回避和机械回避,如上文中提到受众遇到电视广告时,离开电视去干别的事就是身体回避,而换到其他频道则是机械回避。另一种广告回避的分类方式为认知回避、情感回避和行为回避。认知回避主要表现为受众对广告视而不见或故意忽视,情感回避是指受众对广告产生负面的消费感受和情绪,行为回避是指受众为回避广告而采取的行动,如关闭广告。

2015 年中国网络广告用户行为研究报告

网民对互联网广告外在的行为回避常常表现为关闭或删除广告。据艾瑞咨询对 2015 年中国网络广告用户行为的研究报告,被网民关闭或删除最多的移动端广告前 3 名是“视频广告”“开屏/全屏广告、插屏广告”和“图片广告”,占比分别为 34.6%、34.1%和 32.9%。

① 黄升民:《中国广告活动实证分析》,北京广播学院出版社 1992 年版。

三、消费者对广告作用的评价

1. 对宏观作用的评价

在广大消费者对广告的态度不是很肯定的情况下，他们对广告作用的认识会是怎样呢？对此，20 世纪 80 年代有人曾就电视广告的作用对上海、广州和北京地区的消费者做调查，结果表明，大多数的消费者都认为：(1) 电视广告可以提供商品信息，促进经济发展；(2) 电视广告提供生活信息、知识，对消费者有利；(3) 电视广告有利于更新观念，推动社会进步。一半左右的人认为电视广告可以给予观众艺术享受，丰富了电视节目。只有少数人同意或比较同意这样的看法："电视广告会刺激高消费，对社会发展不利"，"电视广告加剧了社会文化的庸俗轻浮的倾向"。可见，消费者对电视广告的宏观作用是持肯定态度的①。

1994 年另一项关于中国广告意识的调查结果（如表 2－5－6）也显示，大多数中国公众对广告的作用都是从正面给予肯定，只有少数人认为广告有各种负面作用②。

表 2－5－6 1994 年中国公众对广告的看法 单位：%

	同意和比较同意	说不清	不太同意和不同意
① 广告可以提供商品信息，促进经济发展	88.8	2.2	1.8
② 广告会刺激高消费，对社会发展不利	5.9	9.2	70.9
③ 真正好的东西不要做广告，刊播广告是一种浪费	6.4	6.0	73.7
④ 广告刺激企业竞争，促进企业不断提高产品质量	73.1	8.0	10.1
⑤ 广告使商品价格上升，增加消费者负担	21.5	15.5	48.3
⑥ 广告可以给人们以艺术享受	69.7	9.2	10.2
⑦ 广告干扰人们的正常生活，是强加于人的	4.0	4.9	75.2
⑧ 广告收入能支持大众传播媒介发展，丰富人们文化生活	61.1	16.2	8.8
⑨ 广告助长了社会文化庸俗的倾向	6.5	12.3	65.3
⑩ 广告有助于更新消费观念，推进社会进步	72.8	8.5	7.4

后来的研究表明，人们对广告的宏观作用的评价，总体上不如以前那么高。例如只有 48% 的人认为广告"有助于信息交流搞活经济"，而对广告负面作用的认同则有所升高，如有27.5% 的人认为广告"使一些人上当受骗"③。

2. 对微观作用的评价

广告对消费者微观层面的作用，体现在消费者对广告价值的评估，也就是对广告有用性或者有价值的主观评定，如果消费者认为某类广告为其提供某种价值，他们就会对这类广告产生更积极的态度。那么广告为消费者提供了什么样的价值或哪些因素会令广告更具有价值呢？（杜考夫）是最早开始这方面探索的，他把影响广告价值的因素概括为：信息性（Informativeness）、娱乐

① 中国广告协会秘书处参考资料。

② 《现代广告》1995 年第 1 期。

③ 北方经济咨询有限公司：《1999 年广告受众调查研究报告》，3see 网 1999 年。

性(Entertainment)、抑制性(Irritation)。[①] 这个观点在传统广告和网络广告上均得到实证支持。而张红霞等人(2008)在研究青少年广告价值时提出以下观点,并得到证明:广告本身的信息性与娱乐性、消费者观看广告的社会动机对广告价值产生积极影响,而消费者对广告商劝服技巧的识别则对广告价值产生显著的负面影响。[②]

从以上研究可以看出,广告自身的信息性和娱乐性为广告带来价值,我们可以分别称之为广告的信息价值和娱乐价值。广告的信息价值指的是广告可以为消费者提供产品信息,架起消费者的需求和生产商的供给之间的桥梁。例如,消费者会主动搜索网络广告来获取信息,解决具体问题或完成具体任务,体现了广告的信息价值。广告还可以用来满足消费者的享乐需求,为消费者带来愉悦和享受,这体现了广告的娱乐价值。例如,幽默有趣的广告给受众带来欢乐,游戏式广告结合广告和娱乐两种元素,为受众提供了娱乐的机会。

在网络广告或社交媒体广告环境下,广告价值的维度有了新的延伸。人们使用微信、微博等社交媒体的目的除了获得信息和享受娱乐外,还有一个重要的目的是与他人社交,而新媒体广告(例如原生广告)内容风格与网页一致,设计形式镶嵌在页面中,符合受众的媒体使用习惯,它也能为受众提供与他人进行信息互换、交流互动的价值,即社交价值。例如一则微电影广告,受众观看后觉得非常有趣,就转发给朋友们,这则广告不但为受众提供了娱乐价值,还提供了社交的机会和价值。微信朋友圈广告的互动功能为受众提供了信息交流和讨论的机会,帮助他们达到社交目的。此外,社交媒体广告还可以给消费者带来经济回报,这是社交媒体广告特有的现象。中国主流社交媒体,如微信、微博等平台,早期在分享机制上设置了较低门槛。许多商家利用分享机制,创造出一些引发病毒式传播的营销手段。例如,分享广告可以获得积分、优惠券、红包等奖励,这种广告为消费者带来了经济价值的同时,还帮助商家实现信息的二次传播。

可见,社交媒体中的广告除了具备传统广告的信息价值和娱乐价值外,还具有社交价值和经济价值。[③]

四、消费者对广告的主动获取和应用

消费者购买决策过程包括问题识别、信息收集、方案评价、购买决策和购后行为等阶段。在信息收集阶段,消费者将通过多种来源获得产品或服务信息,以优化决策。因此,虽然消费者对广告的态度参差不齐,但是他们需要接收各种媒体广告来获取产品和品牌信息。在互联网还不发达的时代,人们从电视、报纸、电台、杂志、户外、售卖点等媒体广告、周围亲友的口碑以及销售员的推荐中收集商品信息。而在互联网时代,尤其是在移动互联网时代,消费者拥有更多途径,并且更加积极主动地获取商品和品牌信息。第一个途径是通过媒体广告,与以往相比,如今的广告媒体形式、种类越来越多样,除四大传统媒体广告外,还有形态各异的互联网广告。第二个途径为口碑信息,除亲友推荐外,消费者还主动阅读电子口碑(在线评论),例如淘宝、京东等购物平台上的商品评论和评价,知乎、百度贴吧、天涯论坛、垂直网站和论坛上意见领袖的推荐和评价。第三个途径是通过搜索引擎来检索所需要的商品和品牌信息,搜索引擎和电子商务平台等

---

① Ducoffe R H. *Advertising on the web.* Journal of Advertising Research, 1996, 36(5): 21-35.

② 张红霞、李佳嘉、郭贤达:《中国城区青少年对广告价值的评价:前因和后果》,《心理学报》2008 年第 2 期。

③ 陈振华、曾秀芹:《游戏式广告的分享机制研究:假定影响模式视角》,《新闻传播评论》2018 年第 6 期。

都开设了竞价排名广告,消费者可通过关键词搜索跳转到这些广告页面中。第四个途径是消费者利用电子商务网站提供的推荐系统服务,找到自己合意的商品或服务。推荐系统是在海量数据挖掘基础上为客户提供商品的信息和购买建议,模拟销售员引导他们决策购买什么产品,以帮助客户快速完成购买,例如淘宝推出的"店铺推荐""买了还买""看了还看""猜你喜欢""热门排行榜"等系统推荐服务。随着电子商务规模的不断扩大,商品数量和种类快速增长,顾客需要花费大量的时间才能找到自己想买的商品,消费者利用商家或第三方网站提供的推荐服务,能够解决信息过载问题,提高购买决策效率。最后,当今的年轻消费者还主动关注社交媒体网站上的网红账号,或下载社交类电商 APP 如小红书等,从这些意见领袖或专业信源中获取自己所需要的商品和广告信息,例如大量年轻女性关注化妆品网红公众号,这些粉丝除获取有关化妆的知识外,还乐于接收产品和品牌信息。

此外,移动互联网广告内容创作更加幽默风趣,有些广告还内含优惠信息,投放目标定位更加精准,使得消费者对移动广告的接受程度高,会主动点击移动广告,并乐于通过广告与广告主及朋友们产生互动,有的甚至分享到朋友圈或转发给朋友们,达到病毒传播的效果,为广告主进行二级(多级)传播。

五、消费者对广告真实程度的看法及对广告的信任度

广告的真实性是指广告中关于商品的基本属性、承诺的服务、宣传的企业形象内容客观、真实、准确,没有夸大的、虚假的、欺骗的或者令人误解的信息。[①]广告的真实性是消费者最关心的问题,如果广告主采取虚假的、与产品真实情况不相符的广告诉求,不兑现广告中的承诺,则不但影响消费者对该广告和品牌的态度,而且也影响消费者对该广告和品牌的信任程度。周丽玲(2005)年调查发现,广告中的虚假、夸大问题已经成为挑战消费者容忍极限的最突出问题,75.2% 消费者认为虚假广告是他们对广告不满最重要的原因[②]。

如今互联网已成为主流的广告媒体,与传统媒体广告相比,互联网广告的制作和发行更加快速,制作和发布主体更加多样,不但广告公司和媒体可以制作和发布广告,而且广告主、个体都可以随时制作广告,即时发布,广告数量出现几何量级增长,粗制滥造的广告和虚假广告越来越多,对广告真实性的监管越来越难。但是,无论广告媒介如何变迁,广告的真实性是永恒不变的主题。要打动消费者的心,赢得消费者的信赖,真实是广告最基本的准则。

信任度是消费者对广告反应的另一重要维度。2013 年和 2015 年尼尔森公司作了全球性广告信任度调查,得到了几个有趣的结果。

1. 口碑最值得信赖

传统口碑和网络口碑是最值得信任的广告形式,尤其是来自我们信任的人的推荐。超过 83% 的消费者表示完全或很相信朋友和家人的推荐。66% 的消费者相信其他消费者在网上发布的评论。例如,电商网站中其他消费者的商品评论,2/3 的消费者持肯定的态度。除此之外,品牌的官方网络渠道也是信誉度很高的广告类型。事实上,品牌网站是第二信任的广告类型,70% 的消费者表示完全或很相信品牌网站广告。

---

① 吴海华、王志江:《广告的真实性及其监管的博弈分析》,《江西财经大学学报》2005 年第 4 期。

② 周丽玲:《消费者广告态度及影响因素研究》,《新闻与传播评论》2005 年第 0 期。

2. 传统媒体广告的信任度高于网络/移动广告

虽然网络广告丰富多彩,但是并没有影响传统媒体广告的信任度。电视、报纸和杂志仍然是值得信任的广告形式。如表 2 - 5 - 7 所示,2015 年有 63% 的消费者表示完全或很信任电视广告,比 2013 年提高了 1 个百分点。报纸广告(60%)和杂志广告(58%)信任度稍有下降,和两年前比分别下降了 1 个百分点和 2 个百分点。

对网络广告和移动广告的信任度自 2013 年保持稳定,近半数消费者表示完全或很信任网络视频广告,自 2013 年一直保持着 48% ;搜索引擎广告信任度 47% ,比 2013 年下降了 1 个百分点;社交网络广告信任度 46% ,比 2013 年下降 2 个百分点。移动广告信任度 43% ,比 2015 年下降 2 个百分点。网络横幅广告自 2013 年就一直保持 42% 。最不受信任的广告形式是短信广告,只有 36% 的受访者表示相信手机短息广告,并且比 2013 年下降 1 个百分点。总体而言,网络视频广告、搜索引擎和社交网络广告的信任度高,而手机短信广告的信任度最低,网络横幅广告和移动广告处于中间水平。

表 2 - 5 - 7　受众对各种广告形式的信任程度

传统媒体广告形式	2015 年	2013 年	网络/移动广告	2015 年	2013 年
电视广告	63%	62%	网络视频广告	48%	48%
报纸广告	60%	61%	搜索引擎广告	47%	48%
杂志广告	58%	60%	社交网络广告	46%	48%
广告牌和其他户外广告	56%	57%	移动广告	43%	45%
电视节目植入广告	55%	55%	网络横幅广告	42%	42%
广播广告	54%	57%	短信广告	36%	37%
影院广告	54%	56%			

3. 不同世代对广告形式信任度存在差异

与其他世代相比,千禧一代对网络广告和移动广告的信任水平最高,对电视、报纸、杂志等传统媒体广告也相当信任;其次是 Z 世代和 X 世代,信任度最低的世代为生育高峰世代和沉静世代,尤其是 70 岁及 70 岁以上的沉静世代,他们对所有广告形式都保持最低的信任水平(如表 2 - 5 - 8)。由于这种差异,在投放广告时需要考虑目标消费群体处于哪个世代,该采用哪种媒体广告最能取得他们的信任,甚至需要创造其他的营销手段来赢得如沉静世代和生育高峰世代的信任。

表 2 - 5 - 8　各世代受众对 19 种广告形式的信任程度①

广告形式	Z 世代	千禧世代	X 世代	生育高峰	沉静世代
熟人推荐	83%	85%	83%	80%	79%
品牌网站	72%	75%	70%	59%	50%
网络口碑	63%	70%	69%	58%	47%
软文广告	68%	68%	66%	60%	55%

① 尼尔森:《2015 年全国广告信任度调查报告》,胖鲸智库网 2015 年 10 月 9 日。

续表

广告形式	Z 世代	千禧世代	X 世代	生育高峰	沉静世代
电视广告	58%	67%	64%	55%	48%
品牌赞助	62%	66%	62%	52%	42%
杂志广告	57%	62%	61%	50%	46%
报纸广告	57%	62%	62%	55%	53%
影院广告	54%	60%	55%	42%	31%
广告牌/户外广告	59%	60%	57%	46%	38%
电视节目植入广告	51%	60%	56%	42%	39%
电子邮件(同意发送)	54%	57%	56%	53%	54%
广播广告	51%	55%	57%	49%	42%
网络视频广告	45%	53%	50%	37%	27%
搜索引擎广告	43%	52%	50%	41%	33%
社交网络广告	45%	51%	47%	35%	26%
移动广告	42%	48%	45%	31%	20%
网络横幅广告	36%	47%	43%	34%	25%
短信广告	32%	41%	38%	27%	18%

从以上调查数据的分析可以看出,消费者对广告的信任度与广告媒介出现的时间长短和普及程度相关。口碑是历史最悠久、人们最常遇到的广告传播形式了,因此消费者对其信任度最高,即使迁移到网络时代,口碑也能达到较高的信任水平。电视、广播、报纸、杂志、户外等传统媒体比网络媒体早几十年甚至上百年出现,人们对这些广告媒体非常熟悉,尤其是年长的消费者,所以这些广告也普遍受到信任,而互联网广告尤其是移动互联网广告是最近 20 年间不断涌现的,消费者对其信任水平最低。但是随着移动互联网的进一步普及和发展,年轻一代的消费者所见所听的都是互联网广告,各种形态的互联网广告在激烈的竞争中质量将不断提升,消费者对其信任水平也将不断增加。

第三章 广告策划的心理依据和方法

策划是广告活动的核心环节，它关系到一场广告运动的成功与失败，有时甚至影响到一种品牌、一个企业的生死存亡。所以，广告主和广告公司都非常重视广告活动的策划。然而，策划不仅仅是写一本策划书而已，也不仅仅是几个人凭空想象出来的一些活动的组合，更重要的是要使策划书的所有活动有机地统一起来，并使之达到最佳的广告效果。要实现这样的策划目的，没有科学的依据和方法是不行的。

第一节 界定广告诉求对象

从事广告策划，不管产品是什么品牌，也不管策划案是大还是小，策划者的第一步工作就是要明确广告的对象是谁、是什么人、是什么样的消费群体。只有明确了广告对象之后，考虑其他问题才会有意义。换言之，界定广告活动的诉求对象是广告活动策划的首要环节。

一、界定广告诉求对象的意义

界定广告诉求对象之所以重要，是因为只有明确了商品或服务的诉求对象，才能做好以下三个方面的工作：

1. 找到适当的广告诉求点

在设计一则广告，形成一个广告创意时，凭空的构想很难达到有效的宣传效果。一个良好的创意，往往需要紧扣消费者最关心的问题。然而不同消费者群体的消费心理、消费行为均不相同。广告活动只有先界定好宣传的目标对象，并透过对目标对象的消费心理、产品消费动机的了解研究，才能把握广告应该说些什么，否则就可能无的放矢。例如儿童食品广告，如果广告诉求对象是家长，那么关于营养的诉求就容易引起他们的关注；如果对象是使用者儿童本身，那么包装、奖品就比营养更为重要。

2. 正确地运用媒体

现代广告媒体不胜枚举，各种媒体的特点和传播功能均有差别。不同的消费者对媒体以及媒体的节目、栏目的爱好和接触习惯也不相同。在这种情况下，明确了产品的目标消费者，就能以他们的媒体爱好和媒体接触习惯作为依据来选择媒体和广告发布时机，使媒体充分发挥信息渠道的作用，使广告信息有效地传达给消费者。

例如，尼尔森《2018 年第二季度受众报告》[①]表明，美国成年人每天的媒体时间分布为：42% 用于收看直播和时移电视，41% 用于使用 PC 和移动设备等数字媒体；17% 用于收听广播。调查

---

① 尼尔森：《2018 年第二季度媒体受众报告》，199It 网 2019 年 1 月 5 日。

还发现成年人在使用媒体时会出现一些有趣的现象：有将近一半（45%）的成年人在看电视时会使用网络设备，并且这些同时使用多屏的受众中，多数人（71%）会通过网络设备搜索正在观看的电视内容，少部分人（35%）还会运用网络设备查找或购买电视宣传的产品/服务。与成人相比，千禧一代每天只花 25% 的媒体时间收看直播或时移电视，他们的时间主要花在网络媒体（44%）和智能手机及应用上（31%）。

依据这一报告，如果企业以美国成年人为目标消费人群，则需要兼顾电视、广播和互联网媒体，而如果以美国未成年人为目标消费人群，则要以互联网和移动互联网媒体为主。

3. 选择有效的广告表现手段或方式

广告表现一定要让人容易接受和愿意接受，许多成功和失败的广告案例都说明了这一点。然而，不同的消费者群体由于文化程度、年龄等方面的差异，他们的信息接受能力和接受方式也必然存在一定差异。广告不能强迫人们接受他们不能接受或不愿意接受的东西。例如以儿童为宣传对象的广告，太多的文字或语言信息就不容易为他们所理解和接受，也不会引起他们的兴趣。根据北方经济咨询有限公司（1999）的调查资料（见表 3－1－1）①，传统的电视广告表现形式如“说快板”和“相声”，年龄越大，喜欢的人越多；而现代的表现方式如“明星表演”“卡通片”“科幻”“动物拟人”等，年龄越小，喜欢的人越多。可见，只有界定好广告的诉求对象，广告创作者才能根据他们的特点，采用有效的广告表现手段。

表 3－1－1 我国不同年龄受众对不同广告形式的兴趣比重分布 单位：%

广告形式	受众年龄分组				
	10—20 岁	21—30 岁	31—40 岁	41—50 岁	51 岁以上
幽默表演	66.0	74.9	67.3	65.0	65.0
明星表演	50.0	40.9	42.7	42.2	35.7
儿童表演	32.1	21.2	21.8	20.2	18.7
卡通片	44.8	21.7	18.5	9.4	6.7
小故事	30.2	16.7	21.3	15.2	16.3
说快板	9.7	2.0	8.5	13.5	22.6
相声	22.8	19.2	22.3	37.7	48.1
科幻	26.9	26.1	12.3	10.3	7.1
兼公益性	10.1	34.0	27.0	19.7	17.3
动物拟人	22.0	13.8	14.7	13.0	8.8

二、界定广告诉求对象的基本要求

广告的诉求对象，从营销的角度来说，就是那些已在购买、使用广告品牌或将来可能购买、使用广告品牌的消费者。但是这样的诉求对象概念通常是比较模糊的，不便于把握和操作。一般来说，广告的诉求对象至少要满足以下三个条件：

① 北方经济咨询有限公司：《1999 年广告受众调查研究报告》，3see 网 1999 年。

1. 能够被明确界定

也就是说，判断哪些消费者属于诉求对象，哪些消费者不属于诉求对象，必须要有一个明确的标准，如年龄、性别等。如果没有明确的标准，或者标准不容易操作，那么这种界定往往是无效的。例如，尽管性感是一个经常使用的术语，似乎每个成年人都懂，但是，如果将某种化妆品的广告诉求对象界定为性感的女性，这就不合适了，因为很难判断什么样的女性是性感的女性，除非做出详细而具体的描述。

2. 广告诉求对象范围要足够大

即广告诉求对象的商品或服务潜在需求量要大到值得实施广告或促销活动。如果诉求对象的潜在需求太小，那么对他们进行广告宣传就不值得。例如，目前如果将高档小汽车的广告诉求对象界定为农民就不合适，尽管农民数量很大，但是他们尚没有这种需求，也不具备这种消费能力。

3. 广告信息必须能够通过广告或促销活动送达广告诉求对象

换言之，广告诉求对象要与某些特定的宣传媒体的受众相互重叠。如果广告诉求对象中消费者的媒体偏好或媒体接触行为没有一致性，要将广告信息送达他们是非常困难的。

三、界定广告诉求对象的标准

考虑到广告诉求对象的上述条件，在实际广告策划中，常以一些能够测定的有关因素作为界定广告诉求对象的标准。这些标准包括地理区域、城市类别、人口统计学特征等。

1. 地理区域

一些跨国销售的产品，可以以国际区域或国家为标准来区分广告诉求对象。例如以国际区域为标准，某种商品可以从东南亚、北美、中东、东欧、拉丁美洲、南部非洲、北欧等地区中选择一个或若干个地区作为广告诉求对象。以国家为标准，每一个国家都可以确定为广告诉求对象，也可以将几个国家作为广告的诉求对象。

国内销售的商品可以以行政区域如地区、省、市、县、区为标志加以区隔。例如以较大的行政区域——地区来区分，我国可分为华东、华北、东北、西北、华中、华南、西南等地区。以省为标准，则可以分为三十几个省、直辖市、自治区。

在按地理区域进行区隔时，有时也要考虑居住地人口数（即城市的大小）和居住地人口密度（如市中心或市郊）。

2. 城市类别

我国幅员辽阔，城市之间差异较大。许多产品、品牌在市场推广时，会根据全国各城市的经济、人口等综合情况，将它们分为一线城市、二线城市、三线城市等，然后再选择某一类城市着重展开广告、营销活动。关于城市的划分，目前尚没有统一的标准，各企业、广告营销公司对其分类也会略有不同，但是一般认为，一线城市包括北京、上海、广州、深圳等四个城市，二线城市则包括各省会城市以及沿海经济较为发达的开放城市如大连、青岛、厦门、宁波、苏州等，三线城市主要指地级市。三级城市之外就是城镇，然后就是广大的农村。

3. 人口统计学特征

人口统计学特征包括年龄、性别、收入、文化程度、婚姻状况、家庭人口数、职业、城乡等。这些特征都可以作为界定广告诉求对象的标准。例如旅游服务、高档消费品常常要用收入来界定广告诉求对象，保健用品则要用年龄来加以区分。

以年龄来界定广告诉求对象，通常可分成以下几个阶段：0—6岁，6、7—12、13岁，13、14—18、19岁，19、20—27、28岁，28、29—50岁，50—60岁，60岁以上。当然，广告产品不同，年龄的分段方法也不一样。

以性别来区分，消费者可分为男性和女性。

以收入来区分，消费者通常可分为三个层次：高收入者、中等收入者和低收入者。也可以分为更多的层次。

以文化程度为标准，所有消费者经常被分为：文盲或半文盲、小学、初中、高中（含中专）、大学（含大专）及大学以上。

以婚姻为标准，一般分为未婚和已婚。

以家庭人口数为标准，则可分为单身家庭、两口之家、三口之家、四口及以上的家庭。

以职业来区分，可分为：工人、农民、军人、商人、公务员和政府机关干部、教师和科技人员、学生、企业员工、个体经营者、待业人员等。

以城乡来区分。城乡居民在经济收入、消费支出、受教育水平等方面均有很大的差别。

4．心理特征

上述界定广告诉求对象的标准，都是比较直观、容易测定和判断的。然而，随着以"消费者为中心"的营销观念逐步代替以"生产者为中心"的营销观念，以及商品市场的逐步细分化，国外的市场营销者早在20世纪70年代就从消费者的心理层面来对消费者市场进行区分。

从消费者的心理特征来界定广告诉求对象，可以采用许多不同的标准。根据人格心理学家斯普兰格的观点，人根据价值观可以分成以下六种类型：①

（1）理论型：此类型的人主要兴趣在于发现真理。他们活动和生活的主要目的是将自己的知识系统化、条理化，不太重视生活的其他方面。

（2）经济型：此类型的人态度趋向于现实——实用事物，是务实人士。他们的一切工作都从实际需要出发，比较重视财力、物力、人力和效能。

（3）艺术型：此类型的人重视形象的美与心灵的和谐，善于审视美好的情景，乐于培养多种情趣。他们以优美、对称、整齐、合宜等标准来衡量一切。

（4）社会型：此类型的人以爱护他人、关怀他人为高尚的职责。他们多投身于社会，重视人际交往，以提供服务为最大乐趣。

（5）政治型：此类型的人对权力具有极大的兴趣，掌权成为其基本的动机。他们多有领导他人和支配他人的愿望和才能。

（6）宗教型：此类型的人重视命运和超自然力量，其心灵结构在于创造最高满足的价值经验。他们大多有坚定的信仰。

在精神分析学家荣格看来，人有两种心理类型，即内倾和外倾。他认为内倾是人的心灵指向个体的内部世界，外倾是人的心灵指向外部环境。内倾者的性格是安静、富于想象、爱思考、退缩、害羞和防御性的，对人的兴趣漠然；外倾者则爱好交际、好外出、坦率、随和、乐于助人、轻信并易于适应环境。

---

① 陈仲庚、张雨新：《人格心理学》，辽宁人民出版社1986年版，第78—79页。

上述斯普兰格和荣格的人格分类，对于区分广告的诉求对象是有益的。然而在实践中，广告诉求对象往往是以人的兴趣、爱好和价值取向等微观而具体的心理倾向为标准，同时结合人的活动趣向、对事物的意见以及人口统计学特征，将消费者区隔成各种生活形态的人群。这种广告诉求对象的界定方法，也叫作心理图示法。

在心理图示法中，人的心理特征的区分标准包括是否喜好交际、是否乐于助人、是否追求时髦、是否追求成功、是否合群、传统或现代、对家庭的兴趣高低等；对事物的意见，如对自己、社会问题、商业、政治、经济、教育、文化、体育、未来、产品等的意见；活动倾向，如体育运动、逛街购物、娱乐、工作、节日庆祝活动等。

在国外的行销广告实践中，许多广告主或行销者常根据此方法来界定广告诉求对象。例如，NH&S(Needham Harper & Steers)公司界定了10种生活形态的消费者，这10种生活形态的消费者分别是：

① 自我实现的商人　② 成功的专业人员
③ 热爱家庭的人　④ 受挫折的工厂工人
⑤ 退休后常留在家中的人　⑥ 感到心满意足的主妇
⑦ 时髦的郊区居民　⑧ 漂亮的社交名流
⑨ 好心的母亲　⑩ 老式传统主义者

美国SRI国际公司，以消费者的生活形态和价值观为界定标准，建立了一套用于发展行销和广告计划的广告诉求对象界定系统，他们称之为“价值观与生活形态系统”。这一系统将消费者分为四个主群体和九个子群体。[①] 它们分别是：

(1) 需要驱动者。这些人都是收入有限的消费者，他们购买的物品大多是用来满足基本生活需要的，但有时为了炫耀，他们也购买奢侈品。这个群体可分为两个子群体：

① 残存者。这是一群年老、贫穷、沮丧、远离文化主流的人。

② 苦撑者。这是一群年轻、狡猾、挣扎于贫困边缘、想出人头地的人。

(2) 外在导向消费者。这些人持身端正，深受他人的尊重，构成美国社会的中坚，可分为三种类型：

① 归属者：这些人的特征是传统、保守、世俗、怀旧、重感情、清心寡欲。

② 好胜者：这些人野心勃勃、力争上游、注重声望，有大男子气概和竞争精神。

③ 成就者：这些人是政府官员、商业领袖、专业人员。他们注重效率、名誉、身份、正直的生活等。

(3) 内在导向消费者。此一群体消费者的购物活动基本上是以个人内在需要的满足为主，而非反映他人的意见。此一群体包括三个子群体：

① 我行我素者：这些人的特征是年轻、充满活力、好表现、自我陶醉、表情丰富、情绪冲动等。

② 亲身经验者：这些人是更为成熟的“我行我素”者，他们积极参与，亲身体验，关注自己内心的成长。

③ 关心社会者：这些人向往淳朴自然的生活，倾向于保护大自然的生态环境。

(4) 统合者：这些人结合内、外在导向消费者的感受于一身，是心理上完全成熟的人。他们

---

① 丹·E. 舒尔茨等：《广告运动策略新论》，中国友谊出版公司1994年版，第98—104页。

具有宽容、自我、放眼世界、以天下为己任的胸襟。

5. 消费者行为与购买方式

我们还可以基于消费者的消费行为模式或购买方式来区分和定义目标消费者。如根据其购买量和购买频次定义为重度消费者、中度消费者和轻度消费者；依据消费者的忠诚度，可以划分成坚定的忠诚者、不坚定的忠诚者、转移型的忠诚者和多变者。也可以依据消费者的购买方式定义为线上消费者和线下消费者。而哈里斯互动公司根据消费者对网上购物体验的满意度区分出了6类网上消费者，分别为初来乍到型、时间敏感型、网上网下双栖型、单身的网络痴迷者、养家糊口型和品牌忠诚型。①

2017年，陈梅梅和董平军在哈里斯互动公司的网络消费者类型细分体系的基础上，与淘宝网合作进行了面向全国网络消费者的调查，将我国的网络消费者进一步细分为10种，如表3-1-2所示：

表3-1-2 网络消费者类型及其具体行为特征②

分类依据	消费类型	特征
网购行为的计划性	消遣型	只要有时间就会到购物网站上看看有哪些值得买的东西
	目标驱动型	仅在有购物计划时才会上网选购
时间敏感程度	时间敏感型	总是无法容忍在网上选择商品时花费过多的时间和精力
	享乐型	把网络购物作为消磨时光的一种休闲方式
选择购物网站的专一程度	品牌忠诚型	一般只在一个网站上购物
	三心二意型	购物的网站不止一个
网购行为的理性程度	冲动型	经常在网上购买一些不是特别需要的商品
	理智型	经常在网上货比多家，购买性价比较高的商品
对网购风险的态度	保守型	总是担心网购有风险，除非对质量要求不高或实体店买不到的商品才会在网上买
	猎奇型	喜欢尝试时尚新事物，网购总能给自己带来乐趣，风险微不足道

根据搜索引擎中的"来源相关词"和"去向相关词"能推测出大多数用户对品牌的相关搜索行为，为互联网广告方案确定提供依据。以"香奈儿"为例在百度指数中进行分析可得：搜索"香奈儿"的用户提前会进行香水、包包、童星、口红等相关产品的搜索；之后会进行官网、竞争品牌和产品价格的搜索。结合搜索用户的人群画像（如图3-1-1所示）可知：搜索香奈儿的用户年龄集中在30—39岁。在性别比例上，男女比例为2∶3，说明男性也是香奈儿的重要购买者。

---

① 转引自刘向晖：《网络营销导论》，清华大学出版社2009年版，第42—43页。

② 陈梅梅、董平军：《中国网络消费者行为特征》，《中国流通经济》2017年第2期。

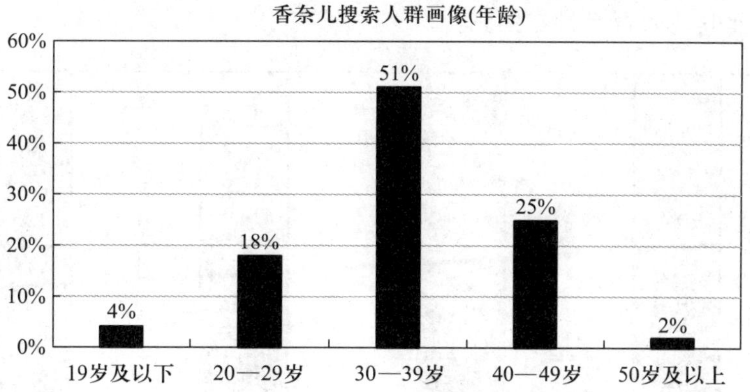

图 3－1－1　“香奈儿”搜索用户的人群画像

四、几个案例

以上介绍的是一些常见的区隔标准，在实践中，通常是将几种标准综合使用，并利用调查手段，将不同消费群体区隔开。

1. 零售业消费者特征

2017 年马云提出“新零售”概念，《2017 线下零售新生态报告》充分体现了“新零售”的概念。该报告基于口碑平台活跃用户大数据，根据消费者的人口统计学特征、追求的主要利益和消费特征，将零售新生态中的核心人群划分为以下四种：惠享派、奋斗党、乐活族和主妇群，具体划分标准如表 3－1－3 所示。

表 3－1－3　零售新生态中的核心人群划分①

人群区分	惠享派	奋斗党	乐活族	主妇群
人口统计学特征	18—22 岁 大学生	23—27 岁 一二线城市单身白领	28—35 岁 一二线城市单身白领	28—35 岁 有小孩家庭主妇
追求的目标	精打细算	追求便利	品质生活	持家有道
消费特征	爱用优惠券省钱 爱工作日逛超市	工作日爱去便利店 周末超市集中采购	一日三餐在便利店解决 下班以后和周末爱逛超市 爱买进口酒水，也偶尔下厨	时间自由，白天采购 消费高也省钱有道 超市采购多为家庭消费

2. 不同年龄段酒类消费者特征

2017 年，罗兰贝格市场调查对全国酒类消费做了市场调查②，以了解年轻消费者给酒类消费带来的新变化。如图 3－1－2 所示，从偏好的酒类消费场景来看，家庭/朋友聚会场景在各阶段年龄消费者中均比较重要，其次分别为餐饮相关场所和量贩 KTV 场景，最后为酒吧。需要指出的是，20 岁以下的年轻人偏好的酒类消费场景与其他年龄阶段略为不同，他们在量贩 KTV 消费

① 阿里口碑、第一财经商业数据中心：《2017 线下零售新生态报告》，2017 年 9 月 28 日。

② 罗兰贝格市场调查公司：《年轻消费者带来的酒类消费革命》，2016 年 8 月 17 日。

酒类排在第二位，而其他人群是排在第三位。

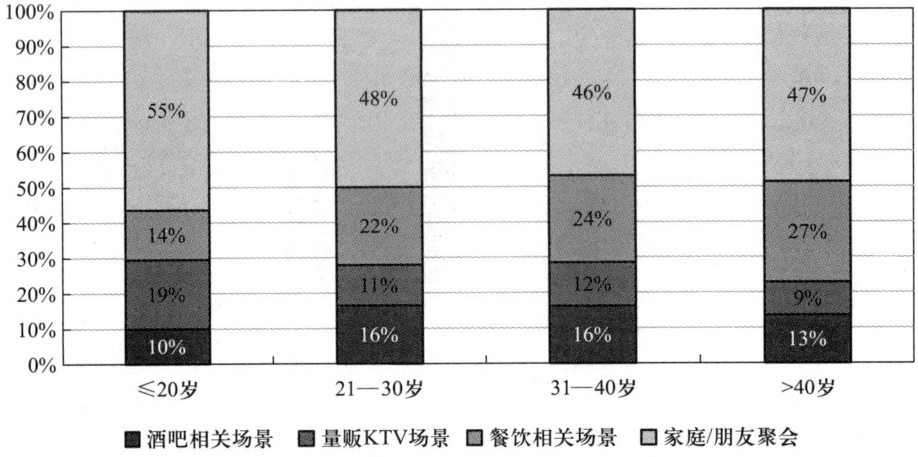

注：数据之和不足或超过 100% 由四舍五入所致。

图 3-1-2 各年龄层酒精消费场景占比图

再仔细分析年轻消费群体在家庭/朋友聚会时的酒类消费特征：此类聚会往往以男女混合聚会为主，男女比例相当。在此背景下，为照顾到女性的消费体验，消费人群更倾向于选择口味类似于软饮料的淡酒精新兴品类。根据调查，新兴品类中的女性消费者占比明显高于其他酒类，其中预调酒中女性消费者占 70%，调味啤酒中女性占 58%，而啤酒消费中女性占比则只有 45%，在其他高度酒精饮料中，该占比则更低。具体如图 3-1-3 所示。

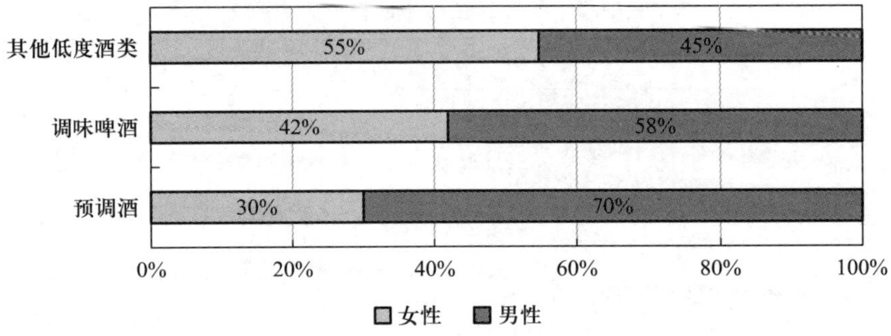

图 3-1-3 各类酒精饮料消费者性别分布

3. iOS 系统用户画像

艾瑞咨询发布的《2017 年中国 iOS 用户洞察和移动营销趋势报告》指出，手机系统 iOS 用户的人群特征为：性别主要为男性（占比高达 67.9%），年龄集中在 25—35 岁之间（见图 3-1-4），七成月均收入超过 5000 元（见图 3-1-5），七成人群已婚，且未婚用户中三年内有结婚计划者为 84.8%，已婚用户中一年内有生育计划者为 72.6%。[①]

① 《2017 年中国 iOS 用户洞察和移动营销趋势报告》，艾瑞咨询 2017 年 6 月。

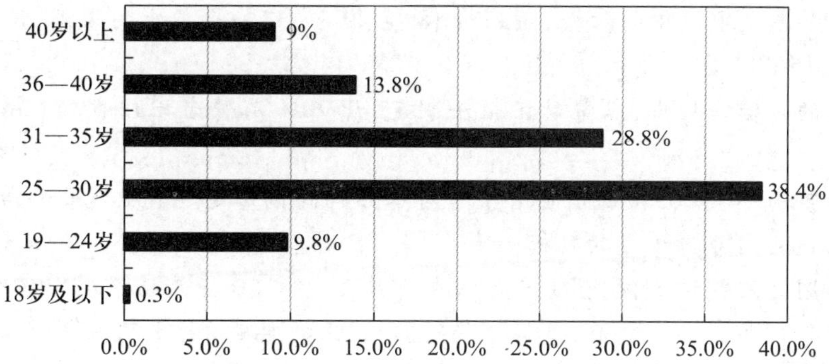

图 3－1－4　2017 年中国 iOS 用户年龄分布图

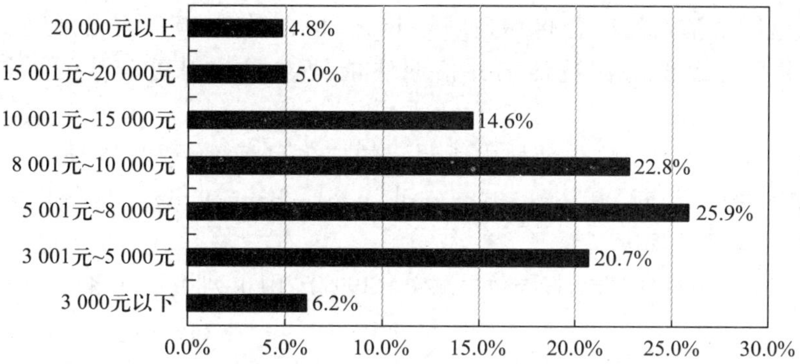

图 3－1－5　2017 年中国 iOS 用户月均收入分布图

第二节　确定广告目标的心理依据

在制定广告计划的过程中，有一个重要的环节是不可遗漏的，那就是确定广告的目标。确定广告目标是一个做决策的过程，它不仅需要有现实的依据，还需要理论的依据。现实的依据来源于市场研究提供的资料，而理论依据则来源于心理学的研究成果——广告心理效应。

一、广告目标与广告心理效应

广告心理效应，是指广告对消费者心理所产生的影响。它可能是认知方面，也可能是情感方面，还可能是行为方面。

确定一场广告活动的目标，从广告主的角度来说，最好是用产品的市场销量或市场占有率来加以界定，这样既直截了当，又容易理解。然而，产品的销售是整个市场营销活动的效果，广告活动只是产品市场营销组合中的一个方面。换句话说，广告活动不一定会促进产品的销售，而且没有促进产品销售的广告也不一定就没有效果。所以，在广告活动计划中，广告目标的制定不仅仅以产品销售作为指标，通常还以消费者认知、情感和行为变化作为指标。下面是一些实际案例。

某产品的广告目标：

(1) 在全国广告运动上市导入年度终了之前，目标市场为本品牌创造 70% 的知名度（主要

是针对全国100个最大市场中的妇女，年龄为18至49岁，有一个以上的未满18岁的子女同住，每年全户收入在15 000美元以上）。

（2）在我们的目标市场中，以帮助记忆法测定，让70%消费者记住我们广告创作策略中所宣布的承诺。

（3）在目标市场中，有65%的消费者报告对本品牌的偏好超过其他竞争品牌。

经广告与行销共同努力达成的目标如下：

（1）在所计划的配销区域内，于上市导入年度终了之前，目标市场产生39%的试用率。

（2）在上市导入年度终了之前，目标市场达成65%的再购率（平均每年购买5次并每次购买6包）。

美国一种低泡沫洗洁剂的广告目标是："一年之内，在3000万拥有自动洗衣机的家庭主妇中，把那些认为本品牌是低泡沫洗洁剂并信服它能把衣服洗得更清洁的主妇，从10%增加到40%。"

美国一家航空公司在一个广告计划中所制定的广告目标之一是："在这一广告运动的前四个月中，使目标市场的60%对'伟姿班'航空公司（Whiz - Bang Airlines）新提供的、贯通美国东西两岸的服务达到'知名'的程度。"

所罗门·杜卡在其著作《广告目标与效果测定》（1999）①中也列举了许多广告目标的案例，如：

裤袜：对于导入期的商品来说，广告的目标是：于一年当中，在60%的消费大众市场建立品牌知晓度；让30%的市场大众知道这个商品除了超薄、透明的美丽之外，还有防止疲劳的功能。对于已经建立商誉的商品来说，广告的目标是：保持上述市场知晓度和对产品的了解程度，让通过经验了解产品者从19%增加到30%。

建筑材料：让40%的建筑师对产品整体经济效益的信息留下印象，让30%的营造商对装备施工快的信息留下印象，让50%的潜在客户达成品牌认同。

啤酒品牌：在产品上市6个月之内，让80%的消费者能够认得品牌。

特制滚动钢条：在一年之内，把本产品省钱省时的产品优势传播给$\frac{1}{4}$对购买决策有影响的人。

止痛药：能减轻头痛的信息维持35%的普及率，在6个月内让减轻感冒症状的信息普及率从15%增加到25%。

上述案例中广告目标的制定，都是以广告心理效应的理论和广告事实为依据。这些理论和事实将在以下两部分中加以介绍和分析。

二、广告心理效应模式

众所皆知，广告活动的最终目的是把产品推销出去，然而广告能否达到这一目的，则取决于

① 所罗门·杜卡：《广告目标与效果测定》，郭贞译，内蒙古人民出版社1999年版，第139－171页。

广告能否对消费者产生深刻的影响。广告对消费者的影响通常是多层次、多侧面的。对此，广告研究者从20世纪初开始就进行广泛的研究，至今已形成了一系列形形色色的广告心理效应模式，如AIDA模式（1925）、科利（Colly）模式（1961）等。

在这些模式中，AIDA模式提出的时间比较早，因而在理论方面影响比较大，在广告研究文献中经常被引用、介绍。科利模式也是一个影响比较大的模式，不过，并不是因为该模式的合理性得到人们的广泛认可，而是因为该模式跟广告学家科利著名的“制定广告目标以测定广告效果”法（Defining Advertising Goals for Measured Advertising Results，简称DAGMAR）相提并论。真正得到广告界广泛认可的是勒韦兹和斯坦纳模式①，简称L&S模式。该模式不仅常常被广告研究者引用、提起，而且成为许多企业及广告代理公司制定广告目标的理论基础。

勒韦兹和斯坦纳认为，消费者对广告的反应由三个部分组成，即认知反应、情感反应和意向反应。认知反应包括知晓和了解：所谓知晓，是指消费者发觉到产品的存在，它发生于消费者与广告接触之际；了解是消费者对产品性能、效用、品质等各方面特点的认识。情感反应包括喜欢和偏好：喜欢是消费者对产品的良好态度，偏好是消费者对产品的良好态度扩大到其他方面。喜欢和偏好是密切联系的两种反应，它们是消费者对产品的评价，是对产品是否是一种满意而合适的问题解决办法的衡量。意向反应包括信服和购买：由于偏好，消费者产生了购买欲望，而且认为购买该产品是明智的，这就是信服。信服代表决策的结果，它说明在做决策之后，消费者已经坚持购买广告产品，或者说有了购买广告产品的动机。购买是由态度转变为实际的行为反应。

勒韦兹和斯坦纳还认为，广告活动要达到最终目的，就要促使消费者由知晓向购买进展。该模式可以用表3-2-1更具体地表示。勒韦兹和斯坦纳还指出各个层次目标实现的相关广告营销手段以及效果评估的研究方法。

表3-2-1　L&S模式及其相关的广告活动和广告研究方法

相关行为维度	移向购买	与各步骤有关的广告和促销手段	各步骤最适用的研究方法
意向：动机领域 广告诱发或指导欲望	购买 ↑ 信服 ↑	POP、零售店广告、讨价还价、甩卖、价格诉求、证言广告	市场或销量测试、分半测试、购买意向、投射技术
情感：情绪领域 广告改变态度和情感	偏好 ↑ 喜欢 ↑	比较广告、论证文案、形象广告、地位或魅力诉求	品牌偏好排序、评分量表；形象测量（包括核对列表和语义区分）、投射技术
认知：思想领域 广告提供信息和事实	了解 ↑ 知晓	公告、说明性文案、分类广告、口号、歌谣、空中文字、悬念广告	信息问题、回放分析、品牌意识调查、有助回忆

① Lavidge R J & Steiner G A. *A model for predictive measurements of advertising effectiveness*. Journal of Marketing，1961.25(6)：59-63.

然而 L&S 模式也存在着下列问题：

（1）对某些产品，消费者不一定按照 L&S 模式所制定的次序进行，他们可能开始一两个阶段后就停止或重新开始。

（2）后一阶段活动的结果反馈，可能对前一阶段产生影响。例如对产品的信服可能加强消费者对产品的偏好。

（3）有些消费者可能一下子将全部过程完成，以至于区别不出各个阶段进展的过程。此种情况特别在低风险、低花费产品上更为多见。

（4）有些消费者可能完全不遵循这种过程，他们可能按照某种其他途径做购买决策。例如有的消费者可能由知晓直接进展到偏好，而省略掉了解和喜欢这两个阶段。

鉴于 L&S 模式存在的这些问题，罗伯特后来提出了所谓"采用过程模式"。不过，正如舒尔茨等人所说："尽管有这些不合规则的情况，L&S 模式仍然是提供广告运动计划者建立厂商能够测定的广告目的的最好方法。"①

互联网广告、移动端广告与传统媒体广告本质上相类似，向消费者传递商品或品牌信息，当消费者传接触这些广告时，同样也会产生认知、情感、购买意向或行为等心理效应，这些心理学指标同样也是互联网广告和移动端广告心理效果评价系统的基本指标。但这些新兴的广告拥有独特的手段和技术，具有传播范围广泛、交互作用性强、形式灵活多样、能够精准到达目标消费者等特点，此外，这些广告能够实现实时到达，并能马上转化为购买行为，因而这些广告心理效应模式具有独特性。接下来就以行为定向广告为例，介绍互联网广告和移动端广告。

行为定向广告（Online Behavioral Advertising，OBA）是广告投放商充分发挥互联网强大的追踪能力，得到用户当前浏览的页面信息主题，通过系统判断并锁定用户属性，比如用户人口统计学特征、从事行业和兴趣喜好等，追踪用户行为数据并向用户展示网络广告。无论这个用户访问哪一个网站，都可以让他/她看到同样一则广告，这样就有机会有针对性地进行两次甚至多次曝光，大大提高广告对目标消费者的影响效果，OBA 符合精准营销的思想。然而，这种做法由于涉嫌侵犯用户隐私而引起了人们的担忧。那么，OBA 对受众的心理造成了什么样的影响呢？2017 年伯尔曼等人定义了行为定向广告，并对以往相关实证进行了回顾，提出一个理论框架，以整合以往所有影响行为定向广告心理效果的因素。结果表明这些影响因素包括两个层面，一个是与广告相关的因素，另一个是与消费者相关的因素。这个模型解释了消费者是如何识别并对行为定向广告进行信息加工的（如图 3－2－1）。

三、广告的客观心理效应

前面介绍了广告可能产生的心理效应，这一部分着重讨论一下广告究竟发挥了哪些作用，即客观存在的心理效应。

1. 广告提高消费者的品牌意识

改革开放 40 年来，我国的一些企业、生产厂家，通过大量的广告宣传，其企业名称、品牌名称很快家喻户晓，如：加多宝凉茶、华为、三九胃泰、阿里巴巴、百度、腾讯、网易、联想、海尔等，即使是一些现在已经不存在或黯然失色的品牌如小霸王学习机、太阳神口服液、巨人集团、爱多 VCD、

① 丹·E. 舒尔茨等：《广告运动策略新论》，中国友谊出版公司 1991 年版，第 242 页。

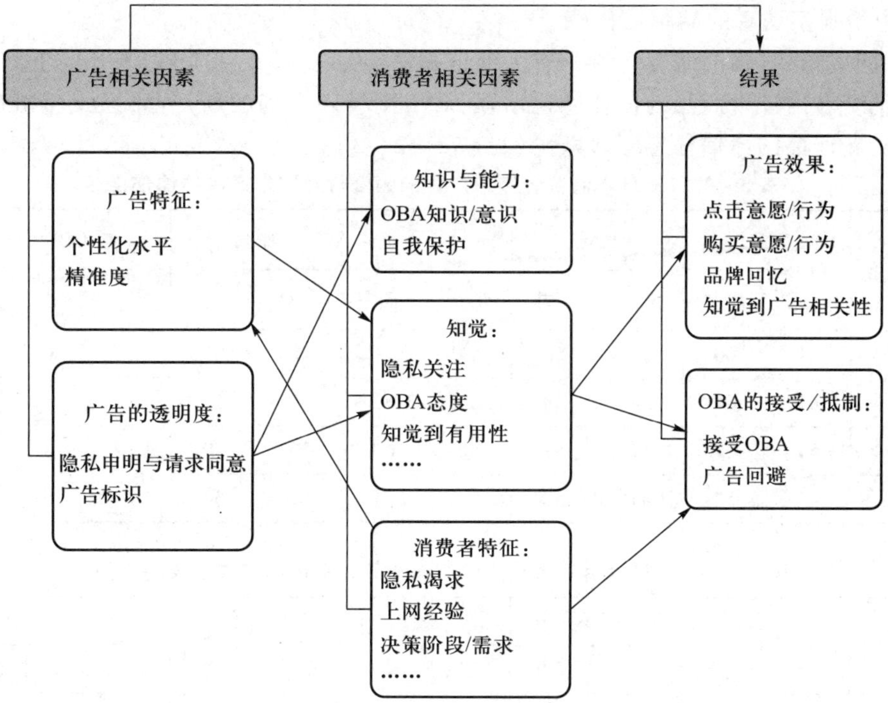

图 3－2－1 行为定向广告（OBA）的心理效果模式①

秦池酒、亚细亚等，人们仍然记忆犹新。一些外国商品、企业也由于通过各种形式的广告宣传，迅速地提高了它们在中国消费者中的品牌知名度，如苹果手机和电脑、松下电器、佳能相机、迪奥香水、万宝路香烟、IBM、雀巢咖啡、三星手机、大众汽车等。这些具体的例子都说明广告起到了提高消费者品牌意识的作用。

2007 年铭泰·铭观营销咨询有限公司对全国 14 个重点城市 1800 户进行入户调查发现：品牌第一提及率和广告第一提及率基本趋同，广告提及率越高，品牌提及率越高，反之亦然广告第一提及率最高的四个品牌为惠氏、雅士利、伊利和美赞臣，提及率最低的四个品牌为雀巢、飞鹤、南山和三鹿；而品牌第一提及率最高也分别为多美兹、美赞臣和惠氏，提及率最低也分别为南山、飞鹤、雀巢和三鹿。可见，广告第一提及率和品牌第一提及率基本趋同。②

美国佛罗里达自然历史博物馆于 1986 年初以举办的 MASH 临时展览为背景，作了一次抽样调查。在此展览之前，佛罗里达自然历史博物馆通过新闻报道、广告专栏等手段，进行了一次大规模的宣传活动。结果发现，在抽样的 569 人中，具有广告意识的有 346 人，占总数的 61%。③巴特拉等人对来自常购包装品的追踪资料的元分析结果显示，广告花费对增长产品类别中较少见到的品牌的品牌意识有较大的影响。④ 这些结果都说明了广告能够提高消费者的品牌意识。

① Boerman S C, Kruikemeier S, Borgesius F J Z. *Online Behavioral Advertising: A Literature Review and Research Agenda*. Journal of Advertising, 2017, 46(2):1－14.

② 吴宏伟：《14 城市婴幼儿奶粉市场调查报告》，《中国乳业》2008 年第 8 期。

③ 中国广告协会秘书处参考资料。

④ Batra R, Lehmann D R, Burke J & Pae J H, *When does advertising have an impact? A study of tracking data*, Journal of Advertising Research, 1995, 35(5): 19－32.

2. 广告增强消费者的品牌信任感

在这一问题上，日本的研究提供了有力的证据①。从表3－2－2可以看出，随着广告接触频度的增加，消费者对广告商品的信任感也增强；对于刚投入市场的新产品，通过接触广告了解产品，消费者对新产品的不信任感明显减少（见表3－2－3）。

表3－2－2 日本消费者接触广告的频度与对广告产品的信任感 单位：%

广告接触频度	口红		长袜		牙膏		啤酒		电子表		彩电	
	东京	福井	东京	福井	东京	福井	东京	福井	东京	福井	东京	福井
一般	54	60	51	56	54	61	56	67	54	61	63	67
经常接触	61	64	58	58	57	62	59	64	61	61	66	69
有时接触	55	62	52	58	50	60	55	70	55	61	62	70
不接触	47	54	41	52	54	54	52	50	49	61	48	48

表3－2－3 日本消费者从广告了解产品时不信任感减少者的比例 单位：%

	口红		长袜		牙膏		啤酒		电子表		彩电	
	东京	福井	东京	福井	东京	福井	东京	福井	东京	福井	东京	福井
接触广告	15	17	19	18	17	15	15	14	13	13	15	13
不接触广告	15	8	15	14	12	13	13	11	14	11	14	14

有学者根据不信任的双因素观——品牌信任关系中信任和不信任可以并存，进行了广告传播影响品牌不信任的实证研究，研究证明广告传播对初始信任阶段和持续信任阶段的消费者品牌信任水平均没有直接显著的影响，而对初始信任阶段的不信任水平有显著的影响。广告传播目标更倾向于降低消费者对品牌的不信任度，而非建立信任度。②

在初始信任阶段，消费者对品牌没有形成基本的认知，也没有过往经验和亲友推荐可以参考，不信任心理和自我保护机制容易被唤起，广告传播作为一种信任的因素，旨在降低消费者对品牌的不信任心理，不信任对唤起消费者情绪和消费觉醒产生起到关键性作用，所以在初始信任阶段，广告传播的作用很大，是品牌信任关系建立的必选项。

随着网络语言的流行，使用网络语言的广告不断涌现。有学者针对网络语言特性对广告感知信任度的影响作用进行研究，结果表明：相较于标准语言，网络语言对广告信任产生负面影响。③ 这是为什么呢？作者解释为，当网络语言被用于广告文案时，其显著的语言特征（有趣性和不规范性）被受众所感知，这种感知会扩散到消费者对于广告的认知中，增强了受众广告有趣性和广告不严谨性的感知，进而降低了对广告的信任感。这个研究从反面说明了广告对品牌信任感的巨大影响作用。

---

① 饱户弘等：《经济心理学——销售与广告心理学》，中国商业出版社1987年版。

② 胡安琪：《广告对品牌不信任的影响研究——从双因素理论重新审视广告目标》，《广告大观（理论版）》2016年第1期。

③ 刘世雄、毕晓培、贺凯彬：《网络语言文案对广告注意和感知的影响》，《心理学报》2017年第12期。

3. 广告激发消费者的购买欲望

日本学者的研究,对广告的这一客观心理效应给予了直接支持①。他们的研究发现,当消费者不持有广告商品时,经常接触广告的人产生购买欲的比例大于不接触广告的人,而对于产品持有者来说,差异并不显著(见表3-2-4)。

表3-2-4　日本消费者对耐用消费品的购买意图　单位:%

	彩色电视机	东京			福井		
		经常接触	有时接触	很少(或不)接触	经常接触	有时接触	很少(或不)接触
非持有者	如可能想换一台	12	14	2	15	12	6
	虽不太满意,但不打算更换	24	27	31	29	32	24
	感到满意	64	59	67	56	56	70
	电子表	东京			福井		
		经常接触	有时接触	很少(或不)接触	经常接触	有时接触	很少(或不)接触
持有者	一定要买	16	9	9	10	6	5
	如可能,想买	51	55	41	59	47	36
	不想买	33	36	50	31	47	59

西方的许多研究也支持上述观点。西蒙和马克(1965)对消费者的邮寄调查的结果显示,报纸广告影响普通产品的需求,以及对特殊品牌和零售店的需求,②巴特拉等人(1995)的研究也给予一定程度的支持。他们的研究认为广告费用在一定条件下对购买意图有较大影响。条件是广告采用一种新策略、新文案或新利益,品牌有重大的贸易推广支持,广告文案不是"软推销",而且品牌不是一个下降的品牌。③ 不过,莱曼1977年的调查则显示,广告似乎在增加消费者的汽车知识以及对自己判断能力的信心方面是很有效的,在改变态度方面也有一点作用,但在改变购买意图上没有效果。④

4. 广告影响消费者的购买行为

关于广告对消费者购买行为的影响,在国外存在大量使用不同研究方法、来自不同研究领域的直接或间接的研究证据。早在1967年,罗斯乌特等人分别采用听觉和视觉的广告进行的实验表明,品牌选择与广告量成正比例;放置在接近选择点的信息比远离选择点的信息导致更多的选择,动态的信息比平静的信息更有效。⑤ 伍德塞和瓦德尔(1975)研究发现,售点广告和降价都会

---

① 饱户弘等:《经济心理学——销售与广告心理学》,中国商业出版社1987年版。

② Simon L S. & Marks M R. *Consumer behavior during the New York newspaper strike.* Journal of Advertising Research, 1965, 5(1): 9-17.

③ Batra R, Lehmann D R, Burke J & Pae J H. *When does advertising have an impact? A study of tracking data.* Journal of Advertising Research, 1995, 35(5): 19-32.

④ Lehmann D R. *Responses to advertising a new car.* Journal of Advertising Research, 1977, 17(4): 23-27.

⑤ Lo-sciuto L A, Strassman L H & Wells W D. *Advertising weight and the reward value of the brand.* Journal of Advertising Research, 1967, 7(2): 34-38.

增加速溶咖啡的销量,但两种方法综合运用销量更大。[①] 布尔茹瓦和巴恩斯的研究分析了1951—1974年加拿大15岁以上的人每年的啤酒、葡萄酒、烈酒的消费量,以考察印刷、广播广告的数量与酒精消费的关系,结果发现二者有显著相关。[②] 沃尔顿(1980)访问了1 000名医生,以考察连续5个季度出现在医药杂志上的186种药品的354则广告的效果。研究发现,那些回忆出广告的医生开处方的倾向明显增加。一半以上意识到产品广告的医生后来都开了处方,可见医药广告暴露与较大量的使用者有关系。[③] 麦瓦利(1980)采用回归分析方法探讨销售量与广告的关系,发现二者存在非线性相关,越多的消费者依附于一个品牌,广告的销售弹性就越低,市场中品牌意识较高的品牌,其广告销售比例也较高。[④] 约翰逊和麦斯默(1991)研究广告对选择一个度假地点(威廉斯堡)的影响。在对1988年的旅游普查资料和对1721项调查资料的分析中,他们发现,参观威廉斯堡的决定常常伴随着两个阶段的活动:信息咨询和实际参观。广告影响这两个阶段,总体广告费用影响咨询的比例,而电视广告影响参观。[⑤] 威尔科克斯1991年的研究则利用最小平方回归方法分析美国1949—1985年销售的流行香烟品牌的年度广告预算与消费的关系。数据库包括10个香烟品牌的消费变量、10个香烟品牌的广告变量和3个社会经济学变量。分析发现,对于5个品牌的香烟来说,广告与消费水平存在显著的正相关。[⑥] 1995年,琼斯以市场占有率为广告效果指标的分析发现,70%的广告运动立即增加销售量。广告对于20%被研究的品牌有短期的效果,对另外30%的品牌有适度的影响,对46%的品牌产生长期(时间超过1年)的影响。[⑦] 克拉克通过对已有大量关于广告效应的研究的再分析也发现,对成熟的低价常购品,90%的广告对销售的影响持续3到9个月。[⑧] 这从另一个侧面证实,广告在广告发布之后一段时间内仍然持续影响着消费者的购买行为。

我国学者王建刚在一项研究中,探讨了观众对不同产品类别的电视广告的喜欢程度与受其影响程度的关系[⑨]。研究结果表明,观众对不同产品类别电视广告的喜欢程度与广告对他们平时购物的影响有明显的相关关系(见图3-2-2)。这一研究结果,虽然不是直接探讨广告与购买行为的关系,但它从侧面支持了广告影响消费者购买行为的观点。

台湾学者别莲蒂和陈怡穆关于广告的长期影响研究发现:广告量占比对常购品与选购品的品牌态度与购买率都有正向影响。前期的广告效果通过影响消费者前期品牌态度或前期购买率,进而间接地影响当下的购买率或品牌态度。这也说明广告的展示会随时间的增长,转化成为

---

① Woodside A. G. & Waddle G. L. *Sales effects of in-store advertising.* Journal of Advertising Research, 1975, 15(3): 29-33.

② Bourgeois J. C. & Barnes J. G. *Does advertising increase alcohol consumption?* Journal of Advertising Research, 1979, 19(4): 19-29.

③ Walton H. *Ad recognition and prescribing by physicians.* Journal of Advertising Research, 1980, 20(3): 39-48.

④ Metwally M. M. *Sales response to advertising of eight Australian products.* Journal of Advertising Research, 1980, 20(5): 59-64.

⑤ Johnson R R & Messmer D J. *The effect of advertising on hierarchical stages in vacation destination choice.* Journal of Advertising Research, 1991, 31(6): 18-24.

⑥ Wilcox G B. *Cigarette brand advertising and consumption in the United States: 1949-1985.* Journal of Advertising Research, 1991, 31(4): 61-67.

⑦ Jones J P. *Single-source research begins to fulfill its promise.* Journal of Advertising Research, 1995, 35(3): 9-16.

⑧ Clarke DG. Econometric measurement of the duration of advertising effect on sales. Journal of Marketing Research, 1976, 13(4):345—357.

⑨ 王建刚:《电视广告的多重效应》,《新闻广播电视研究》1989年第5—6期。

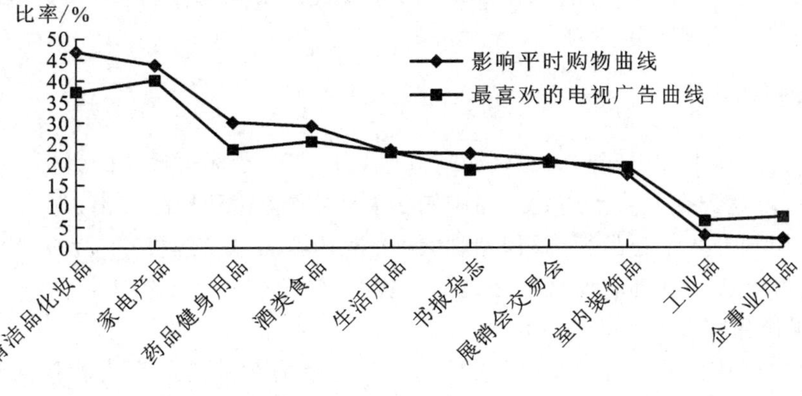

图 3-2-2　我国观众对不同电视广告的喜欢程度与受影响程度的关系

公司的一项无形资产。[①]

一些旨在促使受众产生行为反应的广告活动表明,广告的确能够促使受众产生行动。例如厦门有家心理咨询机构,曾经为了促进本机构的"电话咨询"活动,在《厦门日报》中缝刊登了一则小小的广告。广告登出后,咨询电话立即应接不暇,过了三四天之后,才逐渐减少。

5. 广告的其他作用

关于广告的其他作用,也有很多研究证据。艾伦伯格 1974 年的研究发现,消费者倾向于忽视他们已经不用的品牌的广告,因此这类品牌没有说服的余地,广告的主要作用是强化已经使用过的品牌的满意情感[②]。进一步的研究指出,大多数消费者有多种品牌供选择,成熟品牌的广告能够强化和偶尔促进消费者已有的购买该品牌的倾向。[③]

萨瑟兰和加洛韦调查 267 位家庭主妇,询问她们多数人使用什么品牌的牙膏、彩电和一次性尿布,结果指出广告(媒体优势)是顾客判断别人是否接受和产品是否流行的重要线索。[④] 唐纳修对 162 名一、二、三年级黑人学生进行的调查认为,电视广告促进消费者怀疑价值的发展,对于食品营养要素的重要性以及服药几乎没有教育作用。[⑤]

除了以上作用之外,广告活动还会影响股票市场。L. K. 麦瑟和 I. 麦瑟 1995 年采用事件研究方法和投资回报评估方法,考察广告口号改变通告对 87 家上市公司的市场价值的影响。研究发现,公司广告口号的改变平均增加公司的年度收益 600 万—800 万美元,投资者对口号改变通告的反应一般是延迟的,他们一般用肯定的观点来评价公司的策略调整。[⑥] 1997 年他们进一步对 1993 年退役、1995 年复出芝加哥公牛队的乔丹对其代言公司股价的影响进行研究。结果显

① 别莲蒂、陈怡穆:《广告量对品牌态度与购买率之长期影响》,《管理学报》2011 年第 6 期。

② Ehrenberg A S. *Repetitive advertising and the consumer*. Journal of Advertising Research, 1974, 14(2): 25-34.

③ Barnard N & Ehrenberg A. *Advertising: Strongly persuasive or nudging?* Journal of Advertising Research, 1997, 37(1): 21-31.

④ Sutherland M & Galloway J. *Role of advertising: Persuasion or agenda setting?* Journal of Advertising Research, 1981, 21(5): 25-29.

⑤ Donohue T R. *Effect of commercials on black children*. Journal of Advertising Research, 1975, 15(6): 41-47.

⑥ Mathur L K & Mathur I. *The effect of advertising slogan changes on the market values of firms*. Journal of Advertising Research, 1995, 35(1): 59-65.

示，对乔丹复出的预期以及乔丹的可见度增加，导致代言公司市场价值平均升高几乎 2%，股市价值增加 10 亿多美元。[①]

四、品牌资产

在现代广告活动中，广告既有长远的目标，也有近期的目标。近期的目标主要是解决品牌当前存在的问题，以达到企业希望达到的品牌销售要求，或者达到从品牌销售中获得的利润要求。

长远的目标则是要创建品牌，累积品牌资产，为品牌的可持续发展，为提升企业的竞争能力和盈利能力打好扎实的基础。那么什么是品牌资产呢？

1. 什么叫作品牌资产

所谓品牌资产就是消费者关于品牌的知识。[②] 它是有关品牌的所有营销活动给消费者造成的心理事实。这个定义表明品牌资产具有四个特点。首先，品牌资产是无形的，因为知识是储存在人脑之中看不见摸不着的。其次，品牌资产是以品牌名字为核心，也就是说，提到品牌资产，一定涉及具体的品牌名字。再次，品牌资产会影响消费者的行为，包括购买行为以及对营销活动的反应，因为消费者关于品牌的知识，属于“意识”范畴，人的意识当然会左右自己的行动。最后，品牌资产依附于消费者，而非依附于产品。品牌知识自然是存在于消费者的记忆之中，不可能依附在没有生命的产品上。对于这个定义，可口可乐公司一位管理人员做了非常恰当的诠释：“如果公司在天灾中损失了所有的产品和有关的资产，公司将毫不费力地筹集到足够的资金来重建工厂。相反，如果所有消费者突然丧失记忆，忘记与可口可乐有关的一切东西，那么公司就要停业。”[③]

从这个定义可以进一步作出以下几个推断：

(1) 品牌资产因市场而变化。不同的国家或地区，营销宣传或营销活动的投入不同，消费者对品牌的了解也不同。

(2) 品牌资产有正资产，也有负资产。如果消费者记忆中关于品牌的知识是对品牌的不利描述，那么这种资产就是负资产。反之，有利的描述是正资产。例如，一个品牌给消费者留下的记忆是质量差，那么这种知识就会阻止消费者购买、使用该品牌。

(3) 品牌资产的维持或提升，需要营销宣传或营销活动的支持。根据记忆规律，储存在记忆中的信息如果长期没有得到重复、提取使用，就会被遗忘。所以，将营销投入特别是广告投入作为品牌资产来计算，是有一定道理的。

(4) 品牌资产会因消费者的品牌经验而变化。因为消费者对品牌购买、使用本身就是获得品牌知识的一种重要途径。

2. 品牌资产的构成

关于品牌资产的构成，黄合水、彭聃龄（2002）提出一个所谓的“联想模型”（如图 3－2－3）。

该联想模型的主要内容包括以下几个方面：

---

① Mathur L K, Mathur I & Rangan N. *The wealth effects associated with a celebrity endorser: The Michael Jordan phenomenon.* Journal of Advertising Research, 1997, 37(3): 67－73.

② 黄合水、彭聃龄：《论品牌资产——一种认知的观点》，《心理科学进展》2002 年第 3 期。

③ Rangaswamy A, Burke R R & Oliva T A. *Brand equity and the extendibility of brand names.* International Journal of Research in Marketing, 1993(10): 61－76.

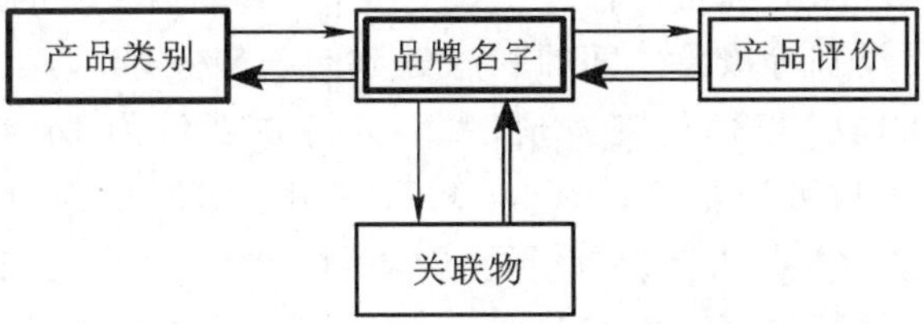

图 3-2-3 品牌资产的联想模型

(1) 品牌资产是由品牌名字与产品类别、产品评价和关联物的联想构成的。品牌与产品类别的联想关系是营销文献中所谓的"品牌意识";品牌名字与关联物的联想关系则是一般营销文献所指的"品牌联想";品牌名字与产品评价的联想关系,其含义与所谓的"主观质量""品牌态度"基本一致。

这里,关联物是指产品类别和产品评价之外的其他与品牌有关的任何信息或线索。如产品属性:产品的性能、构成等;利益:产品给顾客带来的好处;价格;产地:生产产品的国家或地区;主观广告量:消费者感觉到的品牌广告是多还是少;主观流行度:消费者认为产品是否流行;主观知名度:消费者感觉到品牌知名度的高低;使用者:使用产品的人是什么样的人;包装;公司规模:公司的大小;名人;品牌历史:品牌的年龄或市场导入的相对顺序;等等。

(2) 品牌名字与产品类别的联想比较具体,是其他联想建立的基础。[①] 换言之,如果消费者不知道某个品牌的产品是什么类别,就无法建立其他品牌联想。而品牌名字与产品评价的联想比较抽象,它往往是在其他联想的基础上形成的,但独立于其他联想独自在记忆中被储存和提取。[②] 这话的意思是说,品牌名字与产品评价不可能凭空形成,它主要依赖于品牌名字与关联物的联想。比如,有一种新产品的品牌名字叫作"美尔达",仅对这样一个名字,让人很难说它质量如何。但是,如果告知这是一种法国化妆品,即让人建立了品牌名字—产品类别和品牌名字—产地(关联物)的联想,那么,人们大概就会作出这样的判断:美尔达质量应该不错。这时对品牌名字—产品评价的联想就可能建立起来了。

(3) 在品牌名字与关联物的联想中,关联物可以分为三类,即有利的、不利的和中性的。对于一个品牌来说,有利的关联物是正资产,而不利的关联物是负资产。所以,在品牌管理过程中,要注意建立有利的联想,避免不利联想的形成。我国有些品牌,为了获得瞬间的知名度,在广告上不惜采取欺骗或激怒消费者的手段,虽然迅速地建立起了品牌名字与产品类别的联想关系,但同时也建立起来一些不利的品牌联想,即广告界常说的"美誉度"不好。

(4) 在品牌名字与关联物的联想中,也可以将关联物分为独特的或共同的。共同联想是指一个品牌与其他品牌共享的联想,如洁白就是许多牙膏品牌共享的关联物,高露洁—洁白,佳洁士—洁白。独特联想是指一个品牌所独有的联想,如动感地带—周杰伦、耐克—唰唰声、茅台

① Aaker D A. *Managing brand equity: Capitalizing on the value of a brand name.* Free Press, New York, 1991(163); Sen S, *The Effect of brand name suggestiveness and decision goal on the development of brand knowledge*, 1999.

② Carlston D E. *The recall and use of traits and events in social inference processes.* Journal of experimental social psychology, 1980(16): 303-28; Lingle J H & Ostrom T M. *Retrieval selectivity in memory-based impression judgments.* Journal of Experimental Social Psychology, 1979(23): 93-118.

酒—国酒。独特的联想与产品的独特特性或定位有关，一般都是品牌的正资产。

（5）品牌资产与产品类别等概念之间的联想是双向联想关系，而且这种双向联想关系常常是不对称的。托斯基和加提（1978）研究发现，大多数消费者认为 Dr. Pepper（可口可乐的发明者）至可口可乐的联系比可口可乐至 Dr. Pepper 联系密切。同样多芬（Dove）至香皂的联系也比香皂至 Dove 的联系密切。① 零点调查与分析公司（2000）的一项调查也说明了这一点。该调查对北京、上海、广州、武汉、成都、郑州、西安等城市 18 岁以上 4 095 名居民，进行了有关"由产品到品牌联想"和"由品牌到产品联想"的考察。调查结果显示，两个节点之间相互有意识的激活是不对称的，存在着很大的区别。

在品牌名字与产品类别等概念的双向联系中，一般来说，只要联想物是有利的，那么两个方向的联想的建立都是品牌资产的构成部分。由品牌名字至关联物的联想是消费者评价品牌、形成品牌主观质量或品牌态度的基础。例如在中华牙膏—护牙洁齿等联想的基础上，消费者就可能形成中华牙膏—质量很好的联想，进而导致购买或重复购买。由关联物至品牌的联想类似于提哲特（1983）所谓的"热键"。提哲特认为，消费者的商品或商店选择，通常由一两个决定性属性（如价格、路程）来决定，这一两个重要属性就是所谓的"热键"。② 侯登、拉兹（1992）和伍德塞、特拉皮（1992）的研究认为，消费者学会关联物与品牌的联系是有用的，因为关联物（如商店的利益）在购买或消费情境中扮演该品牌的提取线索。③ 伍德塞和特拉皮（1992）还用研究证实，消费者由利益（蔬菜最新鲜、路途最近）至商店的记忆提取，在很大程度上决定着他们的首选商店。他们的研究结果发现，最常光顾某商店的消费者比率是由三至五个利益联想到该商店的比率的函数。哲仁和伍德塞（1997）的实验结果强烈地支持这样的结论：一定的关联物（地理位置最方便和最低价格）到商店的提取能高度地预测消费者心目中的首选商店。该研究结果是对澳大利亚一个地区的 401 户家庭的调查得到的。④

（6）品牌名字与各种概念的联想有强度之别。强势品牌与某些重要概念的联想强度一般要大于弱势品牌与这些概念的联想强度。例如黄合水、彭聃龄（2002）以质量最好、知名度最高等为提取线索的回忆率作为联想强度指标，选择了 4 种产品类别（牙膏、洗衣粉、彩电、感冒药）的 8 组强度不同的品牌进行了比较研究，结果表明，品牌越强，回忆率越高，说明它们与这些提取线索的联想强度越大。⑤ 可见，提升品牌资产，不仅要建立品牌名字与有关概念的联想关系，还必须使联想关系不断得到强化。

---

① Tversky A & Gati I. *Studies of similarity*, In Rosch E & Lloyd B B(eds.), *Cognition and categorization*(79-98), Hillsdale, NJ: Lawrence Erlbaum Associates, 1978.

② Tigert D J. *Pushing the hot buttons for a successful retailing strategy.* In: Darden W R & Lusch R F. *Patronage behavior and retail management*, New York: North-Holland, 1983.

③ Holden S J S & Lutz R J. *Ask not what the brand can evoke: Ask what can evoke the brand?* In: Sherry J F & Sternthal B (eds.) *Advances in Consumer Behavior*, 19, Provo, Utah: Association for Consumer Research, 1992: 101-107; Woodise A G & Trappey R J. *Find out why customer shop your shore and buy your brand: Automatic cognitive processing models of primary choice.* Journal of Advertising Research, 1992(32): 59-78.

④ Thelen E M & Woodside A G. *What evokes the brand or store? Consumer research on accessibility theory applied to modeling primary choice.* International Journal of Research in Marketing, 1997(14): 125-145.

⑤ 黄合水：《品牌资产——一个认知模型及其验证》，北京师范大学 2002 年博士论文。

3．品牌资产的形成

从品牌资产的定义以及模型可以看出，品牌资产是以品牌名字为核心的联想网络，也即消费者心中品牌的意义。那么品牌的意义从何而来呢？首先来自品牌名字的词义，并在品牌名字词义的基础上，通过营销活动和产品购买、使用这两种途径学习积累而成。

（1）品牌命名是品牌资产形成的前提。品牌资产是以品牌名字为核心的联想网络，因此一种产品在没有名字之前，就没有什么品牌资产可言。另外，给一个品牌起什么样的名字还会影响品牌知识的发展。所以说，品牌命名是品牌资产形成的前提。

一个品牌起什么名字，人们通常会考虑两个基本的维度，第一是品牌名字的语义暗示性，即品牌名字是否暗示产品类别、产品利益等；第二是品牌名字是否容易记忆。[①]

科勒等人（1998）指出，品牌名字的语义暗示性是一个可能影响品牌知识如何发展的品牌名字特征。[②] 营销人员常常选择暗示品牌类别的品牌名字，或根据类别里相关属性或利益的竞争优势暗示策略性定位。[③] 暗示品牌类别的品牌名字（如 Timex、洁银），由于它直接将品牌名字与产品类别联系起来，因此品牌意识比较容易建立，品牌知名度比较容易提高。但是，也正因为这种品牌名字与特定产品的联系非常密切，要将该品牌延伸到其他类别的产品，消费者不容易接受。暗示产品属性和利益的品牌名字（如 Ivory 香皂、飘柔香波），不仅给消费者提供关于品牌属性或利益的参考线索，而且会吸引消费者在接触广告期间注意这方面信息，强化其与品牌名字在记忆中的联想，增加相关属性或利益在回忆时被提取的可能性。[④] 也就是说，这种名字有助于建立品牌与产品某些属性或利益的联想。这是有利的一面。不利的一面是消费者容易过分注意品牌名字暗示的属性，而忽视产品的其他属性，从而不利于品牌其他属性的联想的建立，不利于品牌的系列延伸以及市场的重新定位。

对于非暗示性的品牌名字如索尼、海尔来说，由于名字很难让人产生任何联想，要建立品牌名字与产品类别的联想、品牌名字与产品属性或利益的联想，需要大量的营销投入，而且由于靠营销活动建立起来的联想没有必然的语义联系，因此品牌名字很难成为记忆中储存的传播效果的提取线索。[⑤] 但是，也正因为非暗示性品牌名字与产品类别、产品属性或利益都不是必然的语义联系，它才可以进一步与其他产品建立联想，进行品牌延伸，而不太受已有产品的限制。

品牌命名时人们常常要考虑的另外一个主要问题是起什么名字才便于记忆。认知心理学以及营销学的许多研究发现，品牌名字的词义、词频、词形、词性、拼写、发音等都与记忆有关。高频词比低频词容易记忆，低频词比高频词容易再认，具体词比抽象词容易记忆。[⑥] 冯登伯格等人的

---

① Kotler P & Armstrong G. *Marketing: An introduction (4th ed.)*. Englewood Cliffs, NJ: Prentice - Hall, 1997; McCarthy E J & Perreault W D. *Basic marketing: A managerial approach (9th eds)*. Homewood, Ill.: Irwin, 1987.

② Keller K L, Heckler S E & Houston M J. *The effects of brand name suggestiveness on advertising recall.* Journal of Marketing, 1998, 62(1): 48 - 57.

③ Kotler P. *Marketing management: Analysis, planning, implementation and control.* Englewood Cliffs, NJ: Prentice Hall, 1994.

④ Keller K L. *Conceptualizing, measuring, and managing customer - based brand equity.* Journal of Marketing, 1993, 57: 1 - 22.

⑤ Keller K L. *Memory factors in advertising: the effect of advertising retrieval cues on brand evaluations.* Journal of Consumer Research, 1987(14): 316 - 333; Keller K L. *Cue compatibility and framing in advertising.* Journal of Marketing Research, 1991, (28): 42 - 57; Keller K L. *Memory and evaluation effects in competitive advertising environments.* Journal of Consumer Research, 1991(16): 463 - 477.

⑥ Eysenck M W. *A Handbook of Cognitive Psychology.* Lowrence Erlbaum Associates Ltd., 1984.

研究发现,1979 年美国排名前 200 个品牌中,46.5% 以爆破音开头,以爆破音开头的词比不以爆破音开头的词容易被回忆出来,被再认的可能性也较大。[①] 可见,品牌意识的建立、品牌知名度的提高,首先受到品牌名字的制约。通过对品牌意识形成的影响,品牌名字还会影响其他品牌联想的建立。

综上所述,品牌命名作为品牌资产建设的前提,应该予以充分重视,因为它决定品牌资产建设的速度和品牌资产进一步扩大的可能性。一般而言,暗示性的品牌名字或容易记忆的品牌名字,品牌资产的建设速度较快,但品牌资产规模的扩大有一定局限;非暗示性的名字,品牌资产的建设速度比较慢,但品牌资产可以通过品牌延伸不断地扩大。

(2) 营销和传播活动是品牌资产形成的保障。给产品起一个合适的名字对品牌资产建设固然重要,但是,没有相应的营销传播活动,品牌就建立不起来,品牌资产也无法形成。根据国外一项 20 世纪 80 年代的研究,在某些消费者市场,导入一个新品牌估计要 5 千万至 1 个多亿美元的营销费用,总费用估计要达到 1 亿 5 千万美元。[②] 唐纳虎(1995)的研究发现,成功的品牌,其广告占整个类别的比率比较高。[③] 研究证实,市场占有率与广告占有率(share of voice)之间存在密切的关系。总体上说,市场领导者比最接近它的竞争者多花 20% 的广告费。[④] 总之,有较大广告预算的品牌,实质上产生较高水平的品牌资产,而有较高品牌资产的品牌明显产生较大的偏好和购买意图。[⑤]

在各种营销活动中,广告是最为重要的活动之一,它与促销活动占据企业营销预算的绝大部分。利用广告来加强消费者的品牌意识,提高品牌知名度,这是广告主投资广告的目的之一。正如博加特(1986)所说,广告主利用重复的方式迫使"广告品牌名字进入消费者的意识,并使之对该品牌感到舒适"。[⑥] 在受众对广告缺乏兴趣或低卷入情景中,广告往往只能保持或提高消费者的品牌意识。[⑦] 从广告活动的客观效果来说,广告的确是品牌意识迅速提高的重要手段。我国许多品牌(如海信彩电、格力空调等)的"名气"都是依靠大量广告造就的。国外的许多研究也证实了广告与品牌知名度的关系。一项对服务类别 10 年(1986—1996)的追踪研究发现,广告与公司的知名度(包括第一提名和无助回忆知名度)正相关,广告与广告知名度(包括无助广告回忆和广告总回忆)也存在正相关。[⑧]

广告不仅有助于提高品牌意识,还有助于建立品牌联想、形成消费者的主观质量。纳尔逊

---

① Vanden - Bergh B G. *More chicken and pickles*. Journal of Advertising Research,1983(22):44;Vanden - Bergh B G, Collins J,Schultz M,et al.. *Sound advice on brand names*,Journalism Quarterly,1984,61(4):835 - 840.

② Brown P. *New? Improved?* Business Week,1985,Oct. 21:108 - 112;Tauber E M. *Brand leverage:Strategic for growth in a cost - controlled world*. Journal of Advertising Research,1988 (Aug. - Sept.):26 - 30.

③ Donahue M D. *Translating vision into a meaningful identity: Brand loyalty marketing*. In Transcript Proceedings, 641 Lexington Avenue, New York, NY. 1995.

④ Kim P. *A perspective on brands*. Journal of Consumer Marketing,1990,7(fall): 63 - 67.

⑤ Cobb - Walgren C J, Ruble C A & Donthu N. *Brand equity, brand preference, and purchase intent*. Journal of Advertising, 1995,24(3):25 - 40.

⑥ Bogart L. *Strategy in advertising:Matching media and messages of markets and motivation*. Lincoln, IL: NTC Business,1986: 208.

⑦ McMahon H W. *TV loses the judgment of previous occurrence*. Psychological Review,1980:252 - 271.

⑧ Miller S & Berry L. *Brand salience versus brand image: Two theories of advertising effectiveness*. Journal of Advertising Research, 1998,38(Sep. - Oct.):77 - 82.

(1974)认为,经验物品的质量在购买之前是不能确定的,大量广告会提高经验物品的主观质量。[①] 艾克和先施比(1982)发现,定位广告通过强调品牌的理想属性,从而创建品牌联想和主观质量。[②] 其他研究证明,广告影响消费者对使用产品的知觉,广告使得品牌评价和态度在记忆中容易接近。[③]

除了广告之外,其他营销活动如产品展示也有助于提高品牌知名度。研究证据表明,简单地展示在货架上,就会提高品牌知名度并导致试用。[④]

营销活动不仅是提高品牌知名度的重要手段,也是建立品牌联想的重要方法。传播的层次效果理论认为,广告的作用过程首先是提高意识,其次是增加了解。了解的过程就是在消费者的记忆中建立品牌联想。消费者记忆中的许多品牌联想如品牌—名人、品牌—产品属性、品牌—利益、品牌—主观知名度、品牌—主观广告量等,都是通过营销传播建立起来的。例如品牌独特市场定位的广告传播(如行业中名列第二的 Avis 出租车、去头皮屑的海飞丝)就是消费者形成独特联想的原因。斯蒂格勒尔(1961)发现,提供诸如价格和物理特点信息的广告将影响品牌联想。[⑤] 比狄和米切尔(1985)提出一个信息编码模型来解释品牌联想的形成机制。他们认为,广告(在著名大学的实验室测试表明 TRI 牙膏比其他牙膏能更有效阻止牙齿衰老)暴露之后,消费者会作出言语反应(似乎它能够有效阻止牙齿衰老,但味道不好闻),之后就是在记忆中留下痕迹(TRI—牙膏、TRI—防止牙齿衰老最有效、TRI—味道不好),即建立品牌联想。[⑥]

对于品牌名字与产品评价的联想即品牌态度的形成来说,营销活动的影响有直接的,也有间接的。直接的影响在关于纯暴露效应的研究中被发现。扎乔尼克的实验证实即使不能再认,熟悉的刺激也比不熟悉的刺激更受喜欢。[⑦] 詹尼斯泽斯基(1988)的研究认为,即使没有意识到中介的调节作用,熟悉仍然导致较高水平的喜欢。[⑧] 再认研究发现,重复暴露会影响喜欢程度,即使再认水平明显不受影响。[⑨] 营销传播对品牌态度的间接影响或通过品牌意识,或通过品牌联想达成。多项研究证实,第一提名回忆与态度和购买行为有关系。例如一项关于三个产品类别(快餐、苏打、银行)六个品牌的研究表明,偏好和购买可能性的较大差别,取决于品牌在无助回忆任务中是第一、第二或第三提到的。[⑩] 在品牌联想对品牌态度的影响方面,情况比较复杂。有时一种联想可以单独影响品牌态度。例如,研究发现,在缺乏其他信息的情况下,消费者会利用

---

① Nelson P. *Information and consumer behavior*. Journal of Political Economy,1970,78(2):311 - 329.

② Aaker D A & Shansby. *Positioning your product*. Business Horizons, 1982,(May - June):56 - 62.

③ Hoch S & Ha Y W. *Consumer learning: Advertising and the ambiguity of product experience*. Journal of Consumer Research, 1986,13(Oct.):221 - 233;Farquhar P H. *Managing brand equity*. Marketing Research,1989,1(Sep.):24 - 33.

④ Heeler R. *On the awareness effects of mere distribution*, Marketing Science,1986(5):273

⑤ Stigler G. *The Economics of information*. Journal of Political Economy,1961 (reprinted in The Organization of Industry, Homewood, IL:Irwin, 1968.

⑥ Beatti A E & Mitchell A A. *The relationship between advertising recall and persuasion:An experimental investigation*. In Alwitt L F & Mitchell A A. *Psychological processes and advertising effect: Theory, research and applications*. Lawrence Erlbaum Associates,1985:139.

⑦ Zajonc R B. *Feeling and thing: Preferences need no inferences.* American Psychologist, 1980(35): 151 - 175.

⑧ Janiszewski C. *Preconscious processing effects: The independence of attitude formation and conscious thought.* Journal of Consumer Research,1988,15(Sept.): 199 - 209.

⑨ Reichheld F F. *Loyalty - based management*. Harvard Business Review, 1993 (March - April).

⑩ Woodside A G & Wilson E J. *Effects of consumer awareness of brand advertising on preference*. Journal of Advertising Research, 1985,25(Aug. - Sept.): 41 - 48.

国家形象作为线索推断出他们的产品评价。[①] 因此只要建立品牌—生产国家的联想,即可形成品牌态度。但在许多情况下,消费者对品牌的态度是在大量信息的基础上形成的。许多态度改变的认知理论,如佩蒂等人的认知精细加工理论,就是建立在这种假设上:消费者记忆中的品牌联想作为内在的信息,影响着品牌态度的形成。

(3) 消费者的产品经验是品牌资产形成的关键。这体现在以下两个方面。

第一,产品经验会强化或修正基于营销传播建立起来的联想。有些促销活动会使消费者在对产品没有了解的情况下试用产品,但更多的情况是消费者在对产品有一定了解(建立了许多品牌联想)的基础上试用产品。所以产品使用是对已有基于营销活动建立起来的各种品牌联想的实践检验。通过检验,合理的品牌联想会得到强化,不合理的品牌联想则会被修正。例如,一般广告都宣称自己的产品质量是好的,但购买使用之后,如果消费者发现,现实的产品与广告中所说的并不一样,他们就会改变已有品牌与质量好的联想。相反,如果广告中呈现的包装与现实中的产品一样,那么购买后的品牌与包装关系则会得到强化。品牌与产品类别的关系一般也是随着产品使用次数的增加而加强。

第二,产品经验导致一些联想的形成。知识有通过间接经验习得的,也有通过直接经验掌握的。在消费者的品牌记忆联想网络中,诸如品牌与使用情景、品牌与购买情景、品牌与产品评价、品牌与产品的次要属性等联想,往往来自消费者使用产品的直接经验。克鲁格曼(1965)认为在低卷入的情况下,消费者对产品的态度是在产品使用之后才形成的,产品使用的经验决定着品牌态度。[②] 贝根(1992)的研究发现,单纯拥有一种产品,会增加对它的喜欢,贝根称这种效应为纯拥有效应。[③] 其他学者研究还发现,基于直接经验建立起来的联想比基于间接经验(营销传播)建立的联想对个人更为重要,联想强度更大,更可能被保持,因而成为品牌资产的更重要组成部分。[④]

第三节 品牌的定位决策

定位决策是市场营销要解决的问题,但是定位决策的落实,需要广告活动的全面配合。因此在现代广告策划过程中,不仅要明确广告品牌产品的市场定位,还要掌握市场定位的实质,这样才能有效地贯彻定位战略。

---

① Bilkey W J & Nes E. *Country of origin effects on product evaluations.* Journal of International Business Studies,1982,13(Spr. - Sum.):89 - 99;Johansson J K. *Determinants and effects of the use of "Made in" labels.* International Marketing Review, 1989,6(1):47 - 58.

② Krugman H E. *The impact of television advertising: Learning without involvement.* Public Opinion Quarterly, 1965(Fall):49 - 56.

③ Beggan J K. *On the social nature of nonsocial perception: The mere ownership effect.* Journal of Personality & Social Psychology, 1992,62(2):229 - 237.

④ Bumkrand R E & Unnava H R. *Effects of self - referencing on persuasion.* Journal of Consumer Research,1995(22):17 - 26; Haugtvedt C P, Leavitt C & Schneier W L. *Cognitive strength of established brand: Memory, attitudinal and structural approaches.* In: Aaker D & Biel A (eds.), *Brand equity and advertising: Advertising's role in building strong brands.* Hillsdale, NJ: Lawrence Erlbaum Associates,1993:247 - 261;Smith R E & Swinyard W R. *Attitude - behavior consistency: The impact of product trial versus advertising.* Journal of Marketing Research ,1983,20(Aug.):257 - 267;Biel A L. *Converting image into equity.* In Aaker D & Biel A, *Brand equity and advertising.* Hillsdale, New Jersey: Lawrence Erlbaum Associates,1993.

一、何谓定位

定位是市场学的一个概念,20 世纪 50 年代就出现了。但它到 70 年代以后才受到广告界的重视。70 年代以后,在一些经济发达的国家,市场上的产品愈来愈多,同一类型产品的质量、性能等客观物理化学属性的差异愈来愈小,这使得广告宣传愈来愈困难。在这种背景下,广告大师大卫·欧格威于 1974 年 4 月发表了一篇论文,认为广告的成功最重要的不在于怎样企划,而在于先确定其广告商品的位置。随后,美国《广告时代》杂志以"商品定位时代来临"为题,连续发表论文指出,广告界突破两三年来困境的一条生路就是走向"商品定位"时代,强调"唯有正确的定位,才是有效销售最重要的步骤"。就这样,一个新的广告时代——品牌定位时代开始了。

里斯和特劳特(1986)认为,定位就是要把商品标定在准客户大脑之中,以单纯的信息在准客户的脑海里塑造一个位置,这一位置不仅要表明该企业本身的优点和缺点,而且要表明与别家竞争企业的区别。① 可见,所谓定位,实质上就是给产品在市场上确定一个位置,使之与其他产品区别开来。从效果上说,定位是给产品在消费者心目中确立一个显著的概念,提供一个消费者容易识别并促进他们选择该品牌的最有诱惑力的理由。打个比方来说,对一个没有特色而五官端正的陌生男人,你不知该如何称呼他。如果他把头发烫成卷发或带上一个耳坠,你就很容易(至少在心里)称呼他——"卷毛"或"带着耳坠的男人"。所以"定位常常是一个处理心目中所存事物的问题",②这种说法是有一定道理的。

二、定位的方法

"定位的基本方法,不是去创作某种新奇或与众不同的事项,而是去操作已经存在于心中的东西,去重新结合已存在的联结关系。"③

如果要给定位下一个操作化定义,那么可以认为,定位是先在各种各样的维度上把拟将定位的产品与其他竞争产品加以衡量和比较,然后选择该产品在某一维度上独特的、具有较大相对优势的或在多维坐标上独特的位置。用来衡量产品的各种维度可以是产品有关的客观属性,也可以是产品有关的心理属性。具体地说,一种产品可以从功能、用途、价格、使用方便性、使用场合、消费者市场、原材料来源、产地、销售量、市场占有率等各个维度来定位。广告主或广告代理者的努力目标就是找出一种最适当的位置,使该产品在消费者的心目中凸显出来,让消费者感觉到该产品某一方面在同一产品类别中是最为突出的。

产品的定位一般包括以下几个步骤:

(1) 分析该品牌产品在众多竞争品牌中是如何被消费者分类和把握的,即消费者将广告商品归到哪一类别上。例如,"透明皂":消费者容易将它看作用来洗衣服的,而不是用来洗澡的。

(2) 在这一特定的分类中,分析该产品以什么特点被消费者识别出来,也就是说产品有什么显著的特点区别于其他商品。例如"麦当劳"与国内的快餐店对比,特点是"干净、卫生、整洁","服务态度好、速度快",具有"美国风味",还会"配送玩具"。

---

① Ries A L & Trout J. *Positioning: The battle for your mind*. New York: McCraw - Hill, 1986.

② 艾·里斯等:《广告攻心战略——品牌定位》,刘毅志译,中国友谊出版公司 1991 年版,第 177 页。

③ 艾·里斯等:《广告攻心战略——品牌定位》,刘毅志译,中国友谊出版公司 1991 年版,第 1 页。

(3) 分析消费者所持有的品牌形象以及“理想点”的分布情形。继续以“麦当劳”为例来说，在美国社会中，它只不过是“廉价”“方便”的餐饮服务。但是在中国市场，由于价格相对于中国消费者的购买力来说比较昂贵，又由于环境卫生、整洁，服务的态度和效率都显著好于或高于国内快餐店，因此，在许多消费者的心目中是“有档次”的“洋快餐”。相对而言，国内的快餐店则是“低档次”的“土快餐”。同时，由于“麦当劳”配送玩具，适合小孩子就餐，因此其典型的形象是适合小孩子就餐的有档次的洋快餐。

(4) 从该产品的特性来分析判断它可能参与的分类和定位以及新的分类与定位的可能性。由于上述形象，麦当劳合适的定位应该是“带小孩的年轻父母”或“三口之家”。

(5) 分析在消费者理想点中某种定位与竞争对手定位相比，其强度是否足以吸引消费者。尽管麦当劳的食品口味不一定适合中国成人，但是“有档次”带来的“体面”，整洁环境带来的“卫生”，以及玩具对“小皇帝”的吸引力等因素，使之足以吸引大量的“三口之家”到麦当劳就餐。

对定位的步骤作了简单的说明之后，下面以长岛信托公司的定位为例来做更加详细的说明。

日本长岛信托公司通过市场研究(见表 3－3－1)发现，该公司在潜在顾客心中的优势形象主要是帮助长岛居民和帮助长岛经济，在资金、服务品质、服务范围、支行分布等方面，与华友、大通、花旗等银行相比，均没有优势，甚至处于劣势地位[①]。因此，长岛信托公司决定接受潜在顾客的定位，将公司定位于“长岛”。为了配合这一定位策略，他们展开了一系列的广告宣传。

表 3－3－1　长岛信托(广告前)在潜在顾客心中的形象

	分行众多	全盘服务	服务品质	资本雄厚	帮助长岛居民	帮助长岛经济
华友银行	7.3	7.7	7.2	8.2	5.1	5.4
花旗银行	6.1	7.7	7.0	8.1	4.5	5.3
大通银行	6.4	7.6	6.9	8.2	4.7	4.9
北美国家银行	6.7	7.4	7.0	7.8	6.6	6.7
欧洲美国银行	6.6	7.3	6.8	7.7	5.2	5.4
长岛信托	5.4	7.0	6.7	7.1	7.5	7.3

其中第一幅广告的文案为：

如果你住在长岛，为何将你的钱送往纽约市？将你的钱存在离家近的地方才有道理。不是存在一家纽约市的银行，而是存在长岛信托，它才能为长岛服务。毕竟，我们聚精会神在发展长岛，而不是开发曼哈顿，或是科威特外海的某个岛。问问自己，你认为谁最关心长岛的未来？是一家最近才来长岛、在大都会地区有数以百计其他分行，在五大洲还有联号的银行吗？抑或是一家像我们这样，在此地已有超过 50 年时间，并在长岛有 33 家分行的银行？

第二幅广告中有张照片显示一幢位于棕榈树后、有着北美花旗银行标志的大厦。文案是：

事实上，多国机构有大约 750 亿美元的贷款存在巴哈马及开曼群岛(Cayman Islands 英属西印度群岛之一)。这并没有什么不对，只不过如果你的家在长岛的话，它就不能为你做

① 艾·里斯等:《广告攻心战略——品牌定位》，刘毅志译，中国友谊出版公司 1991 年版，第 170—172 页。

太多的服务。长岛不但是我们喜欢的地点,也是我们唯一的地点。我们在拿梭(郡)有18家分行,在昆斯(Queens)与色佛克(Suffolk)有16家分行。我们在这儿很久了,超过半个世纪。我们在财政上涉及甚深——我们95%的贷款都是贷给长岛人及他们的家庭、学校和工商企业。

这场广告运动的其他广告也有着同样的主题:

纽约市是一个值得参观的大地方,但是你想在那儿开户吗?

对于纽约市的银行而言,真正值得在意的唯一岛屿是曼哈顿(长岛的小图被曼哈顿的大图弄成小巫见大巫)。

如果时局艰难,纽约市的银行撑得下去吗?

经过这场广告运动,15个月之后,潜在顾客心中的形象明显地发生了变化,调查结果见表3-3-2。①

表3-3-2　长岛信托(广告后)在潜在顾客心中的形象

	分行众多	全盘服务	服务品质	资本雄厚
华友银行	6.6	7.8	7.5	6.7
花旗银行	6.5	7.8	7.8	6.7
大通银行	6.1	7.6	7.5	6.6
北美国家银行	6.8	7.3	7.1	6.6
欧洲美国银行	6.1	7.2	7.0	6.4
长岛信托	7.0	7.3	7.1	7.0

三、定位的策略

为了使消费者在心目中建立某品牌"第一"或独特的形象,让消费者认识到产品在市场中的独特位置,在产品定位时,有很多策略可以采用。

1. 强势定位策略

美国可口可乐公司是最早研制生产可乐饮料的,而且该公司可乐饮料的销量不仅是全美国第一,还是全世界第一。其他公司的可乐饮料都是模仿可口可乐公司的。也就是说,可口可乐饮料在可乐饮料中是最早的、最强势的品牌。所以,可口可乐的广告口号是:"只有可口可乐,才是真正的可乐",即将自己定位于真正的可乐。由于大多数人都喜欢喝"真正"(而不是"冒牌"或"仿造")的可乐,因此,可口可乐一直占据碳酸饮料行业的老大地位。

2. 优势分类策略

优势分类策略是按商品的大类,选择一种没有强势品牌的商品分类,并将某一品牌产品定位在这一有利的商品分类之中。例如台湾的"梦17"洗面皂,本身具有化妆品、药品和盥洗用品的

① 艾·里斯等:《广告攻心战略——品牌定位》,刘毅志译,中国友谊出版公司1991年版,第173—175页。

特性，原可用任何一种商品分类加以定位以让消费者接受，但是根据对市场规模、竞争品牌的强弱以及流通途径等问题进行分析之后，认为定位在第三类最合适。因此该产品以“高级洗脸之洗面霜”的姿态出现在市场，在洗脸用品的市场上占据了一席之地。美国的康柏计算机崛起之初，考虑到无法在商用计算机领域与 IBM 抗衡，于是将自己定位在个人计算机领域，让计算机个人用户可以买到“为个人用户设计”的计算机，因而取得巨大的成功，一度成为仅次于 IBM 公司的世界计算机大企业。

3. 独特分类策略

美国的 7up 柠檬汽水是采用这一策略的典型。7up 最早定位于清凉饮料，事实发现这一定位根本无法与可口可乐、百事可乐等几种品牌饮料相抗衡。于是厂商决定展开商品的重新定位，并将 7up 归类到“非可乐”饮料类别中。这样在“非可乐”这一新的商品类别中，7up 就成为一种“第一”的强势品牌，让许多不喜欢甚至讨厌“可乐”的消费者找到了“知己”。

4. 关联分类策略

该策略不是将具有新商品属性的品牌归到既有的商品类别之中，而是采用各种方法来表示该品牌与现有商品类别既有关联，又有区别。日本一家经济暖气机同时兼有中央暖气系统和石油或瓦斯暖气炉两种商品的特性。中央暖气系统费用高昂又不适合小房间，石油或瓦斯暖气炉有油烟气味，经济暖气机排除了它们的缺点。经权衡得失，厂商决定采用与中央暖气系统相关联的商品定位，并以“中央暖气系统新发售——小房间专用”为广告标题，由此获得意外的销售业绩。

关联分类策略兼具两类产品的属性，适合于多功能产品。这种定位策略让消费者感觉到该产品能够满足他们的多种要求，因而具有一定的吸引力。

5. 使用场合分类策略

消费者在归类某些商品时，有时并不是考虑商品的形态类别，而是以在生活中的特定需要为出发点。在这种情况下，广告便可以运用商品在生活场合中所扮演的角色或功能来替产品定位。例如与常见的低温保存酸奶不同，近年来以安慕希、莫斯利安、纯甄等为代表的常温保存酸奶异军突起，以其“无须冷藏，保质期长”的定位，获得了消费者的喜爱。健力宝饮料则将品牌与运动联系起来，除了出资赞助体育运动外，还聘请许多著名运动员作为品牌的代言人。我国著名的体操运动员李宁和李小双先后在广告中推荐健力宝。由于定位明确，人们形成了健力宝是运动饮料的概念，因此在可口可乐和百事可乐大肆吞并我国饮料品牌的情况下，健力宝成为我国早期知名饮料品牌中少数的幸存者之一。

6. 细分类策略

当一个商品分类中可以再细分为几个新的类别时，可以运用这种细分类来进行商品定位。台湾的“弯弯浴皂”便是一个很好的例子，它把“香皂”再细分出“浴皂”一类，并把自己定位于“洗澡专用的”“符合人体工学设计之皂形”，结果创造了台湾香皂销售史上的奇迹。

7. 消费市场分类策略

有时一种商品可能适合于消费者大众，但广告主把它定位于某一特定的消费者群体，久而久之，这种商品就与特定的消费者群体联系在一起。例如汽水本来是谁都可以使用的饮料，但台湾的吉利果、黑松汽水由于定位的作用而被认为是野外活动者的饮料。

8. 功能定位策略

以产品在功能上的特殊性或相对强弱来确定产品的位置。如海飞丝洗发水广告,以强调去头皮屑功能来突出该品牌与其他品牌的区别,而飘柔则强调产品能使头发更柔更顺的功能。成龙代言的霸王男士洗发水,着重强调固发、防脱之功效,因而在中青年男士市场中占有重要的一席之地。云南白药牙膏与霸王洗发水则有异曲同工之效,其名字所体现的功能定位,为它在国际品牌林立的牙膏市场中,挤出一片天地。

以上所介绍的仅仅是几种较为常见的定位策略,在实践中,商品的广告定位策略并不局限于这几种,广告主和广告者可以根据产品的实际情况来决定采用何种定位策略,为产品进行理想的定位。

第四节 广告诉求决策及其心理依据

在广告策划过程中,策划者经常要面临的主要问题之一就是广告应该说什么,即广告活动的主题是什么,具体某一则广告的诉求点是什么。如何解决这些问题,历来备受广告主和广告策划者的重视。所以,这一节首先探讨如何科学地进行广告诉求决策,然后分析一下影响消费者品牌选择的各种因素,因为这些因素往往就是广告的诉求点或广告活动的宣传主题。

一、广告诉求的决策模型

广告主题或诉求点的科学决策过程一般包括以下五个阶段(如图 3-4-1):

1. 检讨已有广告主题

大多数企业或品牌都有广告活动的经历。因此要确定广告活动的主题,首先要对已有广告诉求主题作检讨。检讨的方法是依据前阶段的广告活动效果测定来判断已有诉求主题的成败。如果已有主题失败了,要分析失败的原因,以免重蹈覆辙。如果已有主题是成功的,要分析成功的原因在哪里,继续加以运用是否仍会取得成功。经过检讨,如果发现已有诉求主题是成功的、合理的、正确的,就可以继续加以运用。也许"脑白金"发现以"礼品"为主要诉求点收到了理想的销售效果,所以反复地播出"今年过年不收礼,收礼只收脑白金"。当发现过去的宣传主题或广告诉求点不合适,广告效果不佳时,策划者就要重新对产品进行分析,即进入第二阶段。新的产品或在以前的广告活动中未经精心策划的产品,可直接从第二阶段开始。

2. 产品分析

第二阶段是分析产品,分析产品有什么特点,能给消费者带来什么好处或利益,与竞争品牌相比有什么显著的优点或相对优势。如果有,就可以将它作为广告诉求的方向。如果产品是一般的产品,没有自己独特的地方,检查一下是否有某一产品特点未被同类竞争产品的广告宣传重视,假如情况的确如此,产品的特点又有诉求的价值,广告的诉求主题可由此提出。当这些途径都行不通时,就只能考虑从感性诉求方面入手。像烟、酒、服装、饮料等产品,往往很难进行理性诉求(通过提供给消费者信息或证据让消费者信任产品的诉求方式),只能采用感性诉求(创造一种情景或气氛,让消费者对品牌产品产生某种感觉或情感的诉求方式)。

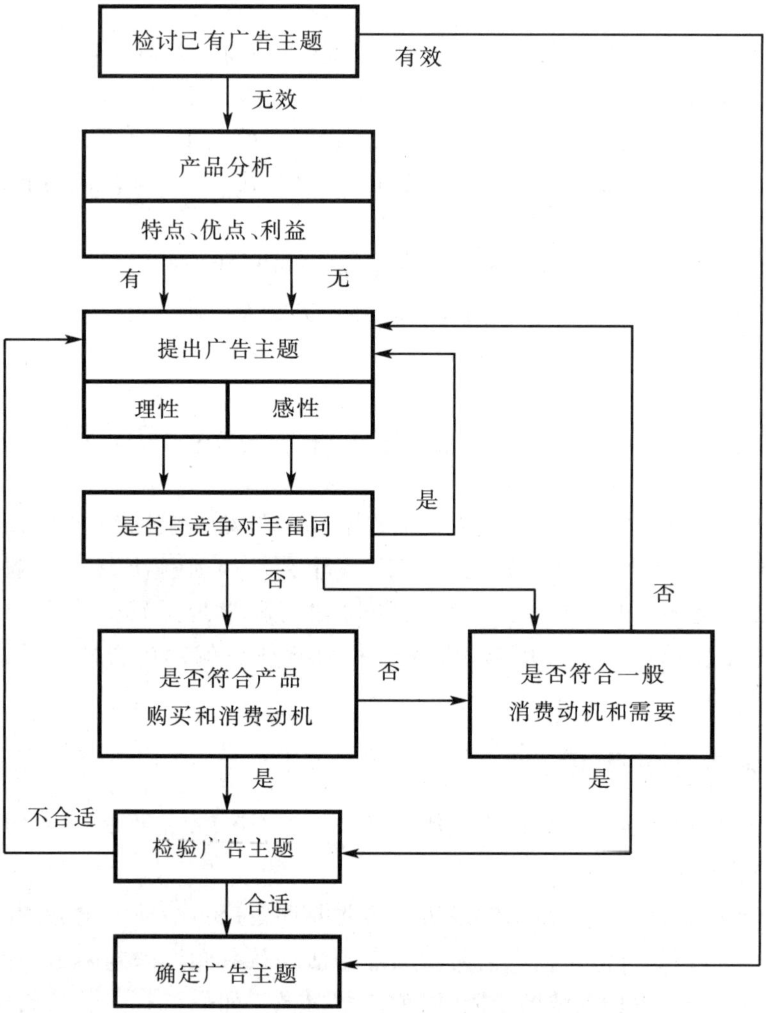

图 3-4-1 广告诉求的决策模型

3. 提出广告主题

经过产品分析,产品的特点以及产品给消费者可能带来的利益了然于胸,接下来广告策划人员依据分析结果可以提出广告活动的诉求主题或诉求点。由于不同类别的产品性质不同,可供选择的广告主题的数量也不一样。策划人员可以采用座谈会方式,通过脑力激荡法,提出尽可能多的主题,然后经过讨论,依靠大家的智慧,初步确定两三个主题,以备进一步审查。

4. 审查广告主题

对于初步提出的广告主题,需要进行若干步骤的审查才能确定。首先是检查已提出的主题是否与竞争对手的主题雷同。在一个产品类别中,同类竞争品牌繁多,与竞争者雷同的广告主题无法创造产品的差异化和表现品牌独特的个性形象,因而难以引起消费者的重视,无法打破消费者的心理防御。在这种情况下,更换或重新提出一个诉求主题是必要的。如果广告主题有别于其他竞争对手,还需继续进一步的审查。

对于理性诉求主题来说,第二步的审查是,检查该诉求主题是否符合这一类型产品消费者的购买或消费动机。在消费者购买产品时，产品本身的特点或属性通常是一个重要的影响因素，但产品的哪一方面属性比较受到消费者的重视，对消费者的购买行为影响较大，广告创作者通过诉求主题所体现出来的推测、判断不一定是正确的。举例来说，月饼的材料构成容易被认为是至关重要的，因为它关系到月饼是否好吃，然而在消费者的实际购买中，包装往往比食材更重要。又比如针对儿童的食品广告，创作者容易将“好吃”作为诉求的主题，但是，儿童消费者真正购买食品的动机可能是“包装好看”或食品中有好玩的“玩具”。在审查过程中，需要关于消费者产品购买动机方面的信息，这些信息一般需要由市场调查机构提供。经过这一步的审查，如果理性诉求主题所体现的正好是消费者在购买或消费时所考虑的，就可以直接进行最后的审查检验。否则，还要根据消费者的一般消费动机和需要来判断其合理性。对于感性诉求主题来说，只要它不雷同于其他竞争对手，就可以直接从消费者的一般消费动机和需要方面作进一步审查。

众所周知，消费者在购买商品时，不一定基于产品本身的属性作出选择。他们选择商品品牌可能是受更深层次的需要或更强有力的动机驱动。例如，有的消费者可能是为了获得中奖机会而购买某一种品牌，而不是因为该品牌有比较诱惑人的优点。一般来说，买房子通常会考虑户型、交通方便等跟房子本身有关的因素，很少人会想到房子跟孩子的安全也能联系起来，但这种联系使20世纪70年代台湾华南别墅一系列广告创造了当时房地产的销售奇迹。同样，有些房地产只强调“豪华至尊”“独处一隅”，却没有想到这种“惟我独尊”的房地产带来的安全隐患让许多消费者望而却步，因为“安全”需要是人类的基本需要之一。所以从消费者的一般消费动机或需要来考察广告的诉求主题是合理的，不过这就要求策划或检查人员具备心理学的知识，同时能够把握消费者在不同时期的不同心态。在审查过程中，获得通过的主题进入最后一步的检验，如未能通过，则必须重新提出诉求主题。

5. 检验广告主题

上述审查过程主要是检查提出的广告诉求主题的诉求方向是否正确、是否合理。至于它是否可以在广告活动中加以运用，还需进一步检查，即检验它能否被消费者接受，是否能够借助于媒体的宣传而产生好的广告效果，是否能够帮助广告主把产品推销出去。这是广告诉求主题在实际运用前的最后也是最重要的审查。检验广告主题是广告效果预测的一个重要组成部分，它不是根据已有的信息和经验来研判，而是采用科学的调查法或实验法来甄别。较理想的方法是选择一个试验地区，将通过审查的广告主题进行试验，如果效果理想，则全面推广。当然如果仅仅是个别广告的诉求问题，可以采用实验室实验的方法来解决。一旦一个广告主题经过广告效果预测被证实是比较理想的，就可以确定下来，并着手进行广告创作以及媒体发布等广告活动。

二、影响消费者品牌选择的因素

在广告诉求决策过程中，策划者经常要考虑的问题是，影响消费者选择某个产品类别品牌的因素究竟是什么。尽管对于不同的产品类别、不同地区、不同消费者来说，影响品牌选择的因素很不一样，但是仍然有一些共同因素，如功能、用途、质量等。

1. 产品的功能、用途

商品的功能和用途(简称产品的功用)是商品最重要的属性，是商品生产流通和销售的前提。商品的功用是用来满足消费者的某种需要的，例如手机用来满足人们通信、社交、娱乐以及获得资讯等功能需求，吸尘器则用来满足人们清洁卫生的需要。任何一种商品只有在能够满足人们的某种或某几种需要时,才能被人们购买使用。

随着网络购物的普及,消费者在购买过程中获得更多产品、服务相关信息。一项关于中国网络消费者行为特征的研究指出:我国理智型消费者占比近八成,成为目前我国网络消费者的主流群体,而冲动型网络消费者仅占5.3%。我国网络消费者在与商家进行沟通时,主要关注产品功能、规格、价格;美日两国消费者也一样关注产品功能,沟通内容依次为实体店是否有售、发货时间和产品功能。① 所以消费者在选择商品时,首先考虑的就是商品的功能和用途,哪一种品牌商品的功能和用途更适合消费者需要,它被选择的可能性就更大。

由于商品功用的现实性和重要性,所以许多商品广告都千方百计突出商品的功能。例如,沃尔沃卡车的"一字马"广告,为了突出卡车运行的稳定性,让传奇动作影星尚格云顿在两辆平行的沃尔沃卡车上表演一字马,这则广告在YouTube获得数千万次播放。事实上,经常留意宝洁公司广告的人就会发现,他们的广告几乎都是在演示产品的功能,如"飘柔"使头发更柔顺,"海飞丝"有效去屑,"汰渍"有效祛除污渍油渍,"舒肤佳"有效祛除手上细菌等。可见商品的功用如果得到广告的有力宣传,可以使商品销售取得巨大的成功。

然而随着商品市场竞争的激烈化,想在商品功用的广告宣传中取得理想的效果,对下面两个方面的问题,必须加以重视。

(1)单一功用和多种功用。有的人既是思想家,又是军事家、诗人;有的人则仅仅是诗人、军事家或思想家。与人可能具有一方面或多方面才能一样,一种商品也可能具备一种或多种功用。

表面上看,多功用产品似乎更容易满足人们的需要,为消费者所喜欢,但实际上情况并非如此。在产品研究中已经发现,消费者虽然口头上称赞产品用途的多面性,但他们往往是为某一特定目的去购买和使用产品的。市场观察表明,多用途形象的产品,除了那些心目中正好有不止一种需要的少数顾客会来购买之外,一般人往往不会选购它。

单一功用和多种功用的产品给人的产品形象有很大的差别,正如人们对专家和杂家的看法一样。如果一位医生是著名的肺癌专家,另一位医生是擅长于治疗多种癌症的著名肿瘤专家,尽管他们在诊治肺癌方面都有深入的研究和同样的临床成功率,但是一般肺癌患者会更愿意寻找肺癌专家诊治,因为他们相信肺癌专家对肺癌有更多的了解和研究,治疗的效果会好一些。多功用产品容易给人每一种功能都不会太强的印象。因此,当消费者只需要产品具有某种用途时,他们宁愿选择只具有该用途的产品,而不愿意选择包含该用途的多功用产品。

美国丰盛牌早餐在广告宣传上没有注意到多功用给人的形象,在包装上做这样的说明:"家用丰盛牌速成调制蛋白质饮料……丰盛牌从早到晚任何时候都好吃……进餐时吃、餐后吃、代饭吃……"结果产品市场总是打不开。相反,另一种康乃馨牌快速早餐仅突出宣传该产品用于快速早餐,因而很快在市场上获得成功。②

可见,从广告宣传的角度来说,如果一种产品具有多种功用,在一则广告中把几种功用同时进行介绍不一定是明智的做法。有效的宣传战略应该是,以特定的形象宣传某种功用,而以另一种形象宣传另一种功用。假如目标市场不重叠,这种策略就可能成功地吸引人们注意这种产品。当然对于一些工具性的产品来说,多功用能给消费者带来方便,所以在广告中对产品的多种功用

---

① 陈梅梅、董平军:《中国网络消费者行为特征》,《中国流通经济》2017年第2期。

② A.安娜、朝仓利景:《消费与广告心理学》,大众心理学杂志资料组印发,1983年。

作全面的介绍也不是不可以的。

（2）可替代功用与独特功用。在琳琅满目的商品市场中，某种品牌的产品可能与一种或一种以上不同品牌的产品具有同样的功能和用途。这种同属于多种品牌的功用，称为可替代功用。例如中华牌香烟和红双喜牌香烟都可以解除瘾君子的烟瘾，香烟的这一功用就是可替代的。反之，当一种品牌产品具有其他品牌所没有的功用时，这种功用就叫作独特功用。譬如，许多新开发研制出来的药品都具有独特功用。

从概率上讲，具有可替代功用的各种品牌产品都有同样被选择的机会，然而事实并非如此。行销心理学家安德森曾在一项实验中，把 144 个家庭分为 6 组，其中 4 个组为实验组，两个组为控制组。在实验组内系统地操纵品牌的种数。实验结果指出，随着可供选择的品牌数量的增加，消费者集中选择某种品牌的次数也提高，即可供选择的品牌数越多，则个人越集中地选择某种品牌，说明品牌的忠诚性越高。此外，当消费者所选择的品牌缺货时，高忠诚性的人会选择与旧品牌相类似的品牌，但低忠诚性的人则任意选择。[①] 这说明，具有可替代功用的产品，消费者品牌选择的依据并不是产品的功用（因为各种品牌的功用相类似），而是产品功用之外的其他因素，如对品牌的忠诚等。

具有独特功用的产品能满足消费者某种特殊的需要。一旦消费者产生这种需要时，他们没有选择的余地，非此莫属。所以在广告宣传中，可替代功用的产品与独特功用的产品，其广告诉求点是迥然不同的。前者着重于该品牌区别于竞争品牌的属性或特点，力求培养消费者的品牌忠诚；后者则强调独特功用的宣传介绍，增加消费者对品牌功用的了解。

2. 产品的质量

从生产者的角度来看，质量是衡量产品的各种技术指标是否达到一定标准的指标。如果产品的各项指标均达到规定的要求，说明产品是优质的。反之，如果产品的某些技术指标没有达到规定的标准，说明产品是不合格或劣质的。判断产品的质量一方面要熟悉产品的各种技术指标，另一方面要借助于仪器仪表等科学手段进行测量。

消费者在购买商品之前，通常也要对产品的质量做检查。但是一般消费者既不可能掌握各种产品的技术指标，也不可能用仪器仪表来分析。他们对产品质量的判断依赖于他们在日常生活和消费活动中积累起来的商品知识以及在这一过程中形成的某些信念。例如一种产品比另一种产品使用寿命长，那么它的质量就比较好；产品使用的效果越好，质量也愈高；高水平的工人创造高质量的产品；先进的生产技术，生产高质量的产品；企业的信誉愈高，生产出来的产品的质量愈可靠；生产设备好，劣质产品少；产品价格愈高，质量愈好；质量管理严格，产品质量就可靠等。消费者对产品的质量评价，也称主观质量。

在一些商品经济高度发达的国家，商品的生产和销售都是在激烈的市场竞争中进行的。长期以来的自由市场竞争告诉人们，要使产品赢得市场，强有力的市场行销手段固然重要，但最根本的还是产品质量或服务水平要高。只有当你的产品跟别人的产品品质一样优良或更为优良时，你的产品才能在市场竞争中立于不败之地，因此绝大多数企业都把质量看成是企业立根之本。由于多数企业严把质量关，而且售后服务周到，因而消费者对流通中商品的质量都比较信任，这反映为广告宣传中质量信息的呈现处于次要的位置。例如，美国的杂志广告

---

① 川胜久：《广告心理学》，福建科学技术出版社 1985 年版。

中包含有质量信息的广告仅占 2.5%；在日本杂志广告的调查中，608 则广告中仅有一则广告包含质量信息。[①]

与这些商品经济高度发达的国家相比，我国由于各种企业生产能力、生产水平参差不齐，有些企业产品的质量把关也不够严格，再加上一些不法商人唯利是图、胡作非为，市场上劣质品、次品、赝品、掺杂品屡屡可见，所以消费者在购买时，对市场上商品的质量问题仍然十分关心。细心观察市场的人都可以发现，顾客在购买某一物品时，常常要问到这一类问题："质量会不会有问题？""会不会是假的？""容易坏吗？""能用多久？"等。许多广告主和广告代理者都意识到这一问题，因而在广告上都比较重视产品的质量宣传。一项对 1987 年我国杂志广告的内容分析调查发现，472 则广告中有 109 则广告包含质量信息，占 23.1%，这一比例远远高于美国和日本的杂志广告。[②]纪华强等人对我国 1990 年年初在各大报纸上刊登的 713 则广告进行分析后发现，含有质量信息的广告竟高达 64.8%。[③]

一种购买行为冒风险可能性的大小主要体现在产品的质量上。质量好，冒风险的可能性就小；质量差，冒风险的可能性就大。所以，加强产品质量的广告宣传是很有必要的。至于如何进行有效的质量宣传，要注意合理地利用以下 11 种信息或手段：

（1）价格。价格是重要的质量线索。价格与质量的关系，西方学者如勒维特（1957）和库珀（1969）很早就注意到了。库珀认为，当人们认为价格太高时，会拒绝购买。相反，当价格比他们可以接受的还低得多时，他们会怀疑产品的质量。[④] A. 里斯和 L. 里斯（1998）也指出："高价位是建立高品质认知的关键因素。劳力士、奔驰、劳斯莱斯等，全都是因为高价位大发利市的品牌。"[⑤]达森斯等人（1978）从另一个角度进行的研究表明，打折可能对质量判断有负面的影响。消费者通常会认为，产品质量是差的，所以才打折。[⑥]

当然价格与主观质量并不总是存在正相关，二者之间的关系可能因产品类别、消费者产品知识以及其他外在线索（如品牌名字、商店名字）的存在与否而异。例如，对于洗衣粉等日常用品，消费者不一定认为价格高的就是质量好的。对于熟悉电脑技术的专家来说，尽管他们自己组装的无牌产品价格远远低于品牌机，但质量却可能是最好的。劳和门罗（1988）的研究发现，产品知识制约价格对质量知觉的影响，即价格对知识少的人比对知识多的人有较大的影响。[⑦]

但是，无论如何，价格常常是人们赖以判断产品质量的重要线索，特别是其他线索不存在时，如品牌名字不熟悉、不同产品包装差异不大等。

---

①② Maddern C S, Caballero M J. & Matsukubo S. *Analysis of information content in U. S. and Japanese magazine advertising.* Journal of Advertising, 1986, 15(3).

③ 纪华强、朱健强、黄合水：《中国报纸杂志和电视广告信息的内容分析》，出自《福建省报纸广告优秀论文选》，厦门大学出版社 1993 年版。

④ Cooper P. *The begrudging index and the subjective value of money.* in Pricing Strategy, Bernard Taylor and Gordon Wills, eds. London: Staples Press, Ltd., 1969: 122 - 131.

⑤ 阿尔·里斯、劳拉·里斯：《打造品牌的 22 条法则》，周安柱等译，上海人民出版社 2002 年版。

⑥ Dodsons J A, Tybout A M & Sternthal B. *Impact of deals and deal retraction on brand switching.* Journal of Marketing Research, 1978, 15(1): 72 - 81; Blattberg R C & Neslin S A, *Sales promotion concepts, methods, and strategies.* New Jersey: Prentice Hall, 1990.

⑦ Rao A R & Monroe K B. *The moderating effect of prior knowledge on cue utilization in product evaluations.* Journal of Consumer Research, 1988(15): 253 - 264.

我国产品在国内外市场经常采用低价策略，这可能有助于产品的短期销售，但对我国产品质量形象的树立是不利的。要树立高品质的质量形象，适当地采用高价格定位同时辅助于其他相关的措施如高质量的包装是十分必要的。

（2）广告。从理论上说，广告面积的大小、广告重复的程度、广告投入的多少与产品的品质没有必然的关系。但是在缺乏其他信息的情况下，广告会成为消费者推断产品质量的依据。纳尔逊（1974）证实，大量广告会改善经验产品（购买使用后才能判断质量的产品）的主观质量。贝克等人（1986）和哈希尔、泽克（1984）采用自动计数器记录的研究发现，如果记录品牌甲的次数多于品牌乙，那么受试者就会推论，品牌甲较为知名，所以它必定较流行，而且质量可能较好。[①] 科曼尼（1997）的研究认为，消费者会从广告重复来推断不熟悉品牌的质量。由于消费者将重复看作是昂贵的，并认为高费用反映了制造商致力于产品，因而将产品高质量与高水平重复联系起来。然而，极端高水平的重复，消费者可能会感到费用过大，并开始怀疑制造商对产品质量的信心，这就导致产品质量知觉与广告重复的倒 U 形曲线关系。[②]

科曼尼和怀特（1989）的研究还发现，平面广告的大小会影响受试者对广告费的判断，进而影响对运动鞋的舒适度和质量的评价。[③] 科曼尼和怀特据此进一步认为，消费者存在把广告水平与品牌重要性和质量联系起来的图式和理论。劳、库和鲁科特（1999）从符号学理论的角度认为，广告费用是观察质量的一个信号。[④]

鉴于上述研究结果，可以认为，提高主观质量的另一个方法就是广告支持。真正做到广告支持要注意：第一，要让消费者时常感觉到你的品牌的广告，不要因为产品销路好就放弃广告；第二，要让消费者感觉到你的产品的广告量超过竞争对手；第三，在印刷媒体和户外媒体上，广告面积或体积要适当，不要太小，因为大的广告容易让人觉得广告投入大。

（3）包装。要了解一种产品，包装是最直接的、最直观的。奥尔森和杰可比（1972）认为产品价格、品牌名字、包装和来源国都是外在线索。[⑤] 这些线索可能直接影响消费者对产品质量的认识和推论，影响购买可能性。[⑥] 正面的评价线索可能增强购买欲望，而负面的评价线索则产生相反的效果。[⑦]

---

① Baker J, Grewal D & Parasuraman A. *The influence of store environment on quality inference and store images.* Journal of the Academy of Marketing Science, 1994, 22(4): 328 – 339; Hasher L & Zacks R T. *Automatic processing of fundamental information: The case of frequency of occurrence.* American Psychologist, 1984, 39(12): 1372 – 1388.

② Kirmani A. *Advertising repetition as a signal of quality: If it' s advertised so much, something must be wrong.* Journal of Advertising, 1997, 26(3): 77 – 86.

③ Kirmani A. *The effect of perceived advertising costs on brand perceptions.* Journal of Consumer Research, 1990, 17(2): 160 – 171; Kirmani A & Wright P. *Money talks: Perceived advertising expense and expected product quality.* Journal of Consumer Research, 1989, 16(4): 44 – 53.

④ Rao A R, Qu L & Ruekert R W. *Signaling unobservable product quality through a brand ally.* Journal of Marketing Research, 1999, 36(2): 258 – 268.

⑤ Olson J G & J acoby J. *Cue utilization in the quality perception process, in processing of the third annual conference of the association for consumer research.* M Venkatesan ed., 1972, 167 – 179.

⑥ Jacoby J, Olson J G & Haddock R A. *Price, brand name, and product composition characteristics as determinants of perceived quality.* Journal of Applied Psychology, 1971, 55(6): 570 – 579.

⑦ Cordell V V. *Competitive context and price as moderators of country of origin preferences.* Journal of the Academy of Marketing Science, 1991, 19(2): 123 – 128.

当今市场上有大量的包装品，消费者在购买这些产品时，一般不会事先了解清楚各种品牌的性能特点而后作出选择，他们的选择决策往往是在购买地点当场作出的。因此在他们的质量判断和产品评价中，包装是最重要的评价线索之一。改革开放之后，在国内外贸易上，我们都吃过不少不重视包装的亏。今天包装问题依然存在，这是值得我国企业重视的，因为包装直接关系到我国产品的质量形象。

（4）担保。许多研究者都认为，提供质量担保是质量的一个信号，[①]因为消费者会作出这样的推论，如果卖主的产品质量差，那么提供担保就是愚蠢的事。

布莱尔和尹尼斯（1996）探讨了73名熟悉自行车的人和102名不熟悉自行车的人对知名和不知名品牌自行车的评价。自行车或提供2年担保，或提供20年担保。研究发现，这些受试者都认为担保在他们的产品质量决策中比品牌名字更为重要。担保的时间长度与产品主观质量有正相关，对知名和不知名品牌均如此。对不知名品牌来说，当担保时间长度从2年增加到20年时，不熟悉自行车的人认为产品质量有显著的提高。[②] 对知名产品来说，不熟悉自行车的人认为两种担保质量几乎没有差别。该研究结果说明，当消费者不太了解产品或品牌不知名时，担保时间长度是产品质量的重要线索。可见厂家对质量有信心的产品，提供担保并尽可能延长担保时间有助于提高消费者对产品的主观质量判断。

（5）次要产品属性。消费者利用产品的重要属性如性能、成分来判断产品的质量，这是产品生产者容易想到的。但是消费者利用一些直观的、次要的属性来判断产品的质量，这在实践中就一直未能得到生产者的充分重视。

严格地说，番茄酱的浓度与质量没有本质的联系，但哲雷尔（1988）提供证据证明，番茄酱的浓度与消费者主观质量有关。研究还发现，在橙汁中，浆汁浓度与高质量有关；但在苹果汁中，浆汁浓度则与低质量有关。[③] 艾克（1991）列举了很多例子来说明次要属性作为质量判断的依据。如：立体声喇叭规格大意味着较好的声音，洗衣粉泡沫意味着去污能力，清洁剂的柠檬气味可能意味着清洁力，超市产品新鲜度意味着整体质量，小汽车结实的关门声意味着好的工艺和结实安全的车身，新鲜的橙汁好于冷却、瓶装、冰冻和罐装的橙汁等。这些例子说明了一个事实，次要的产品属性，对消费者的产品质量判断来说可能是极其重要的。

（6）促销赠品。有一项关于促销与主观质量关系的研究，促销品是录像机（VCR）和打字机。录像机的促销赠品是录像带，打字机的促销赠品是计算器。录像机的质量有低（200美元的Goldstar）、中（250美元的Toshiba）和高（350美元的JVC），录像带的质量有低（6美元的KMart）、中（12美元的Scotch）和高（18美元的Maxell）。研究发现，对整个包装品的评价，赠品的质量与品牌质量一样重要，尽管赠品的价值只占小部分。[④]

---

① Boulding W & Kirmani A A. *consumer - side experimental examination of signaling theory: Do consumers perceive warranties as signals of quality*. Journal of Consumer Research,1993,20:111 - 123.

② Blair M E & Innis D E. *The effects of product knowledge on the evaluation of warranted brands*. Psychology and Marketing,1996,13(5):445 - 456.

③ Zeithaml V. *Consumer perceptions of price quality and value: A means - end model and synthesis of evidence*. Journal of Marketing,1988,52(3):2 - 22.

④ Gaeth G J, Levin I P, Chakraborty G & Levin A M. *Consumer evaluation of multi - product bundles: A information integration analysis*. Working Paper, The University of Iowa,1990.

从西方品牌营销中学会了附送赠品之后，我国许多企业为了产品促销也采用赠送礼品的方法。但是，大多数西方著名品牌的赠品（如钥匙扣、挂钟、烟灰缸等）都经久耐用，不仅有效地发挥了广告的作用，也有效地塑造了品牌的高质量形象，因为消费者容易产生这样的判断，“连小礼品都这么精致和经久耐用，何况其产品”。过去我国的赠品广告常存在粗制滥造的现象，殊不知“由小见大”，赠品会影响消费者对产品质量的判断。近年来，一些有创意且精致有用的赠品也逐渐出现。例如演员陈赫的贤和庄火锅店的赠品湿纸巾，被包装成类似于一个避孕套，有趣又精致（如图 3－4－2）。

图 3－4－2　贤和庄火锅店的赠品

（7）零售商名字。W. 楚和 W. 楚（1994）研究发现，一个不知名的品牌可以通过让有信誉的零售商销售来标志产品的高质量。[①] 从消费者的角度来看，不同商店销售的产品给人的印象的确不一样。我国南方许多地方有“夜市”或“地摊”，经营服装以及各种日杂用品。试想一下，一件从“地摊”上买来的衬衫，与大百货商店里的衬衫相比较，即使质量没有差别，消费者也会认为“地摊”上的质量比较差。家乐福、沃尔玛等大型连锁超市在我国长驱直入，一家接着一家开，其成功除了规模大，产品品种齐全外，消费者相信其产品的质量有保证也是重要原因之一。从这个角度来考虑，我国品牌要打入国际市场，首先就要想方设法让自己的产品进入国外著名连锁店的货架。从广告的角度来看，适当地将品牌产品与有信誉的零售商联系起来也能在一定程度上提高品牌的品质形象。

（8）市场占有率或产品流行程度。卡米罗和迈斯（1996）研究指出，尽管人们注意价格作为质量的信号，但消费者也常常注意数量，即消费者会利用占有率作为质量的信号。[②] 也就是说，消费者也可能利用一个品牌的占有率来判断产品的质量。那么占有率的高低是否也意味着品牌主观质量的高低呢？

在判断产品质量时，消费者可能受其他顾客购买行为的影响，将许多人购买的品牌当作是质量好的，其他购买行为的指标之一就是市场占有率。卡米罗和迈斯（1996）指出，“现在较高的市

① Chu W & Chu W. *Signaling quality by selling through a reputable retailer: An example of renting the reputation of another agent.* Marketing Science, 1994, 13(2): 177－189.

② Caminal R & Vives X. *Why market shares matter: An information－based theory.* Journal of Economics, 1996(27): 221－239.

场占有率会被将来的消费者解释为相对较高的质量的信号,并倾向于增加将来的需求"。但赫罗斯和杰可布逊(1999)对涵盖28个产品类别的85个不同品牌进行研究得出的结论是:总体上说,市场占有率的提高会导致主观质量的下降,与卡米罗和迈斯的理论研究结果不一致。①

可见,市场占有率作为主观质量的判断线索,会因产品、消费者不同而对主观质量产生不同的影响。在市场低端,高的市场占有率可能起到提高品牌主观质量的作用,即既然许多人都在用,质量可能不会差;相反,在市场的高端,高的占有率反而会损害品牌的主观质量,即既然大家都在使用,那么肯定品质不高,否则许多人就买不起。

国内的一些品牌,喜欢在广告中指出自己品牌的市场占有率高,销量大,这究竟是利还是弊,值得品牌管理者认真思考。

(9)来源国或产地。来源国是指品牌拥有者所在的国家或制造产品的国家。大量的研究已经证实,消费者对来自不同国家的产品质量评价是不一样的。例如,斯古勒(1965)的研究发现,来自经济发达国家的产品比来自经济较不发达国家的产品较受欢迎。② 后来的很多研究得出类似的结论。研究发现,在电视机、录像机、立体声系统、手表、洗碗机、汽车、个人电脑、拖拉机等产品领域,美国消费者认为,日本、美国、德国的产品质量好于韩国,或比韩国产品更受欢迎。③ 在西方国家中,德国的电子产品比较讨人喜欢,墨西哥的电子产品则不太受欢迎。在亚洲国家中,日本的电子产品比较受欢迎,而韩国的电子产品则相对较差。④ 杰佛和魁斯特(1999)对277名工业购买者的调查也发现,来源国直接影响购买者对产品质量的判断,同时也影响购买者的偏好。⑤ 工业购买者对发达国家产品的偏好强于对新兴工业化国家和发展中国家产品的偏好。这是我国品牌难以在国际打开销路的重要原因之一,值得注意。

我国地大物博,幅员辽阔,不同省、地区由于气候、地理、人文、经济发展水平等方面的差异,盛产的物品及其质量也不一样。例如,广东盛产电子产品,四川、贵州盛产白酒,河南盛产肉制品。因此适当地利用产地信息,也可以起到标志产品质量的作用。例如,对于一个新品牌的白酒来说,让消费者知道产自四川或贵州,对于产品的销售是有益的。

(10)广告陈述要客观。国外有些研究者指出满意是消费者判断产品质量的前提,只有消费

---

① Hellofs L L & Jacobson R. *Market share and customers' perceptions of quality: when can firms grow their way to higher versus lower quality?* Journal of Marketing, 1999(63):16-25.

② Schooler R D. *Product bias in central American common market.* Journal of Marketing Research, 1965(2):394-397.

③ Chao P. *The impact of country affiliation on the credibility of product attribute claims.* Journal of Advertising Research, 1989, 29(2):35-41; Cordell V V. *Effects of consumer preferences for foreign sourced products.* Journal of International Business Studies, 1992, 23(2):251-269; Elliot G R & Cameron R C. *Consumer perception of product quality and the country-of-origin effect.* Journal of International Marketing, 1994, 2(2):49-62; Johansson J K, Ronkaninen I & Czinkota M. *Negative country-of-origin effects: The case of the new Russia.* Journal of International Business Studies, 1994, 25(1):157-176; Maheswaran D. *Country of origin as a stereotype: Effects of consumer expertise and attribute strength on product evaluation.* Journal of Consumer Research, 1994(21):354-365; Tse D K & Lee W N. *Removing negative country images: Effects of decomposition, branding and product experience.* Journal of International Marketing, 1993, 1(4):25-48.

④ Hong S T & Toner J F. *Are there gender differences in the use of country-of-origin information in the evaluation of products?* Advances in Consumer Research, 1989(16):468-476.

⑤ Dzever S & Quester P. *Country of origin effects on purchasing agent's product perceptions: An Australian perspective.* Industrial Marketing Management, 1999(28):165-175.

者对产品感到满意,才可能认为产品的质量是好的。① 满意是消费者对特殊消费经验的情感反应,是产品符合消费者期望的一种情绪反应。如果消费者的期望被证伪,即产品不符合消费者的期望,那么消费者对产品质量的评价就会受到负面的影响。②

实际上,要让消费者感到满意比较困难,但是没有感到满意不等于感到不满意。一旦消费者真正感到不满意,品牌质量形象就会受到伤害,所以关键是不能让消费者感到不满意。我国保健产品迅速的兴衰更替,就跟消费者的不满意有关。本来保健品就没有明显的药物作用,但是广告主为了吸引顾客,把产品的药效说得神乎其神,激发了消费者对产品的期望。实际使用后,消费者很快就发现,产品根本就不像广告所说的,不满情绪油然而生,质量形象一落千丈。许多研究也发现,如果与品牌联系在一起的陈述是高质量,而该品牌证实是质量差的,那么消费者就会惩罚该品牌。③ 所以,防止广告言过其实,或者说广告中产品性能的陈述客观是避免质量形象受到伤害的关键。

(11) 确立品牌专家形象。著名营销学者里斯等(1998)在其《品牌22戒》一书中指出"专家的品质应该比通才来得高"。换言之,专门生产某种产品的企业,其产品质量要比同时生产多种产品的企业的同类产品高。他们还进一步指出,"要建立一个好品质的品牌,你必须凝聚经营焦点,在这个经营焦点上,配合一个好品牌名称和一个高价策略"。④ 劳力士是高品质手表的象征,就因为它只致力于手表事业。

现代企业普遍实行多元化经营,普遍进行跨类别的品牌延伸。多元化的经营、广泛的品牌延伸,无疑可以降低企业的经营风险,减少产品导入市场的成本,但是会弱化企业或品牌的质量形象。相反,专向经营或采用独立品牌的策略,则有利于树立品牌的专家形象。

3. 产品的价格

价格是商品的属性之一,价格在消费者品牌选择中的重要性是不言而喻的,以最小的付出获得最大的收益,这种功利心理人皆有之。价格信息在广告中的出现频率也从另一个侧面反映出它在品牌选择中的意义。根据有关研究资料,在美国的杂志广告中,出现价格信息的广告占所有广告的12.5%;在日本的电视广告中,价格信息的出现频率为59.2%;在中国杂志广告中出现频率为17.4%,仅次于质量信息、功能用途信息和时间地点信息,处于第四位。⑤ 尹世民等(2016)对《华西都市报》于2012年9月1日—2013年8月30日期间发布的1634则房地产广告进行内

---

① Bolton R N & Drew J H. *A multistage model of customers' assessments of service quality and value*. Journal of Consumer Research, 1991(17):375-384; Brown S W & Swartz T A. *A gap analysis of professional service quality*. Journal of Marketing, 1989(53):92-98; Parasuraman A, Zeithaml V A & Berry L. *SERVQUAL: A multiple-item scale measuring consumer perceptions of service quality*. Journal of Retailing, 1988(64):12-46.

② Churchill G A & Surprenant C. *An investigation into the determinants of customer satisfaction*. Journal of Marketing Research, 1982(19):491-504; Oliver R L A. *Cognitive model of the antecedences and consequences of satisfaction decisions*. Journal of Marketing Research, 1980(17):460-469; Oliver R L & De Sarbo W S. *Consumer perceptions of interpersonal equity and satisfaction in transactions: A field survey approach*, Journal of Marketing, 1988(53):21-35; Swan J E & Trawick I F. *Disconfirmation of expectations and satisfaction with a retail service*. Journal of Retailing, 1981(57):49-67.

③ Montgomery C A & Wernerfelt B. *Risk reduction and umbrella branding*. Journal of Business, 1992, 65(1):31-50; Wernerfelt B. *Umbrella branding as a signal of new product quality: An example of signaling by posting a bond*, Journal of Economics, 1988, 19(3):458-466.

④ 阿尔·里斯、劳拉·里斯:《打造品牌的22条法则》,周安柱等译,上海人民出版社2002年版。

⑤ Rice M D & Zaiming L. *A content analysis of chinese magazine advertisement*. Journal of Advertising, 1988, 17(4).

容分析,探索广告信息线索与广告诉求方式的关系,研究发现有关价格/价值方面的广告信息线索占比高达57.4%。[①] 如图3-4-3和图3-4-4分别是具有价格信息线索的手机广告和房地产广告。

图3-4-3 小米手机广告

图3-4-4 万科房地产广告

(1) 价格信息的作用。由于价格是影响品牌选择的一个重要因素,因此有时就可以利用价格做文章。价格在广告中的呈现一般有四个方面的作用:

① 提高广告的可信度。众所周知,许多消费者对广告抱有不信任的态度。究其原因,广告中空洞言辞过多,实在的、具体的言辞过少不能不说是一个主要原因。广告中呈现商品的具体价格,不仅不会让人们发生误解或曲解,反而有利于增加消费者对广告的信任感。

② 为商品的品质判断提供重要线索。价格与产品的品质在消费者的认知系统中存在着密

---

① 尹世民、牛羿轩、牛永革:《房地产平面广告信息线索、USP和广告诉求分布特征及其关系研究》,《管理学报》2016年第12期。

切关系。消费者会自觉不自觉地以价格信息为依据来衡量商品的品质。

③ 激发消费者的购买欲。在许多消费行为中，普遍存在着两种消费动机，即功利动机和显耀动机。功利动机是希望以最小的付出获得最大的利益，显耀动机是显示比别人占有某种优势。广告中的价格诉求是激发消费者这两种动机的最有效手段之一。例如当广告向消费者证实某品牌与其他竞争品牌在功用、质量等方面没有差别，而价格却比较低廉时，消费者就可能产生购买该品牌的欲望。对于昂贵的产品，如果适当地让消费者知道某种品牌的价格略高于其他品牌，也能促使消费者产生显耀于人的购买欲。

④ 为购买决策提供依据。在消费者对某一品牌产生购买欲望时，他们还得考虑自己的经济状况。此时，广告提供给他们产品的价格信息，将帮助他们作出立即购买、延迟购买或不买的决定。对于一些价格不是很高的商品，告诉消费者价格，往往会促使他们作出购买决定。

（2）价格宣传的注意事项。在价格的宣传上，有些问题必须注意：

① 消费者对价格的敏感性。对于某些商品来说，价格在一定范围内的变化，不会影响消费者的选择。对于另一些商品来说，价格的轻微波动都会使消费者的选择倾向发生变化。消费心理学家多莱波尔 1966—1967 年间研究百货公司的价格弹性时发现，男人的衣物价格弹性低，女人的运动服装也是如此，而儿童玩具和女人的鞋子则弹性高。换言之，男人的衣物和女人的运动服装对价格变化的敏感性低，价格适当的升降对销售影响不大。但儿童的玩具和女人的鞋子则敏感性很高，价格一旦降低，销售量就会大增。[①] 可见，广告主和广告者在以价格进行诉求时，就要考虑到消费者对广告产品的价格是否具有敏感性。

有趣的是，研究发现，价格广告会导致消费者较高的价格敏感性。此外，价格广告的运用会导致产品价格的下降。[②]

② 价格与质量的关系。根据功利心理原理，在同样能满足自己需要的各种品牌中，不言而喻，谁都会选择价格比较低的品牌。自由市场上商品购买的讨价还价就是这一原理的具体表现。然而并不是说价格便宜就一定有利于商品销售，事实上，消费者常常会把价格与产品质量和价值联系起来。心理学家加波尔早在 1966 年就认为，在消费者的心目中，都有一个产品价格的上限和下限，如果产品价格过高，消费者会认为太昂贵；如果价格过低，人们则会怀疑产品不合格、质量低下或是过时货。[③] 美国有一家小型电脑公司，由于技术上的进步和革新，发明了一种新型电脑，性能与原来的一样，但是成本降低了 40%。有趣的是，他们的推销员却无法说服消费者购买价格下降了 40% 的新型电脑。直到价格提高到比原来只降低 10% 以后，新型电脑的销量才大为增加。[④] 这个现象说明价格低可能会损害消费者对品牌质量的看法。

消费行为学家恩格尔和威尔士曾在一项研究中进一步证实了这种现象。他们呈现给受试者一则卡通片，其内容是：销售者对一位女顾客说："这种品牌的阿司匹林一瓶一百粒装，售价 6 角 7 分（美金），另外一种品牌也是一百粒装，售价 2 角 7 分，在这两种品牌中，您喜欢哪一种？为什么？"有 150 位妇女完成卡通反应。另外 150 位妇女则被直接提问："让我们假设您需要一些阿

---

① 郑伯埙：《消费者心理学》，大洋出版社 1977 年版

② Kaul A & Rao A R. *Research for product positioning and design decisions: An integrative review*. International Journal of Research in Marketing, 1995(12): 293 – 320.

③ 弗雷德里克·拉斯、查尔斯·柯克帕特里克：《销售学》，电子工业出版社 1987 年版。

④ 蓝三印、罗文坤：《广告心理学》，天马出版社 1979 年版。

司匹林，要到药店购买，如果让您在一种品牌每瓶 100 粒装、售价 6 角 7 分钱的阿司匹林和另一种品牌一瓶也是 100 粒装、售价 2 角 7 分钱的阿司匹林中选择，您将购买哪一种？为什么？”结果（见表 3－4－1）表明，较多的受试者选择 6 角 7 分钱的阿司匹林，其中相当一部分受试者用产品的品质来说明他们所作的选择。①。

表 3－4－1 阿司匹林的选择反应

选择及说明	卡通反应者比例/%	问题反应者比例/%
6 角 7 分的阿司匹林	48	74
2 角 7 分的阿司匹林	30	18
不选用者	22	8
说明需要进一步信息者	36	7
说明品质者	65	40

可见，价格高的商品通常被认为质量好，价格低的商品则会被认为质量差。这就给商品价格的广告宣传提出了一个难题：要突出商品价格便宜，虽然迎合了消费者的功利心理，却容易使消费者对商品的质量产生怀疑；相反，如果指出产品价格比较高，消费者可能会认为质量有保障，但是占不到便宜。因此，在面对广大消费者进行有关产品价格的宣传时，务必小心谨慎，注意避免带来反效果。不过，在工业品的广告方面，由于购买决策者一般不会用价格来衡量产品的质量，所以如果产品在价格方面的确有优势，那就可以大张旗鼓地宣传。

③ 消费者对折价和优惠价的心理反应。在当今的产品促销和广告活动中，折价或优惠出售屡见不鲜。作为打开产品销路的方法，这种手段在许多产品促销活动中已获得巨大的成功。但是，随着这一手段的普遍推广使用，消费者对折价或优惠出售的反应已不再仅仅是简单地认为买到了便宜货，其他不利的心理反应随之产生，通常包括下列四种：

第一种，产品是次品或过时货。忒特、坎宁安和巴贝卡斯 1988 年的研究证实了这种观点。他们对 303 名消费者调查后发现，有些被试将提供折扣的产品看作是次等的。②

第二种，产品不受大众欢迎，不流行，是卖不出去的产品。

第三种，商人们采取薄利多销措施的表现。

第四种，降价出售是商人的推销策略或伎俩。

由于对折价、优惠价会产生不利的心理反应，所以从长远的角度来看，这种策略对品牌的培养是不利的。奇昂 1993 年的研究说明了这一点。该研究在超市访问了 108 名购物后的顾客，问题涉及购买物品的价格、价格知觉、该品牌重复购买比率、优惠券使用频率、他们愿意支付给该品牌的最高价格、购买所花时间、购买项目的数量、优惠价值、品牌的原始售价。研究发现，优惠券增加了购买项目的数量，但没有增加所花的时间，优惠券损害了品牌的价格知觉，减低对该品牌的重复购买。结论是优惠券不断失去新异性，不适当的优惠券面值通过危害价值知觉而损害品

① 马场房子：《消费者心理学》，工商出版社 1984 年版。

② Tat P, Cunningham W A & Babakus E. *Consumer perceptions of rebates*. Journal of Advertising Research, 1988, 28(4): 45－50.

牌形象,不适当的面值长远来看降低了品牌资产。①

或许是由于折价和优惠价会引起不利产品的反应,或许是因为明确降价的手段逐渐失去了吸引力,所以一些新的、变相的降价促销手段应运而生,如买一送一、以旧换新等。

再如用购满一定额度的商品,就减免一部分费用。如图 3-4-5 中“双 11”广告采取购满 99 元减 10 元,购满 199 元减 20 元等促销方式。

图 3-4-5 天猫“双 11”促销广告

不管采用什么样的降价推销策略,有一点必须加以注意,降价后的价格与原价格的差额必须大到足以使消费者感到占了便宜(根据零售商的经验,一般价格要降低 15% 才可望成功),否则,不仅达不到促销的效果,反而损害了品牌形象。

4. 品牌或产品的象征意义

每一个人都有一个自我概念,这个自我概念是多维坐标中的一点。坐标的维度可能包括男性—女性,朴素—奢侈,开明—保守,聪明—愚蠢,富裕—贫穷,高雅—庸俗,上层—下层……自我概念是个体对自己的认识,是内在的。但是个体会把这一自我概念投射到他们的行为表现上,或投射到外在物体上。例如认为自己很高雅的人,其行为举止、衣着打扮会显得文质彬彬、温文尔雅。

产品或品牌具有某种被个体用以表达自我概念的意义,这种意义即所谓象征意义。换一个角度来说,产品的象征意义亦即产品在消费者心目中的形象。例如钻石项链是女性装饰之物,但它具有标志佩戴者的社会地位的作用。许多商品都具有一定的象征意义。例如汽车可以显示富裕,摩托车可以显示潇洒,金银首饰可以显示富有、高贵,流行服装可以显示时髦、现代感。有些商品还具有多种象征意义。正如约瑟福·纽曼所指出的,咖啡“拥有多种含义使之促进了人们情感的愉快,它象征着温暖、兴趣、安逸、豪华、亲切、殷勤、社交、合群、松弛、成熟以及对成家的兴趣”。②

产品或品牌的象征意义一般有下列几个方面:

(1) 标志地位。人们为了表示目前所处的或想要获得的社会地位,而使用某些产品或设备。例如蓝领工人平常穿着西装革履。

(2) 标志性别。例如在美国,万宝路是典型的男性香烟,而女性吸烟者使用摩尔香烟居多。

① Cheong K J. Observations: *Are cents - off coupons effective*? Journal of Advertising Research, 1993, 33(2): 73-78.

② 马场房子:《消费者心理学》,工商出版社 1984 年版。

(3) 标志资格。为了加入某团体或表示自己是团体的一员,人们会有意地使用团体成员经常使用的东西。青少年的吸烟行为和化妆打扮往往就是想表示自己是一个成熟的人。

(4) 标志职业。一个正在参加军训的学生可能被误认为是士兵,因为他穿着军装。眼镜本来是为一切视力有问题的人设计制造的,用以克服视力障碍,但是戴上眼镜的人容易被认为是教师或科研人员。

(5) 提高形象。对于大多数人而言,提高自我形象是一种长久的持续的需要。个人的外貌是自我形象的表现,它最容易引起人们的好感和改变自己在别人心目中的形象——或者说人们相信如此。所以一些被认为有助于改变外貌的产品如化妆品、珠宝饰物常被用于达到这一目的。

(6) 自我表现。年轻人中经常可以看到一些与众不同的奇装异服,这是年轻人喜欢自我表现的一种体现。为了表示自己独特的个性,青年人常要精心挑选自己的物品。

随着产品物理属性差异的缩小,品牌的象征意义对消费者的品牌选择日益重要,成为同类竞争产品相区别的显著特征。市场学家绶夫早在 1959 年就指出:“虽然购买者可能客观而小心翼翼地去分析比较,以购买最佳商品,然而在做决策时,个人主观的情感因素还是有举足轻重的地位。”①另一位市场学家利维也说过:“人们购买东西时,不仅因为它的效用,还因为它具有某种意义。”②国外许多研究表明,只有少数妇女对衣服的手工评头品足,认真地考虑其实用性。通常,一位妇女之所以购买某件衣服,主要是受流行款式的影响,或者为了博得男人的欢心、女人的赞赏,至于其他因素,对她们来说倒是次要的。

为了证实象征意义对品牌选择的影响,行销学家麦金斯 1965 年做了一项研究,他给受试者吃同一种火鸡肉,有的标以知名品牌,有的则标以不知名品牌。虽然火鸡肉实际上是一样的,但受试者认为名牌火鸡肉好吃。③ 其他研究还发现,假如把消费者的眼睛蒙起来,则几乎所有的人都无法区分香烟或可乐的品牌。在将酒的商标取下来时,多数嗜酒者则不再偏好个人以前喜欢的品牌。此外,在对零售商店消费者的研究中也发现,消费者对不同的商店赋予不同形象,并据此到商店购买物品。

品牌的象征意义在品牌选择中的作用还表现为不同的消费者使用不同的品牌,相类似的消费者使用同一品牌的产品。格纳波和哈普 1968 年的调查研究发现,不同的汽车使用者,自我概念有明显的不同,而且刻板印象也不一样;而乘坐同种牌号汽车的人,自我概念相类似,但与使用竞争牌号的人有很大的差别。④ 曼逊和斯匹威 1981 年访问了 64 名高阶层、87 名中等阶层和 52 名低阶层的妇女(18—65 岁)对高价值表现(汽车、杂志)、中等价值表现(洗碗机和吸尘器)和低价值表现(女士内衣、除臭剂、洗衣粉)的产品的使用情况。结果也发现,拥有和偏好某一品牌的人的刻板印象不同于其他社会阶层;高、低阶层的人差异最大。⑤ 有人还发现,个人男性化的程度与香烟品牌选择有很大的关系,较男性化的人,抽较男性化的香烟。科波宁 1960 年的研究表明,吸用香烟是否带过滤嘴,往往与吸烟者的优越感、见异思迁、热衷于成就、进取精神、自卑感和

---

① 弗雷德里克·拉斯、查尔斯·柯克帕特里克:《销售学》,电子工业出版社 1987 年版。

② 郑伯埙:《消费者心理学》,大洋出版社 1977 年版。

③ 彼特·萨尔曼:《市场心理学》,经济管理出版社 1986 年版。

④ A. 安娜、朝仓利景:《消费与广告心理学》,《大众心理学》杂志资料组印发,1983 年。

⑤ Munson J M & Spivey W A. *Product and brand-user stereotypes among social classes.* Journal of Advertising Research, 1981, 21(4): 37-46.

自主性等性格有关。[①]

人的自我概念或自我形象和自己扮演的不同角色有密切的关系。产品或品牌可以起到标志我们是什么样的人的作用。所有的人都有许多角色,一个 35 岁的男人可能是丈夫、父亲、教师、体育裁判员。正如我们买产品标志自己形象一样,我们的购买行为也倾向于与我们扮演的角色相一致。

在强调产品的象征意义对品牌选择的影响的同时,也应该注意到产品与消费者的关系。一般说来:①不可能所有的产品都具有象征意义,而且同一产品对不同的人具有不同的象征意义;②并非所有的购买决策都与个人的自我表现或自我肯定有关;③并非不同品牌的竞争产品都具有不同的意义。例如在偏僻落后的乡村,彩色电视机可能与自我表现有关,但不同品牌的彩色电视机可能在这方面的意义是一样的;④不可能所有的消费者都以产品的象征意义为品牌选择的依据。例如一个想晋升高阶层的年轻人可能以高雅的物品为购买对象,相反,一个较为踏实的年轻人在购买时,则以最低价格为标准;⑤在不同的国家或社会,对自我表现的强调不尽相同,有些国家并不鼓励个人出风头,而鼓励个人藏而不露。

5. 产品的包装造型

购买商品,谁都想买质量好的,但是质量究竟是好是坏,终归要在产品使用之后才能作出准确的判断。尽管如此,人们还是企图在购买时选择出高品质的产品。此时消费者用以判断品牌品质的标准通常有以下几个:第一,根据自己或别人的使用经验;第二,根据自己对品牌各方面情况的了解;第三,根据商品的外观;第四,根据前面所述的商品价格。

一般而言,包装精致考究的商品比包装粗俗简陋的商品更容易被看作是高品质的商品。正因为如此,在现代的商品生产营销中,包装造型的设计深得企业的高度重视。有些类别的产品甚至把包装看得比产品本身更重要,包装的成本比产品的生产成本还要高。例如香水等化妆品,包装的成本往往比产品的生产成本更高。许多名酒的包装成本通常也是相当高的。

包装造型之所以会影响消费者的品牌选择,除了作为品牌质量的判断依据之外,还有下列几个原因:

第一,不同的包装造型使用的方便性不同。例如福建曾经有一种“龙谷”牌矿泉水,它在包装上比其他品牌的矿泉水增设一个水杯,让消费者在户外饮用起来更为方面,所以它在全省竞争激烈的矿泉水市场中占有一定的份额。贵州有一种白酒品牌,其中有一种造型设计是上下对称,看起来挺雅观,但由于对称的上半部分是另外扣上去的,使用时如果不小心抓住上半部分,那么下半部分就很可能会掉到地板上摔碎。如此设计,消费者使用起来就很不方便。

第二,不同包装造型本身的实用价值不同。有的商品包装,可以作为摆设品或收藏品;有的包装可以用于其他方面,如作为容器;有的包装让人觉得留之无用,弃之可惜;有的包装则丢之坦然。消费者有时也会根据包装造型本身的实用价值作为品牌选择的辅助条件。

第三,人们对包装造型的颜色和形状存在着个人偏好。包装的色彩不同,其商品的心理意义也不一样。例如以金黄色为包装基调,会使商品显得贵重;以红色为基色,会让人感觉到吉利。包装色彩鲜艳明快,会让人觉得新鲜、富有现代感;色彩深暗凝重,则会使人产生古朴、悠久的感觉。

---

① 马场房子:《消费心理学》,工商出版社 1984 年版。

6. 品牌的知名度

每一个产品类别往往都有许多品牌,每个品牌的知名度往往又不一样。品牌知名度高,除了说明该品牌名称已深入广大消费者心中,或者广大消费者对产品的各个方面都有了较为深入的了解之外,还意味着产品已获得较高的信誉,值得消费者信赖。

零点调查与分析公司(2001)对辽豫鄂皖津川浙陕粤等11个省市34个地区1 115位18—60岁的农村居民进行随机入户访问发现,品牌知名度是农村居民购买日常消费品的因素之一(如图3-4-6)[①]。

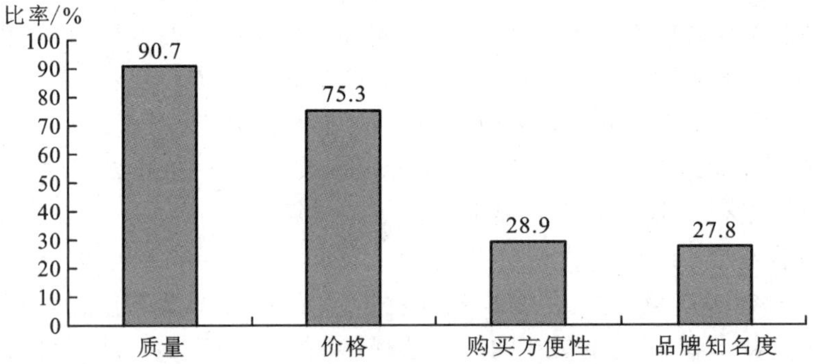

图3-4-6 我国11个省市农村居民购买日常消费品的考虑因素

从市场观察也可以发现,在现代的市场中,消费者指名购买、慕名购买的现象已经十分普遍。65%以上的消费者已形成指名购买、定牌使用的习惯。[②] 所以,在现代的广告活动中,广告主非常重视提高和巩固产品的品牌知名度,有时甚至为了提高品牌知名度,不惜让消费者厌烦,如20世纪80年代的“燕舞收录机”、90年代中后期的“恒源祥”及其他模仿恒源祥的品牌、当前的“脑白金”“知乎”等。

除了上述几个因素之外,商品使用的方便性、商品使用有无副作用、商品购买使用所能带来的利益等因素也会影响消费者的品牌选择,对于这些因素,这里就不再详细讨论。

三、人类的需要和消费动机

人类的行为,背后都有其推动力。认识并掌握消费行为背后的推动力,是广告制胜的前提。前面已经指出,当一个广告宣传主题或广告诉求点被提出来之后,还要看它是否符合产品购买和消费动机(即是不是消费者品牌选择时考虑的因素),是否符合人类一般的消费动机和需要。所以,这一部分着重要讨论的就是人类的需要和消费动机。

1. 需要

需要是有机体内部的一种不平衡状态,它反映了某种客观要求和必然性,并成为个体活动的积极性源泉。不平衡状态包括生理的和心理的不平衡,如血糖成分下降产生饥饿求食的需要,社会治安不良产生安全的需要。某种不平衡得到消除之后,新的不平衡又产生。

① 零点调查与分析公司:《农村日常生活中的品牌消费》,3see网2001年。

② 博雅美容化妆品业咨询机构:《中国中小型化妆品企业现状和发展态势分析报告》,3see网2001年。

美国人本主义心理学家马斯洛在20世纪40年代提出了一种需要学说，叫作“需要层次理论”(如图3-4-7)。该理论把人的需要看作是一个多层次的组织系统，由低级向高级逐渐形成和实现。

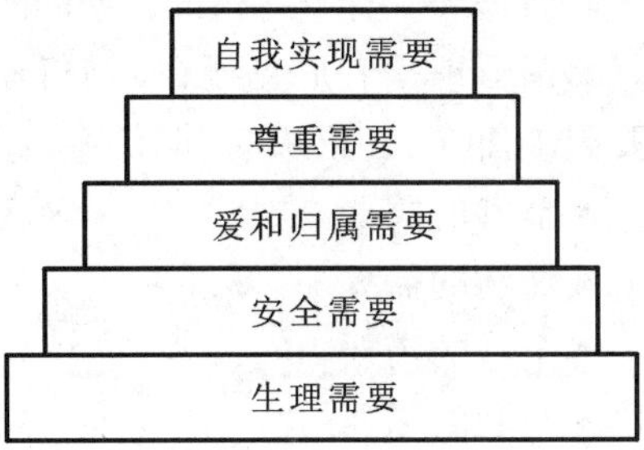

图3-4-7　马斯洛的需要层次

马斯洛认为人的需要是由以下五个等级的需要构成的：

(1) 生理需要。人对食物、水、空气、睡眠和性的需要都属于生理需要。生理需要是最基本的，也是最有力量的。这类需要得不到满足，就会危及人的生存，所以它们是应当最先得到满足的需要。

(2) 安全需要。它表现为人们要求有一个安全、有秩序的环境，有稳定的职业，有生活的保障，能免除恐惧和焦虑等。

(3) 爱和归属需要。一个人希望与其他人建立情感联系或关系，如结交朋友、追求爱情、加入某一团体等，都是归属和爱的需要的表现。

(4) 尊重需要。包括自尊和受到别人的尊重。自尊是相信自己的能力、才华和智慧，受到别人的尊重则表现为个人的能力和成就得到他人或社会的承认或赞许。

(5) 自我实现需要。希望能充分地发挥自己的潜能，使自己越来越成为自己所期望的人物，完成与自己相称的一切事情。

马斯洛认为，这五种需要由低级到高级按层次组织起来。只有当较低层次的需要得到一定程度的满足之后，较高层次的需要才会出现并起主导作用。也就是说，人只有吃饱穿暖，才会有安全的需要；有了稳定的职业，生命财产的安全有了保证之后，才会有爱和归属的需要，以此类推。

马斯洛的“需要层次理论”从发展的角度对人类的需要进行了高度的概括。事实上人类的需要多种多样，有先天需要(生理需要)，也有后天需要(社会需要)。先天需要是人与生俱来的，如果长时期没有得到满足，就会产生强大的行为驱力，驱使人们去行动以满足需要。美国广告学者史特朗根据分析研究结果，列出下列21个先天需要的项目：①

- 饮食
- 攫取
- 保有
- 逃避不喜欢的东西
- 男人常需要情绪上的刺激
- 需要若干程度的精神活动
- 社会性的需要
- 观察别人
- 表示自己的意见
- 向他人驯服或追随一位领袖
- 爱抚自己的孩子
- 猎取
- 搜集
- 逃避痛苦
- 常常显得很忙的样子
- 时刻需要去看、听、嗅、尝、触
- 克服别人的干扰
- 和他人在一起
- 被别人观察
- 管制别人
- 爱慕一位异性

① 高渠：《电视广告创作学》，华视出版社1986年版，第10—11页。

后天需要是个体在后天获得的，它对于维系人类的社会生活、推动社会进步有着重要的作用。美国营销学者尼克逊在《销售原理》一书中指出，后天需要的重要性仅次于先天需要，后天需要因人而异，五花八门，但仍可以归纳为以下几种：①

- 节省的需要
- 效率的需要
- 清洁的需要
- 美观的需要
- 金钱的需要
- 利益的需要
- 功利的需要
- 风格的需要
- 健康的需要

从20世纪80年代初开始，我国一些学者在马斯洛的需要层次理论基础上，对我国学生群体的需要结构进行探索，并在不同时代对大学生的需要结构进行调研。我国大学生一共有6大类和18小类的需要，具体如表3－4－2所示。在20世纪八九十年代，我国大学生的发展与贡献的需要比较强烈，生理需要相对比较弱。而表现在更为具体的小类需要上，求知和友情需要比较强，而性和归属的需要比较弱。到了21世纪初，在大类别上，我国大学生的发展和尊重需要比较强，自我实现需要比较弱。在小类需要强弱排列上，强度最大的前四位需要依次是：友情的需要、维持生存的需要、自尊自立的需要、身体素质开发的需要；强度最弱的末四位是奉献的需要、性的需要、权力需要、减低压力的需要。② 这与1988年心理学家黄希庭等人的结论③有一致的地方也有一些不同，新生代大学生越来越追求独立自主和关注自身。社交媒体的迅速发展，也促进了大学生的交往需要，而在求知需求方面却减弱了。

表3－4－2 我国大学生基本需要结构

需要名称		示例
生理需要	维持生活的需要	想吃饱、穿暖，可以睡觉，有房子住
	物质享受的需要	想吃得好，穿得好，用得好，住得好，拥有更多的金钱
	性的需要	想结婚，过性生活
安全需要	秩序的需要	希望有条理，不混乱，和平，安定，公平，有民主气氛
	躲避伤害的需要	希望避开痛苦、肉体上的伤害、疾病和死亡
	躲避羞辱的需要	希望减少学习课程、时间，有好运气
友情需要	友情的需要	希望获得友谊，有知心朋友，同学间团结友爱，想得到或给予异性的爱情
	求援的需要	渴望得到他人的支持、帮助、保护、喜爱、规劝、原谅、安慰
	归属的需要	希望得到他人信任、接纳，渴望参加某个团体或组织
尊重需要	成就的需要	希望得到别人的肯定，胜过周围的人，获得成功，取得好成绩
	自尊自立的需要	注意自己的言行，希望得到别人的理解和尊重，对自己的事情有发言权和决定权，自己养活自己
	权力的需要	想控制周围的人，使他人能接受自己的建议、说服和命令

① 转引自高渠：《电视广告创作学》，华视出版社1986年版，第10—11页。

② 牛勇、邱香：《北京工科大学生需要结构调查研究》，《中国健康心理学杂志》2012年第7期。

③ 黄希庭、张进辅、张蜀林：《我国大学生需要结构的调查》，《心理科学》1988年第2期。

续表

<table>
<tr><th colspan="2">需要名称</th><th>示例</th></tr>
<tr><td rowspan="3">发展需要</td><td>求知和求美的需要</td><td>渴望获得知识、技能、能力，开阔眼界，丰富人生阅历，以及自己外部形象好，追求音乐、美术等</td></tr>
<tr><td>心理素质的需要</td><td>希望有良好的心态和健康的心理</td></tr>
<tr><td>身体素质开发的需要</td><td>渴望增强体质，使自己身体强健</td></tr>
<tr><td rowspan="3">自我实现需要</td><td>精神愉悦的需要</td><td>希望自己活得充实、有意义、有价值，能够证明自己的存在</td></tr>
<tr><td>助人的需要</td><td>乐意帮助别人、为他人做好事</td></tr>
<tr><td>奉献的需要</td><td>愿意为国家和社会的进步贡献自己的一切</td></tr>
</table>

需要是人类行为的源动力，人一旦产生某种需要时，就会想方设法来满足。最常见的满足方式是攫取需要对象。例如人饿了，就会动手做饭或去商店买点食品来填饱肚子；为了表达自己对子女的一片爱心，父母会尽可能让孩子吃饱吃好，穿暖穿好。这种方式就是直接满足。但是在许多情况下，人的需要不一定能够得到直接的满足。例如有的人很想接受高等教育，由于自己的能力或其他条件的限制，始终未能如愿。在这种情况下，人们往往会采取间接的手段来满足自己，如把自己的这种希望寄托在下一代身上，努力把子女培养成大学生。这种间接的满足方式叫作替代满足。很多消费品都可以用来直接或替代满足人们的各种需要。例如戴上珠宝首饰，会让人觉得自己经济地位高；穿一身高级西装，品味一下当有身份的人的感觉。

2. 动机

任何行为的发生往往都有其个人内在的原因。工人加班加点地工作，可能是为了获得更多的奖金；学生刻苦学习可能是为了不让父母亲失望；家长给小孩子买高级玩具可能是为了自己的面子；年轻女郎购买化妆品可能是为了讨得男友的欢心。这种触发行为产生的个人内在原因，心理学上称之为动机。更确切地说，动机是指引起个体活动，并使活动朝向某一目标的内在心理过程或动力。

动机是以需要为基础的，当人的某种需要没有得到满足时，就会推动人们去寻找满足需要的对象，从而产生行为活动的动机。从这个意义上说，需要是行为发生更深层次的原因，需要通过转化为动机来影响人的行为。但是需要与行为不一定有直接的关系，即人们有了需要不一定产生相应的行为反应。只有需要转化为动机之后，才会导致行为反应。例如人饿了不一定马上寻找食物，但一旦食物需要转变为觅食动机时，它就会调节人的行为以达到一定的目的。动机是由需要转变而来的，但是并非所有的需要都能转变为动机。需要转变为动机的一个重要条件是是否存在着诱因。所谓诱因，是指能够激起有机体的定向行为，并能满足某种需要的外部条件或刺激物。例如食物的色泽、芬芳是饥饿觅食的诱因，商品精美的包装是顾客购买活动的诱因。

可见，需要是行为的源动力，需要在诱因存在的情况下就可能转变为行为的驱动力，即动机。动机一旦产生，就会驱使人去活动，以满足需要。需要、动机、诱因和行为的关系可用图 3-4-8 来表示。

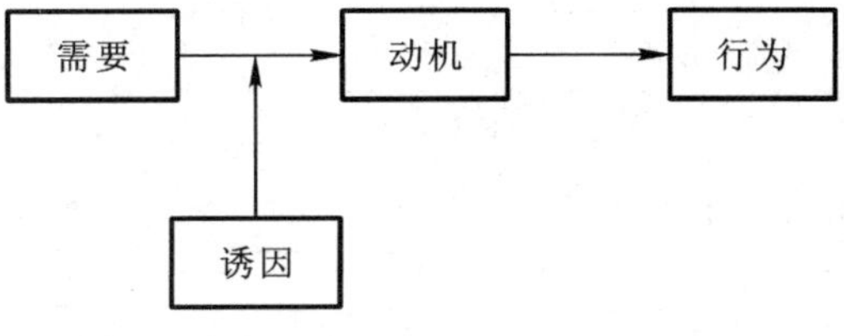

图 3-4-8　需要、动机、诱因和行为的关系

因此,从动机的范畴来考察广告活动,可以看出,广告的作用之一是激发消费者产生对某种商品和服务的需要;作用之二是展示给消费者某种诱因,让消费者知道满足他们某种需要的可能性和现实性,触发他们产生购买动机。

那么与人们的消费和购买行为有密切关系的动机有哪些呢?心理学家、广告作家玛尔汶指出,人有8大欲望,它们是:

- 吃喝
- 安逸
- 免于恐惧和危险
- 高人一等
- 讨好异性
- 社会赞同
- 为亲人谋福利
- 长命百岁

消费行为学家伍德斯也在研究的基础上指出,消费者具有下列11种常见的消费动机,前5种是与生俱来的,后6种是后天习得的:①

- 驱力:如头痛吃药
- 性驱力:如人们选择封面带有漂亮异性的杂志
- 厌烦:因为讨厌旧的东西而买新的
- 疲劳:买洗衣机以减少体力消耗,买汽车以减少骑自行车的辛苦
- 痛苦的回避:刀片刮胡刀换成电动刮胡刀,避免不小心划破脸
- 依赖性和癖好:瘾君子买烟,酒徒饮酒
- 威胁和障碍:怕发胖吃低热量的食物
- 顺利的境遇:成功地完成一件事,干一杯
- 目标和诱因:这衣服挺好看,买一件
- 不确定性:这种小吃没有品尝过,试一试;这种新鲜的玩具不知如何玩,买一个看看
- 无形中形成的条件反射:到周六得多买点东西,出去玩;放长假了,出去旅游

每一个人都有许多动机,但各种动机的相对强度有所不同。美国著名广告研究者施塔奇在研究人们的一般动机时,还测量了各种动机的相对强度,得出表3-4-3的研究结果(以0—10为动机强度范围)②。这些资料对于审查广告诉求的合理性有重要意义。

表3-4-3 人的动机及其强度

动机	强度	动机	强度	动机	强度
1.食欲	9.2	9.占有欲	8.4	17.家庭安适	7.5
2.对子女的爱	9.1	10.别人的赞赏	8.0	18.节约	7.5
3.健康	9.0	11.合群性	7.9	19.好奇心	7.5
4.性吸引	8.9	12.味觉	7.8	20.效率	7.3
5.父爱或母爱	8.9	13.仪表	7.8	21.竞争	7.3
6.野心(功名)	8.6	14.安全感	7.8	22.合作	7.1
7.享乐	8.6	15.清洁	7.7	23.对神的信奉	7.1
8.身体舒适	8.4	16.休息(睡眠)	7.7	24.同情心	7.0

① W.A.伍德斯:《消费者行为》,杭州商学院(内部资料)。

② 高渠:《电视广告创作学》,华视出版社1986年版,第12—14页。

续表

动机	强度	动机	强度	动机	强度
25.保护他人	7.0	32.礼貌	6.5	39.建造	6.0
26.驯服	7.0	33.游戏	6.5	40.风格	5.8
27.社会地位	7.0	34.指使别人	6.4	41.幽默	5.8
28.对他人守信用	6.8	35.闲谈	6.2	42.娱乐	5.8
29.好客	6.6	36.恐惧	6.1	43.害羞	4.2
30.温情	6.5	37.体力活动	6.0	44.揶揄	2.6
31.模仿	6.5	38.手的运动	6.0		

四、广告诉求的心理策略

客观地说，消费者购买的商品多数都用来满足自己的某种需要，或者说，大多数商品的购买都是有其内在动机的。所以广告要努力去诉诸消费者的需要，以期有效地激发消费者的购买动机。然而，一个人往往同时有多种需要等待满足，如既有金钱需要，又有名利地位需要；既有爱子女的需要，也有自己娱乐的需要。一种商品也可能同时满足消费者的多种需要，例如衣服不仅可以御寒，也可以使人显得漂亮，还可以标志人的身份地位；手表可以显示时间，还可以表达爱情。由此可见，广告诉求是一个决策性问题。它不仅要以商品的优点为基础，还必须考虑消费者的心理需要。为了使广告诉求的决策合理、正确，下面几种心理策略是值得广告者加以重视的。

1．诉诸特殊的需要

当一种产品或服务具有某种特殊的功效，而这种功效又正好是唯一能满足消费者某种特殊需要的产品属性，那么广告就应该以消费者的这种特殊需要和产品的这一特性为诉求点。也就是说，在广告说什么的问题上，就要突出介绍产品所具有的这一功效——产品优点，以及产品所能满足的消费者的特殊需要——利益。一般说来，人们比较容易掌握这种诉求策略，因而在广告中也比较常见，如“章光牌101”毛发再生精等医疗保健药品广告。

2．激发低层次的需要

按照马斯洛的需要层次理论，层次越低的需要，其行为驱力就越大。因此在一种商品能同时满足人们多种需要时，广告诉诸消费者的低层次需要，其宣传效力可以大大提高。新加坡航空公司的一则广告就是激发消费者低层次需要成功的典型案例。该公司的系列印刷广告既不是以飞机本身的特点如豪华、舒适为诉求点，也不是以一般航空公司所突出的服务特点如准时、航班多为诉求点。公司了解在人的需要中，食物需要最为强烈，因此，他们的广告以精美的餐点为广告的宣传重点。广告呈现给人精美的食品服务，因而招来了大量的旅客。威力牌电热水器曾经有一则广告也是从消费者的低层次需要出发，针对消费者对热水器可能出现漏电的担心，以安全需要为诉求点，突出强调威力热水器的安全性能。许多汽车品牌的广告强调其豪华、舒适以及品牌个性，但图3－4－9的Jeep 2500汽车广告则诉求“不但外刚，而且内柔”。强调Jeep 2500“刚强冷峻的外表之下，却隐藏着温柔体贴的安全气囊，危急关头绝对不让你爱的人受一点伤”。

3．诉诸重要的需要

每个消费者在作购买决策时，都会考虑到他们有待满足的各种需要。而在他们的各种需要中，总有他们认为首先应该满足的。广告宣传就应该尽力抓住消费者的这一需要。台湾华南别墅在1977年开始销售时，曾经创造了房屋销售的罕见旺销现象。其成功的原因就是他们抓住了消费者较为强烈的动机——孩子的安全（对子女的爱）。在广告中，他们分别制作了“安全地区”“私人马路”等系列广告，集中强调了该别墅适合有孩子的家庭居住。

美国Delta航空公司（Delta Air Lines）曾对潜在顾客做过调查。从调查中他们发现，在对“乘坐飞机旅行时什么是最重要的”的回答中，业务人员的答案集中于“上下机时间的方便性”，而私人假期旅行者的答案则是“价格”。因此他们后来的广告就针对这两类顾客采用不同的诉求。

国内在这方面比较典型的广告是海飞丝洗发水的一则特别强调去头皮屑的电视广告。从洗发水的作用来看，主要是满足人们去除头发污垢的清洁卫生需要。该广告不是从这方面去进行诉求，而是先介绍了头皮屑给人带来的烦恼，激发了人们对去头皮屑的需要，然后着重表现了海飞丝洗发水能有效去除头皮屑的这一突出功效。

图3－4－9　Jeep 2500汽车广告

4．强调特定需要满足的重要性

每一种产品有其长处，也有其短处。然而商品的长处不一定是消费者最迫切需要的。在这种情况下，广告就要强调这种长处的重要性。例如冰箱“省电”对消费者来说也许并不重要，但是如果你在广告宣传中着力强调“节约用电”的重要性，那么，消费者也可能对此引起重视。在奥格威最引以自豪的得意之作“新罗伊—罗伊斯汽车”广告中，他把“噪音小”这一并非关键的产品特征的重要性着意加以渲染，使人们觉得似乎买汽车首先要看看噪音的大小。

5．激发新需要

随着社会和科学技术的不断发展，一些用于丰富人们物质生活和精神文化生活的产品或服务不断出现。对于这些新的产品或服务来说，消费者可能因为对它们不了解，也不知道它们能满足什么需要而敬而远之。在这种情况下，广告就应该努力去激发人们的新需要。例如在肥皂问世时，人们并不清楚肥皂是用来干什么的。后来美国肥皂商进行了长时间的广告宣传，在全美范围内建立了“清洁的需要”，随之肥皂的市场也就慢慢地打开了。现代绿色食品运动的展开，与大量旨在建立人们的“环境保护需要”的各种宣传有着密切的关系。

近年来，国际化妆品品牌均会生产设计包装精美的圣诞限定产品，并赋予特殊意义，例如向女友或妻子表达爱意，从而激发消费者尤其是年轻女性对这类奢侈化妆品的需求。2016 年一支难求的 YSL 星辰口红便是一个典型例子。不过，新旧需要是相对而言的。例如在繁华、发达的城市，一些文化娱乐需要已不是什么新鲜的需要，而在偏僻农村，它们可能是有待激发的新需要。在我国，由于城乡差异比较大，所以一些产品或服务要想打入农村市场，利用广告去激发农村消费者的新需要是相当重要的。

第四章　广告说服的原理和方法

在知道了向谁说和说什么之后，接下来要解决的就是如何说的问题。“如何说”才能让消费者听得进去并改变已有的看法，形成有利于广告主或广告品牌的态度，这就是本章要讨论的主题。

第一节　态　　度

人与人、传者与受众、广告与消费者之间的相互影响，从影响者的角度来看，这一过程就是说服，而从被影响者的角度来看，则是态度形成或改变。因此，要说服消费者，当然要了解消费者的态度形成和改变过程。

一、什么是态度

态度是社会心理学领域的一个重要概念。态度一词最早是指身体姿势或身体位置，意为一个人的物理准备状态。后来，态度演变为专指心理状态的术语，特指对一个特定客体的反应准备。①

关于态度的定义，迄今社会心理学界仍然没有达成共识，但是比较流行的定义是弗里德曼的看法。她认为，对任何特定物体、观念或人的态度，是一种带有认知成分、情感成分和行为倾向的持久的系统。②

认知成分是由个人对于有关对象的信念构成的。对某品牌产品的态度，包括对产品各种属性的评价，如价格昂贵与便宜、质量高低、性能好坏等，对某一个方面的评价就是一种信念。

情感成分是由和这些信念有联系的情绪感受构成的。如喜欢或不喜欢、愉快或不愉快、讨厌或不讨厌等情绪体验。

行为倾向是指行为反应的准备状态。如喜欢一种商品，就会想方设法多了解一些它的情况，为购买攒钱等。

在现实中，人们通常会把态度与情感联系起来。但实际上，态度不仅包含情感，还包含认知和行为成分。因此从态度测量的角度来说，要了解人们对客体的态度，既可以测量人们对客体的情感，也可以测量人们的认知和行为倾向，还可以同时测量态度的三种成分。

二、态度的特点

态度的特点包括：

---

① 金盛华、张杰：《当代社会心理学导论》，北京师范大学出版社 1995 年版，第 71 页。

② 弗里德曼、西尔斯、史密斯：《社会心理学》，黑龙江人民出版社 1984 年版，第 321 页。

1. 对象性

态度的对象性是指任何一种态度都是针对某一特定对象的，这一对象可能是个人、物体，也可能是一个事件。在广告活动中，态度的对象一般是企业、品牌、某一具体的广告、广告模特或广告的某一要素。公众对企业的态度就是所谓的企业形象，公众对品牌的态度则是所谓的品牌形象，它与另一个重要概念“主观质量”（即消费者对品牌质量的认知），在许多情况下是一致的；广告界流行的术语“美誉度”，从测量的角度来说，就是品牌态度或品牌形象。

2. 习得性

态度的习得性是指态度是通过学习形成的，并非先天就有。也就是说，即使是孩子对父母的情感，也不是出生下来就有的，而是通过出生以后亲子之间的接触逐渐建立起来的。这一特点表明，消费者对一则广告、一个品牌建立的是良好还是不良的态度，关键在于消费者接收到的信息是什么，或者说他们学习到什么。

3. 方向性

态度的方向性是指态度有正面的、积极的、肯定的，也有负面的、消极的、否定的，还有中性的。例如，对一则广告或一个品牌，有的人很喜欢，有的人很讨厌，有的人则无所谓。从这个角度来说，广告界的流行术语“美誉度”是不科学的，因为“美誉度”无论高低，所指的都是正面的。

4. 强弱

态度的强弱是指人们对客体的态度有程度之别。例如，对脑白金“今年过年不收礼，收礼只收脑白金”的广告，有的观众深恶痛绝，有的观众只是感到厌烦，还有的观众无所谓。这里，每个人对它的态度有程度上的差别。

5. 稳定性

态度的稳定性是指态度一旦形成，不管它是肯定的还是否定的，就比较稳定了，要改变它不是很容易。一个人喜欢另一个人或一个品牌，不可能今天喜欢，明天就不喜欢了。态度的这一特点，要求在一个品牌、一种产品投入市场之初，一定要努力培养消费者对品牌或产品的良好态度，否则，等到给消费者造成不良印象之后，再去弥补就很困难了。另一方面，在市场营销中，努力争取尚未建立品牌偏好的消费者比较可行，要将已经具有品牌偏好的消费者争取过来，则很可能是徒劳的。

6. 一致性

态度的这一特点是指不同客体的态度之间是相互协调的。例如喜欢广告中的人物模特，通常就会喜欢该广告，进而喜欢广告的产品或品牌，即所谓“爱屋及乌”。同样，如果一个品牌让人讨厌，消费者一般也很难喜欢该品牌的广告。

第二节　广告的说服机制

20 世纪 60 年代以来，随着电子技术的发展、电子媒体的普及及其在广告活动中的广泛运用，人们对广告活动的说服机制也日益重视。许多广告心理学家、广告理论家开始致力于这方面问题的研究，并逐渐形成各种各样的理论或模式。

纵观 60 年代以来关于广告说服机制的研究，大致可分为三个阶段。每一个阶段研究者所倡导的理论模式的侧重点都有所不同。在第一阶段（大约是 20 世纪六七十年代），关于广告说服的各种理论均强调情感迁移以及其他非认知因素的作用，而忽视了消费者的信息加工对他们接受广告说服的作用。所以这一阶段的理论模式称为低认知卷入理论模式。第二阶段，即七八十年代。在这期间由于认知心理学的迅速发展及其对其他领域的冲击，研究者们非常重视信息加工或认知卷入对广告说服的影响，有些研究者甚至直接将认知心理学理论引入广告说服领域。与此同时，非认知因素则被忽视。因此，这一阶段的理论模式称为高认知卷入理论模式。第三阶段，即70年代末、80年代初以来，有些广告理论家、心理学家开始认识到，单纯地强调非认知因素的作用，或单纯地强调信息加工、认知卷入的影响都不能有效而全面地解释各种广告现象。因此，他们综合前人的研究，提出了较为全面的精细加工可能性模式（Elaboration Likelihood Model, ELM）。本章将对这些理论模式加以介绍。

一、低认知卷入的理论模式

低认知卷入的理论模式多数是在认知心理学诞生之前提出的。因而在这些理论模式中都保留着认知心理学之前各种心理学思想或理论观点的痕迹。更确切地说，这些理论模式多数是被用于解释广告心理现象的心理学理论。

1. 强化理论

强化理论是一种比较早的起源于行为主义观点的态度理论。该理论把态度跟环境中存在的诱因或强化物联系起来，认为态度的改变就像新习惯的习得一样，其中必有某种诱因或强化物，这种诱因或强化物通常是某种酬赏如物质奖励、社会赞许等。

在社会心理学家霍夫兰、贾尼斯和凯利看来，当一个人面对的说服性传播所持的态度与自己已有的态度不同时，就会发生两件事：一是他以自己的态度作反应，二是他按这一沟通所要求的态度作反应。人们是否接受新的态度，依赖于这一传播所提供的诱因。如果传播中所提供的诱因能使人们感到满意，那么人们就倾向于改变自己已有的态度，接受新的态度；反之，人们就可能拒绝态度改变。[①] 根据这一观点，广告的说服作用主要取决于广告是否提供奖酬或许诺，以及这些奖酬或许诺的大小。

在实践中，根据强化理论向受众作出某种许诺的广告并不少见。例如，图4-2-1就是一则承诺广告，广告标题是：拿回家试用30天，无效只收10元。承诺的内容是：只用30天，平稳降压，不伤肝肾；有效防止糖尿病末梢神经炎、坏疽等并发症；逐步改善中风后遗症肢体活动不利症状；消除颈腰椎疼痛、麻木症状；缓解关节疼痛、灵活腿脚。

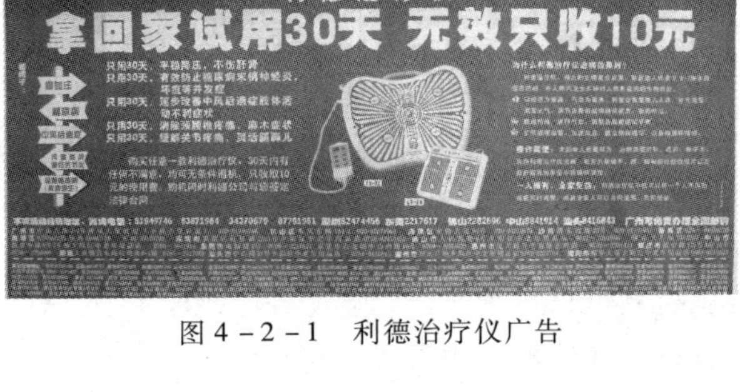

图4-2-1 利德治疗仪广告

① Hovland C I, Janis I L & Kelley H H. *Communication and Persuasion*. New Haven, 1953.

在理论上，里韦斯提出的独立销售主张说（Unique Selling Proposition，USP）强调广告必须给消费者一个强烈的主张或许诺，这与行为主义的强化理论似乎同出一源。可见强化理论虽然是一种较早的理论，但仍有极强的生命力。

根据强化理论，在现代的广告实践中，我们应该怎样做呢？首先就是尽可能找出产品或劳务所能给消费者的益处，并给予消费者相应的许诺。不过，要注意两点：第一，你的许诺应该是消费者最感兴趣的。换句话说，你不能告诉一个在沙漠中快要渴死的人说："你再走一里路，我就给你十两黄金。"而应该告诉他说："你再走一里路，那里就有水喝。"第二，你的许诺应该有足够的分量。也就是说，对于一个满身是债而走投无路的人，你不能说："只要你给我好好干活，我供你吃、供你住。"而应该说："你只要帮我好好干一年，我就能帮你还清债务。"

2．纯暴露理论

著名心理学家扎乔尼克在1968年提出一种经验性的观点。他认为只要广告暴露让消费者接触到，就足以使消费者对新异物体产生积极的态度。扎乔尼克用一系列的实验研究证实：简单地因为接触，就会导致偏好的产生，甚至在人们还没有对接触的信息进行认知加工时也是如此。在一项研究中，扎乔尼克及其合作者把一系列多边形图形让受试者看一下，然后又成对地呈现给他们，问受试者哪一个他们已看过，哪一个他们比较喜欢。结果发现，即使看过的与没看过的再认成绩没有差别，但受试者还是比较喜欢他们看过的多边形。有趣的是，受试者口头报告的关于他们选择的原因都与是否看过无关，而与诸如形状吸引人有关。[①]

按照扎乔尼克的这一理论观点，广告宣传只要让消费者"见到或听到产品"就行了，至于广告说什么、怎么说，消费者是否记住广告、记住广告产品，都是次要的。无论如何，扎乔尼克的这一理论观点是很难让人接受的，不过它也给我们这样的启示，广告一定要做，至少要让人"见到或听到"你的产品。

3．熟悉性模式

熟悉性模式的基本假设是：广告接触会产生熟悉感，熟悉则引起喜欢。在对商标、食物以及诗歌、歌曲的研究中都会发现这种现象：人们对较为熟悉的东西较为喜欢。

这一模式十分简单，比较容易理解。但它的实践意义仅仅是，要让你的产品为消费者所喜欢，就要想方设法让消费者熟悉你的产品。中央电视台昂贵的5秒标版时段广告，其作用在于增加人们对品牌的熟悉性。这一模式可以有效地解释派送样品、广泛铺货以及铺天盖地广告宣传的作用。图4－2－2为华为P20 Pro的广告，广告中很少有关于产品性能的介绍，只是将产品的外观造型和品牌logo显示给受众，其作用就是让受众对它产生熟悉感。

4．低卷入学习模式

低卷入学习模式最早是由克鲁格曼于1965年提出来的（见图4－2－3）。克鲁格曼在观察中发现，大多数电视广告的产品都是低卷入类型的。[②] 电视本身也是一种低卷入的媒体，与高卷入的印刷媒体广告相比较，受众对电视广告的认知反应比较小，他们较少把广告与人的生活联系起来。在极端低卷入的情况下，人的知觉防御很低，甚至不存在，观众能再认已看过的广告，但不

---

① Zajonc R B. *Feeling and thing: Preferences need no inferences*. American Psychologist，1980，(35)：151－175.

② Krugman H E. *The impact of television advertising: Learning without involvement*. Public Opinion Quarterly，1965(29)：349－356.

图 4-2-2 华为 P20 Pro 广告

能回忆其内容。

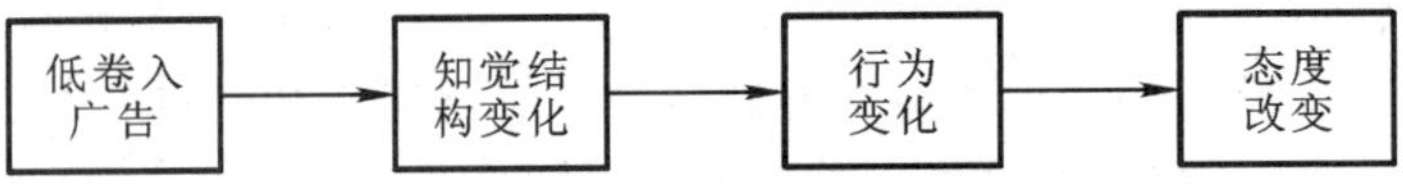

图 4-2-3 低卷入学习模式

克鲁格曼认为,低卷入广告的呈现会引起观众知觉结构的改变,即商标名称的优势增加或产品特征愈加显著。这种知觉结构的微妙变化,增加了观众另眼看待广告品牌的可能性,并能触发诸如品牌购买的行为。然而知觉结构的变化不能直接导致态度的变化。换句话说,知觉结构的变化与态度改变没有稳定的关系,态度是否发生变化只有根据事件的发生才能确定。购买行为的发生是引起与知觉结构变化相一致的态度变化的前提。罗斯 1982 年的研究结果为低卷入学习模式提供了支持。该研究利用 2241 名被试完成了共 142 条广告的测验,为了比较购买水平,两周后又对他们进行电话访问,结果表明品牌偏好的改变与购买一个品牌的增加水平有关,而购买水平又是广告暴露导致的。回忆作为一种测量指标,未能显著地区别购买与否。①

由上述可以看出,低卷入学习模式把购买行为看作是广告影响消费者对品牌的态度的必不可少的因素。很显然,这就把经验的作用扩大化了。不过它也有一定的道理。比如说,南方人喜欢吃大米,北方人喜欢吃面食。无论你怎么说面食如何有利于身体健康,要改变南方人吃大米的习惯都是很困难的。但是当南方人到北方去,不得不吃面食一段时间以后,他们对面食就会逐渐产生好感,这也就是行为对态度的影响。

这一理论说明,在广告活动中,配合一些促销活动如赠送样品、免费品尝、产品试用,让消费者先产生行为变化,会大大地促进广告的宣传效果。

5. 归类评价模式

归类评价模式也是一种比较简单的理论模式。其基本前提是:人们常把物体分门别类,在评价一种新的物体时,总是先把物体归入所属类别,然后从记忆提取出对该类别的态度,并把这种态度强加在类别的新成员上。人们对于某一类别事物的态度,或者由一个好的例子(真实存在的)代表,或者由一个典型的例子(虚构的)代表。例如彩电是一个物体类别,好的例子可能是

① Ross H L. *Recall versus persuasion: An answer*. Journal of Advertising Research, 1982, 22(1): 13-16.

"松下",而典型的例子则可能是要具备松下、索尼、JVC、日立等产品优点的一种产品。

根据这一理论,广告的效果主要要看消费者把产品进行何种归类。广告的作用则在于促使消费者把产品作合适的归类。

不言而喻,这种模式存在较大的片面性。但是在广告实践中,却有不少广告自觉不自觉地应用这一理论模式。例如有些产品广告有意地运用欧美人当产品介绍人,试图让受众把产品归类为进口或出口产品,从而提高产品的品质形象。许多现代企业都很重视企业形象、品牌形象的塑造,并利用已经树立起来的企业形象、品牌形象来促进新产品的市场推广。例如宝洁公司的产品广告,以前只注重塑造单个品牌的形象,许多消费者不知道"飘柔""潘婷""海飞丝""舒肤佳"是姐妹关系,也不知它们都是宝洁公司的产品。后来公司在各种品牌的广告末尾一般都加上一句"宝洁公司,优质出品",将品牌与企业联系起来,以此来促进人们对各品牌产品的接受。

6. 一致性理论

一致性理论是社会心理学中关于态度形成的一种重要理论。该理论假设人对客体各方面的认知一致性驱力是态度改变的根本原因。它强调某人对某一对象的评价影响到另一个人的态度方式。例如当甲对乙持肯定态度时,甲对乙持赞成态度的对象也会持肯定的态度,反之亦然。

根据一致性理论的观点,如果消费者对产品持肯定评价,而广告中受消费者尊敬或喜欢的产品介绍人也持肯定评价,那么消费者与产品介绍人的态度是一致的,介绍人对产品的态度具有坚定消费者对产品的态度的作用。如果消费者对产品持否定的态度,而受他喜欢的介绍人对产品的态度是肯定的,那么这种不一致会使消费者产生认知紧张。在这种情况下,消费者消除认知紧张的方法有三种。第一,降低对介绍人的积极评价;第二,假设自己不是真正讨厌产品;第三,改变自己已有的对产品的消极评价。其中后两种方法对广告宣传是有利的。

从实践的角度来看,一致性理论的核心,就是要利用信息源影响消费者。这一理论可以解释现代广告中存在大量明星代言人的现象,它同时说明,广告主在广告人物模特的使用上一定要慎重选择,尽量选用有威望,受人们尊敬、喜欢的人物。

一致性理论除了体现在明星代言广告外,也体现在品牌的节目赞助、品牌联合等其他营销方式上。购物平台"天猫"通过不断与高品质的国际化品牌合作,打造出"品质与品牌"的形象,同时也为合作的大品牌带来销量。奥利奥天猫超级品牌日,单日销量达到仅次于"双 11"的全年次高峰;玛莎拉蒂超级品牌日当天,天猫旗舰店公布官方售价后,上线的 100 辆新品仅用 18 秒销售一空。一致性理论也解释了联合品牌的一致性的重要性。一项针对食品和数码相机的联合品牌实验发现:联合品牌的联合匹配度(包括产品匹配度和品牌匹配度)越高,消费者对品牌的评价就越好;但是产品匹配度和品牌匹配度对消费者购买意愿的影响作用却不同,品牌匹配度越高,消费者对联合品牌的购买意图也越高,产品匹配度则没有起到影响作用。①

二、高认知卷入的理论模式

高认知卷入的理论模式是在认知心理学鼎盛时期出现的,比较有代表性的模式有两个,即认知反应模式和认知结构模式。

---

① 范公广:《品牌联合主效应研究:产品介入度视角》,《中国流通经济》2015 年第 3 期。

1．认知反应模式

认知反应模式最早是由认知心理学家格林瓦尔德于1968年提出来的。后来经过怀特和佩蒂、卡西奥波加以发展完善。[①] 该模式的提倡者认为，在与广告的接触过程中，受众积极主动地卷入信息加工过程之中，他们根据已有的知识和态度对广告信息加以分析评价。认知反应就是发生于传播活动过程之中或之后的积极思考过程或活动。一般说来，认知反应会影响最终的态度改变，甚至成为态度改变的基础。认知反应模式的基本思想概括起来，即广告接触导致认知反应，认知反应影响态度改变（如图4－2－4）。

图4－2－4 认知反应模式

受众在广告接触过程中产生的认知反应可分为两大类，即反对意见（CA）和支持意见（SA）。它们可以用受众的口头报告来测量，实质内容包括：

（1）同意或不同意广告的逻辑推理或内容。例如受众可能会认为“××咖啡不可能是100%的纯咖啡豆精制而成”。

（2）赞同或怀疑广告的结论。如对有些保健品广告宣称能使人更年轻，消费者可能表示赞同，也可能表示怀疑。

（3）相信或怀疑广告的情境。如有的受众看了三维动画广告之后可能会认为“现实生活中不可能出现这种情况”。

（4）相信或怀疑广告的信息来源。如对名人推荐的产品，有人会认为“一定是企业给她很多钱让她说这话的”，有人则深信不疑。

认知反应模式预言，认知反应对态度改变的影响取决于认知反应的实质，支持意见的数量与态度和行为意向的改变有积极的关系，反对意见的数量与态度改变之间存在着消极的关系。这一预言得到了许多研究的支持，例如，近年来绿色广告的效果得到学界的重视。当消费者比较积极走向企业发行绿色广告的动机时，更容易接受广告中主张产品或工艺有利于环保的诉求，他们的品牌态度也更积极。而当消费者消极负面地看待企业的广告动机时，无论企业在广告中提出什么类型的诉求，都难以让消费者产生好感。[②] 研究者们并因此得出结论：要改变受众的态度，应该设法增加支持意见，减少反对意见。

从认知反应模式所强调的认知反应来分析，在广告实践中，如果你希望加强广告的说服力，那么有几个方面一定要注意：第一，广告信息来源一定要可靠、可信。例如要择用信誉高的媒体；广告中的品牌代言人不管是名人，还是普通人物，最好是品牌产品的真正使用者。第二，广告的情境要让人有真实感。第三，广告中说明产品优点的论据一定要有力，广告中的推理论证逻辑性要强。

---

① Petty R E & Cacioppo J T. *The effects of involvement on responses to argument quantity and quality: Central and peripheral routes to persuasion*. Journal of Personality and Social Psychology, 1984(46):69－81; Petty R E & Cacioppo J T. *Involvement and persuasion: tradition versus integration*. Psychological Bulletin, 1990, 107(3):367－374.

② 孙瑾、张红霞：《服务业中绿色广告主张对消费者决策的影响——基于归因理论的视角》，《当代财经》2015年第3期。

2. 认知结构模式

对一个人、一个物体、一件事情或一个观念作评价时，人们往往会将评价对象分解成几个部分、几个方面、几种要素或几个特征，并在分别对各个部分、方面、要素和特征作权衡、评价的基础上，形成对人、物、事或观念的整体印象或态度。认知结构模式就是基于这种假设建立起来的。具体而言，人们对产品形成一种态度之前，总是先对产品的各个方面（如性能、质量、价格等）形成一定的评价，然后再把这些评价综合起来构成对产品的总体态度。该模式可以用函数式表示，即：

$$A_{jk} \propto W_{ik} \cdot B_{ijk}$$

式中A_{jk}表示消费者k对产品j的态度，W_{ik}表示消费者k赋予产品j的i属性的权重，B_{ijk}表示消费者k对产品j的i属性的评价。

从现实、经验的角度来看，的确有些消费者在作一些商品的购买决策时，比较重视对产品属性的评价，但是并不是每一个消费者的每一项购买决定都有这么复杂的思考过程。所以，在进行广告创作时，要注意分析消费者是否重视产品属性的评价，消费者比较重视产品的哪些属性，然后针对消费者重视的商品属性着力加以宣传。例如，农村消费者对彩电品牌的态度可能很大程度上取决于彩电的质量、价格和售后服务，因此在面向这些消费者做广告宣传时，就要十分重视这几个方面。

三、综合模式——精细加工可能性模式

20 世纪 70 年代末 80 年代初，社会心理学家佩蒂和卡西奥波在对广告说服进行广泛研究的基础上，针对上述各种理论模式所存在的问题，提出了一个新的综合性的模式——精细加工可能性模式（简称 ELM）（如图 4－2－5）。①

ELM 从宏观上描述了信息加工深度或认知卷入程度对态度改变的影响。该模式包含以下几个假设：

第一，广告的说服存在着两条线路，即中枢线路和边缘线路。在实际传播情境中，广告的说服通过哪一线路依据受众的认知加工深度而定。如果受众进行认知精细加工，即深度加工，那么广告说服就遵循中枢线路。换句话说，加工程度高，中枢线路占主导。反之，当加工的程度低时，边缘线路就成为广告说服的主要途径。

第二，广告实现中枢线路说服作用必须具备两个条件。其一是受众具备加工信息的动机。消费者是否具备加工信息的动机，一方面取决于消费者本身，即消费者是不是潜在的产品用户，是否正在作购买决策，是否对产品感兴趣，是否想了解产品信息；另一方面取决于广告信息是否与消费者有关系，对他们是否重要，广告信息能否唤起消费者的认知不协调或认知需求等。如果消费者产生了加工信息的动机，那么就有进行中枢线路加工的可能。其二是信息加工的能力。消费者是否具备信息加工的能力，要看他们是否具备有关的知识经验。很显然，一个不懂法语的人要阅读用法语写的广告是不可能的，一个文盲要去阅读广告文案也是不可能的。广告受众如果不具备信息加工的能力，精细加工就无法进行。

---

① Petty R E & Cacioppo J T. *The elaboration likelihood model of persuasion*. Advances in Experimental Social Psychology, 1986, (19): 123－205.

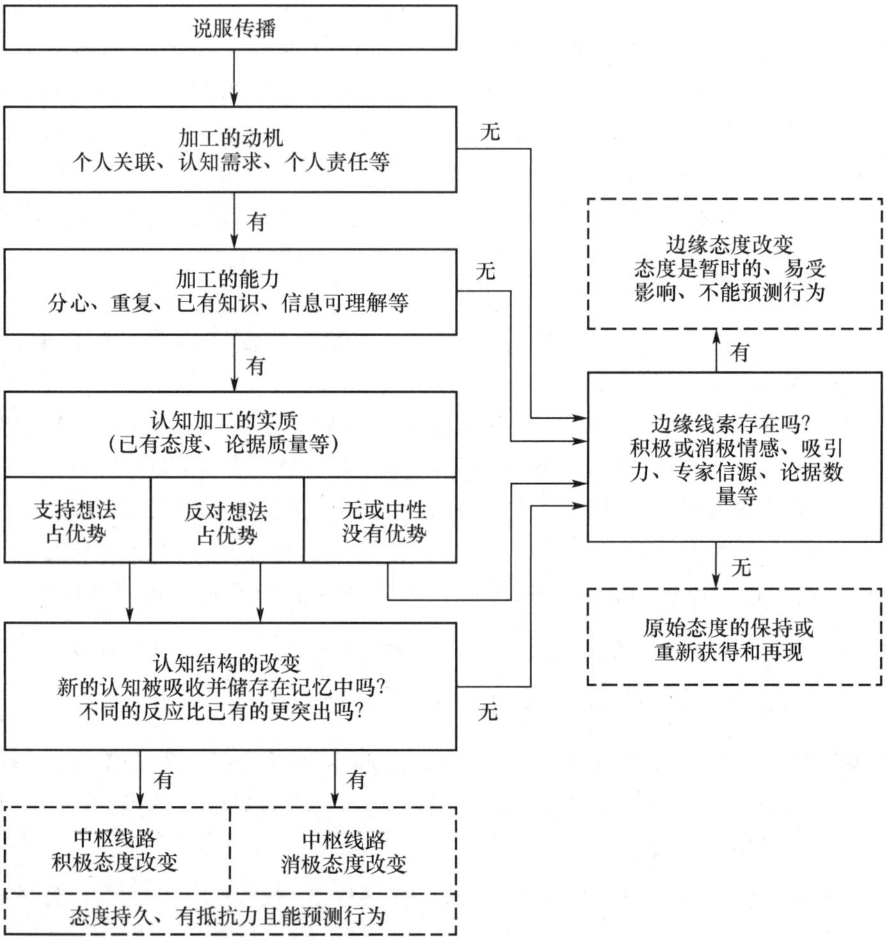

图 4-2-5 精细加工可能性模式(ELM)

第三,如果消费者不具备信息加工的动机和能力,而且广告中存在着边缘线索,那么消费者就会进行边缘线路加工。所谓的边缘线路加工,是指消费者拒绝或接受广告诉求并不是基于他们对广告信息的仔细思考,而是要么把广告论点或品牌直接与积极或消极的线索联系起来(这种联系是非理性的),要么根据说服情境的各种线索作一个简单的结论。所谓边缘线索是指广告情境以及一些次要的品牌特征,如背景音乐、景物、模特儿和产品外观等。如果边缘线索存在,消费者就会发生暂时的态度改变;如果边缘线索不存在,消费者就保持或重新获得原来的态度。汤姆和依夫 1999 年的研究结果支持了这种观点。该研究发现,那些包含修饰色彩设计的广告比没有这些设计的广告,在回忆和说服测量上效果都比较好。①

图 4-2-6 和图 4-2-7 是中国电信系列广告中的两则,由于服务品牌比较难以采用中枢线路进行说服,所以这两则广告主要是利用边缘线索进行说服。

第四,在精细加工过程中,消费者会产生一些认知反应,包括支持意见和反对意见。消费者

① Tom G & Eves A. *The use of rhetorical devices in advertising*. Journal of Advertising Research, 1999, 39(4): 39-43.

图 4-2-6　中国(上海)电信广告之一

图 4-2-7　中国(上海)电信广告之二

产生何种认知反应取决于他们原来的态度以及广告论据的说服力。在所有的认知反应中,只要支持意见或反对意见有一方占优势,就会导致消费者的认知结构发生变化;如果任何一方都不占优势,那么广告说服就由中枢线路转移到边缘线路上。

第五,消费者经过认知加工产生了一些认知反应,即对广告的论点有了新的认识,如果这种新的认识被接受,并储存于记忆之中,换言之,如果消费者的认知结构发生了变化,那么积极的、支持性的认识会导致持久的、积极的态度改变,消极的、反对性的认识则导致持久的、消极的态度。相反,如果消费者的认知结构没有发生变化,广告说服的途径就转移到边缘线路上。

第六,两条线路的说服效果是不一样的。中枢线路的说服效果比较持久,对消费者的行为变化有着较强的预测力。边缘线路的说服效果很短暂,消费者的态度改变可能因时间的推移而逐渐恢复原来的态度。

ELM 综合了社会心理学和现代认知心理学的思想观点,是当今较有影响力的广告说服理论。它对于广告实践有着重要的指导意义。从这一理论模式中,我们可以得到一个重要的启示:在广告中,我们最好提供强有力的论据,对受众进行理性的说服,促使其产生持久积极的态度改变。如果做不到这一点,那么至少也必须提供一些重要的边缘线索,促使消费者发生暂时的态度改变。

图 4－2－8 是娃哈哈 HELLO－C 果汁饮料广告，该广告一方面用文字提供关于产品属性和消费者利益的诉求——补 C 变得很容易，并提供了四条理由：①柠檬、蜜柚的新鲜；②蜂蜜的滋润；③ VC 的营养；④果酸的健康。另一方面提供了边缘线索，包括产品包装及设计精美的广告画面。

图 4－2－8 娃哈哈 HELLO－C 饮料广告

随着网购的普及和互联网的发展，用户在购物网站或者第三方平台留下的评论信息也越来越多，有学者对在线用户的评论基于精细加工可能性模型进行分析，将对用户评论的信息加工方式分为高卷入的中枢路径加工和低卷入的边缘路径加工。研究发现：购物网站或第三方平台留下的用户评论可分为产品质量评价和评论者等级两种信息，两种信息通过不同路径影响消费者的购买意愿。产品质量评价通过中枢路径影响消费者，当消费者对产品具有很高的卷入度时中枢路径的作用尤其明显，而评论者等级对消费者的影响则是通过边缘路径的方式，当消费者对产品的卷入度很低时边缘路径作用尤其明显。该研究还对比了不同卷入度情境下，产品质量评价和评论者等级对购买意愿的影响力大小，结果发现：高产品卷入度情境下，与评论者等级相比，产品质量评价对购买意愿更具有影响力，但在低产品卷入度情境下，产品质量评价与评论者等级对消费者购买意愿的影响无显著差异。

案例欣赏

这些研究结果证明了精细加工可能性模型的合理性，在中枢路径中需要向消费者提供足够丰富的信息（如有关产品质量的评论内容），方便其进行信息加工并提高广告说服效果；在边缘路径中，消费者的卷入度低，其信息加工动机弱，因此应该提供给消费者尽可能简单明了的信息（如评论者等级），方便其进行加工①。

第三节 广告的说服技巧

前一节从理论上探讨了广告说服的心理机制，这一节将着重从应用的角度探讨广告说服的技巧。

① 朱丽叶、袁登华、张静宜：《在线用户评论质量与评论者等级对消费者购买意愿的影响——产品卷入度的调节作用》，《管理评论》2017 年第 2 期。

一、广告说服的实质

广告说服究其实质，就是通过广告活动，让消费者对广告、品牌以及企业产生良好的态度，让消费者产生购买欲和购买行为。因此，在具体探讨广告的说服策略之前，有必要先了解一下消费者对品牌的态度与品牌购买欲、购买行为的关系。此外，事先了解一下品牌态度与消费者对广告的态度的关系也是很有必要的。

1. 品牌态度与品牌购买欲和购买行为的关系

许多社会心理学、消费心理学的研究都表明，品牌态度与品牌购买欲、购买行为有着密切的关系。消费心理学家班克斯曾对美国芝加哥地区 465 名家庭主妇调查 7 种商品的商标偏爱与购买意图、实际购买的相互关系。其结果表明，在所有被调查的人中，96% 左右的人在有购买意图的品牌内，发现了她们最喜爱的品牌。[①] 阿恩鲍姆 1966 年的研究则发现，态度与产品的使用存在着直接的关系。当个人对品牌的态度良好时，使用该品牌的可能性较大；当个人对品牌的态度不佳时，使用该品牌的可能性较小。[②]

佩里也曾研究过消费者的购买意图和行为能否根据对商品的态度来预测的问题。他分别与 230 名养狗者交谈，询问有关狗食的问题，并请他们发表评论。研究发现，抱有善意态度的受访者，怀有明确的购买意图；抱有最恶意态度的受访者，完全没有购买意图；漠不关心者是否购买则不清楚。[③] 斯塔佩尔 1994 年专门对盖洛普影响力调查资料进行的分析也发现，10 个案例中有 9 个案例的结果是，喜欢是兴趣的前提。29% 喜欢广告的人有购买意图，36% 对广告有兴趣的人有购买意图。[④] 鲍丁哥和鲁滨逊 1996 年从品牌忠诚的角度进行的研究还表明，强的品牌态度对品牌将低忠诚转变为高忠诚，或跨时间保持高忠诚的能力有很大的影响。[⑤]

品牌态度促进购买意图的产生，这种关系在关于品牌态度与广告态度关系的四种假说中，也得到研究者们的充分肯定（如图 4-3-1）。

2. 品牌态度与广告态度的关系

在广告理论界以及广告实践中，至今仍然存在着这样的争论：令人讨厌的广告有没有效果？是正面效果还是反面效果？令人喜欢的广告是否就一定有效力？

广告活动开始进行之后，消费者的态度通常会先形成对个别广告的态度，这种对广告本身的态度是否会影响消费者对品牌的态度呢？对于这一问题，社会心理学家、广告心理学家仁者见仁、智者见智，并形成四种代表性的假说（如图 4-3-2）。[⑥] 在这四种假说中，都涉及这几个概念：广告认知（Cad）、广告态度（Aad）、品牌认知（Cb）、品牌态度（Ab）和品牌购买欲（Ib）。

---

① A. 安娜、朝仓利景：《消费与广告心理学》，大众心理学杂志资料组印发.

② W. A. 伍德斯：《消费者行为》，杭州商学院（内部资料）.

③ 马场房子：《消费者心理学》，工商出版社 1984 年版。

④ Stapel J. *A brief observation about likability and interestingness of advertising*. Journal of Advertising Research, 1994, 34(2): 79-80.

⑤ Baldinger A L & Rubinson J. *Brand loyalty: The link between attitude and behavior*. Journal of Advertising Research, 1996, 36(6): 22-34.

⑥ Alwitt L F & Mitchell A A. *Psychological processes and advertising effects: Theory, research and applications*. LEA, 1985.

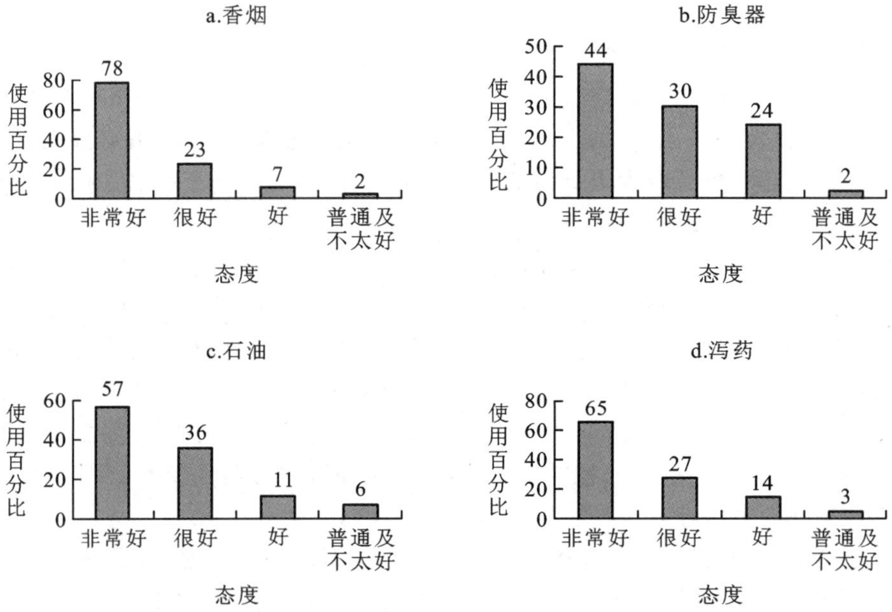

图 4－3－1　态度的好坏与品牌选择的关系

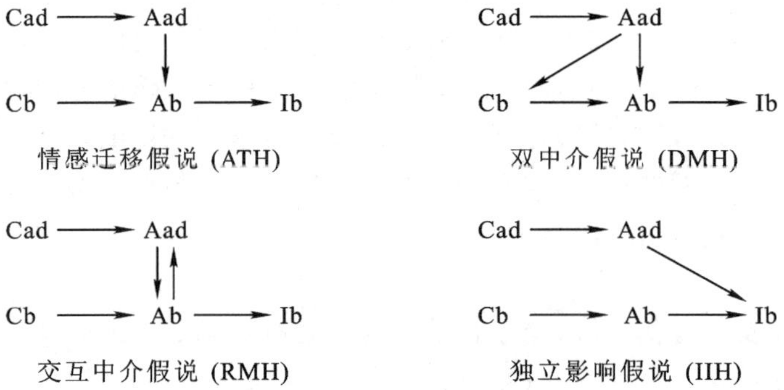

图 4－3－2　品牌态度的形成机制

第一种假说叫作情感迁移假说，该假说的提倡者米切尔、奥尔森①和森普②主张，品牌态度的形成有两条通道，一条是在品牌认知的基础上形成的，另一条是由广告态度迁移过来的。也就是说，消费者对一则广告的态度如何，会影响到他们对品牌的态度。

第二种假说（双中介假说）认为，品牌态度一方面受品牌认知的影响，另一方面也受广告态度的影响。但广告态度的影响有两种可能的途径，一种是直接对品牌态度产生情感迁移，另一种是通过影响品牌认知间接地影响品牌态度。持这种主张的研究者有费斯宾和阿杰恩③。

---

① Mitchell A A & Olson J C. *Are product attribute beliefs the only mediator of advertising effects on brand attitude?* Journal of Marketing Research, 1981, 18(3): 318 - 332.

② Shimp T A. *Attitude toward the ad as a mediator of consumer brand choice.* Journal of Advertising, 1981, 10(2): 9 - 15—48.

③ Fishbein M & Ajzen I. *Belief, attitude, intention and behavior: An introduction to theory and research.* Reading, MA: Addison - Wesley, 1975.

第三种叫交互中介假说。该假说坚持品牌态度可能受品牌认知和广告态度的影响并直接影响品牌购买欲,但品牌态度也可能反过来影响广告态度。持这种假说者包括麦斯默[①]、波克和伊德尔[②]等人。

第四种假说是由霍华德[③]和戈恩[④]提出的。该假说强调,品牌态度只在品牌认知的基础上形成,品牌态度和广告态度相互独立,互不影响,但两者共同影响着品牌购买欲。这一假说被称为独立影响假说。

由这四种假说可见,多数研究者肯定了品牌态度与广告态度存在着情感迁移的关系,但是他们也都认为品牌态度形成和改变的基础是品牌认知。这个观点得到了研究结果的一定支持。阿佩尔 1992 年旨在检验受观众喜欢和不喜欢的电视广告及其说服力的关系的研究指出,越被喜欢的广告,越有销售力。[⑤] 斯通、贝索和刘易斯 2000 年对最受观众喜欢和最不受喜欢的电视广告的电话调查则发现,被试者能够回忆和描述许多喜欢和不喜欢的广告,只有 21% 不喜欢广告的被试者说他们不喜欢该品牌,29% 喜欢广告的被试者说他们喜欢该品牌。看电视的时间与喜欢和不喜欢广告的回忆存在高的正相关。76% 受观众喜欢的广告被认为是有创造性的,只有 46% 受观众不喜欢的广告被认为是有创造性的。结果表明,受观众喜欢的广告比不喜欢的广告容易记忆。[⑥]

根据上述假说,要通过广告促使消费者对品牌产生良好的态度,一者可以通过品牌认知的途径,另者可以通过广告态度的情感迁移这一途径。不过,这两种途径所产生的态度改变效果的持久性有很大的差别。通过品牌认知获得的态度改变效果比较持久,而通过广告态度的情感迁移所获得的效果是短暂的,其作用会随广告暴露后的时间推移而逐渐消失,即所谓的“睡眠效应”。

二、广告说服的策略

1. 通过品牌认知影响品牌态度

品牌认知是指消费者对某一品牌产品的认识。消费者的品牌认知对品牌态度形成的影响,犹如一个人对另一个人的认识,影响着他对这个人的态度一样。有时会因为这个人外貌漂亮或者帅气而喜欢他,有时会因为这个人性格温柔或刚强而喜欢他。相反,有时也会因为这个人的某些不吸引人的地方而讨厌他。所以在广告中,为了让消费者形成良好的品牌态度,一方面要努力促进消费者对品牌产生好的认知,另一方面要努力减少消费者对品牌的不良认知。具体方法如下:

(1) 增加消费者对品牌的好的评估。消费者对品牌的评估,是基于从各种渠道所获得的信

---

① Messmer D J. *Repetition and attitudinal discrepancy effects on the affective response to television advertising*. Journal of Business Research,1979,7(3):75 - 93.

② Burke M C & Edell J A. *Changes in Attitude toward the ad over time:Evidence for ad peripheral processing*. unpublished working paper,Durk University,1984.

③ Howard J A. *Consumer behavior:Application of theory*. New York:McGraw - Hill Book Company,1977.

④ Gorn G J. *The Effects of music in advertising on choice behavior:A classical conditioning approach*. Journal of Marketing,1982,46(Winter):94 - 101.

⑤ Appel V. *More on the liking of television commercials*. Journal of Advertising Research, 1992, 32(2): 49 - 50.

⑥ Stone G. Besser D & Lewis L E, *Recall, liking, and creativity in TV commercials: New approach*. Journal of Advertising Research, 2000, 40(3): 7 - 18.

息，其中广告是其中的一个重要信息来源。那么，在广告中应提供一些什么信息才有利于消费者对品牌产生好的评估呢？

① 介绍产品的具体功能。一般来说消费者是出于生活的某种需要才购买商品，并用商品来解决生活中的问题。而一种商品能否满足消费者的需要，主要体现在商品的功能上。所以，把商品的具体功能在广告中加以介绍是很有必要的。特别是对新产品来说，功能的介绍尤为重要。例如家电、超薄太空防寒服以及药品等广告，最好把商品的功能介绍给消费者，以便于消费者能充分地认识商品的用处，达到广告说服的目的。图 4－3－3 是一则海尔洗衣机广告，该广告着重对产品的"消毒洗衣"功能用插图和表格作了介绍，同时也对产品的其他性能附带加以说明。图 4－3－4通过图解，使读者很容易明白"杜蕾斯碍阻精子前行"的功能。艾克和诺里斯曾经分析 524 则黄金时段的电视广告的信息性及其效果。结果发现，食品和蔬菜广告比其他广告缺乏信息性。观众认为信息性的广告是值得记忆、值得相信、有效和有趣的。[①]

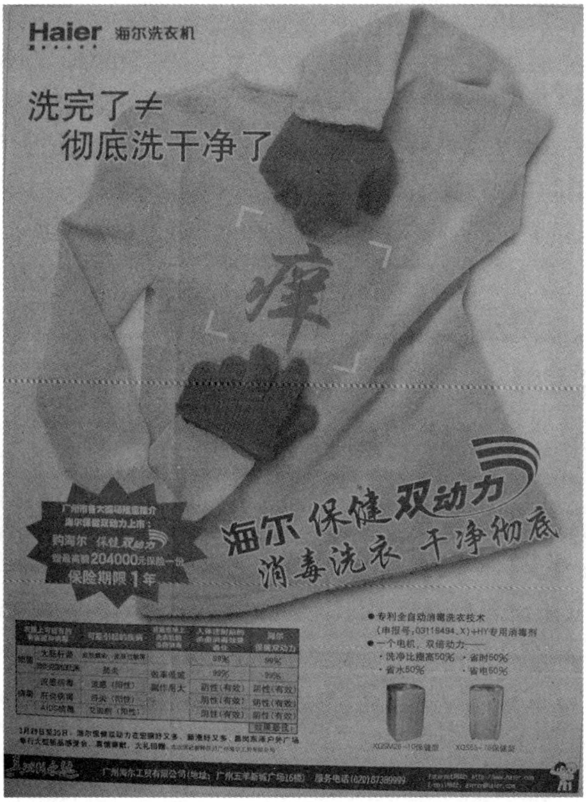

图 4－3－3　海尔洗衣机广告

② 介绍产品的抽象功能。在竞争激烈的现代市场中，某种商品的具体功能可能与其他竞争品牌没有两样，此时仅介绍商品的具体功能就缺乏说服力。而从商品的抽象功能着手，能够达到意想不到的说服效果。例如对于化妆品，广告中可以着重介绍它能增加人的魅力或吸引力；对于

① Aaker D A & Norris D. *Characteristics of TV commercials perceived as informative.* Journal of Advertising Research, 1982, 22 (2): 61－70.

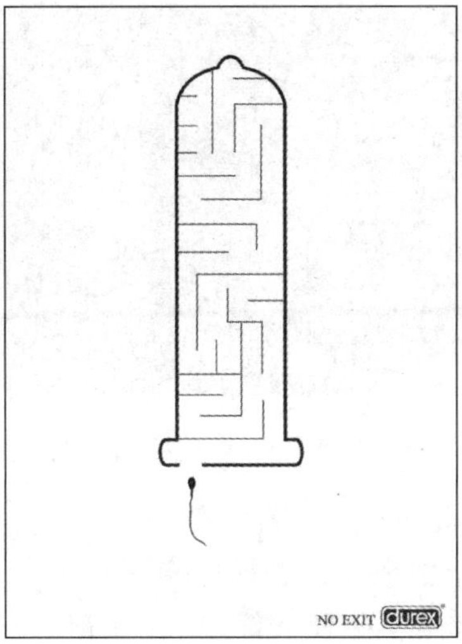

图 4 - 3 - 4 杜蕾斯广告

服装可以宣传它能够塑造个性形象;对于其他商品,可以把它们说成是表达“爱情”“尊敬”“友谊”“孝心”的信物。只要大家认真地加以分析,不难发现,进口酒的广告大多数都是在酒的抽象功能上花工夫。例如马爹利酒的广告中有一句广告口号“饮得高兴,心想事成”,就是产品抽象功能的诉求。广告平淡乏味的脑白金,之所以产品仍有较大销路,其原因就在于该品牌的系列广告强调脑白金作为一种“礼品”的功能。图 4 - 3 - 5 是“DR”钻石戒指广告,广告中用画面和语言突出强调了“钻石”所具有的表达“爱情”的抽象特性。相类似的广告还有图 4 - 3 - 6 的魅可口红广告,展现该口红赋予女性独特魅力。

图 4 - 3 - 5 DR 钻石戒指广告

③ 介绍他人由商品所得到的好处。飘柔洗发水的电视广告基本上就是采用这一策略。该产品的一则电视广告通过演示航空小姐使用飘柔后,头发变得柔顺、光滑、易梳,以此来吸引年轻的姑娘们。许多化妆品广告也都是采用这种手段。工具性的商品,采用这种方法可以使广告倍增说服力。

④ 介绍或承诺产品能给消费者带来某种好处。霍尼克 1980 年对印刷广告的研究显示,读

图 4-3-6 魅可口红广告

者偏好在语言和插图上强调消费者利益的广告。他因此认为，将利益清楚地描绘在标题、插图和文案中的广告是最有效的。[①] 奥格威在谈论怎样创作高水平广告时也曾经指出，“你最重要的工作是决定你怎么样来说明产品，你承诺些什么好处”。在他所创作的成功广告中，有许多就是采用承诺这一方法的。例如在多芬香皂广告中，他采用了这样的承诺：“使用多芬洗浴，可以滋润您的皮肤。”图 4-3-7 OPPO R9 手机广告这样承诺：“充电 5 分钟，通话两小时。”

图 4-3-7 OPPO R9 手机广告

⑤ 强调产品是给具有某种想法及价值观的人所用的。这种做法实际上就是在广告中对商品进行市场定位。它是一种借助于消费者对商品个性的认同，从而促使消费者形成良好品牌态度的手段。例如在当今环境保护呼声很高的情况下，人们的环境保护意识正在不断地加强，因此如果把你的商品与环境保护联系起来，那么很可能就会得到“环境保护主义者”的青睐。

⑥ 强调商品具有某一特点的重要性。如果某个品牌的商品或服务具有其他品牌所没有的性能和特点，就可以在广告中强调这一性能和特点对于该类商品消费的重要性，从而在激烈的竞争中脱颖而出，给消费者留下深刻印象。例如，京东与其他电子商务平台相比，其自营物流高效的配送服务具有显著优势，因而京东在“双 11”的广告中以快速配送为主要广告诉求（图 4-3-8），使用夸张和幽默的方式强调了这一特点对消费者的重要性。

⑦ 强调商品在某一方面性能的极端性。例如，美国国际纸业公司的一则电视广告，为了表

① Hornik J. *Quantitative analysis of visual perception of printed advertisements*. Journal of Advertising Research, 1980, 20(6): 41-48.

图 4－3－8　京东双 11 广告

现纸板硬度的极端性，特地在一个峡谷上用纸板架一座桥，然后将一部卡车开过去。图 4－3－9 和图 4－3－10 也采用了类似的手法，着力突出 Smart 汽车体积小、轻便灵巧的特点。

图 4－3－9　Smart 汽车广告之一

（2）减少消费者对品牌的坏的评估。产品推入市场之后，可能因为消费者使用不当，没有按照要求进行操作，或受到冒牌商品的不良影响，造成消费者对产品产生不良的认知和态度。对此，广告就要针对消费者的坏的认知进行反驳，以改变他们的消极态度。当然，如果产品或广告的确存在问题，给消费者带来麻烦，那也不能回避。图 4－3－11 是一汽一大众奥迪销售事业部的道歉信。不管出现的错误事实上给消费者带来多大程度的伤害，公开而诚挚的道歉，相信多少都会改变消费者对品牌的负面评价。对于任何一个品牌来说，出现错误等现象给消费者带来麻烦和伤害，都是不可避免的，国内的品牌更是如此。所以，希望有更多的国内品牌勇于面对消费者，承认自己所犯的错误或失误，不要让消费者带着愤恨的心情离品牌远去。

图 4-3-10 Smart 汽车广告之二

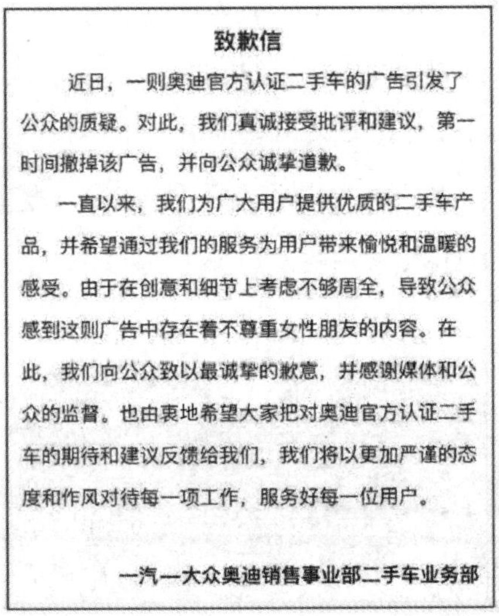

致歉信

近日，一则奥迪官方认证二手车的广告引发了公众的质疑。对此，我们真诚接受批评和建议，第一时间撤掉该广告，并向公众诚挚道歉。

一直以来，我们为广大用户提供优质的二手车产品，并希望通过我们的服务为用户带来愉悦和温暖的感受。由于在创意和细节上考虑不够周全，导致公众感到这则广告中存在着不尊重女性朋友的内容。在此，我们向公众致以最诚挚的歉意，并感谢媒体和公众的监督。也由衷地希望大家把对奥迪官方认证二手车的期待和建议反馈给我们，我们将以更加严谨的态度和作风对待每一项工作，服务好每一位用户。

一汽—大众奥迪销售事业部二手车业务部

图 4-3-11 一汽—大众奥迪销售事业部的道歉信

2. 通过广告态度影响品牌态度

广告态度对品牌态度具有情感迁移作用，好的广告态度有利于良好品牌态度的形成，坏的广告态度也可能导致不良的品牌态度。所以为了让消费者形成良好的品牌态度，制作令人信服、令人喜欢的广告十分重要。根据社会心理学的原理，要使广告令人信服、让人喜欢，应注意如下几个方面：

(1) 信息本身的说服力。信息本身是否有说服力，依赖于论据的特点、说服对象的原有态度和论点呈现方式。

① 论据的特点。包括论据的易懂度、论据的多少和论据是否有力。

第一，论据的易懂度。早期的说服心理学认为，说服的关键在于对论据学习的难易程度。在广告这一说服性传播中，消费者对广告信息的学习都不是很在意的，学习的动机也不强，而且有些广告信息的呈现瞬间即逝。因此，如果广告信息太复杂太难懂，就可能使消费者因不耐烦而放弃学习。所以,要增加广告的说服力,广告所提供的论据就要简单明了。例如,牙膏是消费者购买卷入较低的产品类别。因而牙膏广告常常采用论据简单易懂的方法。往往一则广告就只有一个诉求。图4－3－12的冷酸灵牙膏诉求"冷热酸甜,想吃就吃"的感受;而图4－3－13的云南白药的牙膏广告则诉求该牙膏具有治疗"牙龈出血,肿痛和口腔溃疡"的功能;图4－3－14的佳洁士广告则是诉求其美白功能。

图4－3－12　牙膏广告——冷酸灵

图4－3－13　牙膏广告——云南白药

图4－3－14　牙膏广告——佳洁士

第二,论据的多少。在刑事案件侦破和法庭辩护中,一般来说,你能提供的事实材料越多,对你的论点就越有利。换句话说,你的证据越充足,你的论点就越可能成立。纽约大学零售学校的爱德华博士说过:讲的事实越多,销售得也越多,一则广告成功的机会总是随着广告中所含的中肯的商品事实数量的增加而增加的。不过,许多社会心理学研究发现,论据的多少固然重要,但是论据本身是否有力也相当重要,两者相辅相成。如果论据多而有力,那么广告的说服力就会增强;相反,如果广告提供了很多无力的论据,这不仅不会增加说服力,反而可能削弱广告的说服力。所以国外的许多广告都喜欢运用独立研究机构提供的证据来证明自己产品的优点。

第三,论据是否有力。强有力的论据比弱的论据更具有说服力,对此人们似乎已经毫无异议。然而弱的论据是否也具有说服力呢?这主要取决于消费者对广告的关心注意程度,即卷入程度。佩蒂等人 1983 年关于 Edge 剃刀广告的研究表明,当广告论据有力时,不管消费者是高卷入(高度关心)还是低卷入(不太关心),广告的说服效果都比论据无力时的说服效果好。当论据无力时,消费者的高、低卷入状态对广告的说服效果则产生很大的影响。低卷入时说服效果好,高卷入时说服效果差(如图 4-3-15)。①

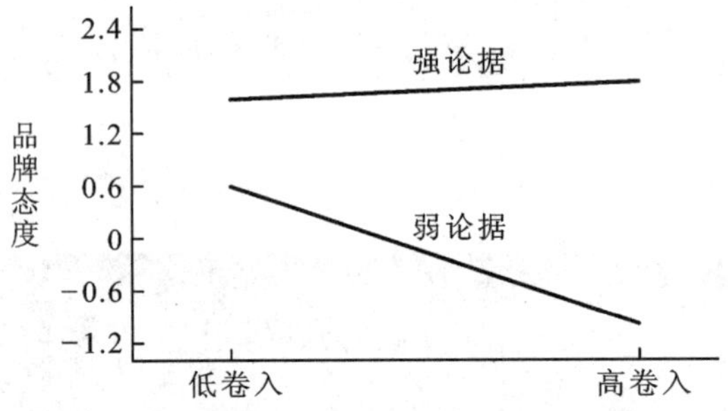

图 4-3-15　高、低卷入与强弱论据的相互作用

② 说服对象的原有态度。说服对象的原有态度一般有两种,一种是与广告所持的态度相一致,另一种是与广告所持的态度相反。当消费者所持的态度是前一种时,广告所起的就不是说服的作用,而是强化消费者原有态度的作用。此时广告只要提供更多的新的、正面的证据即可。而当消费者所持的态度是后一种时,广告的说服就变得相当困难。此时,如果你的广告只提供有利的证据,那么这些证据必须非常强有力。通常情况下,你可以采用两种手段,第一是双面论证的办法(参见本章第五节);第二是利用有影响力的人物来推荐、介绍产品,造成消费者的认知紧张,以迫使他们改变原有的态度。

③ 论点呈现方式。在一则广告中,有时要包含许多论点,这些论点有的很重要,有的不太重要;有的是正面的,有的则是反面的。那么这些论点究竟如何呈现,是明示还是隐含其中,这些都是值得重视的。

第一,论点呈现的先后顺序。心理学的研究早已发现,刺激的先后呈现顺序不同,记忆效果也不同。一般来说,最先呈现的和最后呈现的刺激,记忆效果最佳。而当两个刺激先后呈现时,先呈现的刺激记忆效果比较好。关于说服的研究则表明,把最有力的论据置于最后,当时的说服效果更好。然而从消费者实际接触广告的情形来分析,一则广告如果消费者只读了一部分,那么这一部分通常是最前面的部分。

---

① Petty R E. Cacioppo J T & Schomann D W. *Central and peripheral routes to advertising effectiveness: The moderating role of involvement*. Journal of Consumer Psychology, 1983(10):135-146.

鉴于上述分析，又因为广告的说服效果通常要在比较长的时间之后才体现出来，所以让消费者记住重要的论据是达到广告说服效果的一个关键。具体而言，如果广告中要呈现一系列论点，最好依论点重要性顺序呈现。

第二，正反论点的呈现。在广告说服中，有时要用到双面论证这一手段。关于双面论证手段的使用效果及方法，在本章第四节将作专门的介绍，这里就正反论点的呈现顺序加以探讨。

关于人际交往的研究已经发现，在交谈开始时，有意地先暴露一下自己的缺点，有利于交谈的顺利进行，而且容易获得对方的好感。因为先暴露自己的缺点，会给人诚实的感觉。广告运用双面论证时，反面论点一般是次要的或不为人们所重视的，而且往往是点到为止。因此，在正反论点呈现的先后顺序上，先呈现反面论点，然后呈现正面论点，会更有说服力。

第三，结论的呈现。在传播说服中，结论呈现好，还是不呈现好？对于这个问题，社会心理学的研究结果不一致。社会心理学家霍夫兰和曼德尔 1952 年的研究发现，告知结论的受试组，改变看法的人数要比自己得出结论的受试组的人数多出一倍。① 然而著名的人本主义心理学家罗杰斯则认为，让受试者自己得出结论效果较佳。

呈现结论可以给消费者明确的暗示。但是当信息来源不可靠时，受众可能会拒绝接受结论。另一方面，如果问题十分简单，受众的智力水平比较高，受众就会讨厌别人向他或她解释这些简单的事情。此外，呈现结论有时也会限制产品尤其是新产品的被接纳性。如果一种产品在宣传上大力鼓吹它是为年轻人设计制造的，这种过分的强调就可能将其他年龄、喜欢该产品的人排出顾客范围。有些暧昧性的产品宣传反而有助于产品占领广泛的市场，并使新产品更自然地被使用，因为它允许许多人按自己的意愿使用产品。

呈现结论一般比较适合于这几种情况：第一，复杂、专业化的产品；第二，产品拥有单一而明确的用途；第三，受教育水平比较低、缺乏商品知识的消费者；第四，不会导致高卷入的广告或产品。

（2）信息来源的说服力。在大众传播过程中，信息来源对传播效果有着重要的影响，这已是众所皆知的事实。那么什么样的信息来源有助于提高广告传播的说服力呢？

① 信息来源的可信度。一般而言，来自可靠信息来源的信息比较容易为人们所接受。相反，可信性差的信息来源所传播的信息，比较容易引起人们的怀疑。举个例子来说，医生和护士分别向你推荐药品，通常你更容易接受医生的意见，这是因为医生比护士有更高的可信度。

信息来源的可信度与信息来源的经验和权威有密切的关系，信息来源的经验越丰富、威望越高，其可信度也越高，说服力越强。不过，信息传播背后可能有的目的也会影响信息来源的可信度。社会心理学家对法庭辩护的调查发现，不论是律师或罪犯，当他的辩护仅仅是为了维护个人私利时，说服力就会下降；相反，如果他的辩护可能有损于他的私利，他的信誉就会上升。

② 信息来源受人喜欢的程度。社会心理学的研究发现，当一个人喜欢另一个人时会比较听信对方的话。所以利用受人喜欢的人物来介绍产品，可以增加广告的说服力。信息来源能否被受众所喜爱，与下面几个因素有关：

第一，来源外貌的吸引力。外表长得相貌堂堂的人，往往很容易引起人们的好感。许多研究

---

① Hovland C I & Mandell W. *An experimental comparison of conclusion - drawing by the communicator and by the audience*. Journal of Abnormal and Social Psychology, 1952, 47(3): 581 - 588.

者发现,一般人对长得好看的人的评价要比对长得一般的人高。不过,长得很帅或很美的人也常常被认为是徒有其表。卡波雷罗等人 1989 年的研究也发现,身体的吸引力对于购买产品的意愿不是重要的影响因素。①

第二,来源与说服对象的相似程度。许多研究者证实,当两个人之间有越多的相似之处,他们之间的相互喜欢程度就越高。相同的兴趣、相同的经历、相同的生活方式以及相同的年龄、地位,均可以使双方增加相互吸引力。也就是说,产品的代言人最好能够得到目标消费群体的认同,这样代言的效果会比较理想。

第三,来源与说服对象的熟悉程度。熟悉会引起喜欢,这在第二节中已作过讨论,这里不复赘述。

③ 信息来源的意图。当信息来源的意图是通过信息传递来达到自己的某种目的,即为自己的利益时,信息的说服力就会下降。反之,如果信息传递的目的是服务于受众,那么,信息的说服力就会加强。广告一般被看作是为广告主服务的,消费者具有一定的心理防御,说服力下降。

尽管公关新闻报道、软文和植入式广告的目的仍然是为企业或品牌传播服务,但它们具有一定的隐蔽性,对消费者造成的打扰较小,有的广告甚至还为消费者带来除商品信息以外的资讯、娱乐、优惠等价值。例如,微信公众号软文广告的最终目的是推销某种商品,但往往采取讲一个故事或介绍某种知识的形式,比方说在推销化妆品的软文中介绍化妆的小技巧,在推销口香糖时用幽默的语言讲个笑话,在推销餐厅时附上优惠券,等等,让受众觉得公众号软文是有价值的,值得阅读。有的受众甚至觉得该文对朋友们也有益,因而在阅读完这些软文后,还转发给朋友们,使说服和传播效果更为理想。

(3) 广告表现形式。研究发现,那些娱乐人、活泼、欢快的广告都能让人喜欢,但广告与被试者的关联、对被试者的意义则是影响人们是否喜欢广告的更为重要的因素。② 利用一定的手段(如名人)将广告与受众或受众的生活联系起来,利用幽默、诙谐的广告表现手法,展示优美的画面与音乐等,让受众喜欢广告,也是广告主说服受众的手段之一。事实上,国外的电视广告主要是通过广告表现形式而不是信息来说服消费者的。施德曼等人 1989 年研究 855 条黄金时段的电视广告后指出,几乎一半广告被分类为温暖的、有趣的或愉悦的。③

3. 直接建立消费者对品牌的好感

这种做法来源于经典行为主义的条件反射理论,即借助广告的重复,建立商品与某种特定情感的联系。许多啤酒、饮料广告都采用这一手段。例如"江小白"在广告中将"简单生活"与白酒联系起来,通过对这一主题的大量重复,塑造出消费者对"江小白"的好感度,只要想到简单的生活,就能激发对"江小白"品牌的购买欲望。这类广告通常称为感性广告。

4. 通过企业形象来影响品牌态度

在人们的思想中,"有其父必有其子,有其母必有其女"这种概念根深蒂固,并影响着人们对

---

① Caballero M J, Lumpkin J R & Madden C S. *Using physical attractiveness as an advertising tool: An empirical test of the attraction phenomenon.* Journal of Advertising Research, 1989, 29(4): 16 - 22.

② Biel A L, Bridgwater C A. *Attributes of likable television commerials.* Journal of Advertising Research, 1990, 30(3):38 - 44、133.

③ Stayman D M, Aaker D A & Bruzzone D E. *The incidence of commercial types broadcast in prime time: 1976 - 1986.* Journal of Advertising Research, 1989, 29(3): 26 - 33.

人、对物的看法和评价。特别是当人们对某人或某物不了解的情况下，他们更容易根据其来源作出评价或态度反应。例如，我们经常可以听到“这样糟糕的父母怎么能教育出好子女”“糟糕的工厂怎么能生产出好产品”这类说法。所以努力塑造好的企业形象，也是促使消费者形成良好的品牌态度的一种有效途径。

5. 公关新闻报道

对企业某些新闻事件的报道，在品牌形象的塑造上具有重要的作用。由于广告的目的就是说服消费者，消费者在接触广告时存在着心理防御，因此说服效果会受到影响。而公关新闻报道则不然，企业或品牌信息的传者是报社记者，而不是企业本身，受众比较相信报道，说服效果较为理想。所以，尽可能地利用公关新闻报道是建立良好企业形象或品牌形象的重要途径。

2013 年至 2015 年三年期间，厦门大学品牌与广告研究中心连续监测腾讯、网易、新浪、搜狐、人民网、凤凰网等 36 家网络媒体有关食品、家电、通信、金融等 10 个行业中的 400 多个品牌的新闻报道，以衡量各品牌健康状况，每年定期发布《中国品牌健康指数》。2015 年，厦门大学品牌与广告研究中心公布了 50 个价值较高的品牌在 2015 年度的健康指数，如图 4 - 3 - 16 所示。所有 50 个品牌中，健康水平最高品牌是 361°、安踏、雪花、鄂尔多斯、张裕和燕京，都在 95 度以上（取值范围为 0—100 度），给公众留下积极正面的印象；而中石油、腾讯、一汽、阿里巴巴、中国石化、中信银行和中国移动为最低，都低于 55 度，在 2015 年度给公众留下较负面的形象。《中国品牌健康指数》说明了在新闻媒体中发布品牌报道的数量及报道的正负性直接影响该品牌在公众或媒体中的品牌形象。

6. 赞助

NBC 对 1992 年奥运会进行的一系列研究发现，赞助后公司形象获得可以测量出来的正面效果。[①] 康沃尔等人 2001 年利用事件研究方法进行分析的结果也证明，赞助能够为赞助公司提供价值，但赞助产生的价值依赖比赛的数量和赞助活动有关变量，最重要的是赞助者与事件的匹配。[②] 类似的研究还通过公司市场价值的改变来评估赞助活动的作用。研究以 27 家正式宣告赞助 1996 年夏季奥运会的公司为对象，研究资料表明，赞助奥运会被投资市场看作是一件利好的事件。无论如何，批评奥运会赞助是没有根据的。[③]

赞助不仅影响企业形象，也影响消费者对公司的态度和购买意图等。哈维 2001 年研究发现，对于食品广告主来说赞助影响购买考虑的品牌（Consideration Set）、购买意图和品牌知觉。对于汽车制造者来说，赞助也影响购买考虑的品牌。在赞助情景中引起说服的要素与广告情景中引起说服的要素不同。[④] 奎斯特和汤普森 2001 年采用实验方法对赞助艺术事件所进行的研究表明，被试者在出席赞助活动前后对赞助者和赞助活动的态度发生显著的变化。出席赞助活动的被试者欢迎赞助，感激赞助在促进艺术发展中的作用。没有出席的赞助者中有更多的人认

---

① Stipp H & Schiavone N P. *Modeling the impact of Olympic sponsorship on corporate image*. Journal of Advertising Research, 1996, 36(4): 22 - 28.

② Cornwell T B, Pruitt S W & Van - Ness R. *The value of winning in motorsports: Sponsorship - linked marketing*. Journal of Advertising Research, 2001, 41(1): 17 - 31.

③ Miyazaki A D & Morgan A G. *Assessing market value of event sponsoring: Corporate Olympic sponsorship*. Journal of Advertising Research, 2001, 41(1): 9 - 15.

④ Harvey B. *Measuring the effects of sponsorships*, Journal of Advertising Research, 2001, 41(1): 59 - 65.

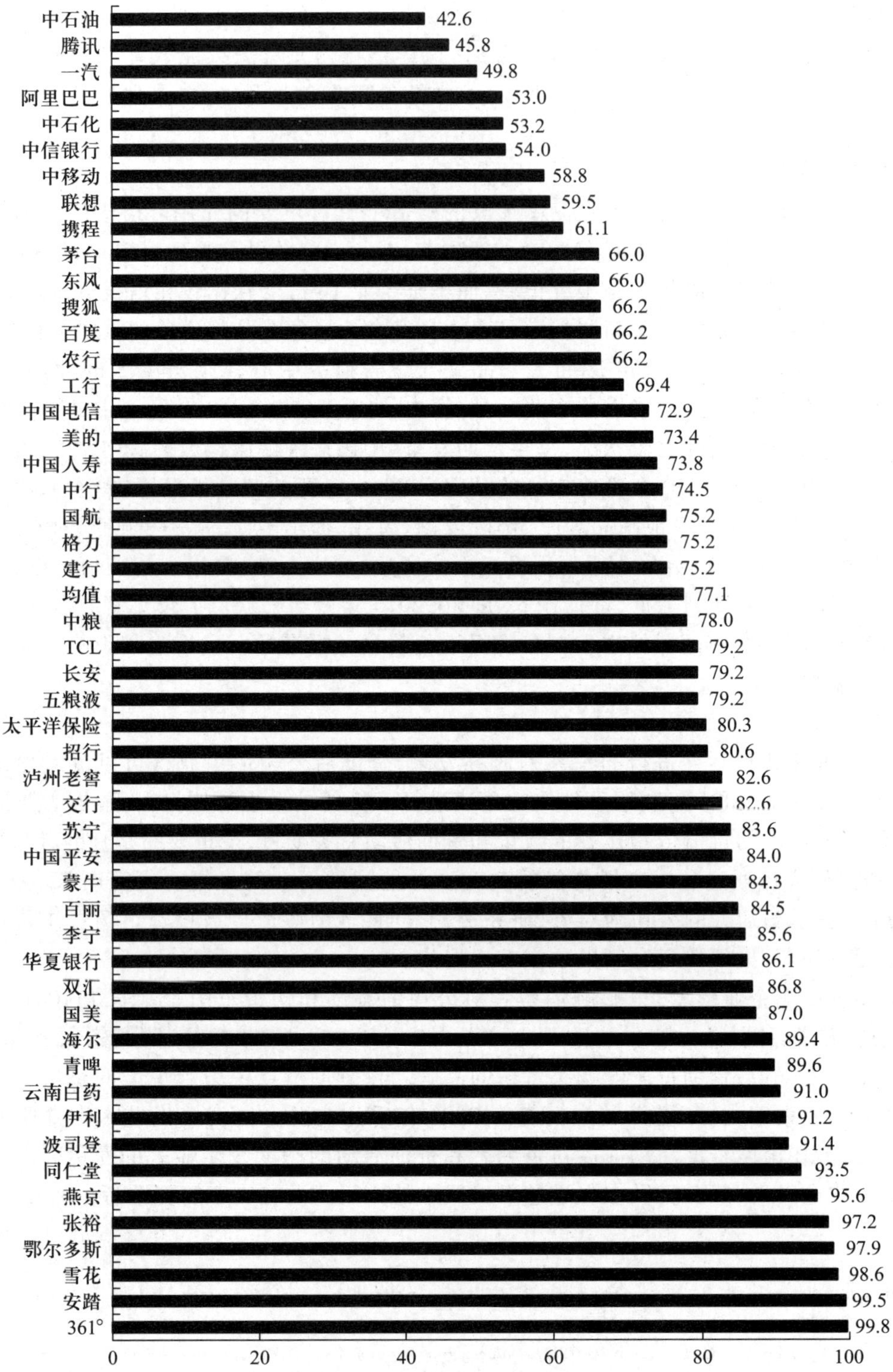

图 4－3－16 各品牌的健康指数(2015 年)①

① 黄合水:《中国市场品牌健康度监测报告(2015 年)》,厦门大学出版社 2017 年版,第 8 页。

为赞助活动是在浪费金钱,更多的人宁愿看到将钱投到体育运动上,也不愿意看到投到艺术赞助上。[①]

第四节　广告的间接说服策略

在本章第三节论述了品牌态度与广告态度的关系,介绍了四种具有代表性的假说,分别为情感迁移假说、双中介假说、交互中介假说和独立影响假说。这些假说论述广告要达到说服消费者购买产品,需要经过怎么样的心理过程。这些理论假说都表明,广告是通过改变消费者的广告态度和品牌态度从而达到促进其购买的目的,也就是说,如果消费者对广告有良好的印象,则有助于消费者产生积极的品牌态度,进而促进其购买,如果消费者讨厌某则广告,则对广告中的品牌态度也会产生消极影响,最终无法达到促进其购买的目的。这些理论假说能有效解释一般情境下的广告活动。但是,这些从西方引进的理论没有考虑中国文化背景和特殊的消费情境。中国文化价值大部分形成于人与人、人与社会的关系之中,关系主要由尊重权威、相互依赖、群体导向和面子四个价值构成[②]。人情和面子成为人们生活和工作的中心。在这种文化背景下产生了富有中国特色的面子消费,这些消费包括礼品消费、攀比消费、炫耀消费、关系消费和公关及特殊消费等,面子消费过程中一大特色就是非常关注他人的眼光和看法。与面子消费有关的礼品广告和奢侈品广告除了采用我们传统意义上的直接说服策略,还利用中国人的心理,有意或无意地采用间接的说服策略。[③]

一、礼品广告的说服

一提到礼品广告,常常让人想起"今年过节不收礼,收礼只收脑白金"这句广告词。脑白金广告常以两个卡通人物,一个老奶奶一个老爷爷,可爱而又不失活泼的形象既搞笑又风趣(如图4－4－1),而且每次出场都有不同的造型。在很多人看来,脑白金广告一无是处,更有业内人士骂其毫无创意,此广告被评为现代十大恶俗广告之一。"收礼只收脑白金",成为恶俗广告词的代名词。然而,截至2014年,脑白金连续16年荣获保健品单品销量第一。消费者虽然讨厌其恶俗广告,但在选择礼品的时候,还是选择了脑白金。为何广告态度与购买行动出现这么巨大的背离呢？传统的"广告→认知→态度→购买行为"广告心理效果模型无法解释,因为这些理论都认为广告态度与购买行为是前后一致的。许多专家与学者对脑白金的产品定位和广告策略的过人之处进行分析。比方说其独特的礼品定位策略,"年轻态,健康品"的高超诉求点等。这些营销传播策略确实是其成功的原因。除此之外,还有一个重要原因是脑白金在广告传播过程中充分利用了社会因素对消费者的影响作用。

广告主在品牌传播过程中,除了针对目标消费者进行直接劝服以外,还会有意或无意地采用间接影响策略,即广告诉求表面上是说服与目标消费者无关的某个群体——"第三人",实际上

---

① Quester P G & Thompson B. *Advertising and promotion leverage on arts sponsorship effectiveness*. Journal of Advertising Research, 2001, 41(1): 33－47.

② Oliver. etal. , *Crossover effects in the theory of reasoned action: A moderating influence attempt*, Journal of Consumer Research, 1988, No. 12, pp. 324－340.

③ 曾秀芹:《营销传播中的社会影响效果》,九州出版社2017年版。

图 4-4-1 脑白金广告

是该广告让目标消费者感知到广告对"第三人"产生巨大的说服力,从而甘心乐意地购买广告中的商品。脑白金广告中的一男一女的两个人偶在快乐地唱歌跳舞,再加上"年轻态、健康品","加深睡眠、改善肠道"等广告诉求,这些广告策略表面上是针对受礼者——父母、爷爷、奶奶,实际上对儿孙辈进行间接说服,让他们知道脑白金广告能够打动老人的心,购买脑白金孝敬父母及其他长辈一定能得他们的欢心,即便购买者本人未被脑白金广告说服,甚至还讨厌脑白金。脑白金的媒体策略采取电视广告为主,其他媒体为辅,一般在黄金时段、亚黄金时段播放,让脑白金的名字响彻全国,让购买者知道即使是在身处乡下的亲戚也知道脑白金是知名品牌,用它送礼不失面子。

脑白金营销案例中,消费者对脑白金的广告态度和品牌态度并不理想,但他们依然选择购买这个礼品,为什么会出现这种态度与行为相背离的现象呢?这是因为虽然消费者将脑白金广告视为"恶俗"广告,是一种负面的媒介信息,但是人们常常会自信地认为负面信息只会对他人,尤其是对弱势群体——老年人造成影响,而我足够"聪明",是不会受到影响的。因而假定长辈们都受到脑白金的长期"轰炸",一定会喜欢上这个产品,所以购买这个产品一是符合老人家的喜好,二是让这个礼品物有所值,让收礼者知道该品牌是知名品牌,质量上乘。

近几年燕之屋推出的碗燕广告也是采用了直接说服和间接说服相结合的广告策略。在创意策略上采用明星代言——由香港著名女星刘嘉玲代言,广告中展现出中年女性的魅力,其广告诉求为"吃燕窝,我只选碗燕","今年中秋送碗燕","女神生日送碗燕"等,加上"一碗情深,碗碗尊贵;不一样的感情,不一样的体面"等情感诉求(如图 4-4-2),点明了该产品为赠送女性的佳品,不但让女性养颜滋补,吃后如刘嘉玲一样永葆青春,而且送礼给女性的话还能满足送礼者和受礼者"体面""尊贵"等精神需求。在媒体策略上,该公司斥巨资,广告被投放在 CCTV-1、CCTV-2 和 CCTV-新闻频道等频道的黄金时段,并结合中央和地方的广播电台,形成了"全天吼"的媒体轰炸模式,造成了非常高的知名度。该广告策略表面上是在说服妻子或母亲等女性消费者,但如果更深层分析其策略,该策略对购买该产品的丈夫或子女也起到间接说服的作用,它暗示购买者:在如此频繁的广告轰炸中,我的妻子或父母多数被"洗脑"了,他们应该都喜欢碗燕,购买这个礼品送给他们是个很不错的选择。

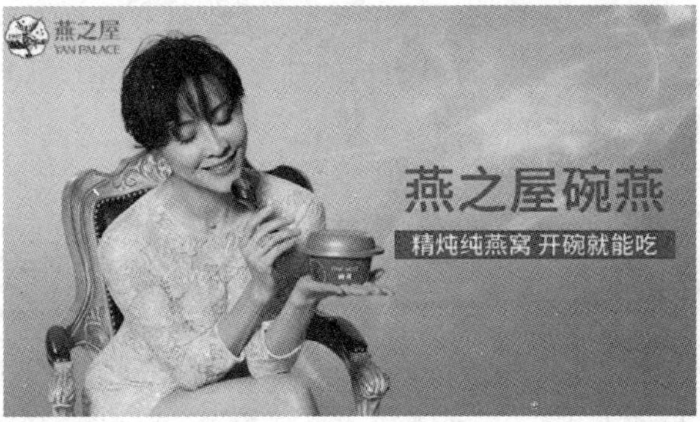

图 4－4－2　燕之屋碗燕广告

二、奢侈品的品牌传播策略

奢侈品(Luxury)在国际上被定义为一种超出人们生存与发展需要范围的,具有独特、稀缺、珍奇等特点的消费品,又称为非生活必需品。奢侈品在经济学上讲,指的是价值/品质关系比值最高的产品。从另外一个角度上看,奢侈品又是指无形价值/有形价值关系比值最高的产品。奢侈品的消费是一种高档消费的行为,奢侈品这个词本身并无贬义。奢侈品品牌可参照按世界品牌实验室(World Brand Laboratory)所评出的100个世界奢侈品品牌和本土的一些高档烟酒、仿古家具、高档服装、珠宝首饰、高档住宅等高档消费品牌。据奢侈品研究机构财富品质研究院2016年11月24日在上海发布的《中国奢侈品报告》显示,2016年中国消费者全球奢侈品消费将达到1168亿美元,同比增长9%。2016年,包括国内购买、国外购买以及代购在内,中国人买走了全球约46%的奢侈品。

由于中国文化重视“面子”和“关系”,中国人的奢侈品消费动机也有别于西方的消费者,中国消费者对奢侈品的追捧更多是为了面子、身份和阶层标志。有研究表明中国人奢侈品的消费动机包括两个方面,一是包括炫耀、从众、领先、社交和身份象征等社会消费动机;另一个是包括品质精致、自我享乐和自我赠礼在内的个人性消费动机。[①] 如果说在西方消费者的购买动机是“我想要”,而在中国很多情况是消费者“不得不要”。如一位刚成立公司的老板为了在客户面前显示自己的经济实力和个人品位,在资金很紧张的情况下还购买宝马车和爱玛士等服饰;一位白领为了在同事和朋友面前炫耀或追求潮流,省吃俭用买LV的皮包。

以上两个例子中,如果这位老板的客户不认识爱玛士的品牌,也并不知道它非常名贵,以为只是普通的品牌而已;如果那位白领的同事们和朋友们并不了解LV品牌,并不知道其价格和其所代表的时尚潮流,以为只是普通一个皮包而已,这位老板和白领花这么多钱买这些品牌就失去了意义。

那么,如何让这个奢侈品品牌具有额外的象征价值呢?营销传播起到了关键的作用。例如,广告为奢侈品塑造出文化附加值,使它们贵得名正言顺,让它们的附加值高于其使用价值,这种文化的附加值不能给予产品本身超乎寻常的体验价值,但却能带给使用它的消费者被人羡慕、让人尊重的心理满足感。例如,奢侈品广告很少直接表现金钱、财富、权力,它们的共有符号常常是

---

① 朱晓辉:《中国消费者奢侈品消费动机的实证研究》,《商业经济与管理》2006年第7期。

高级运动(如高尔夫、网球、赛车、游艇等)、奇美景致、高雅艺术形式等(如图4-4-3)。这样的广告符号常常是含蓄的、内隐的。这些符号构筑的神话世界是休闲、沉醉于艺术等个性化的生活方式,这与奢侈品的昂贵所包含的金钱、权力等没有关联,而是暗含了经济资本以外以品味为主的文化资本的优势占有。品味独特、风格尊贵、地位高贵构筑了这些符号的逻辑关系,这增强了广告的精英内涵和不容随便介入的文化区隔和身份区隔。①

图4-4-3 奢侈品牌欧米伽的广告图片

广告主是如何让消费者认识到周围其他人也了解奢侈品的象征价值呢或无形价值呢?也就是说,在上文提到的那位老板和白领在决定购买这些奢侈品时如何能够断定他们身边亲友、同事、客户们能够了解到宝马、LV和爱玛士的无形价值呢?这要涉及社会规范或社会氛围。在消费者行为研究中,理性行为理论或计划行为理论是最常被用于解释消费者行为的理论框架,该理论认为消费者的行为除受到消费者个人对该消费行为的态度以外,还受到社会因素或社会规范的影响,也就是周围其他人对这个消费行为的态度和看法。

消费者是如何学习或了解到有关某消费行为的社会规范的呢?这与营销传播的间接说服策略有关。例如,引领全球时尚潮流的意大利米兰发布会或名星代言广告都是主要奢侈品的营销传播策略,受众看到时装发布会或名星代言广告,或者接下来一些媒体关于这些发布会或奢侈品介绍的报道,就会在意识层面或潜意识层面推测周围人也看到这些发布会、广告和媒体报道,推测其他人也理解奢侈品广告符号所构筑品味独特、风格尊贵、地位高贵的价值意含。进而形成话题和有关某种时尚潮流消费的社会规范,这种社会规范的形成有赖于受众对其他人如何受到营销传播影响的推测。

三、间接广告说服策略的理论基础

1. 第三人效果理论

广告间接说服策略可以从第三人效果理论中找到理论基础。传播学领域在媒体传播效果研究中提出了第三人效果理论,该理论的主旨是人们通常认为媒介信息(尤其是负面信息)对他人的影响要远大于自身(Davison,1983)。例如,当我们看色情电影或暴力电影时,我们可能会认为

① 韩素梅:《符号传播:奢侈品广告的说服机制》,《浙江工业大学学报(社科版)》2007年第2期。

这些影片对青少年儿童造成很不好的影响，但对我们自己却影响不大。第三人效果是一种预期，即某一信息不是对“我”（语法中的第一人称）或“你”（第二人称），而是对“他们”（第三人称）产生最大的影响。个人往往高估大众媒介对他人的影响，而低估其对自己的影响，或者两种估测同时存在。“第三人”效果认知与信息性质有关，当人们接触违背社会期望的、负面的信息时，例如暴力电影和色情电影时，产生正常的第三人效果。而当人们接触符合社会期待、能够引起正面感情的媒介信息时，如爱国主义教育片，则产生反第三人效果：倾向于预期这类信息对“自己”的影响大于对“其他人”的影响，我们称之为“第一人”效果①。

著名的社会学家戴维森进入二战时期美军心理与宣传战术研究中心工作，事后撰写了《大众传播中的第三人效果》一文，文中列举了大量战争时期与心理战、舆论战有关的案例来说明第三人效果现象。其中一个案例如下：

太平洋硫磺岛上驻扎着一支美国军队，这支部队的士兵主要由黑人组成，但军官则是白人。日军发现了这支部队的位置后便开展了一场心理战：派飞机空投传单，传单的对象是黑人，主要意思是说，“这是一场对白人的战争，日军与有色人种没有瓜葛，黑人兄弟们不要白白送死，找机会投降或逃跑吧。”第二天，美军竟然全部撤军。有趣的是，后来的调查发现其实传单没有对黑人士兵产生影响，而是对白人军官产生了影响：他们由于担心黑人士兵受传单影响而逃亡，因而作出撤军的决策（禹卫华、岳媛，2009）。

第二个案例是有关记者对新闻的第三人效果知觉。冷战初期，当研究西德媒体在报道东德外交政策中所发挥的作用时，研究者询问了很多西德记者，问题是“西德报纸的社论对读者的影响有多大？”经常听到的回答是“那些社论对像你我这样的人影响很小，对那些一般的受众有可能影响比较大”。而事实是西德记者高估了自己抵御负面影响的能力，低估了他人的能力，认为自己高人一等或是比别人更能避开各种负面事件带来的损失。

2. 间接影响模型

并不是负面的媒介信息才会产生第三人效果现象。随着第三人效果研究的不断深入，研究发现不同类型的信息由于社会期许不同，其展示的第三人效果也不同：媒介暴力是负面信息，为社会所鄙弃，产生了经典的第三人效果；而被社会期许的公益广告以及制作精良的品牌形象广告则出现了相反的效果——“信息对自我的影响大于对其他人的影响”。学者们用“第一人效果”（The First-Person Effect）称谓这种现象。自第一人效果概念提出后，有数十项研究都涉及第一人效果的检验，并在公益广告中普遍发现第一人效果②。至此，第三人效果的研究框架不断得到拓展和延伸，大致包括三部分：“第三人”效果、“第一人”效果（“反第三人”效果）及“第二人”效果（共识效果，认为媒介信息对自己和对他人的效果是一样的）（Kurt & Edward，2002）。2003 年 Gunther 和 Storey 提出了更简单但更宏观的“间接影响模型”（Indirect Effect Model），它适用于任何信息类型的传播，无论是正面信息还是负面信息，也不管是产生第三人效果、第二人效果，还是第一人效果，统称为“假定影响”。③

---

① 曾秀芹、张婷婷：《广告第三人效果研究——间接广告效果模式》，《中国媒体发展研究报告：广告卷》，武汉大学出版社 2013 年版，第 15—22 页。

② Henriksen L, Flora J. A. *Third-person perception and children: Perceived impact of pro- and anti-smoking Ads*. Communication Research, 1999, 26(6), 643-665.

③ Gunther A C, & Storey J D. *The influence of presumed influence*. Journal of Communication, 2003, 53(2), 199-215.

由于假定影响模式突破了只从受众本人角度来研究媒介信息传播效果的局限，开始重视受众对其他人媒介传播效果的预期，研究媒体信息的"间接"传播效果，所以得到研究者的极大关注。该学说成为新世纪最受欢迎的传播效果理论之一，已被国外学者广泛应用于广告、公关、网络营销和新媒体研究，并被证实会对消费者购买意向、口碑传播等行为产生影响。

传统的硬营销、"推式营销"追求直接影响、经济实效，在广告创意策略上重在介绍产品的优点、利益，媒体策略上则重在精准，瞄准目标对象，饱经广告轰炸的消费者们却无动于衷。而口碑营销、饥饿营销、话题营销、制造流行趋势等并未向目标受众推销，重在通过让人们感觉到身边人、其他人都在谈论它、追逐它，从而受到感染、驱动，加入流行大潮，可以说是一种拉式营销，是间接影响策略在营销传播领域的应用。

本节所介绍的广告间接说服策略将扭转传统媒介效果理论的研究视角：与其说媒体影响了人们的认知，倒不如说人们的认知"形塑"（Shape）了媒体；与其说研究媒介对于人们看法的影响，不如说考察人们对于媒介效果的看法。[①]。

第五节 典型的广告诉求方法

从理论研究和实践的角度来看，广告诉求方法主要有三种，即理性诉求、情感诉求和潜意识诉求。本节分别对它们进行介绍、分析和讨论。

一、理性诉求

理性诉求是指通过将有关品牌或产品的信息呈现给消费者，以期达到说服他们接受产品和品牌的目的的广告诉求方法。采用理性诉求的广告其实就是雷斯尼克和斯坦所谓的"信息性广告"。按照他们的看法，只要包含一条以上信息内容的广告，就是信息性广告。根据他们的研究，电视中的这类广告占 49.2%。[②]

理性诉求很关键的是在广告中呈现什么信息内容，但是在很多情况下，如何呈现信息也是很有讲究的。本章第二节已经就论点、论据的呈现问题做了广泛的讨论，这里着重讨论"比较"和"双面论证"这两种理性诉求方式。

1. 比较

比较是广告中经常采用的诉求手段，它借助有关信息的对比分析来突出或陈述产品的特性或优点。一般来说，比较有三种情形，即产品使用前后比较、产品更新前后比较、竞争品牌比较。

（1）使用前后比较

宝洁公司的许多产品广告都是采用产品使用前后的对比，来突出产品的功效。例如，舒肤佳香皂广告比较的是，使用舒肤佳后，手上残留细菌少，没有使用前手上残留的细菌多；海飞丝广告是使用之后头屑不见了，使用前头屑很多；飘柔广告是使用飘柔前，头发会打结，使用后则很柔顺。由于宝洁公司大量产品的对比是通过电视画面左右两边直接比较来实现的，所以其电视广告也可称为"两半"广告。图 4－5－1 是味事达酱油的两则很有意思的使用前后比较广告。

---

① 曾秀芹：《营销传播中的社会影响效果》，九州出版社 2017 年版。

② Rensik A & Stern B L. *An analysis of information content in television advertising*. Journal of Marketing，1977，41（1）：50－53.

图 4 - 5 - 2是开米宠物浴液广告，从图中大家很容易看出，使用前是“斑点狗”，使用后成为“纯色狗”。

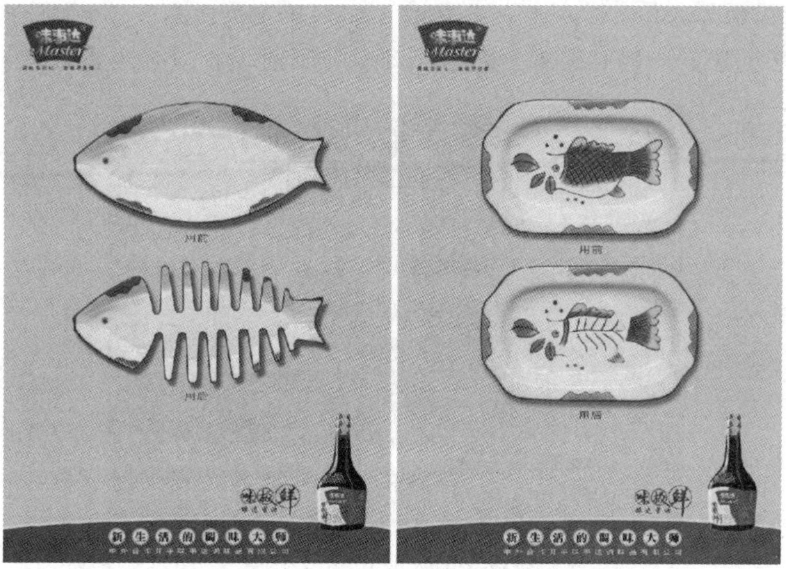

图 4 - 5 - 1　味事达酱油广告

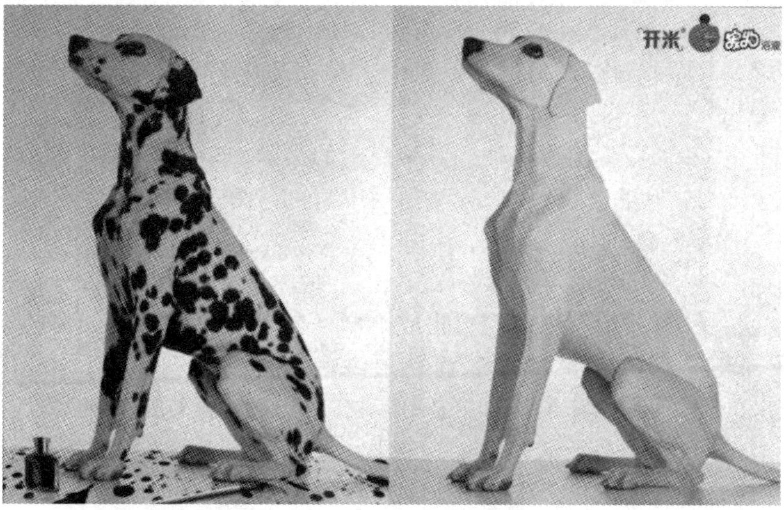

图 4 - 5 - 2　开米宠物浴液广告

（2）更新前后比较

更新前后比较是把同一品牌产品的过去情况与现在情况进行比较，来突出产品性能、质量等方面的发展变化，这种比较与产品的技术革新相联系。例如英国有家公司，在宣传该公司生产的丽明顿刮胡刀越来越快、越来越耐用时，采用了革新的比较手法。该产品广告一共有三张照片，第一张照片站着 10 个人，表示从前每一刀片可刮 10 个人；第二张照片站着 13 个人，表示后来可刮 13 个人；第三张照片上有 200 多人，表示现在可刮 200 多人。再比如，飘柔二合一洗发水有一则电视广告，也是采用这种自我比较的手段。在电视画面上先并列展示两瓶洗发水和护发素，然后把另一瓶颜色不同的飘柔洗发护发二合一洗发水从画面的上部慢慢向下移动，覆盖原来的洗发水和护发素，使洗发水和护发素渐隐至消失，在画面表现的同时，还配上相应的解说词，以说明新飘柔的新功能。图 4-5-3 是一则迷你 iPad 广告，其诉求为产品型号更新前后在尺寸上的差异。迷你 iPad 与以前版本 iPad touch 5 相比，大小只有不到一半，小巧易携带。

图 4-5-3 迷你 iPad 广告

更新前后比较利用了品牌已有的知名度和品牌在消费者心目中的已有形象，同时又展示了产品的更新、变化和发展，突出产品的某一特点，因而容易给人留下深刻的印象，容易进一步提高品牌知名度。所以，更新前后比较，只要不是无中生有或没有本质差异的对比，都是值得提倡的。

（3）竞争品牌比较

在一则广告中，将一种品牌与另一种或一种以上的品牌加以比较，即所谓竞争品牌比较。这种广告也称为比较广告。换言之，比较广告是指用语言和视觉与能够清楚识别的竞争者进行对比的广告。[①]

比较广告作为一种广告形式，早就存在于广告活动中，特别是在美国，大约每十则广告中就有一则比较广告。但是，有些国家则明确禁止或限制比较广告。例如统一前的联邦德国曾禁止"比较广告的制作和宣传，哪怕是作为比较商品的商标，也不被允许"。日本的广告管理条例中有一条"不做中伤和排挤他人的广告（哪怕这些广告是建立在事实的基础上）"。我国广告法的第十二条也明确规定"广告不得贬低其他生产经营者的商品或者服务"。

一般来说，在被允许的比较广告中，任何不利于竞争者的陈述都必须有事实依据，或者说在法庭上站得住脚。

比较广告在内容上包括价格、性能、品质、构成成分、包装、销售情况等方面的对比；在比较对象上，有的跟一种品牌比较，有的同时跟几种品牌比较（如图 4-5-4，其广告语是："不要用这种眼光看我！我不过是比别人身子更长一些而已。"）；在比较方式上，有的指名比较，有的不指名比较，但后者所指的品牌消费者常常可以猜测到。

---

① Gnepa T J. *Observations: Comparative advertising in magazines: Nature, frequency, and a test of the "underdog" hypothesis.* Journal of Advertising Research, 1993, 33(5): 70-75.

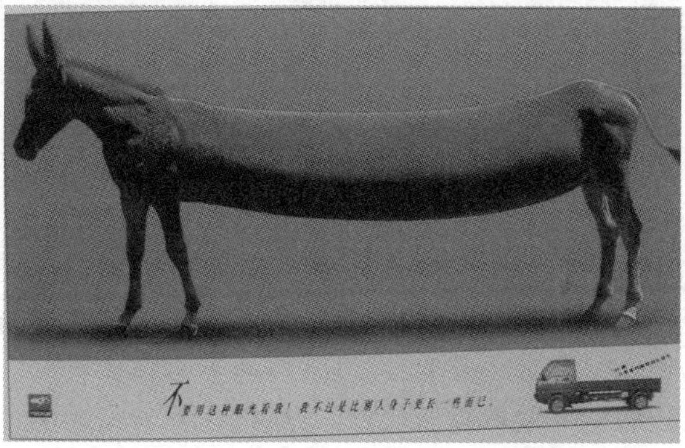

图 4-5-4 玉柴农用车广告

下面是两则比较广告的典型例子，一则是“博士伦”眼镜，另一则是“海昌”眼镜。

“博士伦”眼镜广告的主要比较内容有：

① 美国的“博士伦”是最早将离心浇铸法应用于隐形眼镜生产并销售的公司。

② 1971 年首家获美国食品和药品管理局（FDA）核准销售软性隐形眼镜。直到 1984 年美国其他公司才获 FDA 核准销售离心浇铸法隐形眼镜。

③ “博士伦”的离心浇铸长戴型镜片（含水 38%）是全世界最薄的，中心仅 0.035 毫米。

④ 被全世界眼科医生公认为最舒服、安全的。

⑤ “博士伦”是全世界最多人佩戴的长戴型隐形眼镜（据美国阿瑟·利特尔 Arthur D. Little 报告）。

⑥ 根据美国权威顾问公司罗斯赛尔德（Rothschild Inc.）1989 年 8 月 15 日发表的 500 家隐形眼镜公司的市场调查报告，隐形眼镜的世界销量：第一，博士伦；第二，平克顿；第三，巴恩斯·哈因特；第四，施尔宁·普利姆；最后，海昌。

“海昌”隐形眼镜广告的主要比较内容有：

① 经美国 FDA 核准销售的长戴型隐形眼镜含水量可达 55%，最长可戴 7 天，是真正的长戴型隐形眼镜，国内外唯有海昌公司独家生产、销售。

② 含水量，美国海昌为 38%，同类进口产品为 38.6%。

③ 抗拉力，美国海昌为 $6.4kg/cm^2$（38%），同类进口产品为 $4.4kg/cm^2$。

在学术界，关于比较广告的研究有很多。尼帕 1993 年研究分析了比较广告的使用频率和实质，发现《商业周刊》《金钱》《时代》和《新闻周刊》的 6 018 则广告中，只有 212 则比较广告。其中，比较发起者的平均市场占有率低于广告中的竞争品牌。[①]

① Gnepa T J. *Observations: Comparative advertising in magazines: Nature, frequency, and a test of the “underdog” hypothesis.* Journal of Advertising Research, 1993, 33(5): 70-75.

穆凌等人1989年调查了55家广告主、43家广告公司、22家媒体和管理团体的高层管理者，了解他们对4种形式的比较广告（明确的、含蓄的、指名的、普通的）的态度。广告公司以及更多的广告主和媒体都倾向于支持比较广告，特别是那些明确提及竞争品牌的比较广告。当然也有许多被调查者相信，比较广告是有限的，比较广告与误导、混淆消费者，增加法律问题有关。①

罗杰斯和威廉斯在1989年②，以及比尔德在2014年③都对比和总结了学术研究结果和广告业界实践调查结果：与非比较广告相比，受众对比较广告的信息更信任，更乐于试用和购买广告中的品牌，但从情感来说，受众更不喜欢比较广告。两项综述性研究还指出，比较广告并不适用于所有情境，多数学术研究和实践调查表明，在以下情境下实施比较广告效果较好：当广告中的品牌市场份额很小或者是新品牌；或产品质量较好；或广告诉求阐述了产品的明显利益，并且该诉求是客观的、可信的；或者广告富有创意。但是当广告中的品牌市场份额很大、或广告预算充足、或者竞争对手很多、或在广告中呈示了竞争对手而不是提名时，比较广告的效果较差。

佩奇曼和斯图尔特1991年对1016则由电视广告测量服务机构提供的资料进行的分析表明，直接比较广告的效果视品牌的相对市场位置而定。对于低占有率的已建立品牌来说，在说服被试选择广告品牌时，直接比较广告比间接比较广告和非比较广告有效。直接比较广告对于高占有率品牌的推广也是更有效的。三种形式的广告对于中等占有率的品牌效果一样。④ 另一项以大学生为被试者的研究则发现，比较广告与非比较广告一样有效还是无效，取决于比较的强度。⑤

巴里1993年对已有研究的回顾认为，从文献来看，利用比较广告的压倒性原因是其能够提供更多关于品牌的信息；比较广告被描述为有利于不知名的挑战者；在对来自广告公司的35名创意总监的调查中，52%反对比较广告，28%支持；比较广告可能导致反效果；比较广告也可能减低发起者品牌可信性；比较广告一方面提高品牌意识，另一方面产生错误识别。⑥

从已有的研究成果和逻辑分析可以得出，比较广告有几点好处：第一，比较广告通常是在调查研究的基础上制作出来的，比较的内容是消费者较为感兴趣和关心的，因此广告容易引起消费者的重视。第二，那些知名度低、宣传费用不甚充裕或者从未为人所知的新品牌，通过直接与知名度高、财力雄厚的老品牌作比较，如果它的确有过人之处，那么就可以达到迅速打开市场销路的目的。第三，比较广告提供的信息一般比较充分，它有利于引导消费者直接作出品牌选择，而不必再去寻找其他信息。

比较广告的不足之处是：第一，比较广告提到其他品牌的产品名称，这就相当于给别人做

---

① Muehling D D, Stem D E & Raven P. *Comparative advertising: Views from advertisers, agencies, media, and policy makers.* Journal of Advertising Research, 1989, 29(5):38-48.

② Rogers J C, Williams T G. *Comparative advertising effectiveness: Practitioners' perceptions versus academic research findings.* Journal of Advertising Research, 1989, 29(5):22-37.

③ Beard, Fred. Professionals. *Views of comparative advertising and the scholarly research literature: A review and synthesis.* Journal of Marketing Communications, 2014:1-13.

④ Pechmann C & Stewart D W. *How direct comparative ads and market share affect brand choice.* Journal of Advertising Research, 1991, 31(6): 47-55.

⑤ Donthu N. *Comparative advertising intensity.* Journal of Advertising Research, 1992, 32(6):53-58.

⑥ Barry T E. *Comparative advertising: What have we learned in two decades?* Journal of Advertising Research, 1993, 33(2):19-29.

免费宣传，帮助它们提高品牌知名度。在某些情况下，该广告还会被认为是竞争对手的广告。第二，一般人都有同情弱者的心理，当两种品牌处于明显相对优劣的地位时，出于同情心，消费者可能以处于劣势的品牌为选择对象。尤其是在产品品质差异不大的情况下，劣势品牌更可能得到人们的同情。第三，比较广告往往是以己之优点，较他人之弱点，而不是对产品的各个方面进行全面的比较，因而会给消费者以偏概全、不客观 、不全面的印象，这样反而有利于竞争品牌。例如奥美（O&M）广告公司 1975 年以 6 种品牌调查比较广告与非比较广告，结果显示，比较广告不一定能提高信赖性的印象，相反还可能会造成消费者对广告中所列举的竞争品牌产生好印象的效果。

可见比较广告有利也有弊，在运用时必须小心谨慎。美国 BBDO 广告公司在 1975 年提出使用比较广告应注意以下四个前提：

① 本公司制品必须具有固定的优点；② 竞争品牌比本身品牌在市场上占优势；③ 品牌忠诚程度低的消费者居多数；④ 不直接批评家庭主妇的判断力。[①]

2. 双面论证

在广告中，常常仅提供正面、有利的资料或论据来说明产品或劳务的优点，这种手段即所谓的单面论证，大多数广告都采用这种手段。然而在广告中，偶尔也有这样的做法，即在充分肯定产品优点的同时，也适当地暴露产品的不足之处，这种手段称为双面论证。例如，英国某家刀片公司在一则广告中说："我公司的刀片十分锋利，经久耐用……缺点是易生锈，用后需要擦干保存才能久放。"

单面论证的说服手法是以消费者对广告信息作认知评价为基础的，要求广告提供足够有说服力的论据来突出产品的某一优点。与此不同，双面论证一般是诉诸消费者的同情心理或逆反心理，虽然广告暴露了产品的某些缺点，却给人诚实可信的感觉。不过双面论证要注意产品的缺点不能是产品的重要属性，而应该是消费者可以接受的。

大多数广告主都相信，即使是谎言，说得次数多了，听众也会相信。因此大多数广告都尽量介绍产品的优点，甚至不惜采用夸张的手段。极少有广告主愿意向消费者暴露产品的不足或缺点，哪怕这种缺点对消费者来说是微不足道的。

每一个消费者都希望自己所要购买的产品品质优良、价格低廉、包装精美，所以充分地展示产品的优点无疑是非常重要和必要的。但是正如世界上没有十全十美的人一样，世界上也没有十全十美的商品。一种商品有突出的优点，一般也有其不足之处。所以在广告中适当地采用双面论证手法，容易得到消费者的信任。

研究表明，双面非反驳性论证，比单面传播更能提高文案的可信度[②]；双面论证比单面论证使受众产生较少的反对意见和信源贬损，产生较多的支持意见（见表 4 - 5 - 1）；[③]在名人广告中，与传统的单面论证相比，双面论证广告的可信度和效果评价都更高，对赞助商服务质量的评

---

① 郑瑞泽：《社会心理学》，中国行为科学社 1987 年版。

② Etgar M & Goodwin S A. *One - sided versus two - sided comparative message appeals for new brand introductions*. Journal of Consumer Research，1982，8（4）：460 - 465.

③ Kamins M A & Assael H. *Two - sided versus one - sided appeals：A cognitive perspective on argumentation，source derogation，and the effect of disconfirming trial on belief change*. Journal of Marketing Research，1987，24（1）：29 - 39.

价也更好，利用广告服务的意愿也更强（见表 4－5－2）。①

表 4－5－1 利用名人代言的单面广告和双面广告检验结果一

	单面论证（OS）		双面非反驳论证（TSNR）		双面反驳论证（TSR）		F 值	对比
	均值	标准差	均值	标准差	均值	标准差		
反对意见	1.815	1.075	1.222	.892	.852	.770	7.511[b]	OS>TSNR；OS>TSR
支持意见	.111	.424	.556	.801	.667	1.109	3.411[c]	OS<TSR
信源贬损	1.259	1.095	.630	.742	.741	.712	4.055[c]	OS>TSNR；OS>TSR

注：b 表示 $p \leqslant .01$；c 表示 $p \leqslant .05$。

表 4－5－2 利用名人代言的单面广告和双面广告检验结果二

	单面广告（n＝26）		双面广告（n＝26）		T 检验结果	*p*
	均值	标准差	均值	标准差		
广告评价						
可信度	4.31	.63	4.85	.56	3.27	.005
效果	4.38	.65	4.85	.56	2.79	.005
赞助商评价						
服务质量	4.61	.51	5.00	.71	2.28	.01
购买意图	3.69	1.11	4.31	1.11	2.01	.025

单面论证的成功案例自然无需多言，但广告主一般不能接受的双面论证广告，成功的也不乏其例。前面提到的英国某刀片公司的广告就是一个成功的典型例子。日本美津浓运动器具公司出售的运动衫都附有一张说明书，上面印有："这种运动衫使用的是本国最好的染料，染色技术更是本国最优秀的。不过遗憾的是，酱紫色之类的颜色至今仍然没法做到永不褪色……"这一广告使顾客赞不绝口，对其产品推崇备至，致使产品畅销不衰，独步日本市场。另一则双面论证的成功经典之作是德国的大众车（Volkswagen）广告，它一方面把车子的长处表达出来，同时也把车型外表"丑陋"的缺点表现在广告中，因此博得人们的好评和赞赏。

双面论证如果得到正确的使用，可以获得意想不到的效果。但是，如果使用不当，就像广告主所担心的一样，也容易招来反效果。因此在使用时要考虑到各种条件，特别是以下几个方面：

（1）消费者的已有态度

一般人都有这种心理，愿意接受与自己的态度相一致的事物或观念，拒绝和抵触与自己态度不相吻合的观念。所以当消费者对产品有良好的态度时，采用双面论证就没有必要；而当消费者对品牌印象不佳时，适当地暴露品牌的缺点能够消除他们的抵触心理，让他们接受有利品牌的看法。

对于比较成熟的品牌来说，它的市场份额主要依赖于已经建立起来的忠诚顾客。这些顾客

① Kamins M A，Brand M J，Hoeke S A & Moe J C. *Two－sided versus one－sided celebrity endorsements：The impact on advertising effectiveness and credibility*. Journal of Advertising，1989，18（2）：4－10.

对产品已经有了好的印象,因此没有必要采用双面论证。

(2) 消费者的受教育水平

受教育水平越高的人,思维能力、判断能力也越强,他们能采用比较客观、辩证的观点来看待事物。对他们来说,比较能够接受一分为二看待事物的方式方法,一面之词容易遭到他们的批评。相反,对于受教育水平比较低的消费者来说,他们比较容易不加批判地直接接受传媒的影响,所以一般不宜采用双面论证。

(3) 品牌的知识经验

一个人的知识经验越多,想要用一面之词来说服他就越困难。当消费者对品牌已经了如指掌时,广告仅仅提供他们已知的品牌知识并不能改变他们对品牌的评价。此时运用诉诸同情心理、逆反心理的双面论证方法,反而可能取得好效果。反之,当消费者对品牌不了解或了解不多时,提供单方面的有利信息,能促使他们作出较好的认知评价。

(4) 信源的可靠性

当一个人被认为非常诚实可靠时,即使他说的是谎言,人们也可能信以为真。反之,如果一个人不为人们所信任,即使他说的是客观事实,人们仍会带有几分怀疑。因此对于可靠的信息来源(如大媒体、可信的名人)宜用单面论证,而对于不太可靠的信息来源(如广告传单),采用双面论证的手法会更有说服力。

二、情感诉求

与理性诉求相对应的诉求方法即情感诉求。所谓情感诉求,是指通过激发消费者的情感,进而达到广告说服的目的的广告诉求方法。情感诉求的关键是想方设法利用广告要素激发受众的情绪、情感。在广告实践中,比较典型的情感诉求方式有幽默诉求、恐惧诉求和性诉求。

1. 幽默诉求

幽默是广告中常见的一种诉求手法。广告中的幽默可以用画面来表现,也可以用语言来表达。例如在“泻痢停”和“TCL 无绳电话”的电视广告中,其幽默就是用人物模特的滑稽动作和表情来表现的。而在下面这则狮牌保险柜的广播广告中,幽默则是靠语言来表达的。

(男播音员以浑厚的中音诙谐地播出)世界上没有十全十美的商品,吉林省图们市金属制品厂生产的狮牌保险柜也不例外。(音乐扬起三秒,压混)单价四百二十元的狮牌保险柜,不用去人去函,拨叫图们市 2589 号电话,即刻送到用户手中。狮牌保险柜,最大的缺点是用密码上锁,必须用密码开锁,不然非用焊枪切开不可。记忆有困难的人,请不要使用狮牌保险柜,免得麻烦(乐止)。

关于幽默在广告中的运用,温伯格等人(1995)进行过研究[①]。他们将各种各样的产品依风险高低和消费者的目的分为四个类别,即高风险的功能性工具、低风险的功能性工具、高风险的炫耀性玩具和低风险的炫耀性玩具,然后对各类产品中的电视广告、杂志广告和广播广告的区别进行分析。分析结果显示,在四个产品类别中,低风险炫耀性玩具产品使用幽默最多,使用最少

① Weinberger M G, Spotts H, Campbell L & Parsons A L. *The use and effect of humor in different advertising media.* Journal of Advertising Research, 1995, May/June, 44 - 56.

的是高风险的炫耀性玩具产品。在媒体类别中，幽默的杂志广告明显少于幽默广播广告和幽默电视广告。后二者之间因产品类别不同略有差异(如表 4－5－3)。

表 4－5－3 幽默在广告中的使用百分比 单位:%

产品类别	电视广告	杂志广告	广播广告
高风险功能性工具	23.9(67)*	7.9(176)	14.3(32)
低风险功能性工具	22.2(248)	11.9(125)	10.0(199)
高风险炫耀性玩具	0(32)	5.5(89)	35.2(23)
低风险炫耀性玩具	37.9(103)	18.1(61)	40.6(254)

注:* 括号里的数据为样本量。

幽默表现手法用得好，可以充分发挥广告的效力。例如法国的克隆堡啤酒在美国做的一则幽默广告就很成功。其广告用语是:“法国的阿尔萨斯(克隆堡啤酒的产地)人十分惋惜地宣告，珍贵的克隆堡啤酒正在源源不断地流向美国，阿尔萨斯人真舍不得让克隆堡啤酒离开。”画面表现为:当法国人看到克隆堡啤酒装上卡车向美国驰去时，男女老少悲伤落泪。

幽默广告往往采用夸张的手法，其广告创意往往出人意料，有些创意可能让人觉得讽刺、粗俗、愚蠢、机智、健康、荒谬或异想天开。图 4－5－5 和图 4－5－6 分别是一则洁厕剂广告和洗衣液广告，这两则广告都强调产品具有芬芳的气味，使用过这些产品的人身上和衣服上留有这些香味，这些气味太好闻了，以至于第一则广告中帅气的年轻人抱着中年洁厕妇女不放，另一则广告中的摔跤选手抱着对手闻着衣服散发出来的香味，都忘记比赛了。这两则广告都让人觉得很荒谬，很夸张，达到了幽默的效果。

图 4－5－5 香必飘洁厕剂广告

关于幽默诉求手法的效果，传统的看法认为，幽默能降低受众的认知防御，使他们对产品产生愉悦的、易于记忆的联想。然而，一些著名的广告人对幽默的看法则甚为不同。大卫·奥格威坚持认为广告不宜太引人发笑，而应该多一些情报，并指出“人们可被小丑所逗笑——他们却不

图 4－5－6 某品牌洗衣液广告

取其行径”。美国伯恩巴克公司的一位撰稿人罗伯特·怀恩则持不同观点，他从广告与受众互惠的角度强调幽默的作用时指出：“我们知道广告等于一种侵扰，读者并不一定喜欢广告，并且可能尽量避开广告，因此做好广告便是广告人的责任……为了赔偿你在他买的杂志上耗去他的时间去阅读，因此广告人必须带给消费者乐趣，才是对他们的一种报酬。”①

在幽默效果的研究领域，市场学家、心理学家做了不少研究，但研究结果并不一致。邓肯1980 年的研究发现，幽默广告因分心而影响对情报性信息的理解。在 1985 年的研究中，他认为幽默增加受众对广告的注意，积极影响人们对广告、产品和品牌的态度。佩蒂、威尔斯和布鲁克1976 年以及马登 1983 年的研究都表明，幽默分散受众的注意力，因而减少产生反对意见。马登和温伯格 1984 年对负责创意和研究活动的高级广告人员进行的调查显示，大多数被试者认为幽默有助于吸引注意、理解广告产品，对说服消费者的效果不确定，但不是促进购买产品的最佳方法。② 格尔勃和吉可汉（1986）采用路径分析方法分析了幽默与几个心理效果指标之间的关系（图4－5－7）后指出，“尽管资料混杂，但这些文献表明，期望把较幽默与较低记忆但较高说服联系起来是合理的”。③

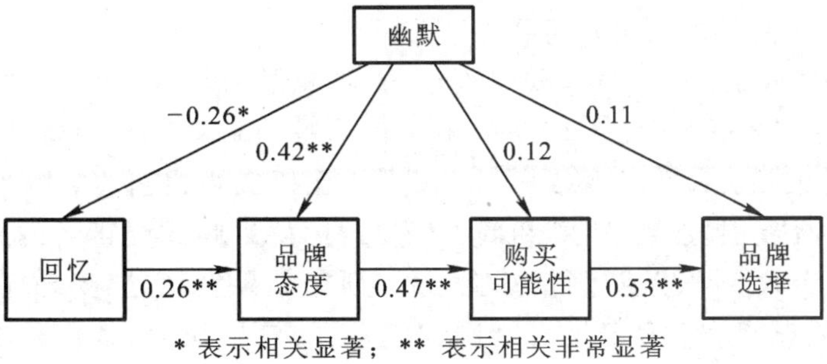

图 4－5－7 幽默的作用

① 丹·海金司：《广告写作艺术》，中国友谊出版公司 1991 年版。

② Madden T J & Weinberger M G. *Humor in advertising: A practitioner view*. Journal of Advertising Research, 1984, 24(4): 23－29.

③ Gelb B D & Zinkhan G M. *Humor and advertising effectiveness after repeated exposures to a radio commercial*. Journal of Advertising, 1986:15(2).

总之,在实验研究领域里,对幽默效应的认识倾向于:幽默引起受众对广告的注意,提高受众的广告接触率,促进受众对广告、品牌形成良好的态度,减少受众对情报信息的理解和记忆效果。

在实验研究中,记忆测验大多在接触广告后的短时间(几分钟、几十分钟或几天)内进行,所以效果较差。在测验时间延迟至更长时间之后,情形就有所不同。幽默的语言、表演容易给人留下难忘的记忆,这些信息的记忆对情报性信息的回忆具有提示的作用。有一项关于500则电视广告的调查发现,在一系列广告的效果测验中,幽默广告更便于记忆,也更有说服力。该项调查还表明,金钱、财产、生命和死亡都不是取笑的对象,应避免当儿戏。温伯格等人(1995)对幽默在各种产品、各种媒体中的运用效果的研究表明,尽管幽默使得广告更有趣、更逗笑,但是,幽默绝对不能保证广告更加有效。①

幽默表现手法有利于达到较好的宣传效果,但要注意使用的场合。著名广告人丹尼尔为幽默广告创作提出四条原则,值得读者参考:(1) 在大多数情况下,幽默性广告只适用于推销低档商品,不适用于推销高档商品;(2) 幽默写法应能使老生常谈的话题获得新生,以加强读者的记忆力;(3) 利用幽默的笔法应能有效地把一个简单的内容讲得生动,便于记忆;(4) 幽默创作应强调一个过时做法的愚昧可笑,从而为新产品或新方法扫清思想障碍。

2. 恐惧诉求

恐惧诉求是在广告中展示一个可怕的情景,来唤起受众的焦虑和不安,进而指出恐惧情景可以通过使用产品或服务来解除。恐惧的情景或把侵袭人体的病害描述得非常可怕,或指出在某种情况下,消费者将蒙受的巨大损失等。例如美国哈利威尔保险公司的一则广告在插图上展示一间被搜查过的卧室,广告标题说:"30分钟前,这个家庭的主人还认为盗窃案只会发生在别人家里。"我国橘红痰嗑液品牌的系列平面广告,展示了喉咙里隐藏着的青蛙、蚂蚁、刺猬,令人毛骨悚然(如图4-5-8)。图4-5-9是吉隆坡的一则反吸烟广告,其画面也令人恐惧。②

恐惧诉求常用于保险服务、医药用品广告方面。

关于恐惧诉求的效果问题,最早的观点认为,信息的有效性与它制造的恐惧成正比。恐惧制造得越大,紧张度越强,驱使人们采取购买行动以消除紧张的力量就越大。然而詹尼斯和费思巴奇(1953)的研究却发现情况并非如此③。在研究中,他们给中学生讲解牙齿保健的知识,并分别用三种能引起强烈、中等和低等恐惧的图解来唤起受试者的恐惧感,然后考察感受恐惧程度与受试者改变牙齿卫生行为的关系。研究结果发现,感受恐惧的受试者比控制组(没有接受讲解的受试者)行为变化大,但低等恐惧的效果最大,其次是中等恐惧(见表4-5-4)。

① Weinberger M G, Spotts H, Campbell L & A Parsons L. *The use and effect of humor in different advertising media*. Journal of Advertising Research, 1995: 44-56.

② 《参考消息》2001年7月28日。

③ Janis I L & Feshbach S. *Effects of fear-arousing communications*. Journal of Abnormal and Social Psychology, 1953. 48(1): 78-92.

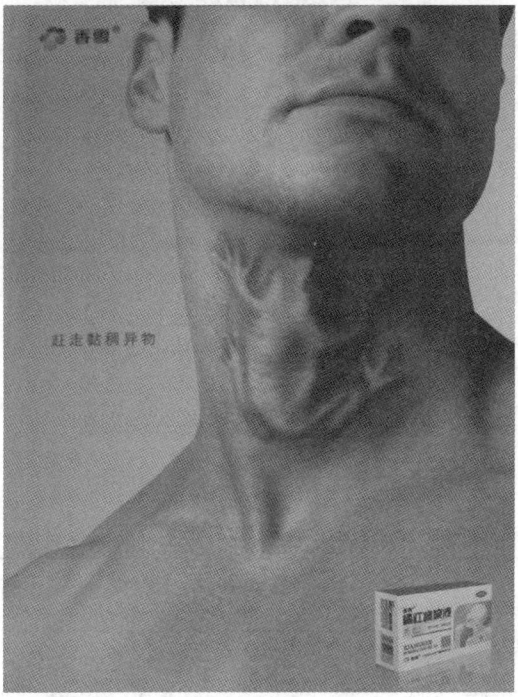

a. 青蛙篇

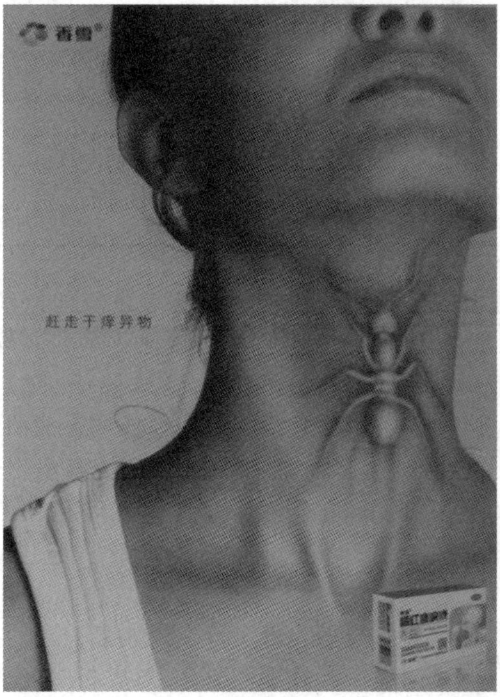

b. 蚂蚁篇

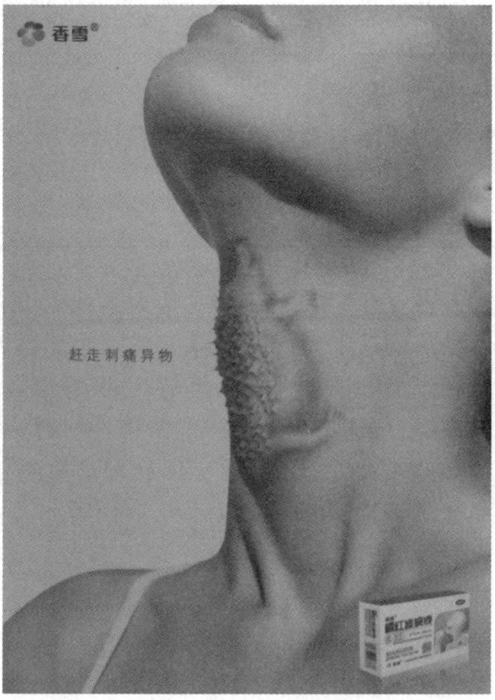

c. 刺猬篇

图 4－5－8　橘红痰嗑液

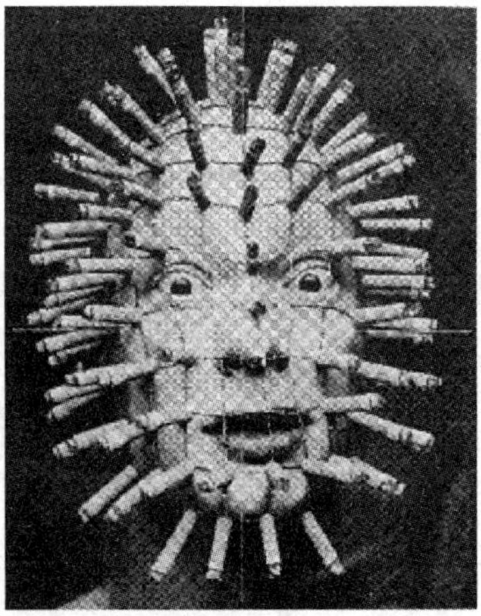

图 4-5-9　吉隆坡反吸烟广告

表 4-5-4　牙齿卫生讲解效果与不同恐惧程度的关系

		强烈恐惧组	中等恐惧组	低等恐惧组	控制组
听讲一周后的改变	朝讲解方向改变①	22	44	50	22
	朝讲解相反方向改变②	20	22	14	22
	无改变	52	34	36	56
	改变净值①-②	+8	+22	+36	0
一周后调查前所施反宣传的效果	朝相反方向改变①	30	28	14	44
	朝反宣传相反方向改变②	38	42	54	24
	无改变	32	30	32	32
	改变净值①-②	-8	-14	-40	+20

雷和威克(1970)的研究支持太强或太弱的恐惧感反而不如适当恐惧感有效。他们还对恐惧感增加后的后果做如下解释:"……假如恐惧感能够增加驱使力,就有可能把更多的注意力和兴趣放在产品和信息上……但是,恐惧感也会导致一种重要的特征出现,就是抑制……如果恐惧程度过高,就可能产生对广告的防御性回避,对威胁的否认,对广告意义做选择性接受或曲解,或者认为如此重大的恐惧实在无法处理。"麦奎尔(1969)针对恐惧宣传及其效果的关系指出,二者之间是非单调性的倒 U 形关系①。他认为,受众的焦虑唤起水平与观点的改变之间存在着交互作用,即过高或过低的焦虑水平都不容易引起观点的改变。只有适当的焦虑水平才能引起消费者的态度改变。

纳特威尔和斯耐普斯等人 1996 年比较温和的恐惧诉求与强烈恐惧诉求的效果,其研究结果与早期的研究不甚一致。该研究发现,较强的恐惧诉求明显产生较高的紧张,对广告态度和购买

① McGuire W J. *The nature of attitudes and attitude change*. The Handbook of Social Psychology, 1969, Addison - Wesley Pub. Co.

意图有积极的影响，只是较强的恐惧诉求被看作比温和的恐惧诉求较不符合伦理。[①]

不过，其他研究也发现，恐惧诉求有一定作用，或至少对一部分人有作用。例如伯纳特和威尔克斯(1980)的研究结果指出，恐惧诉求对一定的消费者群体比总体更有效。研究结论认为，恐惧诉求对于特定的产品及其顾客来说，是一种可行的广告策略。[②] 范威尔和纳鲍特 1998 年研究恐惧诉求对青少年吸烟的影响则发现，几乎一半吸烟者(16 岁)对恐惧诉求的反吸烟广告产生防御性反应，只有一小部分人说要停止吸烟。[③]

3. 性诉求

广告中的性诉求是指在广告中运用与性相关的，以说服为目的的诉求信息，通常表现为性感的人物形象、具有性暗示的字词及双关语，或者这两者的结合[④]。各种性诉求要素的使用范围和使用程度并没有严格的限制。在欧美等国的广告中，性诉求现象很普遍，怀斯等人早在 1974 年的调查就发现，多数被试都认为"广告主在广告中使用太多的性诉求"[⑤]。1988 年，一项分析美国六大主流杂志广告中的模特穿戴的研究发现，1964 年女性穿戴性感的广告占 31%，1984 略微增加到 35%。[⑥] 2004 年的另一项研究发现，在杂志广告中，采用女模特进行性诉求(暗示性、部分遮住、裸体)的广告从 1983 年的 28% 增加到 1993 年的 40%，到 2003 年则达到 49%(见表4-5-5)[⑦]。

表 4-5-5 性诉求广告的变化情况

	1983	1993	2003	总体
女性衣着				
端庄的	72%	60%	51%	62%
暗示性的	12%	17%	30%	19%
部分遮住	14%	16%	13%	14%
裸体	2%	7%	6%	5%
	n = 522	n = 440	n = 401	n = 1363
男性衣着				
端庄的	88%	82%	79%	84%
暗示性的	3%	3%	6%	3%
部分遮住	9%	13%	12%	11%
裸体	0%	2%	3%	2%
	n = 468	n = 258	n = 237	n = 963

① LaTour M S, Snipes R L & Bliss S J. *Don't be afraid to use fear appeals: An experimental study.* Journal of Advertising Research, 1996, 36(2): 59-67.

② Burnett J J & Wilkes R E. *Fear appeals to segments only.* Journal of Advertising Research, 1980, 20(5): 21-24.

③ van Wel F & Knobbout J. *Adolescents and fear appeals.* International Journal of Adolescence and Youth, 1998, 7(2): 121-135.

④ Reichert T, Heckler S E & Jackson S. *The effects of sexual social marketing appeals on cognitive processing and persuasion.* Journal of Advertising, 2001, 30(1):13-27.

⑤ Wise G L, King A L & Merenski J P. *Reactions to sexy ads vary with age.* Journal of Advertising Research, 1974, 14(4): 11-16.

⑥ Soley L C. & Reid L N. Taking it off: *Are models in magazine ads wearing less?* Journalism Quarterly, 1988,65(4): 60-66.

⑦ Reichert T & Carpenter C. *An update on sex in magazine advertising: 1983 to 2003.* Journalism & Mass Communication Quarterly, 2004, 81(4): 823-837.

续表

	1983	1993	2003	总体
身体接触				
不接触	59%	30%	28%	43%
简单接触	21%	17%	25%	21%
亲密接触	20%	36%	41%	30%
非常亲密接触	0%	17%	6%	6%
	n = 223	n = 127	n = 121	n = 223

在平面广告中,性诉求也屡见不鲜。具体表现为人体的性感部位和与性有关的动作画面表现(如图 4 - 5 - 10),与性有关的言语描述,以及某种象征性的符号(如图 4 - 5 - 11)。例如身穿泳衣、露胸袒背、谈情说爱、拥抱接吻的表现等都与性诉求有关。

图 4 - 5 - 10 巴黎水广告

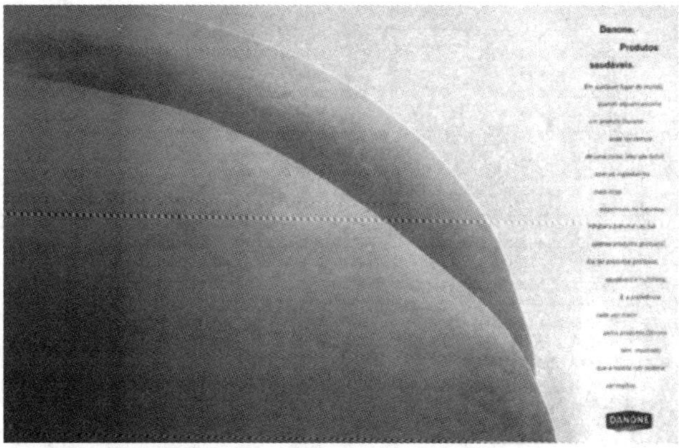

图 4 - 5 - 11 达能食品广告

在影视广告中,性诉求广告也不难看见。例如,飘柔洗发露的一则 30 秒影视广告画面中有一男一女,伴随着英文经典歌曲——电影《人鬼情未了》中的配乐 *Oh My Love*,男主人公深情地把双手搭在女主人公头上,顺着女主人公的一头秀发缓缓向下。突然,男主人公的双手一滑,停在了不该停的部位——女主人公的胸部上,音乐戛然而止。两人同时都很惊讶,女主人公赏了男人一巴掌,此时女声旁白:"他真的不是有心的,他怎么知道你的头发那么顺滑呢?"(粤语)最后,出现产品及口号。

性诉求的形式多种多样。里奇蒙和哈特曼(1982)对广告内容的性质分析表明,广告中的性诉求有五个取向①:

(1) 功能性(Functional),即广告中产品的功能与性直接相关,如保险套、内衣等广告中的性

① Richmond D & Hartman T P. *Sex appeal in advertising*. Journal of Advertising Research, 1982, 22(5): 53 - 61.

诉求。

(2) 幻想性(Fantasy),即性诉求内容能引起受众的性联想,通常诉诸浪漫。

(3) 象征性(Symbolism),即在文化上具有性象征,如将人体性器官或相关部位符号化。

(4) 不适合性(Inappropriate),即广告产品本身与性无关联,但利用性来吸引注意力。

(5) 男性或女性导向(Male or Female Orientations),指目标受众是男性或女性。

瑞澈特(2003)则根据性诉求的表现形式将性诉求分为五类①:

(1) 裸露(Nudity),即广告模特身体的裸露程度,比如穿紧身装、只穿内衣或全裸。

(2) 性动作(Sexual Behavior),即一个或多个广告模特展示与性相关的动作,如用肢体动作或语言进行性暗示,包括拥抱、接吻等一些亲密的性动作。

(3) 身体部位(Physical Attractiveness),即展示广告模特具有吸引力的身体部位,如漂亮的面容、肤色、发型或优美的体型等。

(4) 性暗示(Sexual Referents),即广告中包含了对受众具有性暗示的一些元素,比如使用具有性暗示倾向的双关语,或者展示具有性暗示的场景、灯光、音乐、设计元素等。

(5) 潜意识性嵌入(Sexual Embeds),即在受众潜意识的水平下迅速呈现与性相关的信息,使得受众几乎意识不到性诉求的存在,但其潜意识却可能受到影响,如对性器官或性动作的迅速暴露。

性诉求在广告中的运用,是以富有魅力的姿色、激发美感的情景来吸引男人或女人的。研究表明,性诉求广告具有高度吸引男人或女人注意的价值。当同一页杂志上有好几则广告时,大多数人都是先看含有性暗示的广告。有的研究还发现,与非性诉求广告相比,性诉求广告被认为是较讨人喜欢、有趣的和原创性的,更能促使被试者产生购买意图(见表 4-4-6)②。然而,性诉求广告也有不足之处,它不利于受众对广告信息的记忆。国外有项实用研究发现,同样一种香水,用同一个模特来做广告,有一则广告模特穿着时髦的三点式泳衣,另一则广告模特穿着正常的服装。结果前一则广告,由于观众的注意力都集中到模特身上,因而对广告的记忆率相当低,仅为 2%;而后一则广告,观众的注意力都由模特身上转移到她手上的香水瓶,因而记忆率相对较高,为 13%。在学术研究中,斯特德曼(1969)给 60 名男子看 12 张照片,其中 6 张是中性的(如房子),另 6 张是女人的各种裸体照。在每一张照片底下,印有一种产品品牌。整套广告让参加者保留 24 小时。当实验快结束时,实验者取走照片下的品牌名称,要求参加者回忆它们。即时测试结果是,裸体照片的品牌回忆成绩高于中性照片的回忆成绩,不过差异不太显著。一周后再进行记忆测试时,中性照片的品牌回忆成绩为 60%,而裸体照片的品牌回忆成绩为 49%,两者之差相当显著③。另一项研究(见表 4-5-6)发现,在品牌名字回忆上,性诉求广告与非性诉求广告没有显著差别,但在文案信息点回忆上,性诉求广告显著不如非性诉求广告④。较早的研究(见表 4-5-7)还发现,相对于只有产品、端庄模特或魅力模特的广告来说,受众对裸体模特

---

① Reichert. *What is sex in advertising? Perspectives from consumer behavior and social science research.* In T. Reichert and J. Lambiase (Eds.), Sex in Advertising: Perspectives on the Erotic Appeal, Mahwah, NJ: Erlbaum, 2003,11-38.

②④ Severn J, Belch G E & Belch M A. *The effects of sexual and non-sexual advertising appeals and information level on cognitive processing and communication effectiveness.* Journal of Advertising,1990, 19(1): 14-22.

③ Steadman M. *How sexy illustrations affect brand recall.* Journal of Advertising Research, 1969, 9(1): 15-19.

广告及其产品质量和公司声誉的评价均较差①。

表 4-5-6 性诉求与非性诉求的比较

	性诉求		非性诉求	
	高信息	低信息	高信息	低信息
品牌名字回忆[a]	82%	64%	73%	69%
文案信息点回忆[b]	.97	.84	1.86	1.06
广告态度[c]				
讨人喜欢的	3.91	3.98	3.38	3.51
有趣的	5.56	5.44	3.36	3.64
原创的	5.29	5.42	4.09	4.02
令人讨厌的	3.66	3.13	2.40	3.27
品牌态度[c]	3.24	3.54	3.16	3.25
品牌购买意图[c]	2.86	3.18	2.29	2.54

注:a 被试正确列出产品品牌名字所占的比例。
b 文案信息点的平均回忆率。
c 7 点量表得分,7 表示最好态度、最可能购买,1 表示最差态度、最不可能购买。

表 4-5-7 受众对各类广告及其产品质量、公司声誉的评价*

	润肤露			棘轮设备		
	广告吸引力	产品质量	公司声誉	广告吸引力	产品质量	公司声誉
只有产品	4.25	3.82	3.59	4.48	3.71	3.54
端庄模特	5.08	3.46	3.51	4.14	3.75	3.93
魅力模特	3.68	4.42	3.15	4.92	2.36	4.82
裸体模特	5.33	2.07	5.41	4.88	2.65	5.07

注:* 均值越小,广告越有魅力,产品质量越低,公司声誉越好。

调查研究表明,富有刺激性的各种美女画面被设计出来用在吸引男人的广告上,实际上,大多数女人比男人更认真地阅读广告信息。同样,女人也看登有英俊男人画面的广告,但是阅读广告信息的男人要比女人多得多。里德 1983 年对 126 则杂志广告的阅读分数的检验也指出,装饰性的女性模特会增加男性受众注意广告的倾向,但不可能增加他们对广告文案的阅读。男性对特殊产品类别的天然兴趣比女性模特对信息加工的影响更大②。

总之,从广告效果的角度来看,带有性色彩的广告有利有弊,受到各种因素的影响,如产品是否与性有关等。但从教育功能上说,性诉求广告不利于青少年的身心健康发展。所以在广告中,特别是电视广告中运用带有色情味道的画面或语言要小心谨慎,以免引起受众的反感。

① Peterson R A & Kerin R A. *The female role in advertisements: Some experimental evidence.* Journal of Marketing, 1977, 41(4): 59-63.

② Reid L N & Soley L C. *Decorative models and the readership of magazine ads.* Journal of Advertising Research, 1983, 23(2): 27-32.

三、潜意识诉求

潜意识诉求是指快速地呈现广告信息,以至于受众意识不到信息的存在。这种广告也称阈下广告。

潜意识诉求起源于美国,1957 年开始受到人们的关注。当时有个名叫维克利的人推销一种特别的投影机。据说该机器能在一个活动的屏幕上每 5 秒钟闪现一次信息,而与此同时屏幕上正在播放常规的电影,信息闪现时间是 1/3000 秒。维克利在美国新泽西州的 Fort Lee 电影院里做过试验,在电影播放中每隔 5 秒钟以 3/1000 秒的速度呈现信息:"请吃爆米花"和"请喝可口可乐",结果电影院周围的爆米花和可口可乐的销量分别增加了 57.5% 和 18.1%。遗憾的是,后来没有人能够重复得到他的结果,他的研究可能是一个恶作剧。①

不过,自从那时起,人们宣称阈下刺激可以用来帮助人们减肥、增强记忆、降低血压、增进性功能等。1978 年,有人在美国东部的一家商店中做试验,方法是在背景音乐中加上两条阈下信息:"我是诚实的(I am honest)"和"我不会偷(I will not steal)"。这两条阈下信息播了 6 个月,结果被偷东西的价值从 160 万(美元)下降到 90 万(美元)。

由于担心阈下刺激被不正当地使用,如用于引起人们酗酒,所以在澳大利亚和英国都禁止使用阈下广告,美国的广播协会也限制使用阈下广告。

由于担心阈下广告会给广告业造成不好的名声,许多人对阈下刺激进行了研究。大量的研究证明,人们的确会对阈下刺激做出反应。例如拉扎勒斯和迈克里利(1951)的研究发现,对于受惊的人,当呈现给他们一些无意义的词时,他们会出现表示害怕的皮电反应,尽管这些词呈现得非常快以至于他们无法辨别。但是没有任何研究发现阈下知觉会导致说服。② 贝恩(1959)的研究发现,阈下刺激能激发人的基本动机,但不能影响选择行为。他给两组饥饿的大学生看电影,一组电影中带有阈下刺激"牛肉"一词,另一组没有。在随后对三种三明治的选择中,有"牛肉"阈下刺激的被试者并没有更多地选择牛肉三明治,但是他们在饥饿程度上的打分较高。③ 霍金斯(1970)采用实验法也发现,不管阈下刺激是"Coke"还是"Drink coke",只要它们与动机高度相关时,它们就能加强人的基本需求,如渴和饿,但对最终产品的选择行为不产生影响。④ 休斯(1994)对 128 篇文献的分析认为,阈下刺激对消费行为的影响是极其微弱甚至不存在的,但可能对消费者的品牌态度、品牌偏好等产生影响。⑤ 另一项对 23 篇论文的元分析也支持阈下刺激对行为影响微弱的结论。⑥ 更近的研究表明:饮料品牌名字的阈下启动,对被试者的品牌选择、

---

① Karremans J C, Stroebe W, Claus J. *Beyond vicary's fantasies: The impact of subliminal priming and brand choice.* Journal of Experimental Social Psychology, 2006, 42(6): 792 - 798.

② Lazarus R S & McCleary R A. *Autonomic discrimination without awareness: A study of subception.* Psychological Review, 1951, 58(2): 113 - 122.

③ Byrne. *The effect of a subliminal food stimulus on verbal response.* Journal of Applied Psychology, 1959, 43(4): 249.

④ Hawkins D. *The effects on subliminal stimulation on drive level and brand preference.* Journal of Marketing Research, 1970, 7(3): 322 - 326.

⑤ Theus K T. *Subliminal advertising and psychology of processing unconscious stimuli: A review of research.* Psychology and Marketing, 1994, 11(3): 271 - 290.

⑥ Trappey C. *A meta - analysis of consumer choice and Subliminal Advertising.* Psychology and Marketing, 1996, 13(5): 517 - 530.

品牌购买意图以及饮用饮料有影响,但仅仅是对口渴的被试者有影响。

总之,迄今为止,研究者所发现的阈下广告的刺激作用是很微弱的。但是,据有关调查,在电话访问过的400名(18岁以上)被调查者中,74.3%的人听说过潜意识广告概念,61.5%相信这种技术被广告主所运用,45%的人报告使用潜意识广告将会影响他们是否购买广告产品,教育程度越高的人越相信潜意识广告的作用。[①] 另外,在当今的电影、电视、网络媒体中,置入(植入)式、镶嵌式的广告越来越多,或许由于置入品牌或Logo时间短促,或许是因为受众接触时间短暂,置入广告在许多情况下已经成为阈下广告,所以对潜意识广告还是需要持续加以关注和研究的。从实践的角度看,如果置入广告是阈下广告且阈下广告的确效果有限的话,那么如何使之成为阈上广告也是媒体和广告主要共同探讨的。

---

① Rogers M & Smith K H. *Public perceptions of subliminal advertising: Why practitioners shouldn't ignore this issue.* Journal of Advertising Research, 1993, 33(2): 10-18.

第五章　广告表现的心理规律

广告表现是将广告策划过程中形成的广告主题、广告诉求重点等，通过创意过程，用某种形式（符号）表达出来。实际上，它包括广告的创意、设计和制作过程。所以，本章首先谈谈广告创意的构思方法，接着根据消费者对广告的认知过程，阐述广告设计和制作的基本原则，而后就如何影响人们广告认知以及有关的心理学理论和方法展开讨论。

第一节　广告创意的构思方法

广告创意不管是在国外还是在国内都深受人们的重视。亨克 1995 年在探讨代理公司与其客户关系的影响变量时指出，对创意技能是否满意是代理公司改变与否的重要预测变量。他们研究认为，广告代理公司的发展存在两个不同的阶段：第一阶段是强调创意潜力，第二阶段强调绩效和服务技能。[①] 在我国，“创意”也一直是广告界探讨的热门话题，而且从 20 世纪 90 年代末以后，逐渐成为最重要的研讨话题之一。[②]

广告创作可以由个别创作人员独自进行，也可以由多个创作人员组成的创作小组集体进行。在我国广告实践中，多数创意是个人独自努力的结果，集体创作的现象相对比较少见。然而，由于集体创作集中了多人的思想，比较容易获得成功，是值得推荐的方法，因此，本节先介绍一种集体创作的方法，再一一介绍各种个人创意的构思方法。[③]

一、脑力激荡法

自古以来，人类就十分重视充分利用集体的智慧。我国的一些成语和俗语如“集思广益”“三个臭皮匠赛过一个诸葛亮”等都说明了充分利用集体智慧的价值和作用。然而一种有效利用集体智慧进行广告创意的方法，则是在 20 世纪 50 年代由美国的亚历山大 · 奥斯本提出的，即所谓“脑力激荡法”。这种方法不仅是广告界寻求广告创意的重要方法，同时也早为企业经营管理者所重视。

奥斯本是美国研究创造性思维的权威人士，又是美国 BBDO 广告公司创办人之一。他所谓的“脑力激荡法”，意指每一个创作人员充分运用各自的脑力，进行创造性的思考，共同产生大量的观念，以求解决某一问题。

---

① Henke L L. *A longitudinal analysis of the ad agency client relationship: Predictors of an agency switch.* Journal of Advertising Research, 1995, 35(2): 24 - 30.

② 黄合水、王保红、汪澜、袁冰：《20 年来中国广告界探讨的热门话题》，《现代广告》（2003 年学术特辑）第 98—103 页。

③ 黄合水：《电视广告创意的构思方法》，《广播电视研究》1993 年第 3 期。

以集体的方式之所以能产生大量的观念，其原因是：每一个人的联想能力犹如导线的电流传导，当小组中的某一成员忽然想出某一观念时，必然会激发其他人的想象力，转而产生另一新观念。这一新观念又会进一步激发小组内其他成员的想象力，从而产生“连锁反应”。有人把这一现象加以形象的描述：当你真正沉溺于创造性思维小组会议中时，在某人脑中所触发的思想火花，能燃起其他人思想中的许多观念，犹如点燃爆竹一样。

用脑力激荡法来获取广告创意是通过会议进行的。为了使脑力激荡会议获得最佳效果，奥斯本根据经验和创造性思维的原理定下四大原则：

（1）摒弃批评：即不允许直接批评别人提出的观念。

（2）鼓励自由畅谈、异想天开：即必须无拘无束地广泛联想，观念愈新奇愈好。

（3）鼓励多出点子：观念愈多，愈有筛选的余地，成功的可能性也就愈大。

（4）善于把自己的观念与他人的观念加以综合并有所创新：即参加会议的人员除了提出本人的观念外，还应该注意如何将他人的观念转变为更好的观念，或如何将多个观念组合成为一个更好的观念。

脑力激荡会议在实践中，有各种不同的变化运用。例如美国企业管理研究会的史密特豪萨曾把它演变成一种“停停又想想”的方法。

脑力激荡法能够集多人的智慧，值得在我国广告界加以倡导和推广。

二、启发构思法

谈到启发构思法，人们很容易想起古典小说中的苏小妹三难新郎这一故事。正当秦少游面对“闭门推出窗前月”苦思不得下联而徘徊于花园水池旁时，苏轼的“一石落水”之举启发了他的思路，使他忽然间得到了灵感，由此产生了“投石冲破水底天”的不朽佳对。现在人们用来锯木头的锯子，传说最早是由我国古代著名木匠鲁班发明的。鲁班有一次在野地行走时，不小心腿被有锯齿的草叶划破一道口子，受这次偶然经历的启发，后来他发明了锯子。

启发构思是由周围环境中的事物、现象引发产生灵感、创意的过程，许多杰出的科学发明创造都与此法有密切的关系。在这种方法中，个人的经历、所见所闻对于产生新的主意、点子十分重要，所以许多科学家、发明家在进行科学研究和技术发明之余，常常要外出游览，以便从中获得灵感。

在广告实践中，启发构思法的运用并不难看到。最典型的例子就是大卫·奥格威的 Hathaway 衬衫广告创作。在构思 Hathaway 衬衫广告时，奥格威曾想出十几个创意，但是没有一个让自己感到满意。后来有一次在摄影棚里他看到一个黑色的眼罩，因而产生了闻名广告界的“戴黑眼罩的男人”的广告创意。

案例欣赏

在现代电视广告中，许多用象征性、借喻式或暗示性表现手法创作的广告作品都是启发构思的产物，这类例子不胜枚举。

三、顿悟构思法

顿悟构思法源于心理学关于思维的研究。第二次世界大战期间，德国心理学家柯勒研究黑猩猩的思维活动时，在一间房间中央的天花板上吊一串香蕉，黑猩猩站在地面上拿不着。房间的四周放着一些箱子。面对这样的情境，黑猩猩开始企图采用跳跃的方式获取香蕉，但是没有达到目的。于是它不再跳，而是在房间内走来走去。突然它站在箱子前面不动，过一会儿，它很快把箱子挪到香蕉下面，爬到箱子上取到了香蕉。有时一个箱子不够高，还能把两个或几个箱子叠起来，这就是所谓的“顿悟”。后来许多心理学家也发现，尽管人类比黑猩猩进化到更高的层次，但在人类的思维活动中，顿悟现象仍然存在。

在电影、电视中，我们常常可以看到，剧中主人公在面临一个问题而不得其解时，有时显得很焦虑，有时则很平静地在室内或户外来回走动，忽然间似乎领悟到什么而豁然开朗。这也是顿悟的表现。

顿悟构思法的特点是创作者对问题情境有了足够的认识，具体而言就是创作者对产品特点、产品定位以及广告活动所欲达到的目的等都有了清楚的认识，但一时难以形成或产生一个主意或点子。在一段时间里，创作者似乎无所作为，某天创作者忽然感到什么都已清楚明晰，因而一个创意就产生了。

四、辐射构思法

一场广告运动通常包括一系列的广告，而一系列的广告又围绕着同一主题。辐射构思法往往就是以广告运动的主题为基点，任凭创作者的思维、想象驰骋。在产生若干有关创意之后，创作者再从中选择出一个适合广告主题、有创造性、有诉求力的创意。例如，为了突出医用胶的黏合功能，创作者可以尽自己所能，想出若干表现黏合功能的创意，如用现实的表现手法表现医用胶在医学临床上的运用，或用瓷器破碎重新黏合的借喻方法来表现其功效，还可以用权威医生的证言来传递医用胶的功能信息，等等。有了这些点子后，创作者再根据本产品的特点、消费者的心理以及目前广告制作的条件要求等，确定一个合适的创意。不过，有时所确定的广告创意不一定很完善，必须加以适当的修改、发展，或综合其他创意的优点。

辐射构思法的优点是对思考过程的限制较少，有利于产生一些新奇、独特的创意。使用该方法进行广告创意时，要特别注意，不要轻易地否定自己所想到的点子，不管这点子是荒唐离奇，还是俗气可笑。而且当点子一旦在头脑中闪现时，就要立即把它记录下来，以免遗忘。

五、二旧化一新法

二旧化一新，其意是一个新的构想常出自两个不同甚至相抵触的想法的再组合。这种创意构思概念是亚瑟·凯斯特勒提出的。他认为两个普通的概念或两个想法、两种情况甚至两个事件放在一起，经由“二旧化一新”，就能产生一个意想不到的新构想。[①] 凯斯特勒将新构想描述为“解放的行动”，是以创造力击败习惯。

二旧化一新的创意方法要求创作者进行积极思考，为两个想法创造出一个关系，使它们联结起来。与其他方法相比较，该方法看起来很简单，却是一种比较抽象的方法。

二旧化一新的创意方法在实际广告创作中被广泛使用。例如图 5－1－1 中，世界野生生物基金会(WWF)的公益广告，就结合了两种普通的事物——手和鳄鱼，创造出用人的手来表现动物的艺术品，深深地吸引了受众的注意力。该广告图片与广告诉求主题一致，其“为野生生物伸出援助之手”的广告诉求也容易被受众记住。

---

① 高渠:《电视广告创作学》，华视出版社 1986 年版。

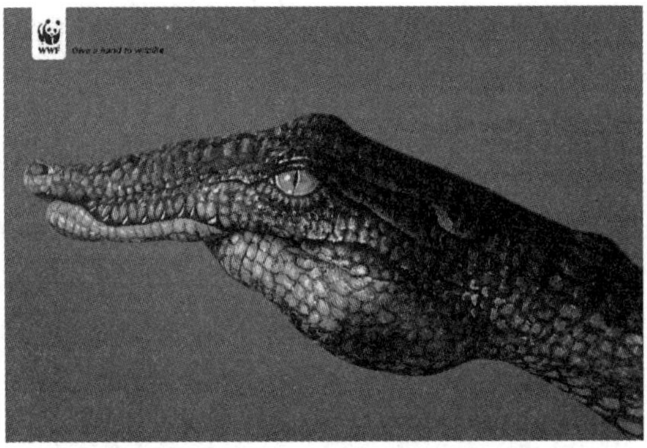

图 5－1－1 世界野生生物基金会公益广告

六、J. W. 杨创意产生法

J. W. 杨是美国著名的广告人，曾任智威汤逊广告公司的创意总监。杨氏认为新构想是不折不扣的老要素的新组合。在阐述老要素是如何进行新组合以形成一个新构想时，他认为这个过程可分为下列五个步骤：

（1）收集原始资料。原始资料分一般资料和特定资料。一般资料是指人们日常生活中所见所闻的、令人感兴趣的事实，特定资料是与产品或服务有关的各种资料。老要素即从这些资料中获得。因此要获得有效的、理想的创意，原始资料必须丰富。

（2）思考和检查原始资料。这一步骤就像食用食物一样，对所收集的资料进行理解消化。

（3）酝酿阶段。在这一阶段，创作者不要做任何努力，尽量不要去思考有关问题，一切顺乎自然。简言之，就是将问题置于潜意识之中。

（4）创意产生。经过第三阶段，你可能没有期望会出现什么奇迹，但奇迹就莫名其妙地出现了，即一个新的构想诞生了。

（5）形成和发展构想。一个新的构想不一定很成熟、很完善，它通常需要经过加工或改造才能适合现实的情况。

J. W. 杨的创意产生法跟英国心理学家瓦拉斯对创造性思维过程的描述相类似。该方法自提出之后，得到广告界的广泛运用和讨论。

图 5－1－2 是益达口香糖广告。该平面广告用口香糖及其倒影形成了一把牙刷的形状，让消费者联想起清洁牙齿的作用，这正好体现出益达口香糖的诉求“清洁牙齿，清新口气”。这种创意来源于创作者平时注意收集生活中的点点滴滴资料，是在其脑海中不断酝酿消化后的成果。

七、水平思考法

水平思考法是一种促使创意产生的新思维方法，由英国心理学家艾德华·戴波诺所倡导。他的这一思考方法在欧美各国颇受重视。

戴波诺认为，过去大多数创意是根据经验，对一种事物朝着一定的线路作直线前进推理，属于垂直思考法，这种方法可以对事物作更深入的研究和表达，但不易产生新的创意。他认为水平思考法是完全脱离既有的观念，对事物作新的思考的方法，它比较容易产生新的创意。

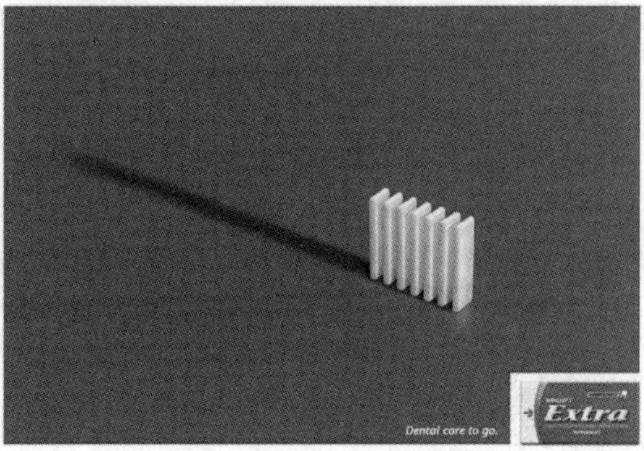

图 5-1-2　益达口香糖广告

戴波诺还以巧妙的比喻说明这两种方法的不同。他说:古时候有一位商人,向高利贷者借了很多钱,贪婪的高利贷者看中了商人年轻漂亮的女儿,逼着商人立即还债,并提出以女儿代替债务的要求。他还故作大方地提出一个方法:把黑、白各一粒石子放在袋里,由女孩子任取一粒,如果取出黑石子,则由女孩子代替债务。如果取出白石子,不但给女孩子自由,还自动取消债务。正当高利贷者从地上拾取小石子放入袋里时,女孩子看到所拾的两粒石子都是黑色的。这时候,如果按照垂直思考法,女孩子只有三种办法:第一,拒绝取石子;第二,立即打开口袋,揭露高利贷者的阴谋;第三,自我牺牲,取出黑石子。但是上述三种办法中的任何一种,对于商人和女孩都没有什么益处。面对这一难题,女孩子出乎意料地从口袋中取出一粒石子,并故意掉到很多石子的地上,然后说:"啊,怎么办……真对不起,不过看一看袋里剩下的石子,就可以知道我掉的是黑石子还是白石子。"由于女孩子的机智,解救了她父亲的困境。由这个形象的比喻可以看出,垂直思考法只是对事物做详细检讨后,以既存的观念从"女孩子取石子是黑是白"这一方面去思考,而水平思考法却产生出一种创意,就是把既成的事实完全以另一个角度去思考,因而顺利、圆满地解决了问题。

水平思考法的基本原理归纳起来就是:(1) 承认主要的构想或两极化的构想;(2) 搜寻对事物的不同看法;(3) 放松对垂直思考的严格控制;(4) 使用机会法与激发法以导入不连续思考。

戴波诺还认为,运用水平思考法,应多利用偶然产生的构想,从多方面观察,把握思考的结果。因为偶然产生的构思有相互辅助印证的作用,可帮助人们产生意想不到的创意。

其实所谓"水平思考法",并不是 20 世纪才有的方法,在我国古代思想家的奇思异想里,在我国精彩绝伦的寓言小说里,在我国神奇无比的诉讼奇案里,充满着惊心动魄和富有智慧的水平思考法。例如晏婴使楚、诸葛亮舌战群儒等,都是水平思考法的精彩案例。

1976 年,台湾知名广告策划者高渠曾用水平思考法为"国艺传播公司"挣得数百万元的广告费。当时"国艺传播公司"正在参加星辰电子表公司的代理权竞争。在最后的关头,"国艺传播公司"的创意与其他竞争对手的创意一样,都在电子表的"准"字上做文章,广告主感到非常失望。于是"国艺传播公司"经理找到高渠,要他即时想出一个创意。高渠看到诸多创意雷同,认为广告上强调电子表的"准"字是一句废话,于是产生出以"一句废话"作为该广告系列的重点标题的创意。他的这一创意立即得到了广告主的赞赏,当场击败了所有参加竞争的对手。

水平思考法比较容易产生一些新的、奇特的创意，是值得我国广告创作者重视和借鉴的创意方法。

第二节 广告表现的心理原则

广告是传播的一种特殊形式，其终极目标是对受众（消费者）的购买行为和消费行为产生影响。但是广告对受众购买和消费行为的影响不可能一蹴而就，必须通过受众心理上的一系列认知过程才能实现。所以广告在表现上就必须遵循一定的心理规律和心理原则。

一、广告必须引人注意

广告界有一句行话：能引起人们注意你的广告，你的商品推销就已成功了一半。著名的广告人威廉·伯恩巴克也曾说过："你没有吸引力使人来看你的这页广告，因此不管你在广告中说了些什么，你都是在浪费金钱。"[①]这些话道出了吸引人们注意对于广告的重要意义。

1. 注意是信息获得加工的前提

在信息爆炸的现代社会，人们每天都面对大量的信息，有些信息是重要的、有益的，有些信息则是次要的、无关的。在人们所接触的信息中，只有少数为人们所注意的信息，才得到进一步的加工。当今社会，各种各样的广告信息铺天盖地，让人目不暇接。早在20世纪70年代，美国有两项旨在估计一个工作日中平均有多少广告暴露给个人的调查，一份调查的结果是560余则，另一份调查结果是300则左右。[②] 在人们接触过的这么多的广告中，究竟真正看见或听进的广告有多少呢？对此，雷蒙德等人（1968）曾做过研究。他们让被试者手握计数器，在每看到或听到一则广告时按压一下。计数的结果显示：一个工作日中，成人被试者视听广告的平均数只有76则。大多数的广告都因为没有得到注意而没被"看见或听进"。[③] 由此可见，一则广告必须引人注意才能让人"看见或听进"。

注意作为信息加工的前提，只有注意才能维持信息加工的顺利进行。注意是人脑的一种紧张状态，信息加工正是在这种紧张状态中进行的。因此，不论是感知广告、理解广告，还是对广告进行精细加工，都需要受众集中注意力，保持头脑的紧张状态。如果注意力不集中，那么结果只能是听而不闻，视而不见。

2. 注意促进广告信息的记忆

在认知心理学中，许多研究都证实，深度的注意比浅度的注意有利于信息的记忆。博布罗和鲍尔1969年让被试者记忆一些简单的主语—动词—宾语的句子。被试者分为两组，一组学习由主试者编好的现成句子，另一组是提供给主语名词和宾语名词，要求他们用一个动词把二者连接成一个句子。前一组代表低度的注意水平，后一组代表高度的注意水平。然后主试者提出作为主语的第一个名词，要求被试者提出作为宾语的第二个名词。研究结果发现，第二组被试者的回

---

① 丹·海金司：《广告写作艺术》，中国友谊出版公司1991年版。

② Britt S H et al.. *How many advertising exposures per day*? Journal of Advertising Research. 1972, 12.

③ 马谋超：《广告心理学基础》，北京师范大学出版社1992年版。

忆率明显比第一组被试者高,两组成绩分别为58%和29%。[①]

一些直接以广告为材料的研究也得出相似的结果。不过在广告记忆研究中,注意水平的高低分别被称为高卷入和低卷入(尽管在某些情况下,卷入和注意的意义不尽相同)。卷入的水平是通过广告及有关广告内容对受试者的重要性来控制的,如果广告或广告内容对受试者重要,则认为受试者产生高卷入;反之,如果广告或广告内容是次要的,则认为受试者产生低卷入。1978年,韦恩亚德和柯尼分别呈现给受试者关于参议员和县财政局长候选人的广告,前者易于引起高卷入,后者则只产生低卷入。[②] 结果发现,高、低卷入对广告的回忆有着强烈的影响,参议员广告的记忆效果明显较佳。

3. 注意影响广告说服效果

关于广告说服的大多数研究都表明,认知反应是影响消费者品牌态度的重要因素,而消费者的卷入程度(注意水平)与受众对广告的认知反应有着密切的关系。高卷入不管是广告卷入、产品卷入,还是购买决策卷入,都能使受众的认知反应增多,低卷入则产生较少的认知反应。这里,广告卷入是指消费者的注意指向广告信息,积极地对整则广告作评价;产品卷入是指消费者的注意指向广告的产品,利用广告提供的产品信息,结合已有的知识经验对产品作评价;购买决策卷入则指消费者在购买决策之前的一种心理状态。在购买决策卷入中,消费者积极搜寻有关信息,包括产品的性能、各商店产品的价格以及其他信息,认真地作比较、分析。

在接触广告的过程中,消费者产生的认知反应可能是有利的(如认为广告中所说的均符合事实),也可能是不利的(如认为广告中的明星是广告主花大价钱请来的,他所说的话不可靠)。所以,注意对广告说服效果的影响也可能是利弊并存,既可能是积极的,也可能是消极的,这跟受众已有的态度、广告中信息论据是否有力、广告的诉求形式等因素有关。

二、广告文案内容必须容易识别

每个人在日常的学习和工作中经常都会出现或看到这种现象,与一个口音较重的人交谈时,不是努力去听清楚对方讲的话,而是设法避开与他交谈,或者是听而不闻;看到难懂的文章,不是努力去理解,而是先把它搁置一旁。总之,当需要投入较多精力去倾听、阅读时,人们常常设法回避。造成这种现象的根本原因是人们在阅读或倾听时,都遵循"认知最省力原则"——这一概念是从阅读心理学中的"阅读最省力原则"引申出来的,意指信息接收者在各种认知活动中,努力减少或避免大量能量或精力的投入。例如图5-2-1是刊登在某报纸上的广告。其中,每则广告的文字都是密密麻麻,让人一看就想回避。

认知最省力原则在人们的各种认知活动中——从最初的言语感知到后来的言语理解、记忆——都起着重要的调节作用。

在学习和研究工作中,人们的认知活动虽然也常常受这一原则的影响,但是这种认知活动通常是有意识、有目的、在主观意志参与下的活动,因而人们能够主动地投入时间和精力去克服这种认知惰性。例如古籍研究者面临一篇文字模糊不清的文献资料时,他会努力去克服文字识别上的困难,将内容搞清楚;学生面对难懂而重要的教学内容时,会坚持不懈地阅读它、理解它。

---

① Eysenck M W. *A handbook of cognitive psychology*. Lawrence Erlbaum Associates Ltd. 1984.

② Alwitt L F & Mitchell A A. *Psychological processes and advertising effects: Theory, research and applications*. LEA, 1985.

图 5－2－1 文字密密麻麻的报纸广告

与上述情况有所不同，在人们对广告的认知活动中，人们接触广告往往是被动的，他们一般不期望从广告宣传中达到什么明确的目的，只是因为广告本身的吸引力或别的原因（如等待观看广告后面的节目），他们才倾听、阅读和观看广告。一般说来，受众不会费力去进行有关广告的认知活动。因此，在广告的设计创作时，要遵循“认知最省力”这一原则，使你所创作出来、发布出去的广告让受众容易看得见、看得懂，听得清楚、听得明白。关于如何使广告让受众容易识别、感知这一问题，本章后面将展开叙述。

三、广告内容必须容易理解

美国著名的电视与儿童研究专家安德森在研究儿童对电视节目的理解和注意时发现，儿童对电视节目的注意受儿童对节目的理解的影响，当儿童对节目内容无法理解时，他们就会把注意力从电视节目上转移开。① 实际上，即使是成年人，当他们看到、听到或读到一些不好理解的文章或节目内容时，他们也常常会转移注意力，拒绝继续接受这些信息。对于一些文案内容较长的广告（特别是印刷广告）来说，如果广告内容不易理解或难以理解，那么，受众就不会保持注意直到看完或听完整则广告，因而也就不会接受广告的充分影响。这就是广告内容必须容易理解的原因之一。

广告内容必须容易理解的原因之二是：不容易理解的广告，容易造成受众的误解或歧解。例如图 5－2－2 是一则 Wonderbra 的广告，希图传达的广告信息是“模特因为穿着该品牌的内衣而魅力大增，一走进餐厅就吸引了大家的目光”，但如果读者不知道 Wonderbra 是一个内衣品牌就很难理解广告的意思。即使知道了，也可能误认为广告中人物的表情是惊讶而不是受到吸引。又比如，图 5－2－3 是一则除臭剂广告，然而，一般人都会将它看作是一则彪马运动鞋广告。

关于误解或歧解，杰可比等人做过一系列的研究。在 1982 年的研究中，他们调查了 2700 名看过 60 秒电视节目的观众，结果发现，96.5% 的人至少存在某种程度的误解，不同内容的平均误解率是29.61%。其中节目节选的误解率为 32.2%，商业广告为 28.3%，非商业广告为 27.6%；一定程度误解了节目节选的观众占 84.5%，误解了商业广告的占 81.3%，误解了非商业广告的

① 张令振、彭聃龄：《儿童的节目理解和注意》，《中国广播电视学刊》1989 年第 4 期。

图 5－2－2　Wonderbra 内衣广告

图 5－2－3　除臭剂广告

占82.7%。[①] 在 1986 年的研究报告中，他们发现，1980 年总统选举时里根和卡特的电视辩论的误解率将近四分之一。[②] 后来，他们又对杂志广告和评论的误解情况进行研究，结果表明（见表 5－2－1），总体的误解率（即不正确比例）为 21.4%，广告的误解率略低于评论，但也有 19.3%。[③] 如果将不理解（不知道）也当作误解处理，那么广告的误解率就会高达 34.6%。消费者对广告信息发生了误解，这说明广告所传递的某种意图、观念并没有被他们正确地把握，因此广告主所期望的广告效果也就很难实现。

---

① Jacoby J & Hoyer W D. *Viewer miscomprehension of televised communication: Selected findings*. Journal of Marketing, 1982, 46(4): 12－26

② Jacoby J, Troutman T R & Whittler T E. *Viewer miscomprehension of the 1980 presidential debate: A research note*. Political Psychology, 1986, 7(2): 297－308.

③ Jacoby J & Hoyer W D. *The comprehension/miscomprehension of print communication: Selected findings*. Journal of Consumer Research, 1989, 15(4): 434－443.

表 5-2-1 杂志传播的理解和误解

类别	正确比例	不正确比例	不知道比例
总体	63.1	21.4	15.5
事实	63.6	20.4	16.0
推论	62.3	22.4	15.3
广告			
总体	65.4	19.3	15.3
事实	66.1	17.3	16.6
推论	64.3	21.5	14.2
评论			
总体	60.8	23.4	15.8
事实	61.6	23.1	15.3
推论	60.3	23.5	16.2

四、广告信息必须容易记忆

众所周知,广告一般不可能直接导致消费者产生购买行为。从消费者接触广告到购买广告产品往往需要一段时间历程。在消费者产生购买行为之前,广告的效应主要表现为对广告信息的记忆。而消费者对广告信息的记忆,对于后来的商品购买则可能起到直接或间接的促进作用。

1. 广告信息记忆是广告活动影响消费者购买决策的前提

消费者在进行购买活动之前,往往要了解产品的特点(如性能、功效、构成等),比较各种产品的优劣,衡量产品购买给自己带来的得失。在这一过程中,消费者需要大量的相关信息。消费者对以往接触过的广告信息的记忆,就可以在一定程度上满足这一需要。例如某人曾在报纸上看过“章光牌 101 毛发再生精”的广告,由于好奇心的驱使,他看完了整则广告,并记住了广告的一些内容。后来由于某种原因,他的头发突然严重脱落,此时他对“章光牌 101 毛发再生精”广告信息的记忆促使他购买了这一产品。

在人们的日常生活中,类似的现象经常发生。例如准备结婚的青年男女,决定到红星美凯龙购买家具,这种决定很可能是看到相关的广告之后作出的。受到媒体传播教育的影响,年轻的父母觉得应该重视儿童智力的开发,因而设法购买某种广告中介绍过的有利于儿童智力发展的玩具。这些例子都说明了广告信息记忆对消费者购买决策的重要作用。

2. 广告信息记忆会诱发消费者产生熟悉性购买

一些不昂贵的日常用品(如牙膏、香皂、卫生巾等)的购买,消费者一般不需要经过深思熟虑、精打细算后做决定。其购买决策过程简单短暂,往往在购买现场完成。例如某人下班时经过百货商店,想起家里的洗发精已经用完,应该顺便买一瓶回家。但一进商店,柜台里各种各样的洗发精琳琅满目。此时,如果事先没有想好买什么品牌,而经常使用的品牌又没有,那么他可能以对各种洗发精的熟悉程度为选择标准。有时一些小商品并非消费者急切需要的,但由于在广告上获得了解或印象,因而当他偶然在商店里发现时,可能当即决定购买。

3. 广告信息记忆是广告实现“二级传播”的前提

从传播的心理机制来说,广告要实现“二级传播”,其前提是人们对广告信息的记忆。因为接受广告信息的人只有先将广告信息记住,他才能进一步向其他人传递。也就是说,小孩子必须记住了“娃哈哈”的广告内容,他们才能在父母亲面前说出“甜甜的,酸酸的”等广告语;成人消费者必须先记住广告中关于产品特点的介绍,他才能在向他人推荐产品时说出理由。这犹如教师讲课一样,他们在讲课之前,头脑里必须有相关的知识。

五、广告最好能够唤起情绪、情感

情绪、情感是影响广告效果的一个中介因素。一般来说,与中性的、信息性的广告相比,那些能够激发欢乐温馨甚至厌恶等情感反应的广告,更能引起人们的注意,也能够更好地被记忆[①]。一项测量受众对广告情绪反应的研究(表 5 - 2 - 2)发现,有情绪反应和没有情绪反应的被试者,在对广告态度、品牌态度、购买意图以及品牌回忆的测量上,均没有显著的差异,但是在广告内容的回忆上有显著差异,有情绪反应的被试者记忆较好。[②] 另一项测量被试者对艾滋病公益广告回忆的研究也发现,强烈情感诉求的广告,比理性诉求的广告更易被记牢[③]。然而,有的研究却发现,有情绪反应的人,对品牌、广告有较为积极的态度,有较高的购买意图,但品牌回忆率较低。[④]

表 5 - 2 - 2　广告引发的情绪反应对广告效果的影响

变量	有情绪反应(736 人)	无情绪反应(762)	t	p
广告态度	3.9	3.9	-1.31	.19
品牌态度	4.5	4.5	-.10	.92
购买意图	4.5	4.5	.76	.45
品牌回忆	.99	.94	-.90	.37
广告内容回忆	31.2	29.3	-2.42	.02

广告激发的情感有积极的(如高兴、愉快、兴奋),也有消极的(如恐惧、悲哀、愤怒等)。积极的情感可能通过情感迁移作用,进而促进受众产生较好的广告态度、品牌态度甚至购买意图。相反,消极的情感,对广告态度、品牌态度可能没有促进作用,但这类广告容易让受众印象深刻。所以广告不仅要考虑激发消费者的情绪、情感,还要考虑激发什么样的情感。

六、广告不能冒犯消费者

不同国家、不同地区的消费者,文化风俗习惯、宗教信仰各不相同,在广告表现时,要时刻加

① 德尔. I. 霍金斯、罗格. J. 贝斯特、肯尼思. A. 科尼:《消费者行为学(第 8 版)》,符国群等译,机械工业出版社 2003 年版。

② Stout P A & Leckenby J D, *Measuring emotional response to advertising*. Journal of Advertising, 1986, 15(4): 35 -42.

③ Lee J & Davie W R. *Audience recall of AIDS PSAs among U. S. and international college students*. Journalism and Communication Quarterly, 1997, 74(1): 7 -22.

④ Aaker D A. Stayman D M & Hagerty M R. *Warmth in advertising: Measurement, impact, and sequence effects*. Journal of Consumer Research, 1986, 12(4): 365 -381.

以注意,否则一不小心,就会冒犯消费者,不仅没有正面效果,甚至会产生负面作用,使得消费者对广告、对品牌产生反感。图 5-2-4 的立邦漆广告,创作者的意图很清楚,想表明右边那根刷了立邦漆的柱子光滑无比,但却伤害了中国消费者的感情。

图 5-2-4 立邦漆广告

随着广告业的迅速发展,国内外都时常发生广告冒犯消费者的现象,例如恒源祥十二生肖广告、脑白金广告被指责通过恶俗广告来提高品牌知名度,扩大销量。意大利服装品牌贝纳通自成立以来,大量采用争议性广告策略,其广告常常出现教士亲吻修女、临死的艾滋病人等争议性内容,容易引发媒体报道和社会热议。上文提到的立邦漆广告就是国际广告公司对中国本土文化不了解,属于闭门造车,受到中国消费者的严厉谴责。争议性广告会引起受众反感、恶心或愤怒的反应,给广告主带来销售下降、产品抵制、损害品牌和企业形象等负面影响。与此同时,还可能对社会风气造成不良影响,损害整个广告行业的声誉。那么什么是争议性广告,造成争议性广告的原因有哪些,我国争议性广告的情况如何呢?

争议性广告也叫冒犯性广告,是指由于广告的产品类型、执行方式或媒体策略,展露时会引发部分人群尴尬、讨厌、恶心、反感或受侮辱等反应的广告。争议性广告不同于欺骗或虚假等违法、违规广告,它在一定程度上是合法和真实的广告,它只是在"软件"上出了问题,如其产品、内容或诉求形式引发人们讨厌、恶心或愤怒的反应。①

哪些因素会引发人们对广告的反感呢?主要有三类因素:第一类是投入广告的产品或服务类型造成的,如酒精、香烟等令人上瘾的产品,又如避孕套、内衣等与性/性别相关的产品;第二类因素是广告的执行方式,比如广告采用粗俗语言,广告折射出性别歧视、种族歧视、裸体画面等;第三类因素是广告传播的媒介,相对于小众媒体而言,大众媒体中的广告比较容易被投诉,因为这些媒体的受众广泛,一些性诉求的广告容易冒犯包括儿童、青少年和老年人在内的群体。例如,与性有关的争议性广告出现在男性或女性杂志上可以被接受,因为杂志的目标受众非常明确,只针对某些人群,但在电视或网络上出现则不可能被接受,因为这些媒体目标受众包括了各类人群。在这三类因素中,由于广告执行方式引发的争议最不能令人接受,而由于产品类型引发

① 曾秀芹、程煜:《争议性广告研究进展》,《现代广告》(学术季刊)2015 年第 17 期。

的争议能够被原谅。因为产品类型是广告主和广告公司无法避开的,但是广告的创意策略表现可以不断改进和完善,完全可以避免争议。[①]

第三节　广告引人注意的原理和方法

前一节讨论了广告表现的心理原则,其中首要的原则是广告必须能够引人注意。那么如何才能使广告引人注意?

一、注意的原理

人们每时每刻都处在大量外界刺激的包围之中,只有少量的刺激能够得到注意。这些得到人们注意或容易引起人们注意的刺激物,心理学的研究表明[②],它们一般都具有下列特点:

1. 新异性

新异性是刺激物唤起人们注意的最重要的特性。所谓新异性是指刺激物异乎寻常的特性。它又分为绝对新异性和相对新异性。绝对新异性是指人们从未体验过的事物及其特征。例如没有见过长颈鹿的人,当他第一次进入动物园时,长颈鹿就很容易引起他的注意。在一个人们经常路过的交通路口,突然竖立一块大广告牌,那么该广告牌也容易引起人们的注意。相对新异性是指刺激物特性的异常变化或各种特性的异常组合。例如出租车车顶上新装了广告灯箱;高耸于高楼大厦之上的霓虹灯突然出问题,有些灯管一闪一烁,这类异常的变化,都会吸引人们的注意。在图 5 - 3 - 1 中,左下角的金日牌西洋参广告,就是一则新异性的广告。该广告的新异之处在于,它将正常的广告设计顺时针旋转 90 度后印刷,显得与周边的广告不一样。

2. 强度

心理物理学的研究发现,刺激要引起人们的反应必须达到一定的强度。在一定的范围内,刺激强度增加,反应也加强。环境中出现的各种强烈刺激如一声巨响、一道闪光、一股浓烈的气味、一下猛烈的撞击,都会引起人们不由自主的注意。刺激物的强度在广告上主要体现在版面的大小、色彩的明暗程度以及广告的音响等方面。

3. 运动

在静止的背景上,各种运动着的物体容易引起人们的注意,例如,微风吹动的树叶,夜空中飘逝的流星都容易吸引人们的注意。许多小孩子喜欢看电视节目,特别是喜欢看电视广告节目,这跟电视画面的不断运动变化有着密切的关系。

运动,不仅指连续的运动,而且指断续的运动。例如,长时间固定呈现在电视屏幕角落的商标,可能不会被观众发现,而把它变成忽隐忽现的方式呈现,观众反而容易注意到它。即使是静止的媒体,有了动感,也会引人注意(如图 5 - 3 - 2)。

4. 对比

当刺激物与周围环境的景物存在着明显的反差时,也就是说对比非常强烈时,那么,它就具有很强的吸引力。"鹤立鸡群""万绿丛中一点红"都是用来形容刺激物与背景有着强烈的反差,

① 曾秀芹、程煜:《中国争议性广告研究》,《现代广告》(学术季刊),2015 年第 21 期。

② 彭聃龄:《普通心理学》,北京师范大学出版社 1988 年版。

图 5-3-1 金日牌西洋参广告

图 5-3-2 零世纪牛仔裤广告(户外)

因而显得特别突出,特别引人注目。图 5-3-3 为 Anchor 力加啤酒广告,整幅画面的背景为晶莹剔透的蓝色,蓝色的冰块中心矗立着两瓶装有黄色啤酒的玻璃瓶,黄色是蓝色的对比色,因而黄色力加啤酒在蓝色背景中首先跃进受众的眼帘。

5. 重要性

重要性是指刺激物对个体来说有意义、很重要。当刺激物与人有关或对人来说很重要时,就

图 5－3－3　力加啤酒广告

拓展案例

容易引起人们的关注。例如在嘈杂的公共场合，当有人议论到你时，哪怕声音很小，你也可能会注意到；如果不涉及你，你很难注意别人在谈论什么。对于一般电视广告，你可能觉得不屑一顾，但当电视广告突然出现你所熟悉和敬重的名人时，你也会不自觉地对它产生兴趣。

以上是仅就刺激物本身的特性而言，对于广告这种特殊的刺激物来说，除了上述特性会影响到人们对广告的注意之外，广告在媒体中的位置、广告前后的节目等媒体因素以及广告中的视觉导向等也会影响人们对广告或广告中某一要素的注意。关于这些问题，下面将展开叙述。

二、广告如何引人注意

根据上述原理，在各种媒体广告上，可以采用一些相应的手段来提高广告的注意效果，可以充分利用自己的想象力和创造力去设计、创作吸引人注意的广告。

1. 印刷广告

早在 1973 年，瓦利安特对贸易杂志和普通杂志中广告的注目和阅读分数与机械变量（如大小、色彩、插图大小）和内容变量进行的因素分析业已指出，机械变量而非内容方面是广告注目和阅读的主要预测因素[①]。换言之，广告的注目率取决于广告表现特征，而非广告内容。因此，在印刷广告的设计上，可以采用以下方法来提高广告的注意率：

（1）在报纸广告版面形状的设计上，可以突破四方形这种固定的模式，使读者感觉到耳目一新。例如图 5－3－4 的版面结构就很有新意，它是贝克啤酒在《厦门日报》的系列广告所用的版式之一。图 5－3－5 模式是日本丰田汽车登在《日本经济新闻报》的别开生面的广告。该广告分裂为上下两部分，上部分是鹿头，下部分是鹿的躯体和丰田汽车，中央部分不是丰田汽车广告，而是空出来刊登一般性的分类广告。事实上其他几何形状的版面也可以采用，尽管它可能在某种程度上损害了报纸版面的美感和严肃性，但可以大大地提高广告的注意效果。

（2）在广告版面的大小问题上，可以尽可能地采用大版面的广告。因为版面越大，刺激强度越强，广告的注意效果越佳；广告版面越小，则广告刺激强度越弱，广告的注意效果也越差（参见第七章第五节）。也许正是为了吸引读者的目光，《时代》和《新闻周刊》杂志上运用大版面和彩

① Valiente R. *Mechanical correlates of ad recognition*. Journal of Advertising Research, 1973, 13(3): 13－18.

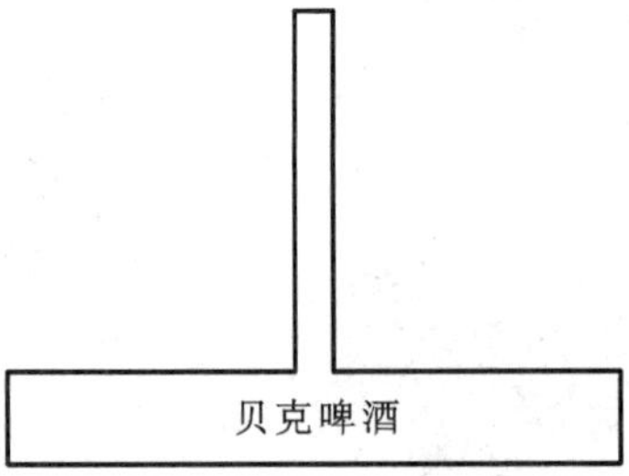

图 5－3－4 贝克啤酒广告结构图

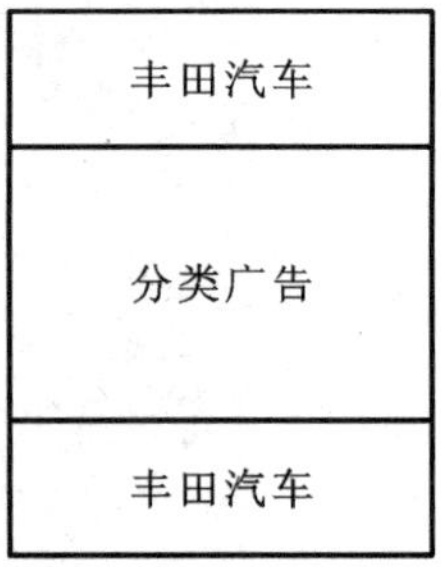

图 5－3－5 丰田汽车广告结构图

色的广告，战后（1945—1949）明显多于战前（1936—1945）。[1] 不过对于全页广告来说，页面大小就不重要了，它不会影响品牌名字的记忆。[2]

（3）在报纸广告版面位置的安排上，可按图 5－3－6 的版面位置顺序来确定；在杂志上则依表 5－3－1 的版面顺序来确定。关于不同版面位置的注意效果差异，请参见第六章第四节。

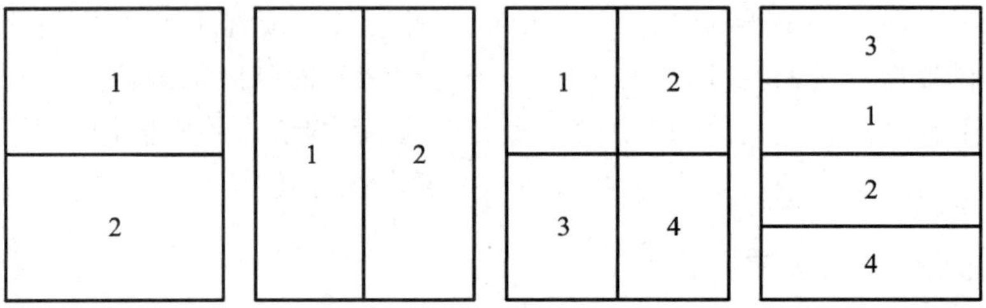

图 5－3－6 版面注意效果顺序

表 5－3－1 杂志广告各版面位置的注意值

版面位置	封面或封底	封二	封三或扉页	底扉或正中内页	内页
选择顺序	1	2	3	4	5

（4）适当地利用箭头之类的东西来引导读者的视线。在图 5－3－7 中，由于箭头强有力的指向作用，“4888M”虽然小，仍然容易被注意到。

（5）广告的插图要尽可能大。早在 1952 年，特沃特的多因素分析研究发现，两个因素对阅读成绩有重要贡献，即图画的色彩因素和大小因素，这两个因素能够解释 53% 的阅读成绩。他还建立了一个回归方程对其他出版物进行预测，预测分数与实际阅读成绩相关，平均预测效度是 0.71。[3] 也就是说，图画的色彩和大小是影响读者阅读广告的主要因素。罗斯特和佩斯在《广告和经营管理》一书中，曾把“运用尽可能大的插图”作为印刷广告创作的一个原则。他们认为广

① Trenchard K I & Crissy W J E. *Trends in the use of certain attention - getting devices in newsweekly advertising*. Journal of Applied Psychology, 1951, 35: 287 - 288.

② Newhall S M & Heim M H. *Memory value of absolute size in magazine advertising*. Journal of Applied Psychology, 1929(13): 62 - 75.

③ Twedt D W. *A multiple factor analysis of advertising readership*. Journal of Applied Psychology, 1952(36): 207 - 215.

告插图是平面广告吸引读者的首要因素，所以插图越大越有利于吸引读者。[①] 在奥格威的名作Hathaway衬衫广告和多芬香皂广告中，插图占有整则广告的三分之二版面略多。在图5－3－8宝马汽车广告中，插图占了三分之二。在许多日本来华广告中，插图均占相当大的版面。在户外招贴广告上，插图的大小更为重要，插图大，看的人就多；插图小，吸引力也小。

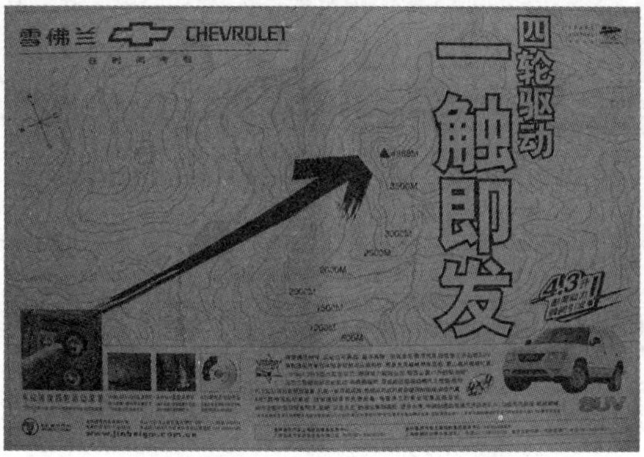

图5－3－7　雪佛兰汽车广告

图5－3－8　宝马汽车广告

（6）插图中最好要有人物模特。有人物可以增加广告给受众的亲近感和重要性。特别是名人，更容易引起观众的注意。广告中有人物除了比较能吸引读者的注意力之外，还有其他作用（参看第七章第四节）。

（7）广告中留出较大的空白。空白较大的广告，一是容易与其他版面造成明显的对比，从而从版面中突出出来，如图5－3－9和图5－3－10大众汽车平面广告，广告中大量留白，与报纸、杂志和网页的其他版面密密麻麻的排版相对比，一下子跳跃而出，吸引了消费者。二是读者读起来比较轻松，因而愿意阅读。一般来说，半版广告或整版广告容易留出较大的空白。

图5－3－9　大众汽车平面广告——请勿酒驾，前方不是垃圾桶而是个人

（8）插图内容要有特色。香港《大公报》1985年3月4日刊登过一则交易广场商业大厦征集入伙的广告，该广告是整版广告，其中占有2/3版面的是一个套红的"？"。许多读者都被好奇心吸引去阅读下面的广告文案。

① Rossiter J R & Percy L. *Advertising and promotion management*. McGrow－Hill，1987.

图 5-3-10　大众汽车平面广告——请勿酒驾，前方不是消防栓而是个人

图 5-3-11 是奥康品牌的广告，该广告用许多手掌构成一只鞋的图案，构图新颖简洁，引人注目。

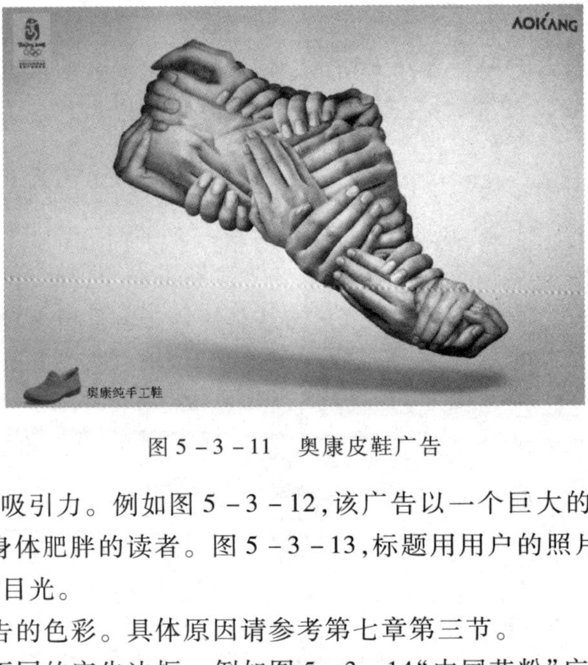

图 5-3-11　奥康皮鞋广告

（9）标题要大且有吸引力。例如图 5-3-12，该广告以一个巨大的“胖”字为标题，有诱惑力，容易吸引那些关心身体肥胖的读者。图 5-3-13，标题用用户的照片，颜色艳丽，标题巨大，一下子吸引住消费者的目光。

（10）尽量增加广告的色彩。具体原因请参考第七章第三节。

（11）设计出与众不同的广告边框。例如图 5-3-14“中国花粉”广告。

（12）整则广告的色调要与周围广告的色调有明显的区别。例如当大多数广告都是普通的黑白广告时，你的广告可以用彩色广告或反白广告。图 5-3-3 的力加啤酒广告就是一个典型的案例。

（13）注意避开视觉竞争对象。国外的研究发现，当没有卡通在附近时，看杂志广告的时间比有卡通在其附近时增加 50% 以上。[①] 因此，在安排广告版面位置时，要避免其他内容或广告将

① Goodman C H. *A comparison of the interests and personality traits of engineers and liberal arts students*. Journal of Applied Psychology, 1942(26): 721-737.

图 5－3－12　芦荟排毒胶囊广告

图 5－3－13　中国移动通信广告

图 5－3－14　中国花粉广告

读者的目光吸引过去。

除了整则广告要引起读者的注意之外，重要信息也要让读者容易注意到。例如图 5－3－15 为银鹭八宝粥广告，品牌名称和广告诉求都用白色巨大字体加以突出。除此之外，还用白色线条画心形，将品牌名称勾勒出来，心形也呼应其广告诉求“爱的味道”。

图 5-3-15　银鹭八宝粥广告

2. 广播和影视广告

(1) 采用新颖的广告形式。例如恒源祥绒线羊毛衫广告率先将三段相同的内容组合为一则广告;反斗星广告率先采用"听不清、看不明"的形式,即画面快速切换以至于观众看不清楚画面内容是什么,解说词快速播音以至于观众听不清楚解说词说的是什么;中华多宝的广告画面一个镜头紧接一个镜头作横向移动,有别于普通广告的画面编辑手法。这几条广告都形式新颖,比较受到观众的关注。

(2) 利用名人当模特。如三九胃泰(李默然)、健力宝(李宁、李小双)、力士洗发水(舒淇)、美的空调(巩俐)等。

(3) 让儿童或婴儿来表演。儿童对妈妈们有较大的吸引力,同时还不大会引起人们的反感。

(4) 适当利用动物表演。

(5) 以名胜景物为背景。

(6) 采用流行乐曲的主旋律为背景音乐,如"娃哈哈"矿泉水的"我的眼里只有你……"

(7) 使用特殊的音响效果,如雄狮的怒吼声、马嘶声、炒菜的哧哧声等。

(8) 采用独特的主色彩。例如,万宝路香烟广告均以红色为基调,而万事发香烟广告则以蓝色为基本色。

(9) 强化人物的动作,而不是静态镜头的展示或镜头的快速切换。拉斯特和沃特金斯研究80个6~9岁儿童对电视广告的反应发现,被试者的注意在物理运动时达到顶峰,而在静态镜头或独白时懈怠下来,被试者厌烦抽象的材料。运动的性质和故事比人物外表的细节对于影响被试者的反应更为重要。①

(10) 注意语音、语调或节奏的变化。

(11) 加强广告导语的吸引力。

(12) 让听众比较熟悉的或声音有特色的播音员来播音。

(13) 适当地运用"沉默"(没有音乐、音响效果,甚至没有画面内容)。奥尔森1994年研究创意总监对电视广告中利用沉默(没有音乐、音响效果)的看法,53个加拿大和美国的创意总监接受调查。调查结果认为,沉默是唤起人们注意广告及广告中的某些信息的有效手段。总监们指出紧随信息之后的沉默是鼓励沉思和复述信息的好方法,沉默可以有效地唤起情绪,包括诡秘

① Rust L & Watkins T A. *Children's commercials: Creative development.* Journal of Advertising Research, 1975, 15(5):21-69.

和平静。①

3. 户外广告

（1）将户外广告设置在人流量比较大的地方，如交通要道、机场、火车站等。

（2）将户外广告设在高处。广告位置高，辐射范围大，注意到的人也多。

（3）让户外广告画面动起来。例如霓虹灯广告不断闪烁变化就比静止不动要引人注意。

（4）让户外广告与周围环境完美整合起来，减少广告给受众造成干扰度的同时，还增加了趣味性和艺术感。图 5－3－16 为国际专业美发顶尖品牌德国威娜（Wella）旗下的子品牌 Koleston 的产品广告。Koleston Naturals 是以天然染色为推广定位的染发剂产品，广告商在 4m × 3m 的广告牌中，将女性的长发和五官镂空，通过镂空处可以看到海和天际线。随着日出日落，路过的行人可以看到这位女性的长发颜色随自然而变。巧妙地将产品的“天然染色”诉求和大自然结合，不仅让路过的行人马上抓住产品的诉求点，而且为他们增加一道赏心悦目的风景。

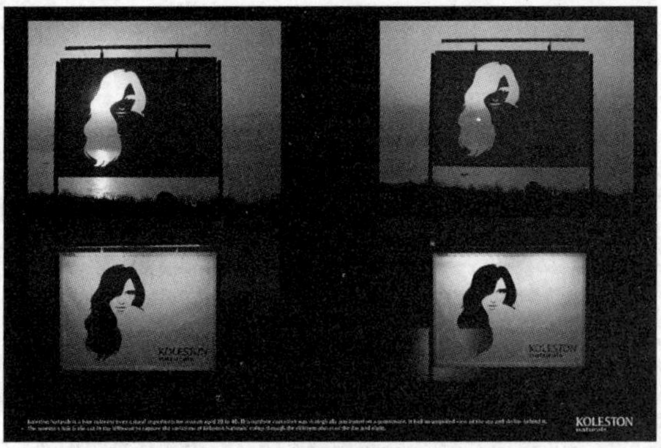

图 5－3－16　Koleston Naturals 染发剂户外广告

（5）让户外广告与受众产生互动，增加广告的趣味性，激发受众的参与。如图 5－3－17 是阿迪旗下的锐步广告。锐步在斯德哥尔摩街头摆放了一个户外广告牌，广告柜的透明橱窗里摆放了多双锐步跑鞋，这个柜子里内置了一个测速相机和追踪器，只要有人从广告牌前以超过 17 公里/每小时的速度跑过，广告柜就会自动解锁一双全新的 ZPump 2.0 跑鞋，锐步通过这个创意去激励人们积极参与，挑战极限，达到传播品牌理念的目的。

图 5－3－17　锐步的户外广告

拓展案例

---

① Olsen G D. *Observations: The sounds of silence: Functions and use of silence in television advertising*. Journal of Advertising Research, 1994, 34(5): 89－95.

除此之外，在户外广告创作设计上，还可以参考上述印刷广告和影视广告的创作设计方法。

第四节　广告的视知觉原理及运用

画面（插图或图像）是广告的重要组成部分。在广告宣传中，有些商品或服务的信息要借助于广告画面来传递。广告能否有效地发挥画面的信息传递功能，依赖于广告创作设计者是否掌握人的视知觉规律，并依据视知觉原理进行广告画面的设计制作。

一、主观轮廓

人在识别物体的形状时，通常是借助于轮廓。所谓轮廓，就是知觉背景和对象的分界面，它是在视野中的邻近成分出现明度或颜色的突然变化时出现的。例如图 5－4－1 是麦当劳广告。这则广告，即使没有文字说明，人们也能看出它是一个大“M”，因为它相对于周围存在着明显的颜色变化。

图 5－4－1　麦当劳广告

轮廓一般都存在着明度或颜色的突然变化。但是有时客观上不存在刺激的突然变化时，人们在一片同质的视野中也能看到轮廓，这种轮廓就叫做主观轮廓或错觉轮廓。例如在图 5－4－2 中，人们能看到 a 图是一个美女头像，尽管画中并没有完整地画出美女脸部的整个轮廓；b 图是一个 DS 标志，其中 S 就是主观轮廓构成的；c 图是由四根线段构成的图案，只要读者稍微注视几秒钟，就可以看出四根线中间有一个方形，它也是由主观轮廓构成。在商标和广告设计中，可以利用主观轮廓的知觉规律，使广告画面在不增加画面复杂性的情况下，增加信息传递量和趣味性。例如图 5－4－2 的 d 图是柯达商标，图中没有“K”字，但我们主观上能看得出来。图 5－4－3是飞利浦刮胡刀的广告，该广告利用简洁的画面表达了刮胡刀适用于男子，同时利用主观轮廓表达了飞利浦刮胡刀刮得很干净的性能。

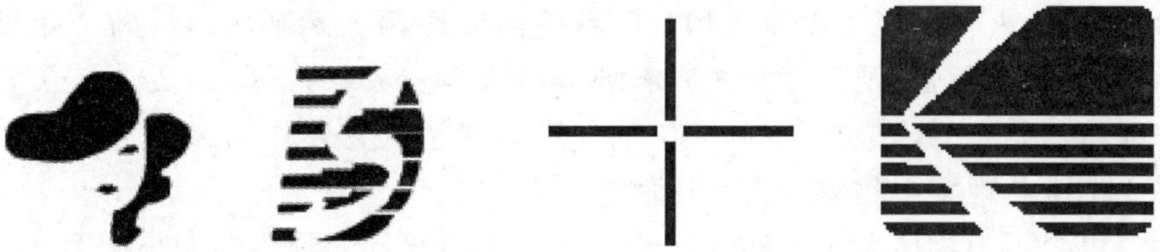

a. 美女头像　　b. DS标志　　c. 白长方形　　d. 柯达商标

图 5－4－2　主观轮廓

图 5－4－3　飞利浦刮胡刀广告

二、大小知觉

在现实世界中，物体的大小知觉是根据物体在视网膜上投影的大小及知觉距离来判断的。如图 5－4－4，在距离相等时，网像越大，说明物体越大；网像越小，物体也越小。在网像恒定时，距离越大，说明物体越大；距离越小，说明物体越小。人们在知觉物体的大小时，会自动地解决大小与距离的关系。[①] 例如同样一个人站在远处和近处，视网膜投影的大小是不一样的，近的物体大，远的物体小，但是人们会把它们看成一样大。

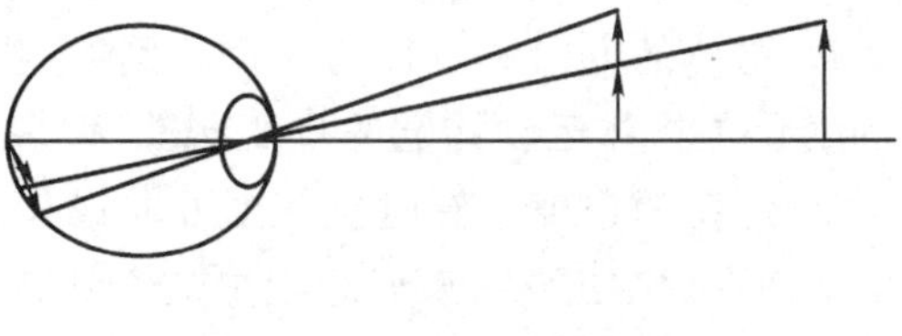

图 5－4－4　视网膜成像示意图

然而，广告画面中物体大小的知觉与现实中物体大小的知觉过程有所不同。广告画面中的物体经艺术加工或被放大，或被缩小，其大小与现实中物体的大小是什么关系，人们不得而知，因此人们不能仅以网像大小和物体至眼睛距离来判断，还必须借助于作为背景的熟悉物体来衡量。例如国内的“声乐”鞋有一则电视广告，画面呈现几个小伙子在一只鞋的鞋面上载歌载舞的情景，观众看了广告后一般都能知道它是一只大约有 4 米高的巨鞋。观众之所以能够作出比较切合实际的判断，其原因是他们会自觉地以画面中活动的

① R · L · 格列高里：《视觉心理学》，北京师范大学出版社 1986 年版。

人物作为参照物,从人物的高度以及人物与巨鞋的高度比例关系来作出推断。如果画面中没有任何参照物,只呈现一只鞋,观众就无法判断那只鞋究竟有多高。因此,要让受众能正确地判断广告画面中物体的大小,首先必须在画面中加入受众熟悉的物体作为参照物;其次,画面中物体之间的大小比例应与现实中物体的大小比例相一致。

由于对广告画面中物体大小的知觉依赖于它与作为背景的物体的大小比例,所以,广告设计时为了使产品显得大或小,可以有意地改变产品与参照物之间的真实大小比例关系。例如在一则饮料广告中,设计者把饮料罐架在两座山之间,给人以巨大的感觉。在另一则关于回力轮胎的广告照片中,画面是一个轮胎上停放着一辆小轿车,车身还没有轮胎宽,使人觉得轮胎巨大无比。在图 5－4－5 中,将两个人放在手上,给人感觉手非常巨大。

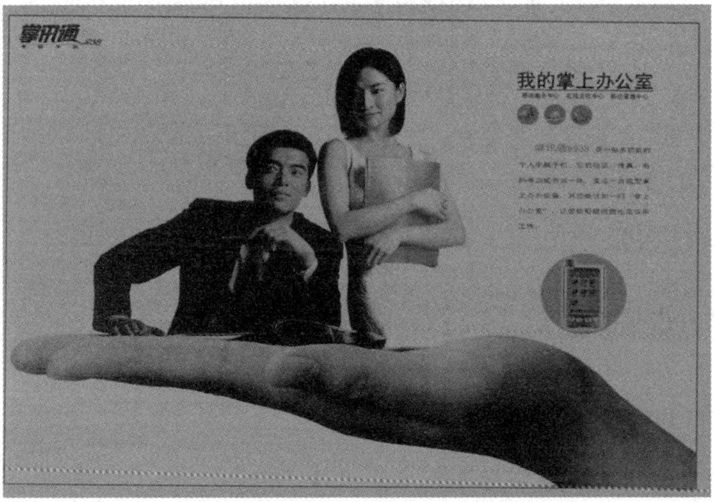

图 5－4－5 掌讯通广告

三、运动知觉

在电视、电影广告片中,商品、人物和景物的运动常被用来捕捉观众的注意力,表现商品的形态和特性。那么如何感知物体的运动呢? 一般来说,观众是根据以下线索来作运动判断的:

1. 物体的方向和位置的变化。例如,物体由朝上变为朝下,由左上角移至中间。方向和位置的变化是物体运动知觉的重要属性,大多数物体的运动都是依靠这种线索来判断的。

2. 运动的速度。有时仅依据方向或位置的变化还不足以产生运动知觉。例如钟表上的时针时时刻刻都在运动,人们却很少觉察到;快速转动的电风扇,人们也不能清楚地知觉其运动,只能看到弥散性的闪烁。只有在运动速度适当时,人们才能清楚地知觉物体运动。

3. 物体的大小变化。广告画面上的物体,当它逐渐缩小时,会给人向后运动的感觉;当它逐渐变大时,则给人向前运动的感觉。

在印刷媒体广告中,画面呈现的产品、人物和景物都是静止不动的。但是在某些条件下,人们却能感知到物体处于运动状态以及朝某一方向运动的倾向。例如在图 5－4－6a 中,人们感到薄如蝉翼的舞裙正不断翻转飘动。图 5－4－6b 虽然是一幅静态图,但画面却极富动感,人们感觉到水滴往下滴,水面荡漾着波纹。

a　　b

图 5 - 4 - 6　静态物体的运动知觉

静态画面上物体的运动知觉也依赖于一些线索：

（1）运动的轨迹。例如图 5 - 4 - 7 虽然是一则静态的广告，但是读者很容易感觉到广告中的汽车正处于高速行驶之中。造成这种感觉的原因之一就是公路的延伸。

图 5 - 4 - 7　第八代索纳塔汽车广告

（2）暗示方向的线索。图 5 - 4 - 7 广告中汽车的周围存在着大量表明运动方向的线索，所以给人的感觉是汽车疾速向前奔驰。图 5 - 4 - 8 宝马汽车旁边模糊虚化的道路和栏杆也是暗示汽车运动方向的线索。

图 5 - 4 - 8　宝马汽车广告

(3) 物体的不稳定状态。许多珍贵的体育运动照片,都有很强的动感,原因就是照片中的人物处于一种不稳定的状态。广告也可以利用人物或物体的不稳定状态,来增加广告的动感(如图 5 -4 -9)。

图 5 -4 -9 可口可乐广告

四、知觉的主动性

在知觉过程中,人们不只是对外界刺激作出简单直接的反应,而且还调动了自己已有的知识经验,对刺激进行重新组织,对不足信息加以补充,对模糊刺激作出合理的解释。此外,人们还能综合整个视觉情境,以便对某一视觉对象作出正确的识别。这些现象都是知觉主动性的表现。

1. 把部分组合为整体

正如一个完整的人体是由头、躯干和四肢组成的一样,一个物体往往也是由许多部分组成的。视知觉在识别物体的各个组成部分的同时,能主动地把这些部分综合为一个整体。

例如图 5 -4 -10,其中 a 图人们看到的不仅是一堆小"S"字母,而且一眼就看出它也是一个大写的"H"字母。对于 b 图来说,人们不是将它看成四个部分(相近物体看成为一个整体),而是将它看作三个部分(一个小括号、一个中括号和一个大括号)。

SSS SSS
SSS SSS
SSSSSSSSS
SSS SSS
SSS SSS

a

( )[ ]{ }

b

图 5 -4 -10 将部分组合为整体

图 5 -4 -11 是半百服饰公司的球鞋广告,创意者用球鞋的脚印,勾勒出一位球星的头像,将球鞋与其典型使用者联系在一起。受众就近看,看到是一只只球鞋,离开一点看,人的知觉系统自然地会进行整体加工,将之知觉为一个头像。而图 5 -4 -12 为哈雷摩托车广告,乍一看,以为是一堆散乱的摩托车零件,再仔细一看,发现这些零件组合成一位女性的头像。跟半百球鞋广告有异曲同工的效果。

2. 由整体来识别部分

在知觉时,人会将部分组合成为整体,同时也会依据合理化的整体及其意义来识别部分,判断某一部分的含义。例如图 5 -4 -13,图中的实物包就被看作是包字中间的一横。

图 5－4－11　半百球鞋广告

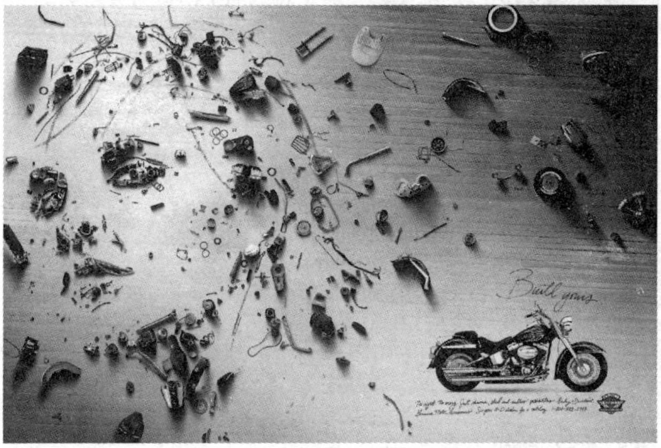

图 5－4－12　哈雷摩托车广告

图 5－4－13　熊猫手机广告

在广告设计中,利用视知觉的这一特点,不仅可以使画面简洁,还可以使画面显得活泼新颖。图 5－4－14 的三洋洗衣机广告,画面中用“洗衣机的门”代替“同”字中的口,不但不损害“非同凡响”这一广告标题的识别,还能给人新鲜感。图 5－4－15 是格力空调广告,为了突出品牌的特点——“专心”以及给消费者带来的利益——“放心”和“省心”,广告将这六个字印得特别大,并将空调机的图形镶嵌在文字之中。

3．把不完整的变成完整

在人的视野中,视觉刺激有时是支离破碎的或不完整的,但人能够把它知觉为完整的整体,这种将视觉刺激缺乏的部分补充起来的特性也叫知觉的补充性。

图 5－4－16 这则广告虽然没有直接展现产品,但是握紧的拳头、滴答的液体、柠檬的切面以及绿色的背景都能较好体现是什么样特征的产品——柠檬味十足的饮料。说明人类具有通过各种零碎信息推测整体形象的能力。而图5－4－17是则很有创意的公益广告,广告中“饮”和“视”两个字并没有全部写出来,其部分偏旁和部首分别用排污口和雾霾形象来代替。因为人类的知觉具有整体性特征,广告主不必担心受众看不懂这两个字。

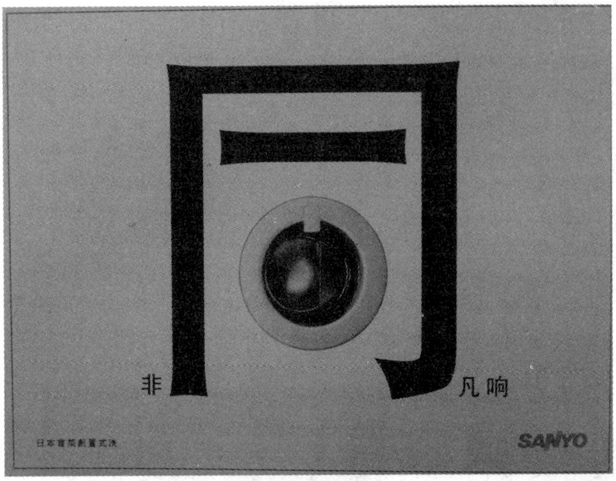

图 5-4-14 三洋洗衣机广告

图 5-4-15 格力空调广告

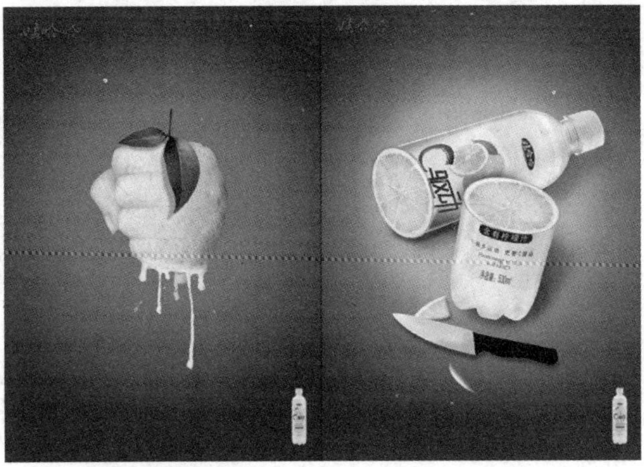

图 5-4-16 娃哈哈柠檬饮料广告

图 5-4-17 环保公益广告

4. 对视知觉对象作出某种解释

人在接触视知觉对象的过程中，总是试图对视知觉对象作出某种解释，使其具有某种意义，这是视知觉主动性的另一个方面。有人曾用人对图片的感知来说明这一特性。实验者先给受试者呈现一张图片，上面画着一个身穿运动服、正在奔跑的男子。受试者一看就断定他是球场上正在锻炼的一位足球运动员。接着给受试者呈现第二张图片，内容是在那个足球运动员的前方增加一位惊慌奔跑的姑娘。这时受试者断定他们看到了一幅坏人追逐姑娘的画面。最后实验者拿出第三张图片，在奔跑的人后面又增加一头刚从动物园里逃跑出来的狮子。这时，受试者才明白了图画的真正意思：运动员和姑娘为躲避狮子而拼命奔跑。

图 5－4－18 是则耐克体育用品广告，图中一位跳跃而起的运动员，一些绑带在他身边松散开，体现了耐克体育用品安全舒适、摆脱束缚、充满弹性和活力的特性，容易唤醒读者内心运动的冲动，加上图底耐克的 Logo，即使没有文案，受众也可以理解该则广告的诉求。

图 5－4－18　耐克体育用品平面广告

视知觉的主动性是视知觉活动的重要特点，了解和掌握了人的视知觉活动的这一特性，可以帮助广告创作者设计出精妙的广告画面。曾经有一则节油广告，由两张图片构成，前一张画面上是一个“三点水”少了两点的“油”字，后一张画面上是没有“三点水”的“由”字，由于两张图片并排，人们看完广告之后，不仅会明白广告的意图是因为“缺油要节省用油”，而且会不由自主地赞叹广告设计之巧妙。

第五节　影响广告语言感知的因素

广告语言的感知是指人们通过视觉和听觉器官接受文字或语音符号，对字词作出正确的识别和辨认。对广告语言的感知是理解广告语言的基础，受众只有在对文字或语音符号作出正确识别的情况下，才能把握广告所表达的意思。一般情况下，受众接触广告的时间很短，所以，广告语言能够被受众快速而准确地感知是广告成功的一个基本前提。

人们对广告语言感知的准确度和速度，一方面跟语言接受者的自身状况有关，如受众的知识经验、阅读习惯、视听觉的健康状态和接触广告时的注意状态等；另一方面则取决于广告语言本身的特点和表现形式，如发音的速度、音高、音量，语句的长短，文字的编排结构，字体的大小等。

广告语言有视觉语言和听觉语言，印刷广告和各种户外广告的语言一般是视觉语言，而广播广告和电视广告的语言则主要是听觉语言。对视觉语言材料和听觉语言材料容易被感知的程度，实验心理学家分别用"易读性"和"可懂度"这两个概念为指标来衡量。

一、影响视觉语言感知的因素

所谓易读性，是指由印刷字体的大小、空间排列、空间距离等因素引起的阅读材料的难易变化。[①] 例如有100个印刷文字符号，如果多数读者能正确辨认出50个，那么其易读性为50%。材料的易读性越高，读者读起来就越快、越准确、越省力；反之，易读性越低，读者准确感知语言材料所花费的时间、精力就越多，付出的认知努力就越大。

易读性与语言材料的组织结构有着密切的关系。当材料的特点和结构遵循读者的阅读习惯，符合读者的生理机能时，易读性高；而当材料与读者的阅读习惯相矛盾，或超出读者的生理局限时，则会造成读者阅读上的困难，因而易读性低。影响广告语言易读性的因素，从语言材料本身来说，主要有以下几个：

1. 文字的编排形式

印刷文字的编排形式一般有横排、竖排和斜排。目前世界上大多数国家和地区的印刷出版物的文字都是横排的，但也有一些国家和地区的印刷出版物是竖排的。斜排的现象一般只出现在广告之中。

人们的阅读习惯是在后天的阅读活动中逐渐培养起来的。以阅读竖排材料为主的读者，其眼睛的扫描习惯是纵向的，由上而下，由右至左；相反，经常阅读横排材料的读者，其眼睛的扫描习惯则是横向的，即由左至右，由上而下。

心理学关于技能的研究表明，当人们习惯于某一特定的行为方式时，突然要求他们采用另一种相反或相异的方式行事，这会使他们的行为变得困难或不可能。例如要求习惯于从左边上自行车的人突然改从右边上自行车，这种难度是可想而知的。同样，在读者普遍适应横向文字阅读时，让他们去阅读竖向排列的文字，这虽然不会导致他们丧失阅读的能力，但却会减慢他们的阅读速度，或导致他们生理上的不适。根据认知最省力原则——人们在各种认知活动中总是尽量避免大量精力或能量的投入，因此这种与读者阅读习惯相悖或相异的阅读材料，还可能使读者丧失阅读兴趣。

广告的文字排列具有较大的随意性，创作者或设计者可以根据自己的意愿采用横排、竖排、斜排或混合排列。从我国目前的印刷广告来看，各种排列形式都有，而且横排以外的排列形式占有相当分量，这与英文广告主要都是横排的特点不同。的确，汉语言文字的方块特点为汉字的文字排版提供了较大的灵活性，横排之外的排列形式也能使广告变得生动多样。然而从广告的传播效果来说，非横排的广告——特别是斜排和混合排列的广告，由于与读者的阅读习惯不相适合，常常会使得读者不知从何读起，因而会失去相当多的读者。例如，图5-5-1就是一则排列有点杂乱的广告，读者在看到该广告时，往往不知从哪里阅读起，不知该如何阅读它，要知道广告

① 朱智贤：《心理学大词典》，北京师范大学出版社1989年版。

品牌是什么还需要费点工夫。又如图 5－5－2，虽然构图新颖，但要完整地读完所有广告文案颇为麻烦，要么不断转动脑袋，要么不断转动报纸。可见，排列规范对印刷广告提高易读性是很有必要的。

图 5－5－1　东宝百货广告

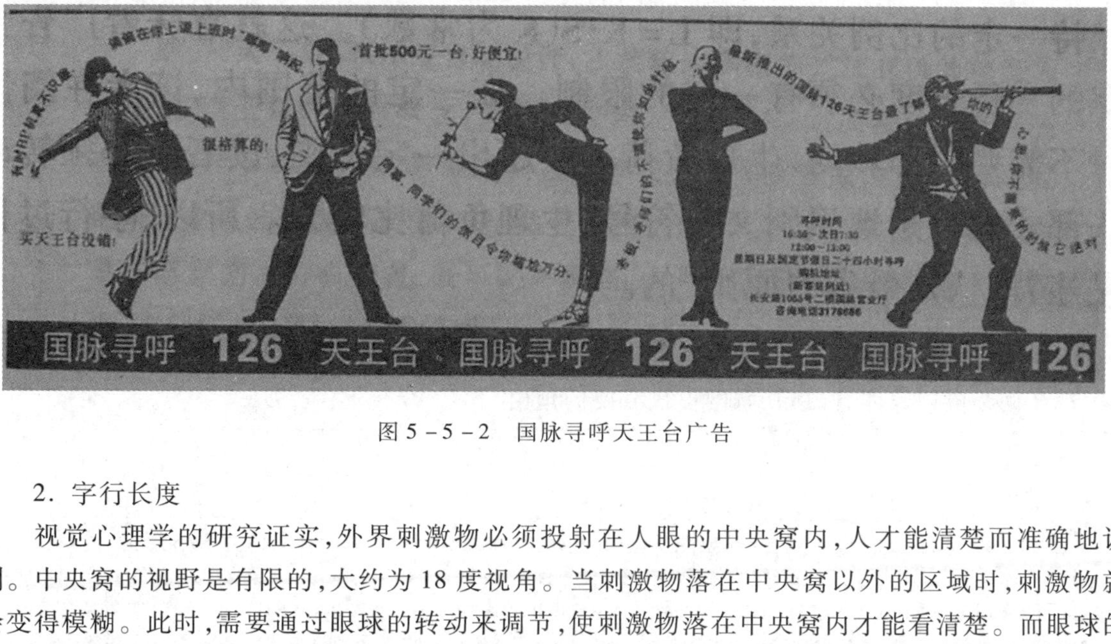

图 5－5－2　国脉寻呼天王台广告

2. 字行长度

视觉心理学的研究证实，外界刺激物必须投射在人眼的中央窝内，人才能清楚而准确地识别。中央窝的视野是有限的，大约为 18 度视角。当刺激物落在中央窝以外的区域时，刺激物就会变得模糊。此时，需要通过眼球的转动来调节，使刺激物落在中央窝内才能看清楚。而眼球的转动也是有限的，在头部固定时，借助于眼球转动而能感知物体的横向视野范围大约为 140 度视角（能清楚感知文字符号的范围要窄得多）。物体落在这个视野之外区域时，要看清楚则需要头部转动。此时，读者的生理负荷就显著增大，容易感到费力或疲劳。

视觉心理学的研究还表明，人对视觉刺激物的感知，与刺激物的大小以及物体与眼睛的距离（物—目距）有关。在人能清楚识别物体的情况下，物体大，物—目距可以适当拉长；物体小，物—目距则要缩短。由此可见，要使刺激物被清楚地感知，又要使读者的生理负担减轻，刺激物的横向长度（L）就必须与刺激物的大小（S）保持一定的比例关系，即 $L = K \cdot S$（K 为常数）。这就意味着广告文字的字行长度必须有一定的限制。超出一定范围，读者就必须转动头部才能清楚地识别文字符号。所以，字行过长是违背“认知最省力原则”的。

字行过长的另一个不利之处是容易造成阅读窜行，即读者在读完一行转入下一行时，容易要么重读原来的这一行,要么跳读隔一行。这种现象在长行文字的阅读中经常出现。

字行过长的问题一般存在于长文案的广告之中。所以在文案较长的广告文字编排时,如果碰到版面结构为长条形,可以采用分块切割,把长行改为短行。

3. 文字的字号

印刷出版物的字号有大有小,如何使用可根据需要而定。对于一般的书报杂志来说,由于读者在阅读时物—目距一般保持稳定,因此字体大易于辨别,字体小则难于识别。例如,图 5-5-3 和图 5-5-4 是两段文字,内容相同,图 5-5-3 文字采用五号字体排版,阅读起来就比较轻松。图 5-5-4 文字用小六号排版,读起来就略感费劲。广告语的文字字号如果这么小,阅读它的读者一定不会太多。

娱乐节目不仅是电视媒体的支柱,而且是电视媒体区别于其他传统媒体的重要特征,还是与其他媒体竞争受众的法宝。虽然电影、广播也有同样的娱乐功能,但是电影不如电视方便。电影要求受众必须到电影院去,而电视不需要观众离开家就可以得到娱乐。广播则由于是纯声音媒体,无法与音像结合的电视相抗衡。总之在传统大众媒体中,电视媒体的娱乐功能占有绝对的优势。但是应该看到,在我国电视媒体的娱乐性节目中,电影和电视剧始终占有主导的地位,成为娱乐节目的最重要组成部分。近几年来,我国有线电视频道数量猛增,实际上是依赖于长时间地播放电影、电视剧得以生存和发展。正是由于电视媒体的娱乐功能过分地依赖于电影、电视剧这种非电视媒体原创性节目,使得它必然要面临互联网的巨大冲击。现在在互联网发达国家和地区,人们欣赏电影、电视剧将不再仅仅依赖于电视媒体,互联网为观众提供了另一种选择。不仅如此,随着互联网的进一步发展,互联网中信息资料库的逐渐完善,人们观看电影、电视剧的自主性更强,自由度更大。人们可以根据自己的意愿来选择自己想看的电影、电视剧,根据自己的时间安排选择合适的收看时间,而无须被动地等待。这将为观众抛弃电视媒体、选择互联网提供必要的理由。

图 5-5-3 五号字

娱乐节目不仅是电视媒体的支柱,而且是电视媒体区别于其他传统媒体的重要特征,还是与其他媒体竞争受众的法宝。虽然电影、广播也有同样的娱乐功能,但是电影不如电视方便。电影要求受众必须到电影院去,而电视不需要观众离开家就可以得到娱乐。广播则由于是纯声音媒体,无法与音像结合的电视相抗衡。总之在传统大众媒体中,电视媒体的娱乐功能占有绝对的优势。但是应该看到,在我国电视媒体的娱乐性节目中,电影和电视剧始终占有主导的地位,成为娱乐节目的最重要组成部分。近几年来,我国有线电视频道数量猛增,实际上是依赖于长时间地播放电影、电视剧得以生存和发展。正是由于电视媒体的娱乐功能过分地依赖于电影、电视剧这种非电视媒体原创性节目,使得它必然要面临互联网的巨大冲击。现在在互联网发达国家和地区,人们欣赏电影、电视剧将不再仅仅依赖于电视媒体,互联网为观众提供了另一种选择。不仅如此,随着互联网的进一步发展,互联网中信息资料库的逐渐完善,人们观看电影、电视剧的自主性更强,自由度更大。人们可以根据自己的意愿来选择自己想看的电影、电视剧,根据自己的时间安排选择合适的收看时间,而无须被动地等待。这将为观众抛弃电视媒体、选择互联网提供必要的理由。

图 5-5-4 小六号字

在正常的阅读条件下,五号字是比较合适的字号,小于五号的字号都会增加阅读的难度,降低易读性。

对于户外的各种广告(包括招贴、路牌、霓虹灯、横幅和招牌等)来说,广告的辐射距离不固定,因此为了使广告达到最大的宣传效果,字号的大小十分重要。然而这一问题在国内的广告活动中没有得到充分的重视，许多城市的户外广告存在着在其辐射范围内看不清广告文字的问题。

按五号字（字宽 3.69 毫米）的正常视觉距离 0.33 米为标准进行推算，能被看得舒适的文字的字号大小与视觉距离的关系为：

$$S = 1.12 \cdot L$$

公式中 S 表示字宽，单位为毫米；L 表示视觉距离，单位为米。在广告实践中，为了不使广告的字体大小造成阅读上的障碍，可以根据上述公式来确定户外广告的最小字号。

4. 字体

广告中所能采用的字有很多，有简繁体之分；又有楷体、宋体、仿宋体、黑体、魏碑、隶书等字体之分；此外各种字体还可以进行形形色色的美术变形，因而演化出来的字体就更多。正常的印刷出版物基本上都是采用宋体，读者较为习惯。所以，一般来说，字体变形越厉害，越不容易识别，易读性越低。在国内设计制作的广告中，采用各种变形字体或美术字体的广告屡见不鲜，或许这种广告可以增加一点美感，使广告显得活泼、富有变化，但是它从根本上损害了读者的阅读习惯，从而使得广告内容为读者所抛弃。读者可以通过阅读图 5－5－5 中以不同字体排版的同一段文字内容来体会。

互联网上的娱乐功能比电视媒体更强，娱乐形式更多。例如以个体直接参与的传统娱乐方式如聊天、打牌、打麻将、下象棋、下围棋等，曾一度因为电视媒体的出现而被大大削弱，或变成一种观赏性的娱乐活动。但在互联网时代，这些主动参与的娱乐方式将在很大程度上得到恢复。目前有许多受众上网就是为了聊天交友、打麻将、打牌、下棋等。由此可见，电视的娱乐功能将在很大程度上受到互联网的冲击。

互联网上的娱乐功能比电视媒体更强，娱乐形式更多。例如以个体直接参与的传统娱乐方式如聊天、打牌、打麻将、下象棋、下围棋等，曾一度因为电视媒体的出现而被大大削弱，或变成一种观赏性的娱乐活动。但在互联网时代，这些主动参与的娱乐方式将在很大程度上得到恢复。目前有许多受众上网就是为了聊天交友、打麻将、打牌、下棋等。由此可见，电视的娱乐功能将在很大程度上受到互联网的冲击。

互联网上的娱乐功能比电视媒体更强，娱乐形式更多。例如以个体直接参与的传统娱乐方式如聊天、打牌、打麻将、下象棋、下围棋等，曾一度因为电视媒体的出现而被大大削弱，或变成一种观赏性的娱乐活动。但在互联网时代，这些主动参与的娱乐方式将在很大程度上得到恢复。目前有许多受众上网就是为了聊天交友、打麻将、打牌、下棋等。由此可见，电视的娱乐功能将在很大程度上受到互联网的冲击。

互联网上的娱乐功能比电视媒体更强，娱乐形式更多。例如以个体直接参与的传统娱乐方式如聊天、打牌、打麻将、下象棋、下围棋等，曾一度因为电视媒体的出现而被大大削弱，或变成一种观赏性的娱乐活动。但在互联网时代，这些主动参与的娱乐方式将在很大程度上得到恢复。目前有许多受众上网就是为了聊天交友、打麻将、打牌、下棋等。由此可见，电视的娱乐功能将在很大程度上受到互联网的冲击。

图 5－5－5　各种字体比较

5. 底、面的颜色对比

广告文字符号辨识的难易程度在很大程度上依赖于文字与背景的差异或对比。面色与底色愈接近,辨识起来愈困难。反之,二者差异愈大,对比愈明显,愈便于辨识。不过,人的阅读经验和色彩的明度等因素也影响色彩匹配的易读性。例如同样是黑白两种颜色,白底黑字的匹配就比黑底白字易于识别。

随着现代印刷技术的发展,广告文字和底面的色彩匹配多种多样。美国广告学家卢基经过实验研究,列出了13种颜色匹配的易读性等级,其中黄底黑面的匹配易读性最高(交通广告均采用这种匹配),绿底赤面的匹配易读性最差(见表5-5-1)[①]。对于颜色匹配的问题,广告者在广告设计时应加以注意。

表5-5-1 各种颜色匹配的易读性等级

底色	黄	白	白	白	青	白	黑	赤	绿	黑	黄	赤	绿
面色	黑	绿	赤	青	白	黑	黄	白	白	白	赤	绿	赤
等级	1	2	3	4	5	6	7	8	9	10	11	12	13

二、影响听觉语言感知的因素

可懂度指听者正确识别语音的百分率。例如给听者念一段100个字的文章,如果听者听对80个字,可懂度即为80%。在广告中影响可懂度的主要因素有:

1. 噪声掩蔽

噪声对语音的掩蔽依赖于信号和噪声的强度比。当语音比掩蔽噪声的强度大100倍时,噪声对语音的可懂度没有影响;当语音与噪声强度相等时,可懂度为50%。在前后文的影响下,当语音低于噪声强度时,人仍可听懂语音。

广播电视广告中的音乐、效果声对于解说词来说是一种噪声,会影响听众、观众对解说词的感知,因此广告的音响合成,应该注意解说词与音响的关系。一般来说,在解说词出现时,音响应该压低或停止。车载电视广告播放时,车上的人愈多,噪声愈大,效果也愈差。

2. 语流速度

语流速度是指说话者在单位时间内发出语音的数量,单位是字/分。在日常生活中,人们的语音速度一般在每分钟150字左右。在中央电视台的《新闻联播》中,播音员的平均语流速度大约为每分钟210个字。正常的语流速度听起来不会感到困难,但当语流速度过快时,语音的可懂度就会受到影响,听者来不及对每一个字词加以识别。例如广东今日集团的品牌"反斗星"曾有几则广告的语流速度相当快,即使你很认真地听了好几遍,仍听不清楚解说词说的是什么。因此,如果想使受众听清楚广告的解说词,解说词的语流速度不宜太快。

第六节 影响广告语言理解的因素

广告语言的理解是指受众通过一系列的心理活动构造广告语言所表达的意义,即语义。语

① 唐忠朴、贾斌:《实用广告学》,工商出版社1981年版,第153页。

义指语言所传递的信息——传者试图表达、说明的东西。例如有一则洗发精广告的标题是“现在可以从头发上洗刷掉岁月的痕迹了”,看了这一标题,读者知道“岁月痕迹”意指“头发斑白”,因而明白整个句子的意旨是要说明洗发精具有“护发功效”。

语言的理解一般包括三个层次,第一是理解词和句子所表达的意思。第二是理解词句的引申含义,即理解语言的弦外之音、言外之意。如“和尚打伞”,其引申含义则是“无法无天”。第三是理解语言使用者(传者)的动机和意图,包括他们用语言表达的情感、态度。譬如“记忆有困难的人,请不要使用狮牌保险柜,免得麻烦”。对于这样一句话,如果仅从字面意思来理解,会以为是警告记忆力差的人不要使用狮牌保险柜,其实,广告文案创作者的意图是告诉消费者狮牌保险柜的“保险功能可靠”。

语言的理解是一个复杂的过程,受众首先要对语言材料进行感知和储存;然后从长时记忆中提取有关的信息,把语言材料中的单词转化为它们所代表的意义;最后根据已有的句法结构知识,把句子的各个成分加以整合,建立整个句子所表达的意义。

由此可见,受众对广告的理解主要受两个方面因素的影响:一是广告受众主观方面,包括知识、经验和信念、态度等;二是广告作品本身的特点,如句子形式、句子长度、词汇难度、画面和语言的配合等客观因素。

一、受众方面

1. 知识和经验

心理学家们普遍认为,人们在获得一个观念、理解一个事件时,已有的知识经验越多,所需要的外来信息就越少;反之,已有的知识经验越缺乏,所需的外来信息就越多。具体而言,受众的知识经验的多寡与他们对广告的理解水平有着密切的关系。在受众知识经验较为丰富的条件下,简洁的语言信息就能够被完整、准确地理解。相反,在受众缺乏有关知识经验的条件下,过于简洁的信息理解起来就比较困难。例如“实行三包”这样一个常用的广告术语,一般广告主、广告文案撰稿者以及行销人员都能完整地掌握其含义,而对于普通消费者来说,准确知道“三包”意思是“包修、包退、包换”的人为数并不多。有的消费者还把“三包”理解成别的意思,如包寄、包送等,多数消费者不知道完整的意思。由此可见,作为文案创作者,应该充分考虑到目标受众对产品或劳务的知识水平,在文案中运用他们能够理解的语言,或向他们提供足够的信息。

在揭露语言的弦外之音以及领会简单语句中所隐含的丰富信息时,受众的知识经验也是一个相当重要的条件。例如同样的一句话“××获得国际博览会金奖”,对于具有现代生产经营管理经验的人来说,他们从这一句话中不仅能知道该产品的各种技术指标达到国际的先进水平,而且还能从中得出许多推断,如企业管理者有能力,质量管理严格,企业生产工艺先进,企业员工素质比较高,是国家重点企业,产品将有良好的市场前景,等等。而对于一般的消费者来说,从中获得的推论就会相对减少,如他们可能会由此认为该产品质量高、值得信赖等,而不能获得如上述关于企业形象方面的许多推断。

广告文案写作的一个基本原则是越简练越好,拖泥带水的话会让人听之乏味。但是如果语言过于简单,缺乏必备知识的消费者就无法理解。特别是一些专业术语,在内行人看来似乎是再清楚简单不过了,殊不知门外汉却一无所知。所以,如果广告创作者希望受众理解广告所表达的意思,有时多费点笔墨口舌也是必要的。

2. 信念和态度

在广告活动中,尽管广告创作者可以用语言准确地表达某种意思,但是受众的理解结果可能大不相同。造成这种现象的原因除了上述所说的知识经验之外,受众对广告产品和广告主所持的信念和态度也是一个重要的原因。例如认为某品牌质量很高的消费者,当他听到该品牌产品的广告说该品牌市场占有率排名第一时,他就很可能会相信这是事实。反之,如果由于该品牌在使用过程中出了毛病,或者其他原因给消费者造成不良印象时,即使该品牌的确是市场占有率第一,消费者也会产生怀疑,甚至认为是广告主在撒谎或吹牛。

一般广告都是以通俗的语言来介绍产品的优点,消费者准确理解广告语言的含义并不困难,但对广告所介绍的优点则不一定会相信。在这种情况下,消费者已有的信念和态度起着决定性的作用。当广告所持的观点与消费者已有的态度接近或相一致时,消费者会正确地理解。相反,当广告所持的观点与消费者已有的态度不一致时,消费者不仅会拒绝接受广告的观点,甚至会从反面来理解广告语言的含义。

二、广告作品方面

1. 句子的形式

表达一个意思,既可以用肯定句表达,也可以用否定句、被动句表达,还可以用疑问句表达。从修辞、审美的角度来考虑,适当地运用否定句、被动句和疑问句能够使语言变得生动、优美、活泼。但是从语言理解的角度来考虑,肯定句则比较容易理解。斯洛屏(1966)比较了肯定句和否定句的理解速度。他给被试看一张一只狗追逐一只猫的图,要求被试对下列句子很快地回答“真”或“假”:

狗追猫 (真肯定句) (1.55 秒)
猫追狗 (假肯定句) (1.68 秒)
狗没追猫 (假否定句) (1.91 秒)
猫没追狗 (真否定句) (2.14 秒)

研究结果发现,肯定句不仅比否定句反应快,而且错误反应的概率也比较小。[①] 其他的心理学研究也证实,对肯定句的理解不仅比否定句快,而且也比被动句、疑问句快。

上海大众汽车的系列广告中有许多广告标题采用否定句式,如“并非所有新车在它刚面世时就能赢得如此的万众瞩目”“并非所有的人都能赢得这样的热烈欢呼”“并非所有的新事物在它诞生过程中就能成为万众瞩目的焦点”“并非所有的人都能真正懂得它所代表的含义”“并非所有的人都能亲自体验成功的荣耀”“不是每一部豪华车都能让你觉得它物超所值”“不是所有豪华新车都能真正恰如其分地称得上豪华”等,从文学的角度来说,这些广告语的确写得相当不错,遗憾的是读者不容易理解。

可见,根据“认知最省力原则”和上述研究结果,在广告文案创作时,应尽量避免使用肯定句

① 彭聃龄:《普通心理学》,北京师范大学出版社 2001 年版,第 309 页。

以外的其他句子形式,以便读者能够快速而准确地掌握广告文案的意义。

2. 句子的长度

对句子的理解是在对整个句子的文字符号或声音信号进行短时记忆储存的基础上进行的。人脑通过将外界信号保留在短时记忆中,然后从长时记忆系统中提取有关的信息,赋予它们某种意义。

心理学的研究表明,短时记忆的容量是相当有限的,一般为 5 ~ 9 个单元。当外界输入信息超过短时记忆容量时,有的信息就会被遗忘。注意广告句子的长短就是因为短时记忆容量的局限性影响到受众对句子的理解。长的句子容易造成记住了后半句而忘了前半句,因而要完整准确地理解整个句子的含义,往往必须重复阅读或倾听。对于印刷广告来说,读者虽然可以重复阅读,但这不符合"认知最省力原则"。对于广播、电视广告来说,受众根本不可能重复倾听一遍。因此避免长句子或把长句子改变为短句子应该被看做广告文案写作的一个基本的原则。

长句子造成理解困难的另一个原因是不容易理顺句子的结构。在简单的句子中,主、谓、宾、定、状、补各种句子成分很清楚,读者一目了然。而对于复杂的句子,读者要在短时间之内弄清楚句子的结构则相对困难。下面是两则广告的文案,第一则广告文案由于句子太长,理解起来很费劲。在原有文案的基础上,加上两个逗号和三个字之后,意思不变,但理解起来容易多了。同样,第二则广告文案只要在原句中间加上两个逗号,意义便一清二楚。

原句:"陕西省武功良种奶牛乳品厂生产的'后稷'牌即溶全脂牛奶粉选用西北农业大学及宝鸡市农牧良种场的上等鲜牛奶用科学方法精制而成……"

修改后:"陕西省武功良种奶牛乳品厂生产的'后稷'牌即溶全脂牛奶粉,选用西北农业大学及宝鸡市农牧良种场的上等鲜牛奶为原料,用科学方法精制而成……"

原句:"各地彩扩行业的专家和用户对公元彩色相纸的质量及使用效果均表满意并给予高度评价。"

修改后:"各地彩扩行业的专家和用户,对公元彩色相纸的质量及使用效果均表满意,并给予高度评价。"

3. 词汇的难度

广告宣传是艺术手段和科学方法的综合使用,广告语言一方面要注意艺术性,另一方面也要重视科学性。追求语言美,使受众从倾听或阅读中得到美的享受,这是广告给予受众阅读或倾听广告语言的一种报偿,这是很有必要的。但是片面追求艺术美,不管华丽而生涩的词汇能否为受众所接受或理解,这就失去了科学性。无论如何,广告的目的是向受众传递信息或进行说服,如果受众不能理解广告语言的真实含义,那么广告的目的就无法达到。

一般而言,在书刊、广播电视以及人们的日常用语中较少出现的词汇,人们接触的机会少。当它们出现在句子中时,人们对句子的理解就比较困难。此外,有些专业性术语,内行人看起来简单,但外行人却难以准确把握其含义。广告中出现这种专业术语或少见的词语,都会影响人们对广告语言的理解。美国大陆石油公司曾用过一则"失败"的广告。他们以"突破性能界限"为题掀起一场广告宣传运动。这一主题在五个地区作了广告试验，结果发现销售量增长并不大，而且这一主题并不太吸引人。经进一步的研究发现，原来人们都不懂什么是“性能界限”，而且也不愿意追究它的实际意义。

少见、陌生的词汇导致理解上困难，这容易理解。然而，一些在广告中经常出现的词汇，虽然不难理解，但受众却不会按其原意去理解。盖洛普·罗宾逊研究组织的调查表明，如果文章里使用的广告性词汇太多，反而影响它的宣传效力。像“最佳”“经过试验证明最好”“奇妙”“功效神速”等一类的词，都属于广告性词汇，人们一听这种语言，信任就会打折扣，认为这不过是买卖人言不由衷的吹牛而已。

美国广告学者怀特把语言的“广告性”（如一些生造的字眼和夸张的形容词之类）和广告的感染力之间的关系进行研究发现，如果按对读者的感染力来衡量，广告作者使用陈腐的广告惯用语（如“经久耐用”等）越多，则整则广告的效力越小。①

4. 文案的修辞

撰写广告文案跟写文学作品不同，文学作品的读者是带着欣赏的目的进行阅读的，所以文学作品比较强调辞藻华丽，允许语言朦朦胧胧、模棱两可。广告的读者通常不是为了读广告而读广告的，所以广告文案要求语言简练，表达准确，能够在读者阅读的瞬间迅速地把广告信息传递给他们。如果文案辞藻华丽，但让人读了不知其意，那么这一则广告就是失败的。

5. 图画的配合

图画对于人们理解语言有着重要的作用。对此，心理学家布朗斯福德和约翰逊（1972）用一个有趣的实验做了生动的证明。② 在实验中，他们让两组被试阅读同一篇课文，其中一组事先看了图画（图 5-6-1），另一组没看。课文的内容是：“如果气球炸裂了，那么声音便不能带去。因为一切距离那层楼太远了。关闭的门窗也能阻止声音传进，因为多数建筑物都有很好的隔音。由于整个操作都依赖于稳定的电流，因此，电线中断也会引起问题。当然，小伙子可以喊叫，但人声的强度不足以传那么远。另外一个问题是乐器上的弦可能会断。如果弦断了，就不能伴奏了。显然，最好的情形是距离短。这样，潜在的问题就少一些。如果能面对面接触，则问题最少。”实验发现，没有见过图画的小组，很难理解这段课文；而见过的小组，则很容易理解。

图 5-6-2 是一则房地产广告，品牌叫作月明轩。看到该广告中月明星稀，小孩子安然入睡的插图之后，读者不难理解广告所要传达的概念是“宁静”。图 5-6-3 是锐澳鸡尾酒的广告，该品牌产品以颜色和口味多样为一大特色，广告中明星手拿的多彩气球有助于受众更好地感受和理解广告语“My Colorful World”。

在广告特别是电视广告中，图画是重要组成部分，没有图画的配合，受众就很难准确、快速地理解广告语言的含义。关于图画配合对语言理解的促进作用，第七章第二节还会进一步加以讨论。

① 杨中芳：《广告的心理学原理》，远流出版公司 1994 年版。

② Bransford J D & Johnson M K. *Contextual prerequisite for understanding: Some investigations of comprehension and recall.* Journal of Verbal Learning and Verbal Behavior, 1972(11): 717-726.

图 5－6－1　画面对语言理解的影响测试图

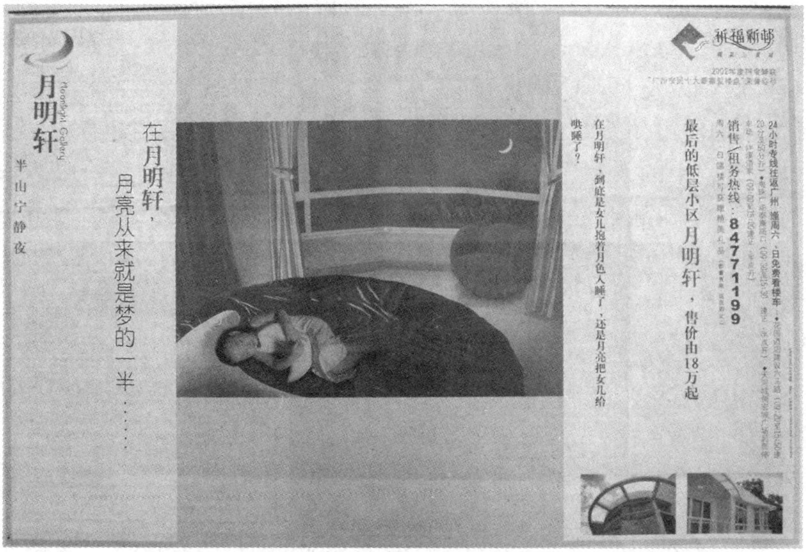

图 5－6－2　月明轩房地产广告

图 5-6-3 锐澳鸡尾酒

第七节 提高广告信息记忆效果的基本方法

在探讨如何提高广告信息记忆效果之前，首先要明确广告信息究竟是指什么，或者说什么是广告信息。就单一的广告作品而言，广告的信息内容主要包括三个方面：品牌的信息，商品、服务或企业的信息，背景的信息。

品牌信息包括商品和企业的名称、标志图案。从广告的宣传效果来看，受众对品牌信息的记忆是至关重要的。商标是商品或企业的代号、标志，消费者只有首先认准了商标，才可能进一步对商品和企业加以了解。广告主只有让消费者记住了企业和产品的名称，对他们的说服也才能奏效，否则可能出现张冠李戴。当今，商品的市场竞争越来越剧烈，同一个产品类别，可能有几种、几十种、几百种品牌；同一类型的生产企业，也可能有几家、几十家、几百家。在众多竞争商标并存的情况下，消费者通常只能在头脑中先对商标进行选择。

商品、服务或企业信息包括商品的信息，如功能、用途、质量、价格、包装、使用方法等特性，服务的信息，如内容、质量以及企业的信息，如历史、规模、经营范围等。一般来说，这些信息通常是广告信息的主体，它们对于消费者的购买决策和品牌形象、企业形象的建立有着重要的作用。

背景信息包括广告中的人物、景物、音乐等。它们是品牌信息和商品、服务或企业信息的陪衬。作为广告的辅助成分，它们常常是不可缺少的。背景信息可以为广告创造出一种特殊的气氛，赋予商品、服务或企业一种情感色彩。背景信息犹如一种黏合剂，由于它的作用，使得整个广告成为一件完整的艺术品。此外背景信息由于容易记住、容易回忆且容易在非广告场合接触到，所以它能够强化受众对广告所要传递的情报性信息的记忆。

这一节着重探讨一些提高商品、服务或企业信息记忆效果的方法，而将品牌信息记忆的问题留到下一节讨论。

一、不断地重复广告信息

认知心理学关于记忆系统（图 5-7-1）的研究表明，外界信息要进入人的长时记忆系统之中，最重要的条件就是复述。[①] 例如，要记住这样一个电话号码 5080697，只读一遍很难记住，但

① 彭聃龄等：《认知心理学》，黑龙江教育出版社 1990 年版，第 162 页。

是多读它几遍,就自然而然地记住了。斯蒂芬和沃伦于1983—1984年考察重复对老年人和年轻人影响的差异,以决定针对老年人的媒体排期表是否应该比年轻人频繁一些,研究发现回忆和再认不受年龄影响,但受广告频率的影响。[①] 所以,要提高人们对广告的记忆效果,更确切地说,要提高人们对广告信息的记忆效果,最重要的手段就是对广告信息不断地重复。

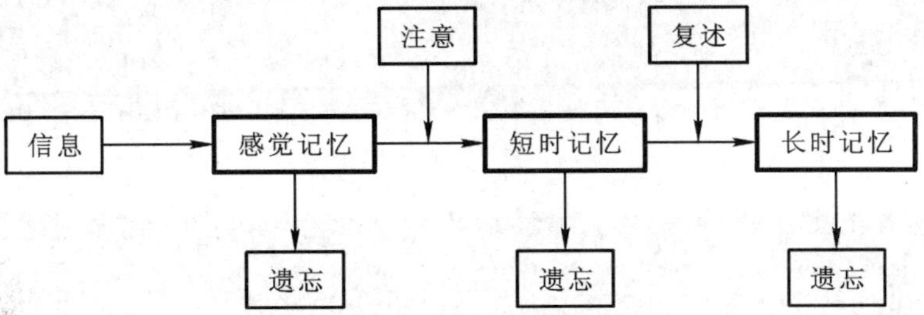

图5-7-1 记忆系统图示

广告信息重复的方法可以在多个层次上进行。

1. 全方位的媒体策略

将有关信息在多种媒体上呈现,使受众分别在不同时间、不同地点、不同活动中,用不同的感官接受同一品牌的广告信息。伊利尔特早在1937年在印第安纳州水果展览会进行的一项现场调查,就证实了多种媒体传播对信息记忆的促进作用。他以三种方式努力吸引25 433名参观者的注意,第一种是谈话要点的海报呈现,第二种是喇叭呈现,第三种是前两种方法综合呈现。结果是综合方法最有效,喇叭呈现次之,海报最后。[②] 当今,广告媒体许许多多、各种各样,除了报纸、杂志、广播、电视、网络等大众媒体之外,还包括微信、微博、QQ、百度贴吧、知乎、抖音、陌陌等社交媒体;此外,还有路牌、霓虹灯、灯箱、印刷招贴、商店橱窗、汽车车身、氦气气球、彩旗、打火机、烟灰缸、灯柱、文化衫、火柴盒、遮阳伞、台历、挂历、液晶电子屏幕、时钟等分众媒体。可以将多种媒体综合使用,让受众从多个侧面接触广告信息。全国知名度比较高的品牌,其广告活动基本上都是采取这种全方位的媒体策略。

2. 在同一媒体上进行系列广告宣传

在国内外的各类媒体中,常常出现连续性的系列广告。系列广告有三种不同的做法:第一种是每一则广告分别从不同的角度来介绍产品或服务,这样,通过连续的系列广告,既可以加深消费者对品牌的印象,又可以让消费者对产品有一个全面的认识,如图5-7-2、图5-7-3和图5-7-4的加德士系列广告,第一则广告强调延长引擎寿命,第二则广告诉求增强引擎威力,第三则广告是表明加德士机油可以减少引擎维修费。第二种做法是系列广告中的每一则广告主题一致,但文案和画面表现略有不同,这种做法可以加深人们对广告主题的理解和记忆,如图5-7-5和图5-7-6。第三种做法通常是用前面的广告来制造悬疑,唤起消费者的好奇心和对后续广告的关注,再用一则广告来揭示谜底。经过一段时间的期待,消费者对广告谜底的印象必然会十分深刻。

---

① Stephens N & Warrens R A. *Advertising frequency requirements for older adults*. Journal of Advertising Research, 1983-1984, 23(6): 23-32.

② Elliott F R. *Attention effects from poster, radio and poster-radio advertising of an exhibit*. Journal of Applied Psychology, 1937 (21):365-371.

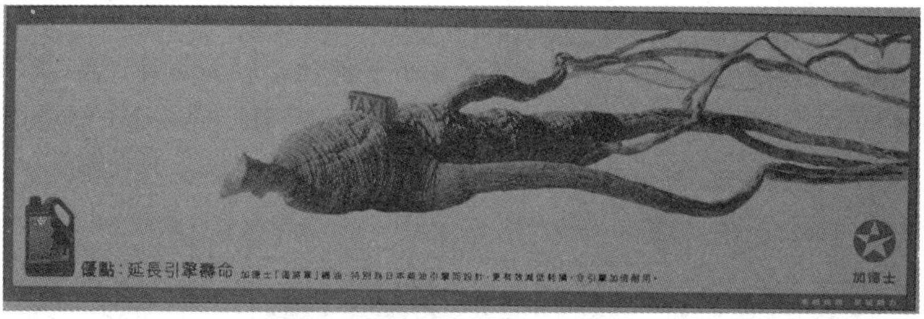

图 5－7－2　加德士广告之一

图 5－7－3　加德士广告之二

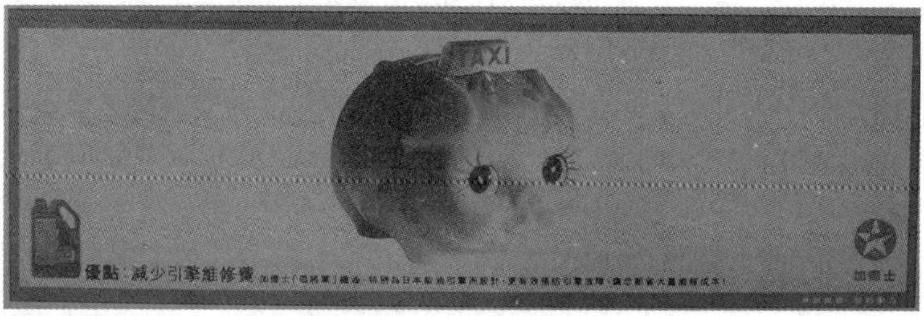

图 5－7－4　加德士广告之三

图 5－7－5　欧米茄广告之一、二

图 5－7－6　欧米茄广告之三

3. 将同一广告不断重复刊播

这是商品广告最常见的做法。只要你连续一段时间收看中央电视台或其他电视台的节目，那么同一则广告多次看到是司空见惯的事，有些广告甚至一个晚上就可以多次看到。国外研究表明（见表5-7-1），广告的重复刊播，不仅有利于广告商品的记忆，而且对激发购买欲望也有好处。

表5-7-1　杂志广告重复的次数对读者的影响

	熟悉商品的程度	愿买商品的程度
未登广告	15.2%	9.1%
刊登一次	18.1%　较未登广告组增加19%	11.3%　较未登广告组增加24%
刊登二次	20.7%　较未登广告组增加36%	13.8%　较未登广告组增加52%

不过，不管广告主的资金多么雄厚，广告的重复总是有限度的。而对于那些资金有限的企业来说，重复到什么程度就更值得考虑。根据学习记忆的规律，当学习者重复学习到所有学习材料都记住时，再增加适当的学习次数，可以明显地提高记忆的效果；如果学习者尚未能记住所有材料时就放弃学习，那么已记住的东西就会很快遗忘。所以在广告重复时，要注意重复的适当次数。此外，重复的方式、方法也值得考虑。

4. 将一则广告分成相同的几个部分

例如"恒源祥"绒线羊毛衫，在一则广告的正常时间里，将同样的画面、同样的语言连续重复了三次。单纯从记忆效果的角度来说，它等于一则广告播出了三次。由于这是一种在不追加广告投资的条件下优化广告效果的有效方法，所以，在"恒源祥"绒线羊毛衫广告播出之后，类似的广告纷纷出现。不过从消费者品牌态度等方面考虑，这种简单的方式不宜过分地使用。

二、利用联想记忆的规律

心理学研究发现，人对外界输入人脑的信息（语词、概念等）的记忆存储常常是以某种关系联系起来的。当人们见到、听到或想起某一语词、概念或情景时，与之相联结的信息也被回忆起来。常见的联想关系有以下几种：

1. 接近联想

即指时间或空间上接近的事物容易在记忆中联系在一起。例如想起天安门，也容易想起人民英雄纪念碑，这是空间接近联想。时间接近联想如看完天气预报，我们就知道下面将要出现"飞亚达"手表广告（曾经有很长的一段时间，中央电视台一套的天气预报结束之后的第一个广告就是"飞亚达"手表）。

2. 相似联想

指在某些方面相似的事物或语词易于形成关系。例如由"虹美"容易联想到"红梅"，因为读音相似；由"北京"容易联想到"东京"，因为它们都是首都，且有一个字一样；由"iPhone"容易想到"iPad"，因为它们都是苹果公司的重要产品等。

3. 对比联想

与相似联想相反，这是指人们对某一事物的感知，常常会引起与它具有相反特点的事物的联想。例如由“市场经济”想到“计划经济”,由“黑暗”想到“光明”。例如图 5 - 7 - 7,看了“黑暗”两个字之后,就能想到箭头所指之处的字是“光明”。

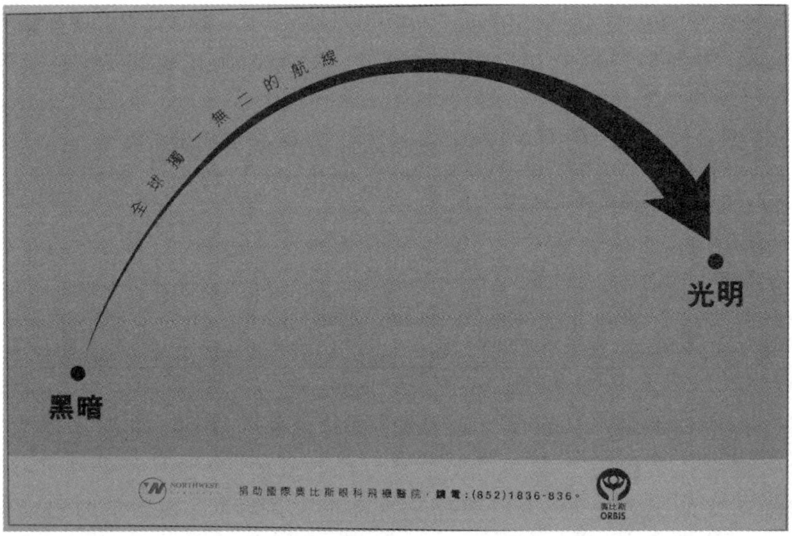

图 5 - 7 - 7 奥比斯眼科飞机医院广告

4. 关系联想

指人们依靠各种各样的关系把事物联系在一起。例如“风吹”与“草动”,“冰”与“冷”,“周杰伦”与“动感地带”,“姚明”与“联通”,“M”与“麦当劳”等。

根据联想记忆的原理,为了帮助受众牢记广告或广告信息,并使他们容易回想起来,很重要的一点就是将广告或广告信息与某种特定的,容易见到、听到或想到的人、物或情景联系起来。据此,以下做法可供读者参考:

1. 将广告刊播在特定的节目、栏目之前或之后

在报纸上,可以以赞助栏目的形式把广告信息刊登在栏目登载的版面,使读者产生空间上的接近联想。在广播、电视上,可以把广告信息安排在相对固定的节目之前、之后或之中播出,使受众建立时间上的接近联想关系,如“步步高手机”和《非诚勿扰》栏目。

2. 运用人们熟悉或易记的人物或场景,使广告信息联系起来

比如一想起明星杨幂,就想起 58 同城;而想起明星迪丽热巴,则会联想到她代言的雪碧。此外,节目或其场景也会让我们联想起品牌广告,当我们看到或提到“奔跑吧兄弟”这个节目时,会联系起其赞助商安慕希;而 OPPO 手机长期赞助“明星大侦探”这个节目,容易让受众从这个熟悉的节目联想到 OPPO 手机。

3. 运用人们熟悉或易学易唱的音乐旋律

当特定的音乐旋律与广告信息在受众的记忆中建立起联想关系时,音乐旋律在其他场合飘扬时,会引发人们联想起广告信息,起到强化广告信息记忆的作用。这也是有些产品的系列广告为什么不改变背景音乐的原因之一。在平常看电视时,即使我们的注意力不在画面,但只要某种特定的音乐响起,我们就知道是什么产品广告正在播出。

4. 运用特殊的标志符号

例如图 5 - 7 - 8 这则吉他广告由一连串的音乐符号和特殊符号组成了吉他的图案,很好地

出了产品功能，它运用了联想记忆规律，让受众由音乐符号联想到乐器，并很快地能领悟到这是一则吉他广告。

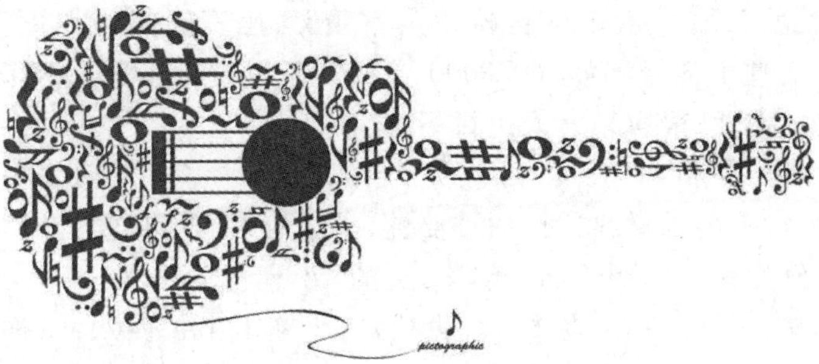

图 5-7-8 吉他广告

三、运用以语言的特点为中介进行编码的记忆原理

在长期的生活实践中，人们在长时记忆中储存了语言的某些特点如语音、字形、结构等，并利用这些语言的特点对当前接受的信息进行编码，使它们更容易储存。以本书作者的姓名来说，“黄合水”这三个字本身看不出什么含义，也不好记。但是只要把“合”字与谐音字“河”字联系起来，其意义就变得丰富，更重要的是很容易就能记住。又比如有一家公司，起名为“磊鑫”，由于这两个字字形的相似性和独特性，因而记起来就很容易。中国古典诗词源远流长、长盛不衰，其主要原因之一就是这些诗词利用了语言的节奏和韵律。语言节奏强、顺口押韵不仅便于诵读吟唱，而且便于记忆。因此，在广告创作中，为了使广告信息更容易为受众所记住，可以考虑采用下列手段：

1. 利用谐音规律

在当今的广告中，许多广告创作者已自觉不自觉地运用了这一规律。常见的做法之一是有意篡改成语。例如台湾有一则酱油广告的广告语是：“酱（将）出名门，传统好滋味”；黄河冰箱广告则用“黄河冰箱，领鲜（先）一步”；金鹿电蚊香的广告语是：“默默无蚊（闻）的奉献”；英特尔的一则广告用“得芯（心）应手”；图 5-7-9 中的广告利用“留学≠流血”两个词之间的谐音规律，突出新航道的低价留学的特点。不过这种歪曲、篡改成语的做法，遭到语言学界的强烈反对。

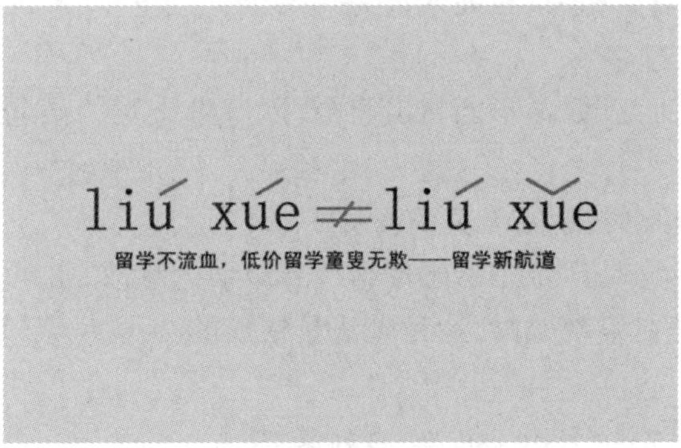

图 5-7-9 新航道留学机构广告

2. 利用语言材料的结构特点

一些编写得好的语言材料，由于结构上的特色，可以加深人们的记忆。例如长城电扇的广告语："长城电扇，电扇长城"；富康汽车广告语："走富康路，坐富康车"；白丽美容香皂的广告语："今年 20，明年 18"。有些电话号码如"6000000"（六个零）、"2012288"、"2020202"、"2222222"，也由于数字结构有其特殊性，很容易让人过目不忘。

3. 利用语言的节奏、韵律

案例欣赏

语言的节奏、韵律对于语言材料记忆的重要性，早已为人们所认识，在广告中已被广泛地运用。例如获得电视广告"金塔奖"的"小霸王学习机"广告，其广告语的节奏韵律感就相当强——"你拍六、我拍六，小霸王出了四八六；你拍七、我拍七，新一代的学习机；你拍八、我拍八，电脑学习顶呱呱；你拍九、我拍九，二十一世纪在招手，在招手！"此外，像"康师傅"方便面的"康师傅方便面，好吃看得见"，"人头马"威士忌酒的"人头马一开，好事自然来"，风帆蓄电池的"好马配好鞍，好车配风帆"等广告语，均以其巧妙的押韵而给受众留下深刻的印象。

将广告语变成人们易学易唱的歌曲的形式，也是利用语言节奏感的一种方法。20 世纪 80 年代播出的"来福灵"农药广告——"我们是害虫，我们是害虫。正义的来福灵，正义的来福灵，一定要把害虫杀死！杀死！"——就是一个非常成功的案例。

四、广告信息的数量要适当

心理学的研究表明，学习材料越多，遗忘的速度越快。[1] 心理学的研究还表明，人们短时记忆的容量只有 5—9 个单位，但这种记忆的局限性会因组块而得到改善。[2] 例如在很短的时间之内，给被试呈现下列 12 个字："丹、净、德、卡、基、克、加、尔、美、耐、肯、皮"，被试一般只能记住 7 个字左右，但是如果将它们组块为下列四个词组："肯德基、皮尔卡丹、耐克、美加净"，被试就很容易把它们全部记住。不过即使是这样的组块，一般人也只能记住 5—9 个。所以在广告创作中要注意下列问题：

1. 广告标题或广告口号字数不宜太多

早在 20 世纪 30 年代，美国一项关于《星期六晚邮报》广告标题的研究就表明，广告标题的单词数量与读者的记忆率呈负相关，相关系数为 0.80。[3]

2. 广告文案内容不宜过多

以广告的信息点多少而论，数量不能超出 7 个；以广告文案的语句或段落而言，其数量最好不要超过 5 个。

3. 广告文案内容尽量简洁，删除无关的信息

在许多印刷广告中，或许是广告主出于珍惜广告版面的缘故，常以尽可能多的文字来充塞版面，似乎多留一点空白都是在浪费钱财，这种做法是错误的。

---

① 彭聃龄：《普通心理学》，北京师范大学出版社 2001 年版，第 232 页。

② Miller G A. *The magic number seven plus or minus two: Some limits on our capacity for processing information.* Psychological Review, 1956(63):81-97.

③ Lucas D B. *The optimum length of advertising headline.* Journal of Applied Psychology, 1934, 18(5):665-674.

4. 广告画面内容单一

这一点主要是针对电视广告而言。电视广告在电视屏幕上瞬间即逝，繁复杂乱的画面使观众难以形成鲜明的视觉形象，因而不容易记清楚。广告画面单一，则容易在短时间之内，将某一人物、情景突出地加以表现，因而观众记忆较为深刻。

广告画面单一表现为画面情景要么突出人物，要么突出景物。突出人物时，个别人物通常采用近景或特写镜头，众多人物则采用协调统一化的动作；突出景物时，景物内容要素要少，每一镜头的时间相对要长一些，即镜头切换要少一些。

当广告信息不得已需要比较多文字才能表达清楚的情况下，要注意广告信息的组织，例如将所有文案内容分成几个部分，而不是写成一大段。

五、广告形式新颖独特

一般来说，人们要长久地记住某些信息，就必须多次重复地学习。但是，每个人可能都会有这样的经历，有些事物只接触过一次，便终生难忘。这种让人终生不忘的事物，通常都是人们第一次见到的，而且是比较新鲜独特的。

新颖独特的信息在记忆中不容易受其他信息的干扰，记忆比较牢固，提取也比较方便，因而容易回想起来。例如百度外卖的广告，视频广告语告诉受众普通人的一生可能共有76 000多顿饭，接下来用感人的场景描绘了主人公毕业时不舍的散伙饭、加班奋斗时的饭、与女友相恋时甜蜜的饭、目睹心上人嫁人时苦涩的饭、过年与家人团聚时妈妈做的饭，等等，最终引出百度外卖和广告语“每顿饭都值得被用心对待”。这则广告指出普通人一生共有76 000多顿饭，并将每顿饭与我们每个人都或多或少体验过的情感和记忆关联起来，不同于其他以“便捷”“物美价廉”等为理性诉求的广告，让人耳目一新，引起了不少受众自发分享，称其为“走心”“暖心”“戳心”。

案例欣赏

六、巧用人物模特

人物在广告中是将广告产品与消费者的实际生活联系起来的黏合剂，其重要性在许多研究中得到充分的肯定。许多给人深刻印象的广告案例，都是利用人物来介绍产品。这些广告之所以给人印象深刻，与下列几个特点有密切的关系。

1. 人物形象有特征

如果让大家回想一下自己印象最深刻的知名人物有哪些，不难发现，秃顶的电影明星葛优、形象睿智沉稳的影星陈道明、身材高大的篮球运动明星姚明等都是比较容易想起来的。这些人物之所以成为名人，他们独特的外观形象是一个重要的原因。因此当广告由这些有特征的人物来表演时，即使你无意去记住它，它也会在你的头脑中留下深深的痕迹。在奥格威创作的经典广告作品“Hathaway 衬衫”中，“独眼龙”也是非常独特的。除了真实的人物之外，有特色的动画人物如旺仔牛奶广告中的“旺仔”，同样可以达到很好的记忆效果。

2. 人物善于表演

“Dell”电脑广告中吴亦凡一系列帅气的武打动作，“德芙”巧克力中 Angelababy 和李易峰在浪漫的灯光下尽情跳舞，“Adidas neo”系列广告中迪丽热巴、易烊千玺、郑凯在镜头前变换各种样式的服装和青春洋溢的步伐，“特仑苏”牛奶广告中何炅和黄磊富有生活气息的对白，“58 同城”广告中杨幂面向观众走来大喊“58 同城真万能”的洗脑表演，无不给人留下很深的印象。国外的研究也发现，广告模特善于表演，是广告成功的一个重要因素。

3. 人物富有表情

人类对人物的表情有相当强的辨别力和记忆力。当幼小的婴儿对外界的各种刺激都还很难辨别时，他或她就已经能够记住并识别妈妈的面孔。所以很多广告使用富有特色和变化的人物表情加强观众的广告记忆，如“饿了么”广告中王祖蓝夸张地瞪大眼睛说“饿了别叫妈，叫饿了么”，又如“百事可乐”最新两则广告中邓紫棋和王嘉尔互相“骗取”百事可乐时的或无奈气愤或得意挑衅的表情，都令人印象深刻。

七、促使受众卷入或注意

影响受众卷入或注意的因素或手段有很多，如产品、广告色彩、信息呈现时间等。这些因素或手段的运用在提高受众卷入的同时，也促进了受众对广告信息的记忆。许多研究对此提供了可靠的证据。

布加南早在 1964 年的研究就发现，对产品的兴趣明显影响杂志广告的回忆。[①] 原因就是对产品的兴趣引起读者认真阅读广告，认知卷入程度大，进而导致大脑中记忆痕迹的加深。1991 年，格郎浩哥等人测量 1000 名被试对 333 则杂志广告的效果也发现，广告再认与广告大小和色彩的运用成正相关，[②]即广告越大、色彩越多，再认成绩越好。出现这种结果的关键原因就是，广告大小和色彩是引起读者注意的关键要素。材料呈现时间比较长，比较容易引起注意，因而产生较好的记忆成绩。汤姆 1999 年的研究指出，那些包含修饰色彩设计的广告比没有这些设计的广告，在回忆和说服测量上都比较好，修饰色彩设计就是一些容易引人注意的刺激。[③] 罗斯特等人 2001 年的研究证实，视觉场面保持在屏幕上1—5秒或更长时间可得到较好的再认。[④]

第八节 提高和巩固品牌知名度的策略

知名度是消费者认识商品或服务标志的程度。其意义可以从几个测量层次上加以理解。首先，知名度是指能够识别或回忆出商品或服务的商标图案、商标名称的消费者占所有消费者的比例。许多品牌知名度的测量通常都是在这一水平上进行的。例如在市场调查中，常常会问消费者诸如“你看见过或听说过哪些饮料品牌?”的问题。然后根据消费者作答的结果来计算品牌知名度。对这类问题，消费者的回答一般是品牌名称。

其次是指消费者认识特定的视听符号的程度。特定的视听符号包括广告标准色，如富士胶卷的“绿底红字”；品牌代号，如麦当劳的“M”；品牌象征形象，如大大泡泡糖的“唐老鸭”和麦当

① Buchanan D I. *How interest in the product affects recall: Print ads vs. commercials.* Journal of Advertising Research, 1964, 4(1): 9-14.

② Gronhaug K, Kvitastein O & Gronmo S. *Factors moderating advertising effectiveness as reflected in 333 tested advertisements.* Journal of Advertising Research, 1991, 31(5): 42-50.

③ Tom G & Eves A. *The use of rhetorical devices in advertising.* Journal of Advertising Research, 1999, 39(4): 39-43.

④ Rossiter J R, Silberstein R B, Harris P G & Nield G. *Brain-imaging detection of visual scene encoding in long-term memory for TV commercials.* Journal of Advertising Research, 2001, 41(2): 13-21.

劳的“麦当劳大叔”；品牌专用广告语，如娃哈哈的“甜甜的、酸酸的”以及品牌专用的广告“音乐旋律”等。从广告效果测定的角度来说，有些特定视听符号的认识程度可以测量，有些则难以测量。但是，不管是易测的，还是难测的，消费者对它们的认识都是知名度的体现。

最后是指消费者对品牌以及相关情况的了解程度，包括对产品特点、售后服务、广告宣传、促销公关活动以及产品生产企业的生产规模、生产技术、企业理念、员工素质等各方面情况的了解。很显然，消费者对这些情况了解越多，说明品牌的知名度也越高。只不过前面两个方面是知名度在量的方面的体现，而后一方面是质的方面的体现。

在现代广告活动中，提高品牌知名度常常被定为商品广告宣传的近期战略目标，而巩固品牌知名度则被定为广告活动的长远战略目标。那么，如何才能有效地提高和巩固品牌的知名度呢？这是摆在广告主和广告人面前的一个重要的现实问题。

在琳琅满目的商品海洋中，知名品牌寥寥可数。这说明要成为一种知名品牌并不是一件容易的事。从现已成名的品牌来看，除了产品或服务要有过硬而稳定的质量以及良好的信誉外，品牌的命名和标志设计、商品的广告宣传以及产品促销活动等都应引起重视。

一、注意品牌的标志设计

品牌标志，也称商标，是一种图案或文字图形。作为产品或企业的标志，它可以采用任何一种图形或图案。但是，要使所设计的品牌标志有利于提高品牌知名度，容易传播，让消费者容易记住，这就要求标志设计者在品牌标志设计时必须遵循记忆的规律。

1. 图案与名称相结合

品牌标志与品牌名字相一致，可以达到由此及彼的联想记忆作用。一方面，看到标志可以联想到名称；另一方面，由名称也会联想到标志。二者之间相互促进，使记忆更为牢固。

品牌标志与品牌名字的一致存在着几种不同程度的差别。第一种情况是品牌标志与品牌名字完全一致，即用品牌名字的某种字体作为品牌标志，例如图 5-8-1 所示的中国的海尔集团、清华紫光、红旗轿车，美国的可口可乐和 7 喜饮料、英特尔芯片、福特汽车，法国的香奈尔时装、香水，芬兰的诺基亚手机，日本的索尼电器，英国的 555 香烟以及 G2000 服装等品牌图案都属于这种情况。

第二种情况是品牌标志所表达的意思与品牌名称的意思相同，即图案是名称概念的具体形象。图 5-8-2 所示的中国熊猫电子集团、金杯汽车、五菱汽车，日本三菱集团、麒麟啤酒，瑞士雀巢公司，法国鳄鱼，美国苹果品牌标志均属于这一情形。

第三种情况是由品牌名字的个别字母或字来构图。如图 5-8-3 所示中国的科龙电器、工商银行，韩国的 LG 集团，法国的圣罗兰，美国的摩托罗拉手机、电话电报公司、通用汽车、通用电气、麦当劳快餐等标志。

第四种情况是品牌标志是品牌名称的象形物，但与商标名称概念的具体形象有所不同。如图 5-8-4 所示的新飞冰箱、福日彩电、日立电器、中国联通、奔驰汽车、方正电脑等品牌标志。

在上述四种情况中，前两种品牌标志与品牌名字彼此之间容易建立联想回忆关系。后两种情形从标志容易猜出名称，但由名称不容易联想出标志，需要一定的学习才能达到联想回忆。从品牌标志对品牌知名度提高的贡献角度来看，以上四种情况贡献由大到小。在实际运用中，有些品牌标志与品牌名字看不出有任何联系，这类标志难以记忆，不利于品牌知名度的提高。例如，

海尔(Haier)　清华紫光　红旗

可口可乐(Coca-Cola)　香奈尔(Chanel)

诺基亚(Nokia)　福特(Ford)

索尼(Sony)　7喜(7up)　英特尔(Intel)

G2000　555

图5－8－1　品牌标志与品牌名字完全一致的商标

熊猫电子　三菱　金杯　雀巢

鳄鱼　苹果　五菱　麒麟

图5－8－2　品牌标志与品牌名字意思相同的商标

夏利轿车是中国市场上常见的轿车,许多城市早期的出租车都是这个品牌。按理说,该品牌标志(如图5－8－5)应该是妇孺皆知的,但是目前单独呈现这个标志时,仍有许多人不知它是什么品牌,说明这个标志设计得不如其他一些汽车标志好。

在实际运用中,由于单独的图案(特别是抽象图案)很难跟品牌名字联系起来,因此多数著名品牌标志除了采用没有图案的文字标志外,还采用品牌名字与图形相结合的标志。如阿迪达斯体育用品、锐步鞋、马爹利酒、宏碁电脑、长虹电器、哥伦比亚广播公司、爱立信手机、德尔塔航空、福克斯电影公司等(如图5－8－6)。

摩托罗拉　LG　科龙

圣罗兰　中国工行　美国电话电报公司　通用电气

麦当劳　通用汽车

图 5－8－3　拼音字母的图形商标

新飞　福日　日立　联通　奔驰　方正

图 5－8－4　图案是名称象形物的商标

图 5－8－5　夏利汽车标志

阿迪达斯　锐步　马爹利

宏碁电脑　长虹　哥伦比亚广播公司

爱立信　德尔塔航空　福克斯电影公司

图 5－8－6　品牌名字与图形相结合的标志

可见，在品牌标志设计时，要尽可能采用上述四种方法进行设计，使品牌标志与品牌名字有机地结合起来。

2. 可以命名

认知心理学家鲍尔、卡尔林和杜克 1975 年进行过一项有趣的实验,让被试学习一些他们称作“droodles”的图片(如图 5－8－7)。其中有的附以关于图片意义的说明,有的不附说明。在被试已经学习了这些图片之后,对他们进行记忆测试,要求被试重画这些图画。结果显示,凡是得到图片说明的被试,都比未曾得到的被试表现出对这些图片的较好记忆。前者正确重画出 70%,后者仅为 51%。①

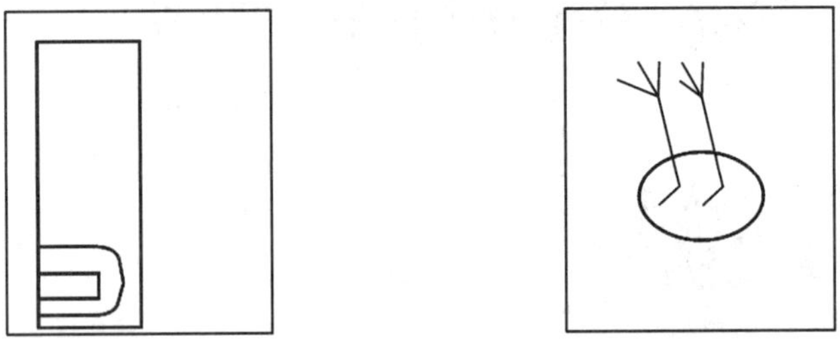

a. 一个侏儒在公共电话亭里吹长号　　b. 一只早起的鸟捉住一只很粗的蚯虫

图 5－8－7　droodles 图片

由此可见,具有某种意义或可以命名的图片比起无意义或不可命名的图片更有利于记忆。在现代品牌标志设计中,人们很喜欢采用一些简单的抽象图形。不管是设计者还是使用者,在决定使用某一抽象图形作为品牌标志时,首先就要考虑标志图案是否有意义,是否可以命名。当然,每一个设计好的品牌标志在设计者的心目中都是有意义的,甚至可能是含义深刻的。但是不能因此认为设计者能够理解,广大消费者就也能理解。一个易记的品牌标志,应该容易让消费者理解其含义,能用一句话或一个词来概括。例如图 5－8－8 分别是金山软件、奥迪汽车、花花公子、标致汽车、别克汽车、中国国航和古井贡酒的标志。对这些标志图案尽管不同的人可能存在不同的描述,但它们均可用一个词或一句话来表达。金山软件的标志像一顶“帽子”,奥迪汽车的标志是“四个圆圈”,花花公子是“一只带着领结的兔子”,标致汽车的标志是“一只站立起来的狮子”,别克汽车的标志是“三颗子弹”,中国国航是“一只凤凰”,古井贡酒的标志“像一个‘古’字”。

金山软件　　奥迪　　花花公子

标致　　别克　　中国国航　　古井贡

图 5－8－8　能用一个词或一句话来描述的品牌标志

① Bower G H, Karlin M B & Dueck A. *Comprehension and memory for pictures*. Memory & Cognition, 1975, 3(2): 216－220.

3. 简单明了

大多数读者都会有这样的经验：在初学汉字时，字越简单越容易学习，越复杂学习起来越困难。品牌标志也是如此。简单的图案让人一目了然，学习起来毫不费劲；而要记住复杂的图案则需要花较多的时间。举一个例子来说，同样是两条直线，画成两条平行线显得简单，而画成两条交叉线则显得复杂（如图5－8－9）。因为平行线只包含倾斜的角度和两线的距离这两个要素，而交叉线要包含两条线的倾斜角度、两线的夹角和交叉线段的比例三个要素。因此，如果让你看完两个图形之后重新把它画出来，那么，a图的正确率肯定大于b图。

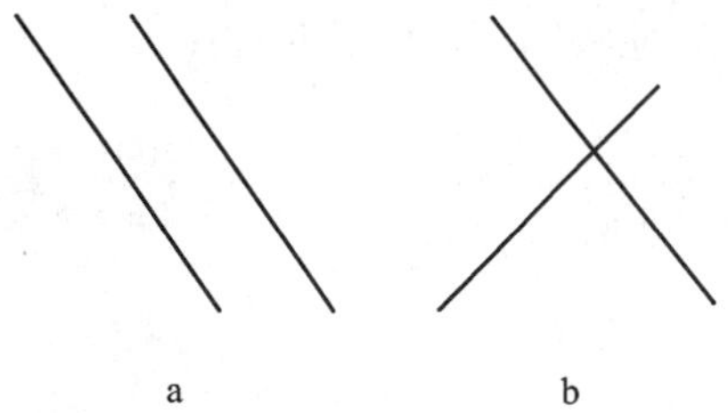

图5－8－9　两条线的构图

衡量图案的简单性有两个标准，其一是点、线的数量，其二是点、线之间的组合形式。点线越少，图案越趋简单。同样，点线之间的关系或联系越符合几何构图原则，则图案也越简单。图5－8－10中的柯达胶卷、联想电脑、绿丹兰化妆品、统一企业、欧米茄手表、李宁体育用品的品牌标志都是一些构图简单的标志。

图5－8－10　构图简单的品牌标志

4. 运用熟悉的景、物

品牌标志设计可以采用抽象图形，也可以采用一些具象性的、大家熟悉的景、物，以便加深消费者印象，传达某些特定的含义。图5－8－11中第一个标志是瑞士移动设备制造商罗技的商标，该标志中蕴含生活中日常所见的太阳和月亮，将其结合组成的logo，生活气息浓厚，容易让人联想到其产品也在我们的生活中无处不在。第二个标志是云尚装饰有限公司的标志，该标志中有我们日常所见的云朵，线条优美流畅，且公司名称中也有“云”字，容易促进联想记忆。第三个是日本花王化妆品公司的标志，该标志的“月亮”是世人所熟悉的。

图5－8－11　运用熟悉景物的品牌标志

5. 具有独特之处

品牌标志的独特之处是指不同于其他品牌标志的设计风格、特点等，让消费者一看到该标志时，就觉得与众不同。例如，在图5－8－12中，埃克森石油公司标志的特点在于两个字母“X”，戴尔电脑标志的特点在于倾斜的字母“E”，IBM电脑的独特之处是“虚线”，一汽汽车的特点是巧妙地将“1 汽”构成对称图形。

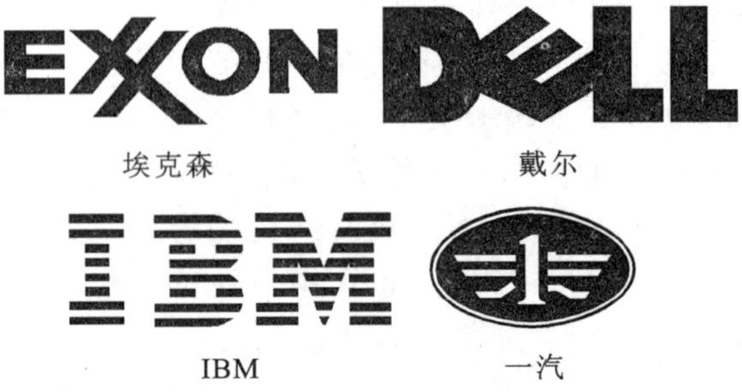

图 5－8－12 具有独特之处的品牌标志

前面我们介绍了品牌标志设计时应该遵循的一些原则。这些原则可以帮助设计者设计出比较符合要求的标志。但是值得声明的是，即使遵循这些原则设计出来的标志，也不一定是好的标志，真正好的标志还必须经过市场研究的评判。

二、重视品牌命名

扩大品牌知名度的最有效办法是加强广告宣传。然而，品牌命名对于扩大品牌知名度也十分重要。在成千上万的品牌名称中，有的名称让人过目不忘；有的名称则不管看过多少遍，听过多少次却总是记不住，关键就在于品牌命名是否符合记忆规律。一般说来，要使一个品牌名称容易传播，容易让人记住，品牌名称是否具有下列特性至关重要：

1. 简单

简单的名字可以减少消费者理解和加工品牌名字的认知努力，比较容易编码和储存，能够起到促进记忆的功效。著名营销学者里斯等人（1998）曾明确指出：“一般来说，品牌名称越短、越好记，当然越好”。[①] Aim 牙膏、雷达（Raid）杀虫喷雾剂、Bold 洗衣粉、Suave 香波、Bic 钢笔等都是一些简短的名字。在消费实践中，有些长的品牌名字被消费者缩短以便记忆，如 Chevrolet（雪佛兰）轿车变成“Chevy”、Budweiser（百威）变成“Bud”、Coca-Cola（可口可乐）变成“Coke”。有些企业的全称很长，读起来很麻烦，因而以缩写字母组合代之，如 BBC（英国广播公司）、NBC（美国国家广播公司）、CBS（哥伦比亚广播公司）、RCA（美国无线电公司）与 AT&T（美国电报电话公司）。日本 SONY 公司创业之初有一个不太吸引人的名称“东京通信工业”，企业创办人盛田昭夫与井深大有感于诸如 RCA 与 AT&T 这样的名字简短又有力，因而决定将公司名字改成四五个英文字母拼成的名字，即 SONY。劳力士手表的创始人汉斯・威尔斯多夫（Hans Wilsdorf）给自己设计的手表起名时，就已经考虑到要使各种语言都能发音，而且要简短，以便刻在手表的表盘上，“Rolex”一词满足了这两个条件。

我国的汉语言文字与西方语言不一样。西方语言中，同样是一个单词，有的由很多字母组成，如 Communication、Diacetylmorphine，有的只由很少几个字母构成，如 Cat、Tea。因此，品牌名字的长短对于消费者的品牌名字记忆有着重要的影响。研究表明，在汉语言文字中，89.4% 的中

① 阿尔・里斯、劳拉・里斯：《打造品牌的 22 条法则》，周安柱等译，上海人民出版社 2002 年版。

国品牌是双字词,3 字词是 6.4%,单字词为 2.10%,4 字词为 2.10%。[①] 可见我国绝大多数品牌名字由 2 个汉字组成,因此长短差别不大。但是我国的品牌名字中,不同的字笔画数差别很大。简单的字只有几笔,如“开”“尔”“长”,复杂的字可能十几笔、二十几笔,如翼、懿、黛、癀等。不言而喻,品牌名字如果笔画简单,消费者容易记忆,这样就可以快速提高品牌知名度,节省宣传成本。反之,笔画复杂,记忆起来十分困难,会影响品牌知名度的提高。所以我国许多知名品牌如海尔、长虹、TCL、格力、美的、小鸭、新飞、金正、方正、开开、乐凯、大宝等都是笔画比较少的名字,这不是偶然的。

2. 容易发音

容易发音是品牌名字被口头传播的关键。有学者对国外品牌的中国译名进行的研究表明,不管是在 1987—1988 年,还是在 1994—1995 年,90% 译名的长度相似于原名,90% 以上的译名发音容易。译名发音与原名读音的相似性由 67.3% 上升到 77.5%。[②] 事实上,在我国市场上,多数知名品牌的名字是比较容易发音的,这样的外国品牌有柯达、高露洁、松下、索尼、万宝路、人头马等,国内的品牌有格力、健力宝、大宝、青岛、春兰、步步高等。

容易发音的品牌名字,便于消费者指名购买,便于消费者向他人推荐。相反,一个难以发音的品牌名字常常会让消费者因为不知如何发音或读音不准而感到尴尬。企业的许多营销努力仅仅起到教育消费者如何正确发音的作用。例如,Hyundai 汽车、Frusen Gladje 冰淇淋、Faconnable 服装等英文品牌名字,就很难发音。

中国汉字读音受地方方言的影响很大,有些字词对普通话标准的人来说,可能没有任何问题,而对那些习惯于本地方言或说普通话不太标准的人来说,要流利、准确地发音则有一定的困难。例如“日”“荣”“柔”“事”“福”“如”这样的字,很多南方人就读不准。两个或两个以上的字组成的词也是如此,如“福湖”“石狮”。我国市场上的一些名牌,如“日立”“容升”“荣仕达”等,这些品牌由于名字相对不易发音,因此品牌知名度等方面在一定程度上会受到负面的影响。

在英文品牌名字中,为了容易发音和记忆,许多营销管理者在寻找理想的韵律和愉快的发音。有利用辅音字母押韵的,如 Coca - Cola、Coleco;有利用元音押韵的,如 Ramada Inn、Yamaha、Kal Kan;有利用音节相同或相似的,如 Better Business Bureau、Weight Watchers、Max Pax、American Airlines、Black & Decker;有利用拟音词的,如 Wisk;还有注重以爆破音开头的,如 Bic、Kodak 等。研究发现,以爆破音开头的品牌占 1979 年美国前 200 个品牌的 46.5%。[③] 以爆破音开头的词比不是爆破音开头的词容易被回忆出来,更可能被再认。[④]

在重视品牌名字是否容易发音的同时,也要注意谐音带来的品牌名字意思的变化。阿尔索普(1987)研究发现,对 Honda Precis 的理解因消费者认为如何发音而变化。尽管该名字在暗示该汽车产品是精确和准确的,但是如果消费者的发音是 PREE-sus,他们更可能认为它是经济车

---

① Huang Y Y & Chan A K K. *Chinese brand naming: From general principles to specific rules*. International Journal of Advertising, 1997(16):320 - 335.

② Chan A K K. *Localization in international branding: A longitudinal comparison of the Chinese names of foreign brands in Hong Kong between* 1987 - 1988 *and* 1994 - 1995. BRC Working Paper Series, 1996.

③ Vanden Bergh B G. *More chickens and pickles*. Journal of Advertising Research, 1983(22):44.

④ Vanden Bergh B G, Collins J, Schultz M & Adher K. *Sound advice on brand names*. Journalism Quarterly, 1984, 61(4): 835 - 840.

(有意定位);如果消费者认为它的发音是 PLAY-see,他们可能认为它是豪华车或赛车;如果其发音为 PLAY-sus,他们则会认为它是家庭用车。[①] 另一项研究表明,一种假设的产品,其品牌名字(如 Vaner、Randal、Massin)在英语和法语中都是可接受的,但当用法语发音时,比英语发音更具有享乐主义的意思(即提供更多快乐)。[②] 有时,一个名字看起来意思是好的,但是由于谐音的缘故,读起来意思就不好了,如"四通"就容易读成"私通"。

3. 高熟悉性

熟悉性是指个体对语词的熟悉程度,可以用词频来衡量。所谓词频是指某一单词在语言中(通常指在报纸、杂志、书籍等上面)的使用次数。要了解一个单词的词频,可以在词频字典上查找。

关于词频对记忆的影响,国外在 20 世纪 50 年代的研究业已表明,人们对高频词的再认,不论在速度还是在精确性方面都优于低频词的再认。

一般说来,熟悉性高的词,即高频词,已稳固地保持在人脑的长时记忆之中,常被提取出来使用,这样的词与产品的关系容易建立。而不熟悉的词,由于本身尚需学习才能记住,所以要把它与产品建立联想关系需要较多的时间。因而在同样的学习条件下(如播放同样次数),不熟悉的词,记忆的牢固性比较差。在实践中,多数知名品牌所采用的字都是大家熟悉的。如可口可乐、百事、富士、松下、长虹、五粮液、剑南春、小天鹅等。品牌起名还常常采用人名、地方、动物等物体,原因是这些东西是人们熟悉的东西,已经储存在人的记忆中,学习起来比较容易,只要将它与产品或公司联系起来则可。[③] 但也有一些品牌名称采用较为罕见的词,如"沱牌""澳柯玛"等。根据一般记忆规律,这类比较"生僻"的词,一旦出现过比较容易再认,但不容易回忆出来。虽然它们在市场上也有很高的知名度,但在知名度提高的过程中,一定要比那些采用熟悉字的品牌付出更大的努力或代价。

4. 高意义性

意义性是指在单位时间内由一个词联想到其他词的数量。一个容易联想到许多词的词,说明该词的意义性高。反之,一个词,如果很难由它联想起别的词,那么该词的意义性就低。例如,"街道"这一词,很容易联想出"道路""马路""树""商店""广告""天桥"等很多词,是一个高意义性的词。而"麒麟"这一词,则难以进行联想,是一个低意义性的词。

词的意义性对词的记忆有一定的影响。著名认知心理学家沛维奥等人在 1969 年的一项研究中发现,高意义性的词记忆效果比低意义性的词好(如图 5-8-13)。[④]

据此,在品牌命名时,一定要注意词的意义性,最好是选择高意义性的词。但对于什么是高意义性的词,不能凭空想象,不能凭空猜测。可先拟定几个名称,然后采用一定的测试手段进行筛选,从中选择出一个意义性高的词。

为了强化品牌与类别的联系,提高品牌意识,品牌名字也可以采用具有暗示产品或服务类别

① Alsop R. *Firms create unique names, but are they pronounceable?* The Wall Street Journal, 1987, April 2 B1.

② Leclerc F, Schmitt B H & Dube L. *Foreign branding and its effects on product perceptions and attitudes.* Journal of Marketing Research, 1994, 31(2): 263-270.

③ Kanungo R N. *Brand awareness: Effects of fittingness, meaningfulness and product utility.* Journal of Applied Psychology, 1968 (52): 290-295.

④ Paivio A. *Mental representation: A dual coding approach.* New York: Oxford University Press, 1986.

的词汇，如 JuicyJuice 纯果汁、*Newsweek*（《新闻周刊》）杂志、高露洁、洁诺等。

5. 高意象

意象性是指语词容易、快速唤起心理图画的程度。容易、快速唤起心理图画的语词为高意象词，如大象、长城、天坛、彩虹、玫瑰等。不容易唤起心理图画的语词为低意象词，如暂时、背景、宏达、胜利等。沛维奥及其同事 1968 年比较了语词的意象值的大小对语词记忆的影响。研究结果（如图 5－8－14）表明，高意象值的语词，其平均记忆率远远高于低意象值的语词。①

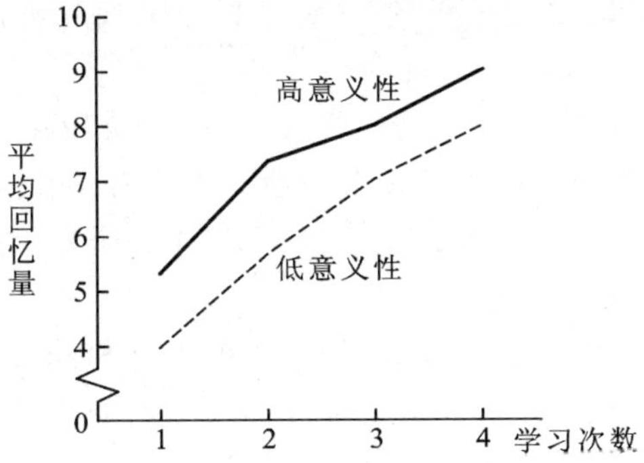

图 5－8－13 意义性对词记忆的影响

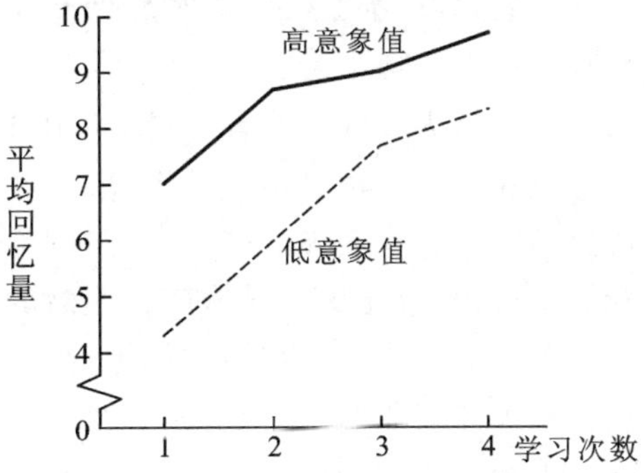

图 5－8－14 意象性对语词记忆的影响

根据沛维奥的观点，意象性高的语词，由于容易唤起该词所指的事物的表象，能够进行双重编码，因而信息在人脑中的保持比较牢固，提取时也比较方便、容易。而意象性低的词，只能进行言语编码，不能进行表象编码，因而信息的保持和提取都相对比较困难。所以高意象性的词比低意象性的词容易记忆。一项关于假设性的品牌名字的研究证实了沛维奥的观点。在一系列的回忆和再认测量中，高意象的品牌名字（如海洋、青蛙、植物、报纸）比低意象品牌名字（如历史、真理、瞬间、记忆）明显易于记忆。②

由于高意象性的词一般是一些具体词，而低意象性的词一般是抽象词，因此，为了使品牌名称容易被记住，要尽量采用具体词。在国内外的知名品牌中，有许多品牌名称都是具体名词，例如“鳄鱼”T 恤衫、“三角”电饭煲、“半球”电器、“鸭鸭”羽绒服、“牡丹”电视、“凤凰”自行车、“五星”啤酒、“蓝天”牙膏、“雕牌”洗衣粉、“小护士”护肤霜等。

6. 与众不同、有特色

与众不同的名字容易再认。有特色的名字是指在产品类别中，很少被用到或不太典型的单词（如 Apple 计算机）、真词的异常组合（如 Toys-R-Us）、完全虚构的单词（如 Xerox、Exxon）或异乎寻常的名字（如 Poison 香水）。当然，即使是虚构的单词也必须遵循语言规则和语言习惯（如没有元音的字母组合做品牌名字就不合适）。

三、强化广告宣传

在现代市场竞争激烈的形势下，品牌知名度的提高和巩固，无论如何是离不开广告的。那么

① Paivio A. *Mental representation: A dual coding approach*. New York: Oxford University Press, 1986.

② Robertson K R. *Recall and recognition effects of brand name imagery*. Psychology and Marketing, 1989(4): 3－15; Robertson K R. *Strategically desirable brand name characteristics*. Journal of Consumer Marketing, 1989(6): 61－71.

如何有效地利用广告来提高和巩固品牌知名度呢？这要从以下两个角度进行分析。

1. 宏观广告战略

（1）加强广告投入。俗话说“偷鸡还要一把米”，如果这把米舍不得抛出去，那么鸡也就难以偷到手。广告宣传也是这个道理，想提高品牌知名度，就要舍得花本钱。虽然品牌知名度的提高与广告投入量是否存在着线性关系，人们对此的认识还不是很清楚，但是一些成功的、知名度高的品牌的广告实践却告诉我们：在现代市场中，没有大量的广告投入，也就没有高的品牌知名度。一些知名品牌，如“天猫”“京东”“华为”“农夫山泉”“六个核桃”“蓝月亮”等，每年的广告投入量都在千万元以上。

（2）开展全方位的广告宣传，即采用各种各样的媒体，打立体的广告战。不同的媒体各有其不同的特点和受众。透过不同的媒体，才能使品牌广告宣传尽可能地覆盖所有消费者，同时使消费者通过不同的渠道获知品牌信息，加深他们的品牌印象。正如佩里等人 1974 年的研究所指出的，报纸与广播综合比单一媒体产生更高的品牌回忆。①

（3）着重加强在大众传播媒体上的广告宣传，特别要加强广播、电视广告的力度和强度。因为大众传播媒体覆盖面大，受众接触率也比较高，采用这些媒体还可以加速品牌知名度的提高。

（4）采用企业识别（Corporate Identity，CI）战略，特别是要贯彻视觉识别（Visual Identity，VI）战略。CI 战略强调企业要有一个统一而明确的经营理念，品牌要有统一的标准图案、标准字体、标准颜色和广告口号，各种宣传品上，无论是产品的外包装、媒体广告，还是名片、信封信纸、招牌、交通工具、建筑物等，都要采用这些统一的标准图案、字体和颜色。这样，不管人们在什么地方，在什么物品上，看到的都是同样的符号，印象也就容易深刻。

2. 微观广告战术

（1）在媒体广告中，将品牌名称突出地显示出来。在现行的广告中，我们经常会注意到，有些广告看了若干遍之后，仍然不知广告所介绍的是什么品牌。无疑这类广告对于品牌知名度的提高是不利的。要利用广告来提高品牌知名度，在每一则广告中都必须尽可能把品牌名称突出出来。事实上，许多广告学家强调品牌名称要在广告的开头或广告的末尾呈现出来，其原意就在于此。

（2）在广告中，将品牌名称尽可能多地重复。根据记忆的规律，要让外界信息进入人的长时记忆之中，其中最重要的条件就是重复。所以，在广告创作设计时，不管是采用视觉形式（字幕呈现）重复，还是采用听觉形式（解说词）重复，总之要尽量将品牌名称多次重复呈现。或许这种广告会让人讨厌，但讨厌者对你的品牌的记忆会特别深刻。例如人们熟知的燕舞收录机在早期的一则电视广告中，单是“燕舞”两个字在解说词中就念了六遍，此外还打上了字幕。此后，恒源祥、知乎、马蜂窝等不同时期的广告都采用过这一战术。

（3）选择适当的广告方式，着重宣传品牌名称。广告的刊播费用是相当昂贵的，所以任何广告的重复刊播都是有限度的。为了使一定的广告费用有效地达到提高或巩固品牌知名度的目的，可以采用简单化的广告方式，如中央电视台《新闻联播》之后天气预报之前的 5 秒广告那样，直接告知品牌名称即可。又如朋友圈信息流广告，即便不打开广告链接，受众也能看到图片或小视频中的 Logo 和品牌名称。

① Perry M & Perry A. *Brand recall in two Israeli media*. Journal of Advertising Research, 1974, 14(3): 33–39.

（4）创作出一句包含品牌名称的响亮的广告口号。通常，一则广告人们记忆最深刻的是一句响亮的广告口号，如“车到山前必有路，有路必有丰田车”，“奶茶就要香飘飘”，“德芙，纵享丝滑”等。所以，如能将品牌名称融入广告口号中，对于扩大品牌知名度大有好处。

（5）在广告中把品牌与一个容易提取的线索联系起来。容易提取的线索有“名人”“乐曲”“特殊的景物”等。最典型、最成功的案例就是耐克与乔丹，它们几乎是两个可以相互替换的名词。

第九节　影响受众情绪和情感的因素

受众接触广告时以及接触广告过程中产生的情绪和情感，会影响到对广告信息的记忆以及对广告、品牌的态度，影响到品牌的购买意图，这已经为许多研究所证实（详见第四章第四节），那么，哪些因素影响受众的情绪和情感呢？

从广告的实际情况来看，制约受众情绪和情感发生有三个方面的因素，一是受众自身的因素，二是广告环境因素，三是广告因素。

一、受众因素

受众因素是广告主或广告制作者、广告媒体代理商无法控制的。受众因素包括受众接触媒体时的心境以及受众的气质类型。当受众心境好时，他们会受到积极情绪刺激的影响，但不容易受到媒体和广告中的消极情绪刺激的影响；当心境不好时，媒体和广告中的刺激不管是积极的还是消极的，都容易引发受众的消极情绪。

对情绪影响较大的受众因素主要是受众的气质类型。根据心理学的研究，人的气质一般分为四类，即多血质、胆汁质、黏液质和抑郁质。一般来说，多血质的受众，情绪容易因刺激而产生或消失，而且容易外露，体验较高，自制力较强。例如看到悲伤的电视情节时，马上泪流满脸，情节过去之后，很快又笑逐颜开。胆汁质的受众，情绪容易因刺激而产生，但是一旦产生之后，情绪的兴奋性很高，自制力弱。这类人脾气暴躁，容易冲动，但也很有激情和热情。黏液质的受众，情感上不易激动，不易发脾气，也不易流露。不管电视节目内容多么让人激动，他们也可能无动于衷。抑郁质的受众，容易动感情，但情绪体验方式比较少，体验持久有力，比较容易产生消极情绪，如悲伤和恐惧。

二、广告环境因素

广告环境因素是指广告发布所在的前后时空因素，包括广播、电视的前后节目和广告，印刷媒体同一版面的栏目和广告，网络中同一网页、网站的内容和广告，户外广告的周边环境和其他广告。

在各种媒体中，电影、广播、电视对受众情绪和情感的影响是最显著的，受众接触这些媒体的主要目的之一就是获得娱乐、获得情绪体验。西方的电视、电影发展历史经验表明，色情和暴力可以吸引受众，使得受众的情绪起起伏伏。在当今网络流行和迅速发展的背景下，色情和暴力仍然是吸引受众的重要工具之一，但这类内容会给健康的社会带来负面影响。

广告插播在影视剧之中时，受众的情绪其实已经被其他节目内容调动起来。所以，如果希望受众带着某种情感来接触广告，那么对广告之前的节目内容加以考虑是很重要的。

环境影响受众观看广告的情绪还有一种情况是，当一个节目进行到关键时刻时突然插入广告，此时，受众会产生很强的挫折感，甚至对广告感到愤怒，但此时广告的注目率比较高，因为受众往往来不及换台。

三、广告因素

广告中，影响受众情绪和情感的因素首先是画面刺激，其次是故事情节，第三是音乐渲染，语言虽然也很重要，但在广告中往往要与画面相配合。

1. 画面刺激

人接受外界的信息，主要是通过视觉渠道，所以广告利用画面来激发受众的情绪和情感是最有效的。利用画面刺激激发情绪和情感的手段之一是色彩的使用。如要使人兴奋，则采用红色为主色调，或大面积地使用红色；要使人平静，采用蓝色为基调；而要使人压抑，则采用深灰色和黑色为基调。手段之二是利用适当的人物、物体或情境，如骷髅、尸体等都会使人恐惧；利用一个漂亮女模特，会使人产生美感。图 5－9－1 展示出不符合人体各部位比例的运动员，让我们联想到残障运动员，对他们产生同情心理，同时也油然升起敬佩之心。图 5－9－2 展示出人体的残破和损坏，让人对香烟产生恐惧感。大量的性诉求、恐惧诉求广告都是以画面刺激为主的。

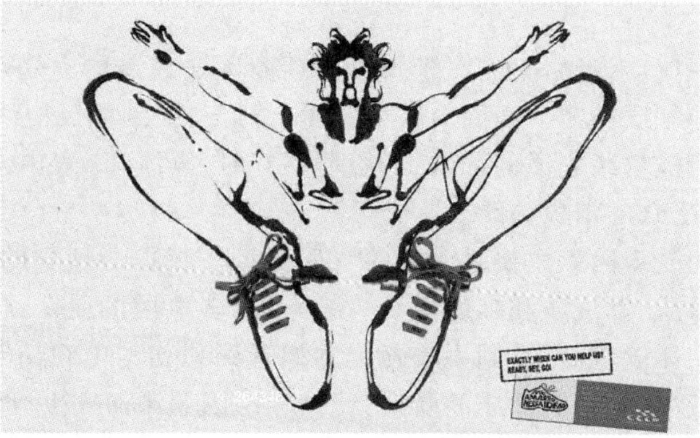

图 5－9－1 残疾人士运动协会公益广告

图 5－9－2 反吸烟公益广告

2. 故事情节

当一定的故事情节能够使人们感同身受时,就会激发出人们相关的情感,不管是用语言叙述的,还是用音像描绘的。相声、评书这两种语言艺术,其作品能否成功,能否博得听众的喜欢,主要就是看它们能否用语言描绘的故事情节把听众的情感情绪调动起来。同样,春节联欢晚会上受人喜欢的小品,则是通过精心表演出来的情节,赢得观众的开心一笑,置观众于快乐之中。有一类电视广告片叫做"生活片段",其实就是展示一个生活情节,试图通过这个情节获得观众的认同,调动观众的情感。这类表现风格在商业广告和公益广告中都广泛存在。有一则《给妈妈洗脚》的公益广告就相当感人,其情节是年轻的妈妈帮自己的儿子洗完脚让他上床之后,又到已年迈的母亲房间给她洗脚。调皮的小男孩出房门时,刚好看到妈妈在给老人洗脚,并听到妈妈说:"妈,烫烫脚,对你的腿有好处。"当年轻的妈妈回到房间,看到小男孩不在,正感到惊讶时,小男孩端着满满一盆水摇摇晃晃地走过来,说:"妈妈,洗脚。"年轻妈妈舒心释然地笑了。

3. 音乐

音乐本身就是人类用来抒发情感的一种重要手段。一首流行的乐曲,往往能够激发人们的某种情感。例如《义勇军进行曲》激发了众多仁人志士对侵略者的仇恨,《我的中国心》激发了华夏儿女对祖国的爱和思念,《摇篮曲》很容易让焦躁不安的婴幼儿平静下来,"哀乐"则容易使倾听者陷入悲伤和肃穆的气氛之中。广告也要善于利用音乐来影响受众的情绪。关于如何使用音乐,可参见第七章第一节。

第六章　媒体策划心理

广告活动的大部分经费都花在媒体上，广告信息能否送达消费者，关键也在于媒体。可见，媒体策划至关重要。为了使媒体策划行之有效，就需了解媒体的心理特性、受众的媒体偏好、媒体的位置效应、广告的重复效果等问题。

第一节　广告媒体的比较

广告媒体是广告主用以向消费者传播商品或服务信息的工具。在现代广告活动中，各种各样的广告媒体五花八门，大致可以分为三大类：第一类是大众传播媒体，包括报纸、杂志、广播、电视、网络、电影、大屏幕彩色液晶显示屏、车载电视以及手机微信等新媒体，这类媒体不仅呈现广告内容，还呈现新闻、娱乐、艺术、科学文化知识等方面的内容。第二类是专用或工具媒体，包括路牌、霓虹灯、灯箱、招贴、橱窗、信函、挂晃、气球、车身、灯柱等，这类媒体一般不传播其他信息，只传播广告信息。第三类是馈赠媒体，包括打火机、挂历、汗衫、钟表、烟灰缸、旅行包、台历、遮阳伞、钥匙扣等。这类媒体除了能负载广告信息之外，还能满足人们某些日常生活需要。如此之多的广告媒体，要对它们进行全面的比较相当困难，也没有必要，因为在“广告媒介系统中，有90%的广告业务为电视、广播、报纸、杂志所垄断”①。同时，不可忽视的是，近几年网络广告发展迅猛，互联网被看做是与传统四大媒体并列的大众媒体。②

据CTR媒介资讯发布的《2018年中国广告市场回顾报告》，2018年是中国广告市场调整与发展的一年，年初的高涨幅在年末回归稳定，最终呈现出整年微涨2.9%的趋势。互联网媒体广告收入占据总体广告经营额的半壁江山，增长稳定，增幅为7.3%；传统媒体广告花费同比下滑1.5%，除广播广告刊例收入增加5.9%以外，电视、报纸、杂志和传统户外媒体的广告花费下滑较大（分别下滑了0.3%、30.3%、8.6%和14.2%），影响了传统媒体的整体走势。电视媒体中，央视和省级卫视的广告花费同比上涨，省级地面和省会城市频道的广告花费则下滑明显；生活圈媒体方面，电梯类媒体中电视广告和海报广告在2018年保持着稳定的增长，广告花费分别比前一年同期高出23.4%和24.9%。影院视频媒体涨幅回落，增幅为18.8%。

以上可以看出五大广告媒体（报纸、杂志、广播、电视和网络）之间的广告营收状况和发展前景差别巨大，下面我们将对比五大媒体的运用情况、影响力、信任度和接触程度。

---

① 《中国广告年鉴（1988）》，新华出版社1989年版，第28—29页。

② 媒中媒：《中国广告业飞升成为全球第四大市场》，3see网2004年。

一、媒体的运用情形

各种媒体的运用情形可以用媒体的广告费投入来衡量。中国五大媒体广告收入规模从2010年的1700亿元增长到2015年的3600亿元，五年之内复合增长率达到16%，远超GDP增速。我国各种媒体费用投入的发展情况大致如下（如图6－1－1）：至2013年为止，电视广告营业额一直占据第一位置并呈稳步上升趋势。2014年，电视广告营业额有所回落，并被网络广告营业额超过，位居第二。网络广告九年来营业额快速增长，从337.1亿元增长到了4186.7亿元，无论是规模还是增长速度都远超其他媒体，一跃成为五大媒体首位。报纸广告从2011年起营业额不断下跌，虽然仍一直保持在第三位，但情况不容乐观。广播广告营业额虽然不大但一直在稳步增长，而杂志广告营业额从2012起开始缩水，份额越发微小。

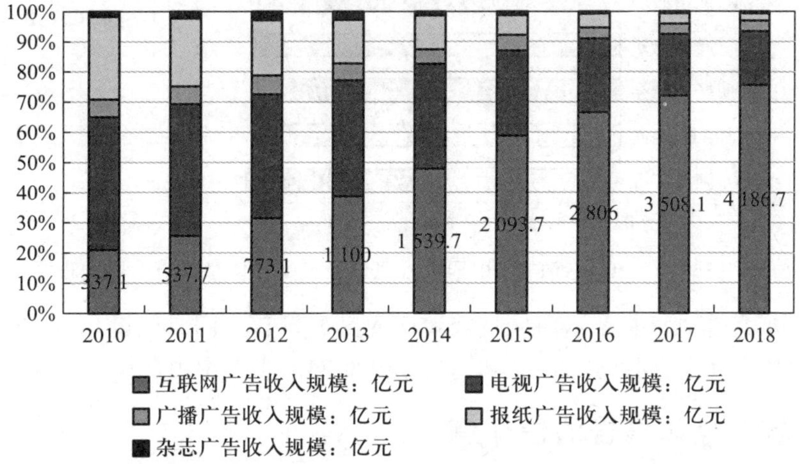

图6－1－1　中国媒体广告营业额收入规模（亿元）①

（注：传统媒体市场规模数据依据中国广告协会数据推算。其中广播广告及电视广告数据来源国家广电总局及《广电蓝皮书》，报纸广告及杂志广告来源国家市场监督管理总局及《传媒蓝皮书》，网络广告市场根据企业公开财报、行业访谈。）

二、媒体的影响力

从媒体的发展历史来看，报纸和电视是最为突出的两大媒体，对广告主和广告代理者来说，有着重要地位。但近年来，网络媒体，特别是移动数字媒体迅速发展，精彩纷呈，越来越吸引广告主和广告代理者的注意。各种媒体作为商品的信息来源，其影响力和地位格局发生了巨大的变化。

艾瑞咨询对中国网民电视机购买行为的研究显示，2013—2014年间，无论是线上购买还是线下购买，互联网/网络广告对消费者整个购前环节均能够产生持续且相对较高的影响力②。考虑到中国网民的庞大数量，网络媒体的影响力可见一斑。

购买电视机时消费者受到各种媒体影响如图6－1－2所示。在线上购买电视机的消费行为

① 艾瑞咨询：《2018年中国网络广告行业年度监测报告》，2018年8月。

② 艾瑞咨询：《2014年中国网民电视机购买行为研究》，2014年6月。

中,网络广告的影响力达4.33分(满分5分),电视和广播广告紧随其后,影响力为4.14分。而在线下电视机购买中,亲友推荐和商场内商品的陈列则影响最大,为4.07分,网络广告次之,为3.98,展销活动又次之,为3.95分;电视和广播广告的影响力为3.90分。综合来看,各渠道的影响力排序为网络广告、亲友推荐、陈列广告、电视广播、展销活动。此外,消费者线上购买电视机时受到广告的影响要略大于线下购买。

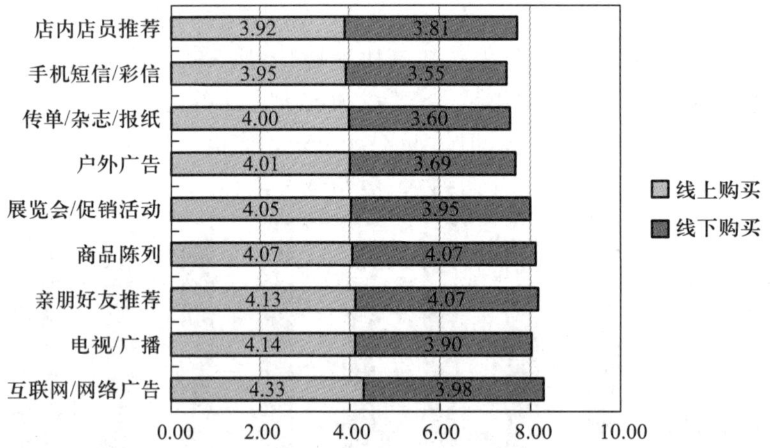

图6-1-2 2013—2014年中国电视机消费者受各信息渠道的影响程度

购买商品时各渠道的影响力不同。随着我国网民数量和上网时间的增加,2014年网络成为广告营业额第一的媒体后,网络广告,尤其是移动互联网广告对中国网民的影响力日益增强。

三、消费者对媒体广告的信任度

尽管电视在传递"信息"上十分有效,但随着网络广告的不断发展,消费者对于信息渠道的信任度有了日新月异的变化。根据尼尔森的调研,比起电视广告、杂志广告等,越来越多的消费者倾向于相信网站和其他消费者的评论。这意味着消费者在决策者中更加信赖口碑,而不是传统的广告形式。具体如图6-1-3所示,认识的人推荐传播信任度最高,达90%。网络广告次之,其中尤以用户评论和品牌网站信任度最高,为70%。传统广告媒体中,电视广告和报刊广告的信任度仍然占据优势,为61%,杂志广告为59%,广播广告为55%,四大传统媒体的信任度总体差距不大。

2016年,群邑《山海今》研究针对全国一至四线共278座城市1238位95后被访者进行年度调查[①],结果表明:接近70%的一线城市95后以及50%的二三四线城市95后对于没有做过广告的商品是心里没底的;67%的一线城市95后以及48%的二三四线城市95后赞成广告对品牌选择影响非常大;接近60%的一线城市95后以及50%的二三四线城市95后认为能在越多媒体上做广告的品牌越可信,并且他们中的60%至70%的人在传统媒体接触到广告后,将可能在互联网中搜索该产品信息。可见通过传统媒体加上互联网的有机整合,是触达到95后消费者最有效的方式。

① 《群邑:我们身边的95后——广告态度篇》,中国互联网数据资讯中心2016年7月29日。

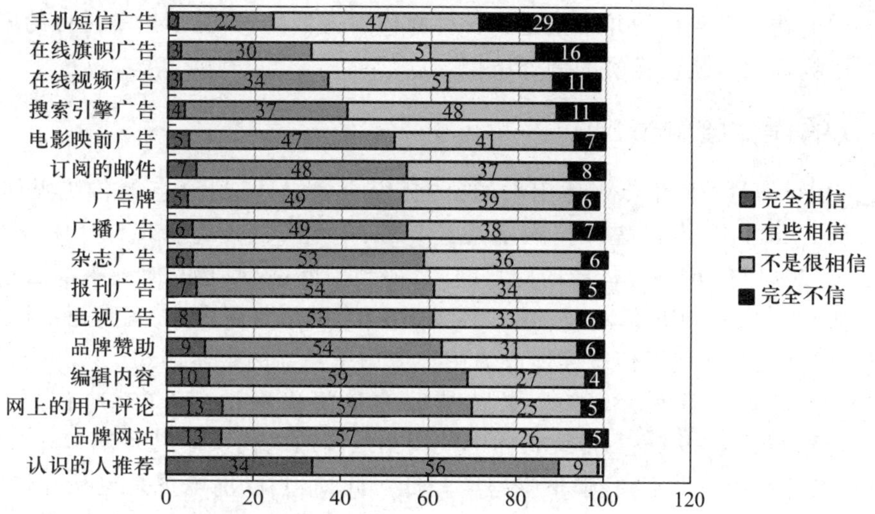

注：个别项目相加超过 100% 是由四舍五入所致。

图 6－1－3　广告渠道信息信任度（单位：%）①

而对于各主流媒体广告态度的调查，情形又全然不同。2016 年，全球最大传播集团 WPP 旗下的凯度集团（Kantar Media）调查了巴西、中国、法国、英国和美国 5 214 名网民对主流媒体广告的态度，如表 6－1－1。从表中数据可以看出，消费者对杂志、广告牌、电影和报纸广告持最积极的态度，喜欢的人数远大于不喜欢的人数；而对于网络报纸、网络杂志、电视广告、社交媒体及广播广告则态度相当中立，喜欢的人数与不喜欢人数相当；对网络电视和网络视频广告则持负面的态度，不喜欢的人数多于喜欢的人数。

表 6－1－1　消费者对各主流媒体广告的喜欢程度②

媒体广告	杂志	广告牌	电影	报纸	网络报纸/杂志
喜欢程度	+20	+18	+16	+15	+2
媒体广告	电视	社交媒体	广播	网络电视	网络视频
喜欢程度	+1	-1	-2	-5	-6

注：表格中的分数＝“喜欢”受访者的百分比－“不喜欢”的百分比

凯度集团还调查了跨媒体广告的效果。从广告接触频率来看，51% 的消费者表示经常或总是看到跨媒体广告，还有 34% 的消费者表示偶尔会看到跨媒体广告，这说明消费者已经注意到广告在多个媒介上播放的情况。跨媒体广告效果分析发现：43% 的消费者表示跨媒体广告不会影响他们对品牌的态度，约半数受访者表示广告不会促使他们采取进一步行动；但是，也有一些令人振奋的结果：46% 的消费者表示广告推动他们去商店搜寻商品，43% 的受访者表示看完广告会再上网搜索更多品牌信息，41% 的受访者表示看完广告会和家人、同事和朋友讨论品牌，还有

① Nielsen：《全球在线消费者调研》，2012 年 5 月。

② 《2017 年消费者对主流媒体广告态度调查（附报告）》，凤凰新闻 2017 年 5 月 26 日。

41%的受访者可能因为广告购买品牌商品。在此需要强调的是，该调查是消费者自我报告的广告效果，实际上，消费者自身可能并未觉察到各种媒体对他们的长期、逐渐渗透性的影响，媒体广告对消费者的影响远大于凯度集团的调查结果。

四、受众的媒体接触情况

根据艾瑞2016年对于网络新媒体用户的研究，用户的媒体选择（包括传统媒体和新媒体）五年来变化很大。2011年，传统媒体接触度是最高的：电视64.7%、报纸56.0%、杂志51.0%、广播43.4%。至2014年，网络媒体中的门户网站、视频类网站/APP的使用率都已超越电视，分别为51.2%、49.6%，电视则下降为41.3%。至2016年，网络与新媒体，尤其是手机新媒体的使用率快速增长，已然逐步取代了传统媒体成为用户使用率最高的媒体形式。视频类网站/APP使用率为64.9%、新闻客户端为58.6%。紧随其后的是门户网站（53.6%）、音频类网站/APP（51.5%）、互联网电视（49.9%）。传统媒体中使用率最高的电视媒体仅为26.7%。四大传统媒体中，广播电台虽然使用率在下降，但下降程度较低。此外，互联网电视是电视媒体在网络的不断发展下兴起的，使用率呈快速增长趋势（如图6－1－4所示）。

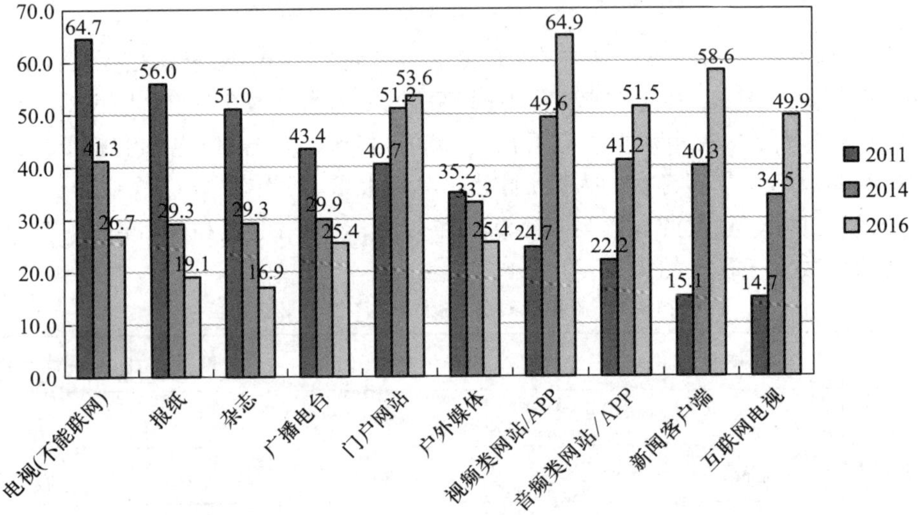

图6－1－4　中国新媒体用户2011年、2014年和2016年媒体选择对比图（单位：%）①

截至2018年12月，我国网民规模达到8.29亿，手机网民规模达8.17亿，网民使用手机上网的比例达98.6%。CNNIC《第43次中国互联网络发展状况统计报告》详细列出了网民/手机网民互联网应用的使用率，如表6－1－2和表6－1－3所示。

从这两个表格可以看出，无论是总体互联网应用还是手机互联网应用，前六位都是即时通信、搜索引擎、网络新闻、网络视频、网络购物、网上支付，其使用率均超过了70%。网民的使用行为在哪里，广告商的眼光也投向哪里，在这些使用率名列前茅的媒介上投放广告，到达率高，广告效果也更好。

① 艾瑞：《2016年中国网络新媒体用户调研报告》，2016年6月。

表 6－1－2　2017.12—2018.12 中国网民各类互联网应用使用率(前 12)

应用	2018.12		2017.12		年增长率
	用户规模(万)	网民使用率	用户规模(万)	网民使用率	
即时通信	79172	95.6%	72023	93.3%	9.9%
搜索引擎	68132	82.2%	63956	82.8%	6.5%
网络新闻	67473	81.4%	64689	83.8%	4.3%
网络视频	61201	73.9%	57892	75.0%	5.7%
网络购物	61011	73.6%	53332	69.1%	14.4%
网上支付	60040	72.5%	53110	68.8%	13.0%
网络音乐	57560	69.5%	54809	71.0%	5.0%
网络游戏	48384	58.4%	44161	57.2%	9.6%
网络文学	43201	52.1%	37774	48.9%	14.4%
网上银行	41980	50.7%	39911	51.7%	5.2%
旅行预订	41001	49.5%	37578	48.7%	9.1%
网上订外卖	40601	49.0%	34338	44.5%	18.2%
网络直播	39676	47.9%	42209	54.7%	-6.0%

表 6－1－3　2017.12—2018.12 中国手机网民各类手机互联网应用使用率

应用	2018.12		2017.12		年增长率
	用户规模(万)	手机网民使用率	用户规模(万)	手机网民使用率	
手机即时通信	78029	95.5%	69359	92.2%	12.5%
手机搜索	65396	80.0%	62398	82.9%	4.8%
手机网络新闻	65286	79.9%	61959	82.3%	5.4%
手机网络购物	59191	72.5%	50563	67.2%	17.1%
手机网络视频	58958	72.2%	54857	72.9%	7.5%
手机网上支付	58339	71.4%	52703	70.0%	10.7%
手机网络音乐	55296	67.7%	51173	68.0%	8.1%
手机网络游戏	45879	56.2%	40710	54.1%	12.7%
手机网络文学	41017	50.2%	34352	45.6%	19.4%
手机旅行预订	40032	49.0%	33961	45.1%	17.9%
手机网上订外卖	39708	48.6%	32229	42.8%	23.2%
手机在线教育课程	19416	23.8%	11890	15.8%	63.3%

五、媒体广告效应

现实生活中，人们深刻地体会到：同一则广告（如药品），在不同的电视台（如中央电视台和铁岭电视台）播出，看到广告的观众所受的影响是很不一样的。著名传播学者霍夫兰和韦斯很早就关注到这类传播现象。[①] 黄合水等人(2007a)在央视广告媒体传播优势的研究中也发现，不同电视媒体，除了覆盖面不同之外，对受众的深层影响也是不一样的。不管是采用被试内设计（如图6－1－5）还是采用被试间设计（如图6－1－6），被试对在央视做广告的企业各个方面的评价都高于在其他电视媒体做广告的企业。[②] 以这一研究结果为基础，黄合水等人(2007b)继续对造成不同电视媒体差异的原因进行研究。研究发现，不同电视台之间的差异，由以下四个因子造成：广告印象、公信力、冲击力和吸引力。其中广告印象是造成媒体广告效果差异的最重要因素，其次是公信力，另外两个因子影响较弱。他们还将这四个因子通过统计方法整合成为一个指标，叫作媒体广告效应系数(CMEA)，以此来统一衡量不同电视媒体施加在其广告上的作用。[③] 在他们看来，媒体广告效应系数越大，同样一则广告在该媒体上播出的效果越好。2008年，黄合水等人又在大规模取样的基础上，测出全国88个中央、省、市级电视台和卫视频道的媒体广告效应系数（见表6－1－4）。[④] 从表6－1－4可见，各家电视媒体的CMEA差异比较大，这值得媒体广告投放者加以重视。

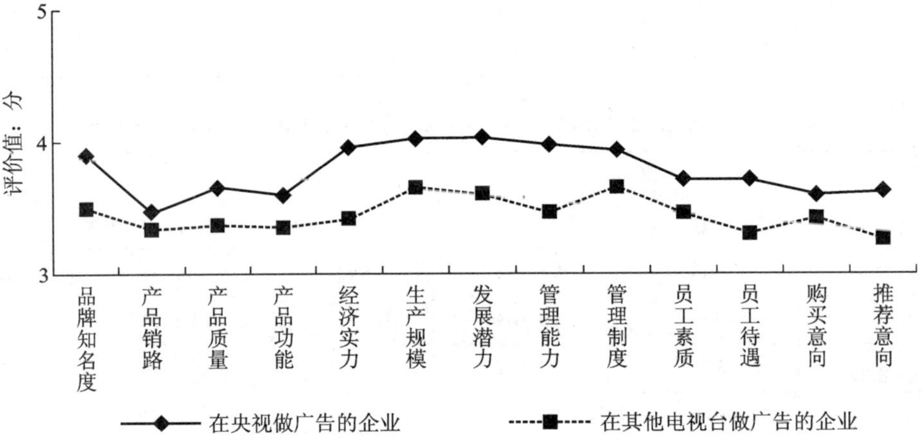

图6－1－5 同一消费者对在不同媒体做广告的企业及产品的看法

不同电视媒体之间存在着广告效应的差异，这一事实意味着不同类型的媒体（如报纸、电视、广播、网络等）之间，也可能存在着媒体广告效应差异，因为它们的公信力至少是不一样的。

《小康》杂志社联合清华大学媒介调查实验室，并会同有关专家和机构进行的“2016中国信用小康指数”之“2016媒体公信力调查”显示，受访者认为公信力最强的是电视，其次是报纸，再

---

① Hovland C I & Weiss W. *The influence of source credibility on communication effectiveness*. Public Opinion Quarterly, 1951(15): 635－650.

② 黄合水等：《央视广告传播优势研究》，《广告学报》2007年第2期。

③ 黄合水、周文、曹晓东、丘永梅、冯赛洁：《2007电视媒体广告效应系数研究报告》，《现代广告》2007年第8期。

④ 黄合水、曹晓东、丘永梅、周文：《2008电视媒体广告效应系数研究报告》，《广告研究》2008年第4期。

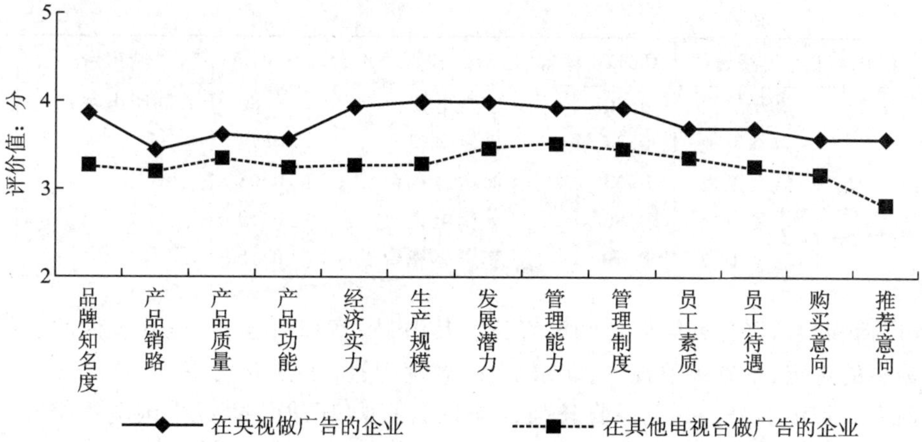

图 6-1-6　不同消费者对在不同媒体做广告的企业及产品的看法

表 6-1-4　2008 年全国各家电视媒体的 CMEA

中央台	CMEA	卫视台	CMEA	省、自治区和直辖市台	CMEA	城市台	CMEA
中央电视台	2.15	东方卫视	1.37	上海电视台	2.02	沈阳电视台	1.54
		北京卫视	1.27	辽宁电视台	1.68	成都电视台	1.40
		湖南卫视	1.25	北京电视台	1.60	广州电视台	1.23
		辽宁卫视	1.19	四川电视台	1.54	太原电视台	1.19
		黑龙江卫视	1.11	天津电视台	1.49	南京电视台	1.18
		河南卫视	1.07	重庆电视台	1.46	杭州电视台	1.16
		江苏卫视	1.03	山西电视台	1.39	哈尔滨电视台	1.12
		天津卫视	1.02	黑龙江电视台	1.37	南昌电视台	1.04
		河北卫视	1.01	江西电视台	1.33	郑州电视台	1.04
		山西卫视	1.01	浙江电视台	1.33	石家庄电视台	1.00
		重庆卫视	0.99	江苏电视台	1.32	厦门电视台	1.00
		浙江卫视	0.98	河南电视台	1.30	南宁电视台	0.94
		安徽卫视	0.97	广东电视台	1.18	长春电视台	0.94
		四川卫视	0.93	河北电视台	1.15	兰州电视台	0.81
		广西卫视	0.93	安徽电视台	1.11	武汉电视台	0.78
		江西卫视	0.92	福建电视台	1.07	贵阳电视台	0.77
		广东卫视	0.90	吉林电视台	1.06	青岛电视台	0.73
		旅游卫视	0.90	湖南电视台	1.03	合肥电视台	0.69
		内蒙古卫视	0.88	广西电视台	1.03	长沙电视台	0.67
		湖北卫视	0.86	内蒙古电视台	0.98	呼和浩特电视台	0.58
		东南卫视	0.83	陕西电视台	0.95	银川电视台	0.57
		甘肃卫视	0.83	贵州电视台	0.95	西宁电视台	0.48
		山东卫视	0.82	山东电视台	0.93	乌鲁木齐电视台	0.47
		陕西卫视	0.81	湖北电视台	0.92	西安电视台	0.46
		青海卫视	0.80	甘肃电视台	0.86	海口电视台	0.39

续表

中央台	CMEA	卫视台	CMEA	省、自治区和直辖市台	CMEA	城市台	CMEA
中央电视台	2.15	贵州卫视	0.80	宁夏电视台	0.80	昆明电视台	0.36
		吉林卫视	0.74	青海电视台	0.77		
		云南卫视	0.63	海南电视台	0.68		
		宁夏卫视	0.56	云南电视台	0.59		
		新疆卫视	0.49	新疆电视台	0.55		

次是微博，广播和微信则分列第四位和第五位。其中，从 2012 年至今，电视媒体的公信力一直都得到公众最多的肯定，各省级卫视中，北京卫视、湖南卫视、东方卫视、浙江卫视及江苏卫视的公信力排在前列。报纸的公信力也一直较强，《人民日报》《环球时报》《中国电视报》《北京晚报》和《南方都市报》是被公众最信任的报纸。可见，虽然近两年来传统媒体几乎全线进入“过冬”模式，但其公信力表现仍然突出。微博和微信作为社交媒体的代表进入了公信力媒体五强，微博作为一个公共舆论平台，公信力要高于微信（如表 6－1－5 所示）。

值得注意的是，在网络媒体公信力排行中，前五名是人民网、央视网、中国新闻网、腾讯网和凤凰网，这些网站大多都属于传统媒体旗下。

表 6－1－5　2016 媒体公信力调查①

省级卫视公信力排行	大报公信力排行	网络媒体公信力排行

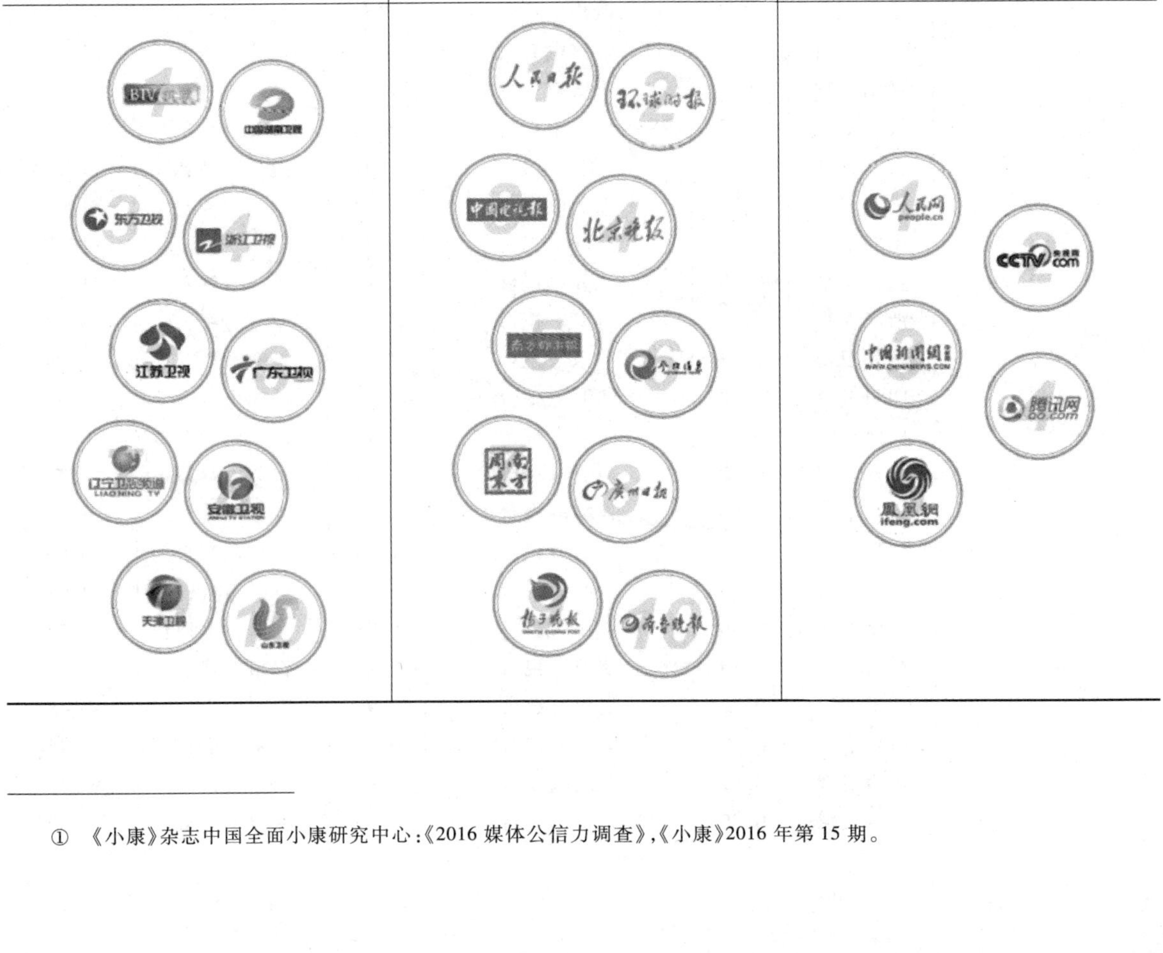

① 《小康》杂志中国全面小康研究中心：《2016 媒体公信力调查》，《小康》2016 年第 15 期。

第二节 主要广告媒体的接触心态

各种媒体由于特性不同，受众的接触心态也很不相同。

一、报纸

我国的报纸一般有两种订阅对象，一种是机关、企事业单位，另一种是个人或家庭。前一种对象订阅的报纸通常是以新闻为主体的全国性日报、地方性日报和专业性报刊等，如《人民日报》《光明日报》《文汇报》《经济日报》和《健康报》等。个人或家庭订户所订阅的报纸通常是以社会新闻、文化娱乐、体育为主体的地方性晚报、都市报等。

从报纸的阅读动机来看，报纸的读者也可以大致分为两类，一类是主动阅读的读者，另一类是被动阅读的读者。主动阅读的读者，其阅读活动往往是有目的、有计划的，或者说他们的阅读活动是由他们的兴趣爱好所致。他们试图从报纸中获得信息，寻求帮助，得到娱乐。在他们的心目中，他们已为自己的阅读活动订立一定的标准，使他们感兴趣的，对他们来说是重要的内容，他们会认真地阅读。那些他们认为没有意义的或不感兴趣的内容，则置之不理。他们的阅读过程首先是进行标题浏览或搜索，直至找到他们感兴趣的栏目之后，才开始详细阅读。在搜索过程中，广告往往只处于他们的边缘视觉之中，他们似乎看见却又看不清楚。只有当广告有独特之处或广告产品是他们即将准备购买的产品类型，他们才会认真阅读广告内容。否则，广告很难给他们留下深刻的印象。这一类读者所阅读的报纸通常是家庭订阅或临时购买的，他们的阅读活动一般是在家中进行的。

被动阅读的读者，一般是由于暂时性的悠闲而产生阅读欲望的。例如在办公间隙、茶余饭后、车站候车或长途旅行之中。被动阅读的读者，其阅读活动的产生最初并非出于了解信息的需要，而是想借助报纸阅读来打发时间。他们常常有充裕的阅读时间，因而包括广告在内的各种栏目内容都可能成为他们阅读的目标。但是，广告的阅读一般要在其他内容引不起他们的兴趣或阅读之后才发生。

由上述分析可见，不管是主动阅读的读者，还是被动阅读的读者，他们对报纸广告的兴趣都不高，报纸广告一般是他们拒绝阅读的内容。不过他们有时也阅读报纸广告，但阅读情形是：(1) 产品是他们拟将购买的；(2) 他们希望从广告中获得信息（如招聘信息）；(3) 广告很有特色或他们利用阅读广告来打发时间。

随着互联网和新媒体的不断发展，作为传统媒体的报纸首先受到巨大冲击。读者正在大规模远离纸媒，拥抱新媒体。整个报业市场不断萎缩，以中国和美国为例，从 2009 年至 2018 年 10 年间，两国分别都有 100 多家报纸停刊或休刊。2011 年中国网络广告收入超越报纸广告的收入，2016 年中国网络营销收入逼近 3000 亿元，在五大媒体广告收入中的占比已达到 68%，已经超过四大传统媒体广告市场份额的总和①。面临严峻的媒介环境，一些报纸进行积极转型，通过提高报纸的公信力与品牌影响力、“报网融合”、打造“精锐新媒体”等措施吸引用户。因而当前形势下报纸除了老年读者外，还吸引了一些追求深度报道和高品质新闻的受众，依旧占有一席之地。

---

① 艾瑞咨询：《2017 年中国网络广告市场年度监测报告》，2017 年 5 月。

二、杂志

一般来说，有广告发布权的杂志的订户主要是个人或家庭。由于内容的多样化，各种杂志的订阅对象也有明显的区别。换个角度来说，不同的读者各取所需，分别订阅不同的杂志。这就决定了杂志的阅读具有更加明显的目的性。有的读者想从杂志中获得科学文化知识，有的则想从杂志阅读中得到娱乐和消遣。正是这两方面的动机驱使读者把许多闲暇时间花在杂志上。

杂志广告与报纸广告在各自媒体中所处的地位不同。在报纸上，广告常被安排在次要的版面位置，与其他栏目内容混为一体，在印刷质量上与同一版面的其他内容一般没有明显区别。杂志广告则不然，它以精美的彩色印刷区别于其他黑白印刷的栏目内容，同时被安排在显著的位置如封面、封底或中间插页。因此，较之报纸广告，杂志广告一方面能满足人们一定的视觉享受需要，另一方面便于读者阅读。

在杂志阅读中，读者虽然不以广告为目标，但是杂志广告的位置和印刷优势会使他们自觉或不自觉地观看、欣赏或阅读。这与广播和电视广告强迫观众接受有很大的区别。

三、广播

众所周知，广播广告一般是插播在两个节目之间或下一个节目之前的一小段时间内。广播广告具有声情并茂、感染力强的特点，但广告信息是在短暂的时间之内一次性呈现的，当消费者需要了解较为详细的产品或服务情况时，广播广告难以满足这一要求。因为在一次性的收听中，要记住许多信息是相当困难的；而当消费者想了解产品的外观或使用方法时，语言的描述则不如视觉表现。更重要的一点是，听众把握不住广播电台在特定的广告时间内是否会播送他们所需要的产品或服务信息。因此，听众一般不会有意地去收听广播广告。如果说广播广告能引起人们的注意，那也是因为听众对其他节目的期待或收听习惯造成的。例如想收听新闻提前打开收音机，因而听到了广告。在大多数情况下，广播广告仅作为一种背景刺激，接受听众潜意识的监控。只有当广告本身很有趣或所介绍的产品和服务信息刚好是听众需要的，听众才可能集中精力，努力去掌握这些信息。否则，广告可能仅仅是“过眼云烟”，最佳的效果是给听众留下两句押韵的顺口溜或有趣的品牌名称。

广播一直以来受到新发展起来的媒介的冲击，以前受到电视的冲击，如今又遭遇网络新媒体的强势攻击。但是，广播声音传播的独特性使其对受众注意力的侵占相对较弱，给受众带来陪伴和慰藉，并且兼具服务、信息传递等功能，因而能在各路媒体激烈的竞争中立足下来。据 CSM 基础研究数据显示，广播受众的普及率和重度受众比率在 2013—2016 年间连续下滑后，于 2017 年有小幅度的提升，其比率分别为 32. 8% 和 13. 6%，并且与一成的互联网和电视用户具有重叠性，广播和网络的叠加受众以青、壮年为主，而广播和电视的叠加受众以老年居多。① 我们可依据广播受众的特点尤其是重度受众的特点播放广告。

四、电视

电视观众的观看动机主要是获得娱乐和信息。具体地说，观众主要是为了新闻、影视剧、综

① 《广播受众细分与行为研究》，搜狐科技 2018 年 12 月 4 日。

合文艺等节目而观看电视。基于CSM媒介研究2018年上半年所有调查城市收视数据，我国2017年上半年和2018年上半年各类电视节目播出比重如表6-2-1所示。从表中可以看出，电视剧、新闻/时事和综艺三大主要节目类型仍占主导。①

表6-2-1　2017年和2018年主要电视节目类型收视比重对比表

节目类型	2017年上半年		2018年上半年	
	播出比重%	收视比重%	播出比重%	收视比重%
电视剧	26.3	29.9	28.1	30.9
新闻/时事	10.5	13.9	10.4	13.4
综艺	6.0	13.3	5.9	12
生活服务	15.8	7.4	13.2	7
专题	8.0	6.5	8.4	6.1
青少	4.5	5.3	4.6	5.5
电影	3.2	4.9	3.1	4.7
体育	2.3	2.9	2.4	4.4
法制	1.4	1.5	1.5	1.2

电视广告是不为观众重视的传播内容，在它为人们所认知时，其明显的商业目的——推销产品或服务——也同时为人们所知晓。在观众的心目中，电视广告节目不是服务性的，而是营利性的。因此，观众自然而然地对广告产生防御心理和抵触心理。但是，由于电视广告总是与其他节目穿插播放或在电视节目播放过程中突然插播，这就为电视广告被观看提供了很多机会。此外，与门户网站广告、搜索引擎广告、微博广告、微信广告及移动APP广告等新媒体广告相比较，以电视为典型代表的传统媒体的公信力最高，其所刊播的广告也最受信赖，所以不管是作为媒体人还是品牌方，电视媒体仍旧是最重要的广告投放平台，其公信力、覆盖的深度及广度都是其他媒体所无法比拟的。

五、互联网

互联网是20世纪90年代兴起的新生媒体。截至2018年12月，我国网民规模为8.29亿，全年新增网民5653万，互联网普及率达59.6%，较2017年底提升3.8个百分点。网民通过手机接入互联网的比例高达98.6%，全年新增手机网民6433万。从2008年至2018年11年间，用手机上移动互联网的用户规模从1.18亿人到2018年的8.17亿人，增长近7倍（如图6-2-1所示）。

随着互联网技术和移动通信网络的不断完善，视频网站、游戏网站、社交媒体、电子商务和各类移动应用程序也发展起来，尤其是移动电子商务、手机游戏和移动视频呈现出蓬勃发展的态势。除了相对传统的搜索引擎广告、门户网站广告和电子商务网站广告外，还演化出各式各样的

① 王平：《不同年龄层受众媒介消费面面观》，公众号收视中国2017年11月。

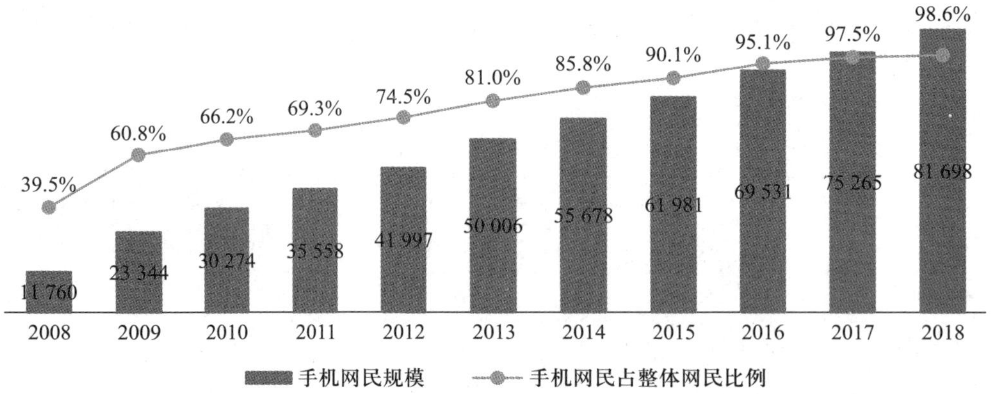

图 6－2－1 手机网民规模及其占网民比例(单位:万人)
资源来源:CNNIC 第 43 次中国互联网络发展状况统计调查

移动 APP 广告、社交媒体广告、视频网站广告等,这些新型广告媒体为广告人提供了无限的组合方式和创造的可能。[①] 伴随着互联网特别是移动互联网的普及和影响力的提升,网民使用的终端也从台式电脑为主发展为以智能手机、平板电脑等移动设备为主。图 6－2－2 为 2017 年和 2018 年我国网民互联网络接入设备使用情况。可以看出,2018 年智能手机的使用率上升至 98.6%,而台式电脑的使用率下降到 48.0%。

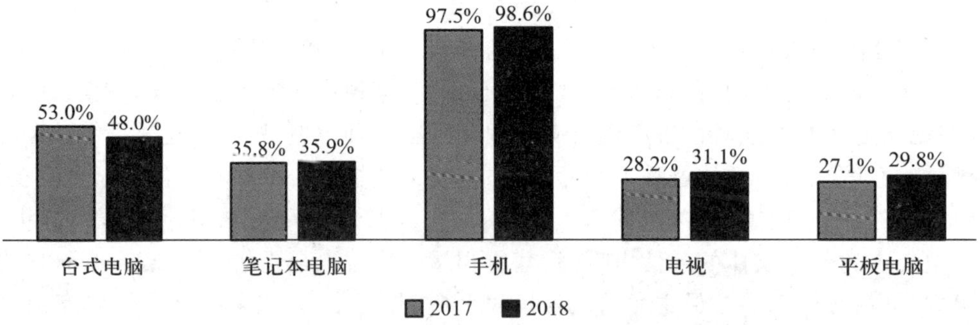

图 6－2－2 互联网络接入设备使用情况
资料来源:CNNIC 第 43 次中国互联网络发展状况统计调查

移动互联网的普及让网民的媒体使用时间和喜爱的媒体类别也发生了巨大变化。原来网民一次上网时间较长,但上网次数较少,上网地点比较固定、单一,而今移动网民每次上网时间短,但更加频繁,上网地点也不断移动。图 6－2－3 为 2018 年较为流行的六类移动 APP 用户使用时段分布,可以看出网民是几乎在各个时段都使用即时通信和社交 APP,而网上外卖主要集中于中午时分和傍晚时分,网络直播则集中于晚上 8:00 至 12:00。从使用时间长度来看,移动端网民使用时长名列前六位的 APP 分别为即时通信、网络视频、网络音乐、短视频、网络音频和网络文学类(如图 6－2－4 所示)。广告主和广告人在选择广告媒体时需要参考网民使用媒体的时段和使用时长。

① 黄河、江凡、王芳菲:《新媒体广告》,中国人民大学出版社 2019 年版。

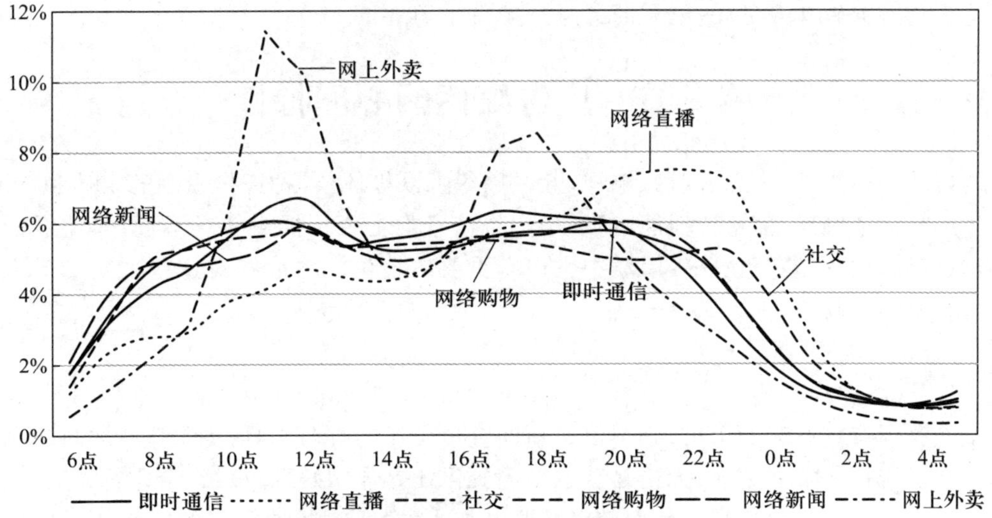

图 6-2-3　六类 APP 用户使用时段分布

资源来源：中国电信（2018 年 11 月）

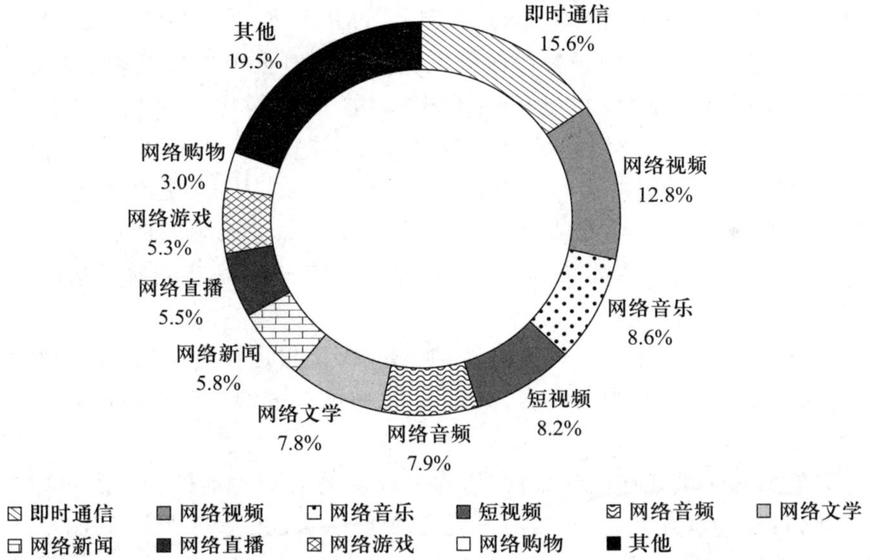

图 6-2-4　各类应用使用时长占比

资源来源：中国电信（2018 年 11 月）

此外，移动互联网普及促进了网络购物和网络支付的繁荣发展，至 2018 年底，网络购物用户规模达 6.1 亿，同比增长 14.4%。而手机网络支付用户规模达 5.83 亿，年增长率为 10.7%。线下网络支付使用习惯持续巩固，网民在线下消费时使用手机网络支付的比例由 2017 年底的 65.5% 提升至 67.2%。[①] 得益于互联网和网络支付的发展，网络购物已逐渐深入我国居民的生活，成为重要的消费方式。据商务部研究院信息发布，2018 年我国网络零售市场规模持续扩大，

① 中国互联网络信息中心（CNNIC）：《第 43 次中国互联网络发展状况统计报告》，2019 年 2 月。

全国网上零售额突破9万亿元,电子商务越来越占主角地位。[①]

第三节 广告媒体的心理特性

广告媒体包括报纸、杂志、广播、电视、互联网等大众媒体、各种广告专用的媒体和馈赠媒体。大众媒体的传播范围广,信息传播能力强,是广告信息的主要传播媒体。不过,其他广告媒体如路牌、霓虹灯、邮件、包装等在广告活动中也占有重要的地位。本节将对这些主要的广告媒体的心理特性作介绍、分析。

一、报纸

报纸在我国有着悠久的历史,它不仅是新闻宣传工作的重要工具,也是广告宣传中举足轻重的媒体。互联网还未发展之前,无论是获取新闻资讯还是休闲娱乐,报纸、杂志都占有一席之地,是人们生活中重要的文化产品。然而随着互联网技术的发展,各种形态的新媒体对传统媒体造成巨大冲击,年轻人阅读报纸越来越少,报纸的受众越来越老龄化,发行量和广告量开始出现萎缩,报业遇到很大的困境,一些报纸不得不休刊停刊。为了适应新媒体形势,报业开启转型发展之路,从“报纸+互联网”到“报网融合”,尝试办网站、办电子版并向手机传播等移动端发展。据人民网报道:1994年至2019年,中国报协印刷工作委员会对全国性报纸印刷量进行统计,25年来报纸的发行量呈现以下规律:20世纪90年代至21世纪初,我国报业发展迅速,总印刷量年均增长均达到两位数,至2011年达到高峰。但2012年起,连续6年总印刷量出现下降,2015年和2016年降幅都在15%以上,2018年下降幅度收窄到8.64%。从总体趋势来看,报纸印刷总量加速下滑的态势已有所遏制,2018年党报和时政类报纸印刷总量继续保持稳定,都市类报纸仍在减量、减版,停刊的情况也变得较为普遍。[②] 报纸何去何从,能否适应新技术新环境的发展,我们拭目以待。

报纸是一种静态媒体,也是一种理性媒体,能够较深入报道社会问题,发表评论,受众文化素质较高,主动选择阅读报纸及其中的广告,具体而言,报纸广告的主要心理特征有:

1. 阅读主动性

报纸把许多信息同时呈现在读者眼前,增加了读者的认知主动性。读者可以自由地选择阅读或放弃哪些部分;哪些地方先读,哪些地方后读;阅读一遍,还是阅读多遍;浏览、快速阅读或详细阅读;决定自己的认知程度,是仅有一点印象即可,还是将信息记住、记牢;记住某些内容,还是记住全部内容。此外,读者还可以在必要时将所需要的内容记录下来。

2. 保存性

报纸本身是一种读者的脑外记忆存储器。读者不一定要把所需要的信息牢记在头脑中或摘录下来,而只要把有关信息剪下保存起来以备以后查阅即可。

3. 可信性

消息准确可靠,是报纸获得信誉的重要条件。反过来,报纸的信誉也是人们评价消息准确可

---

① 《2018年我国网上零售额突破9万亿元》,新京报网2019年2月22日。

② 中国报业:《2018年全国报纸总印量781亿对开张降幅收窄》,人民网2019年4月25日。

靠程度的重要因素。读者在长期对报纸的阅读过程中，都已有了对各种报纸的评价，这种评价往往会直接影响到读者对报纸上所登载的广告的可信性评价。例如，在一些发行量较大的报纸上刊登的广告，就比较容易被读者信任，而在一些地方小报上刊登的广告，其可信性就相对较低。

4. 高认知卷入

报纸广告多数以文字符号为主，要了解广告内容，要求读者在阅读时集中精力，排除其他干扰。一般而言，除非广告信息与读者有密切的关系，否则读者在主观上是不会为阅读广告花费很多精力的。读者的这种惰性心理往往会减少他们详细阅读广告文案内容的可能性。换句话说，报纸读者的广告阅读程度一般是比较低的。不过当读者愿意阅读时，他们对广告内容的了解就会比较全面、彻底。

5. 单调呆板

由于印刷上的原因，报纸广告通常缺乏动态感、立体感和色泽感，因而对读者的吸引力不大，同时也难以使读者产生情感联想。

二、杂志

杂志与报纸同属于印刷媒体，因而两者具有相似的历史发展命运，它跟报纸一样深受互联网媒体的冲击。据国家新闻出版总署统计，2017 年，全国共出版期刊 10 130 种，平均期印数13 085 万册，总印数 24.92 亿册。与 2016 年相比，品种增长了 0.46%，但平均期印数却降低 5.90%，总印数降低 7.59%。

杂志赋予受众的心理特征与报纸有相似之处，包括阅读主动性、高卷入、保存性和可信性。但杂志与报纸也存在较大的差别。内容上，杂志不像报纸那样以新闻报道为主，而是以专业知识和科普性文化知识来满足各种读者的需要，因而其受众群体更加细分，更有利于广告主投放广告。从媒体特性而言，由于杂志印刷更加精美，篇幅更长，所以它可以承载更好的广告创意。具体而言，表现出以下几种心理特征：

1. 读者针对性强

杂志的种类繁多，大多数杂志都是针对一定范围的读者，即每一种杂志都可能有其独特的读者群。可根据读者特征，有针对性地投放广告。

2. 阅读重复性

杂志的内容丰富多彩，长篇文章较多，读者不仅要仔细阅读，而且常常要分多次阅读，甚至保存下来日后再读。读者的多次翻阅增加了他们与杂志广告接触的机会，有利于广告在读者的记忆中留下较深的印象。

3. 视觉吸引力强

与报纸广告相比较，杂志广告能印上色彩精美的照片和图案，艺术表现手段较为多样，视觉诉求力强，容易引起读者的兴趣、注意以及情感联想。此外，杂志广告能将产品的外观形象比较直接地表现出来，让读者对产品有直观的了解，这有利于直接刺激读者的购买欲。

4. 引人注目

杂志广告一般被安排在杂志的封面或中间插页，并且以突出的精美印刷区别于其他内容，因而易于吸引读者的注意力。正如温斯坦等人 1980 年的研究所指出的，杂志广告比电视广告更能吸引人注意，看杂志广告比看电视广告的脑电波活动更多；看杂志广告时，左半球的脑电波活动显著增加。①

报纸和杂志的广告具有两个核心特征,分别为静态和平面。其实,以电脑、手机等电子终端为承载媒体的图文广告也具有这两种特征,因而在某种程度上,如门户网站、电子商务网站、新闻客户端、微博和微信等社交媒体也具有报纸和杂志的广告心理特征。

三、广播

广播是电子时代的产物,在大众传播媒体的发展史上,它早于电视,晚于报纸和杂志。我国的广播电台从1979年广播广告复播至2019年,已经走过40年的历程。40年中,随着互联网技术和媒介格局的变化,广播电台也进行着不断的改革,从传统的广播节目制作和版权开发拓展为拥有网络广播、手机广播、车载视听、有声阅读和付费数字广播等多项业务的经营模式,并抓住我国私家车数量不断增长的机会,在其他传统媒体广告份额不断压缩的情境下,广播的广告收入不降反升。以2018年为例,广播广告营业额较2017年同期上升5.9%。广播在互联网新兴媒体的强力挤压下,仍然获得一席生存之位。广播广告的特性有以下几点:

1. 方便性

广播媒体的方便性包含两层意思,一是接受机器(收音机)可随身携带,随时随地收听;二是收听广播时可以伴随其他活动。例如司机可以边开车边听无线广播,家庭主妇也可以边做饭边听收音机。

2. 收听被动性

与印刷媒体的阅读主动性相反,广播的收听是被动的。广播广告信息瞬间即逝,只要稍不留意,听众便不知所云。对于一时难以理解的语句,听众不仅不可能及时地重复收听,而且也没有时间去思考琢磨。总之,听众只能依据信息呈现的变化调节收听的节奏。

3. 感染力强

广播广告可以充分地运用语言艺术和音响效果,创造出适当的情感气氛,增加广告的感染力,同时给人娱乐享受。这一点是印刷媒体广告无法比拟的。

4. 容易记忆

早在20世纪30年代,研究者就对广告信息的听觉呈现和视觉呈现进行过比较研究。斯坦顿(1934)将编造出来的广告文本分别用印刷小册子和播音系统呈现给4组大学生,然后观察大学生对广告文本的记忆。结果发现,1、7、21天后的回忆、有助回忆和再认测验都显示出广播系统的优势,7天后的听觉记忆测验优势最明显,在21天后听觉的最大优势在于再认测验。② 迪威克1935年调查了70名大学生也发现,虽然即时回忆和24小时后回忆没有明显差异,但听觉呈现的广告文本在5天后到5个月后的产品和品牌回忆中都明显优于视觉呈现。③

基于互联网技术的各种新媒体中,喜马拉雅、蜻蜓FM等移动APP,网络广播、手机广播等媒体中的音频节目都以声音为载体,因而也具有广播媒体的心理特征。这些互联网新媒体积累了

---

① Weinstein S, Appel V & Weinstein C. *Brain-activity responses to magazine and television advertising*. Journal of Advertising Research, 1980, 20(3): 57-63.

② Stanton F N. *Memory for advertising copy presented visually vs. orally*. Journal of Applied Psychology, 1934(18): 45-64.

③ De Wick, Henry N. *The relative recall effectiveness of visual and auditory presentation of advertising material*. Journal of Applied Psychology, 1935(19): 245-264.

规模巨大的音频库,听众可以搜索自己喜爱的音频,随时随地收听,更增加了类广播媒体的用户黏性。

四、电视

电视媒体自诞生起便长期占据着视觉类媒体的霸主地位,覆盖了最为广泛的受众群体和最为完整的受众结构。但快速发展的互联网媒体,不断蚕食着电视媒体的发展空间,造成电视媒体的收视率下降、年轻人所占受众群体比率越来越少。然而,由于电视媒体既有的媒介地位,以及其丰富的媒体特性,电视广告的市场份额仍然在传统媒体中处于遥遥领先地位。电视集合文字、图片、视频和声音等媒介介质,其传播内容的生动性和丰富性远超于其他三种传统媒体,因而形成它自身的一些独特特点:

1. 刺激丰富

人心理活动的紧张程度跟外界刺激有着密切的关系。刺激量大,心理活动的紧张程度也大,反之亦然。人们接受外界信息主要通过视觉器官和听觉器官。运用何种感官去感知外界事物则取决于外界刺激。声音形式的刺激用耳朵来接受,视觉形式的刺激则用眼睛来感知。电视同时呈现听觉和视觉信息,调动了两种感官的活动,这比起单一的刺激形式,更能吸引和维持人的注意力。

2. 刺激多变性

外界刺激捕捉人的注意力的另一重要特点是刺激的变化,包括强度变化、色彩变化和物体的运动等。电视以其丰富的视听刺激变化(如瞬息万变的画面,抑扬顿挫的语音变化)显著地区别于其他媒体,有时它不需要观众的主观意志努力,也能有效地吸引观众的注意力。

3. 表现充分性

在电视上,物体、事件可以用生动的画面和语言来充分地描述,这是其他任何媒体都无法媲美的。例如在介绍产品的使用方法时,单纯的语言描述或用语言描述加静态画面都不如动态的画面加语言描述那么清楚明了。

4. 情景塑造的逼真性

人们赖以传递信息、表达思想情感的工具,一种是语言符号(包括文字语言和声音语言),另一种是非言语符号,如姿态、动作、目光、手势、表情、语调、节奏等。非言语表达能为语言表达塑造出一种真实的情境或气氛。而在各种媒体中,只有电视才能将某种情境、气氛表现得淋漓尽致。例如消费者购买使用产品后的满意心情,如果没有非言语符号(表情),就很难生动地表现出来。

五、互联网

本章的第一节和第二节中提到,得益于我国互联网尤其是移动互联网飞速发展和普及率的提升,至2017年,互联网广告已经占据中国广告经营额的半壁江山。近年来,随着移动网民规模的增大和各类移动APP使用频率的提高,广告主对移动营销投放预算比例倾斜力度越来越大。互联网信息技术、大数据挖掘、人工智能、虚拟现实、增强现实及区块链等技术的发展,直接推动广告载体、手段、形态和投放策略等方面的演变。当今互联网广告具备以下特点:

1. 精准投放,契合场景和个人需求

大数据技术的发展为消费者行为的精准分析与深度挖掘提供了支持,只要消费者上网,他们的个人信息、上网行为轨迹、社交网络联结、所在的地理位置、情感和话语等信息都被记录,大数据挖掘技术通过这些信息来推测消费者个人特征和消费偏好,并依据他们当前所在位置和活动来推送广告信息,从而契合场景和消费者需要,达到精准投放。例如,腾讯社交数据为广告主提供超过 200 种用户特征和行为标签,包括地理位置、用户状态、消费能力、移动定向、基本信息、用户行为、天气定向和自定义用户等信息资料,广告主可以自由选择、组合这些特征和行为,精准刻画和锁定目标用户进行广告投放。又例如,搜索引擎作为互联网的"入口",集聚了大量用户使用数据,加上精湛的数据分析技术,可以让搜索引擎广告在网民搜索特定关键词时触发,同时也可以关联网民的搜索行为、网络浏览行为等数据,为用户"量身定做"广告,让消费者看到他们所需要或感兴趣的广告内容,大大地降低了广告的干扰性,进而提高了广告效果。

2. 制作简单,投放操作简单

传统广告的制作和投放需要策划、创意设计和排期等环节,但是,随着数据挖掘技术和人工智能的发展,广告制作变得越来容易。例如,搜索引擎企业为广告主提供了一个操作便捷的广告管理平台,如百度的凤巢,将关键词购买、创意制作、广告效果评估、广告费用结算等各个环节加以整合,并通过数据分析和账户优化等功能辅助这些环节。广告主只需要在平台上注册一个账户,填写一些关键信息,预存一定的费用,再在后台编辑好相关的广告内容和选择好关键词后,就可以为这些关键词购买排名并发布。① 近两年来,出现了由人工智能机器人制作的广告,例如,2018 年汉堡王推出了一系列由机器人制作的广告片。除此之外,近年来还出现了一种被称为程序化购买的互联网广告经营模式,这种模式通过数字平台汇集了广告主、代理公司和媒体平台三方的信息,自动地执行广告媒体购买的流程,实现了整个数字广告产业链的自动化。

3. 即时传播

随着移动互联网的发展,网民们可以利用碎片化时间随时随地接入网络,打开与使用新闻客户端、社交媒体、电子商务等 APP,因而刊播在互联网媒体的广告也能实时触达用户,广告投放的效果也更好。

4. 互动吸引,受众参与性高

不同于传统媒体广告单向传播的模式,互联网广告整合多种视听元素和互动设计,吸引受众的点击、评论和转发,有时可以产生病毒式传播,达到非常好的效果。例如,电商类广告,用户通过微博信息流广告、微信软文广告或 APP 开屏广告可直接在广告页面跳转京东商城、唯品会及淘宝等电子商务平台,完成下单,实现购买,减小了从看到广告到购买商品的间隔,极大提升了广告转化率。再比如,百雀羚推出了一支微信公众号广告(截图如图 6-3-1),该广告创意为:一名 1931 年的老上海摩登女郎,看似街头漫步,实则是完成一项"谋杀"任务,美女完成枪杀后表示"我的任务就是与时间作对",该广告叙述的故事结局出乎读者预料,并且采用一镜到底的图片广告,生动有趣,该条广告一经推出被多方转载,不仅制作团队公众号短时间内阅读量实现 10 万+,一些业内公号二次转载后,阅读量也纷纷实现 10 万+。一个叫"4A 广告门"的公号转载后,除了阅读量 10 万+以外,还获得点赞 5.3 万余条,置顶留言的点赞达到 2.1 万,非常好地发挥了互

① 黄河、江凡、王芳菲:《新媒体广告》,中国人民大学出版社 2019 年版。

联网广告互动参与的优势。

图 6-3-1　百雀羚微信公众号广告

5. 广告与媒介高度融合

凭借制作和投放的即时性、便利性、灵活性及形式多样性的特点，一些互联网广告在内容和形式上与投放媒介的内容和环境实现高度融合。众多互联网广告中，原生广告最能体现广告与媒介的高度整合。美国互动广告局(Interactive Advertising Bureau，IAB)发布的《原生广告手册》提到，广告主和发布商希望广告投放能够做到三个一致：与页面内容一致、与网页设计一致、与受众在平台上的行为一致。[①] 例如，视频网站中的创意中插广告让剧中人通过"情景短剧"来演绎广告片，与视频内容、视频形式和受众的兴趣点相融合。再例如，投放在新闻客户端、音乐音频平台、微博、微信及视频网站等媒体的信息流广告穿插在内容流中，与媒体环境高度融合在一起，尽量不干扰受众媒体使用的体验，达到较好的传播效果。

6. 广告形式多样

基于互联网信息技术的媒体丰富多样，相应地，投放在这些媒体上的广告形式也多种多样。按互联网媒体种类可分为门户网站广告、搜索引擎广告、微博广告、微信广告、移动 APP 广告、视频网站广告、电子商务网站广告，等等，每种媒体广告还可以继续细分为众多的广告形式。以移动 APP 广告为例，具体还包括开屏广告、插屏广告、Banner 广告、信息流广告、积分墙广告、推荐墙广告、公告广告及移动短视频广告，等等。除此之外，互联网广告内容形式不再限制以文字、图片、视频为承载媒体，还可以调动摄像头、话筒、重力感受、触屏等硬件功能，进一步丰富广告的呈现形式，增强广告的互动性和娱乐性。[②]

六、户外媒体

户外媒体通常指的是那些被设置在户外公共空间的、用来发布各种广告信息和其他信息的媒体资源与媒体形式。常见的形式包括带有信息等内容的灯箱、路牌、霓虹灯、海报、各类公共交通工具和商场商店的橱窗等形式。[③] 户外广告比其他传统媒体具有更好的发展前景，因为无论

① 转引自康瑾：《原生广告的概念、属性与问题》，《现代传播(中国传媒大学学报)》2015 年第 3 期。

② 黄河、江凡、王芳菲：《新媒体广告》，中国人民大学出版社 2019 年版。

③ 唐彤东：《数字化环境下户外媒体传播的发展现状与趋势》，《新闻研究导刊》2018 年第 9 期。

互联网如何发展,人们不能不出门,出门就会看到户外广告。因而,户外广告收入具有相当规模,且保持两位数的高速增长。如今,高科技的融入令户外媒体呈现多元化发展的趋势,新技术、新创意、新设备的应用实现了户外媒体与电子媒体的融合,LED 电子屏、液晶公交电视、楼宇液晶屏等新户外媒体形式不断出现。户外媒体创造了参与互动、情景互动、感应互动等多种互动广告形式,激发了受众的参与热情。户外媒体还实现了数字化和移动化,通过整合互联网和移动终端的资源,最终帮助户外媒体获得更多的价值,例如使用数据挖掘技术和人面识别技术,可以识别路过人群的年龄、性别和表情,从而更好地精准营销。

融入了新媒体技术的户外广告具有以下心理特征:

1. 简洁易记

户外广告的有效接触时间大约为 8 秒钟,为了在这短短的时间之内给观看者留下较深刻的印象,也因为所处的空间位置有限,户外广告画面往往比较简洁,集中表现商标图案、品牌名称或代言人形象等,使观众过目不忘。

2. 美观宜人

随着人们对环境美化要求的逐步提高,越来越多富有创意的广告出现在街头路边、高楼大厦上,各种与城市环境整合为一体、美观宜人的户外广告往往吸引我们驻足欣赏,往往成为城市靓丽的风景线,户外广告也成为美化环境、美化市容的一个重要组成部分。因而在广告制作时,比较追求画面的艺术效果和欣赏价值。

3. 引人注目

城市的各种霓虹灯和 LED 电子屏幕,以耀眼的光亮、鲜艳的色彩、闪烁的灯光,与夜幕形成鲜明的对比,能有效地吸引人们的注意。

4. 主动参与

许多户外广告设计成人机交互的模式,吸引路人积极参与和互动,激发了他们的好奇心和参与欲。还有些户外媒体上设置了二维码,吸引路人主动扫码下载客户端或获得优惠券等,充分利用了路人等车、排队等碎片时间。这样的户外广告不但增加了潜在消费者接触广告的时间,也加深了潜在消费者的认知加工,可以取得非常好的广告效果。

七、邮件

广告主把商品或服务的情况介绍、订货要求印制成说明书、订货单、商品目录、定期或不定期的业务通讯,然后通过邮递网络将它们有选择地寄给用户和消费者,或者附在刊物内赠送,这类印刷物就叫邮件广告或直邮广告(Direct Mail,DM)。

邮件是所有广告媒体中最有选择性和灵活性的一种。其主要特性为:

1. 针对性强

广告主在寄出邮件广告之前,都要对用户进行选择。实质上,只有那些有可能需要他们的产品或服务的客户,才会被填在邮件上。对于潜在的客户或消费者,广告主可以事先了解他们或已了解他们,因而能够选择比较有说服力的材料来说服客户或消费者使用他们的产品。

2. 有亲近感

邮件广告跟私人信函有相似之处,通常都是寄给个人的,而不是像其他媒体广告面向广大受众。这样接受者容易产生亲近感,而不是厌恶感。

3. 接触率高

邮件广告内容是封闭的，接受者在拆开信封之前，不知道里面是何物、何事，这种神秘感或不确定性，就足以使接受者拆开信封观看其内容。所以，邮件广告的接触率比较高。

值得一提的是，随着互联网的发展，邮件广告不仅包含传统的印刷邮件，还包含通过互联网发送的 E－mail 广告。由于电子邮件常常带有病毒，人们并不欢迎来自陌生人的电子邮件，所以，电子邮件广告虽然具有制作和发送的方便性，但是没有传统印刷邮件的亲近感，甚至会让人对产品反感，接触率也不高，很容易被当作垃圾邮件处理掉。

八、包装

包装是直接附在商品之上的容器或包裹物，一般连同商品陈列在商店的柜台之上，并连同商品一起卖给消费者。包装具有广告的作用，所以说它是与产品联系最密切的广告。

包装的主要心理特性有：

1. 标志性

各种商品的品质和包装都有差别，经过一段时间的产品使用和比较，消费者就会自觉不自觉地把包装与产品品质联系起来，并根据包装来区别产品的品质。这就是包装的标志性。正是由于包装具有这种标志作用，一些信誉好的老品牌产品不愿意轻易地改变包装装潢。而一些正在走下坡路或企图打开销路的产品则不惜在包装上花本钱。

2. 与商品调和

正如人的衣着打扮不同给他人的印象不同一样，商品的包装也能起到塑造产品形象的作用。例如，国外有人曾经给顾客看同样新鲜的两块面包，但包装不同，一块用玻璃纸包装，另一块用石蜡包装，结果大多数人认为用玻璃纸包装的面包比用石蜡包装的面包新鲜。

3. 视觉冲击力强

在琳琅满目的商品中，一种商品要成为顾客目光聚焦的中心，那么只有依赖于独特的包装。当你的商品包装强于竞争商品时，你的商品就可能获得消费者的喜爱。在许多情况下，消费者的商品购买并不是事先计划好的，他们的购买欲是由商品精美的包装激发出来的。

第四节　媒体中广告的位置效应

在大众媒体中，广告通常是夹杂在其他媒体内容中刊播出去的，因此一则广告必然与其他广告或媒体内容构成空间或时间上的系列位置关系。这种系列位置关系也必然会使一则广告的传播效果受到其他广告或媒体内容的影响。由于各种大众传播媒体的特点不同，所以本节分成四部分分别探讨报纸、杂志、广播电视和互联网中广告的位置效应问题。

一、报纸中广告的位置效应

在报纸中，广告的系列位置涉及不同的版面位置和同一版面的不同位置两个方面。

1. 不同版面位置的效果差异

仅就不同的版面位置而言，广告的传播效果通常会受到版面顺序和版面内容这两个因素的影响。一般来说，读者在拿到一份报纸时，都是从第一页看起，然后一页一页地翻下去。根据普通读者的这一阅读规律，刊登在前面版面的广告一般比刊登在后面版面的广告阅读率高，这也是越靠前的广告其费用越贵的原因。特别是报纸的版眼，其费用通常要比其他位置的广告高很多。但是值得注意的是，版面不同对广告传播效果的影响最可能是来自版面内容的差异，而不是版面先后的差异。①

在报纸媒体中，版面不同，其内容也不同；而在同一版面中，尽管栏目不同，但内容倾向则较为一致。这样，不同的版面形象就各不相同。以国内的日报为例来说，通常有国内时事政治版、国际时事版、社会生活版、经济版、科技教育版、体育版、文化艺术版、广告版等。由于版面形象不同，读者群体以及阅读率也会有所变化。所以，广告主在发布广告时应注意各版面的阅读率以及读者群与市场目标的一致性。

2. 同一版面不同位置的效果差异

读者在阅读报纸杂志等出版物时，眼睛扫描具有一定的规律，一般是从左到右，从上到下。由于这种阅读习惯的作用，刊登在同一版面不同方位的广告，吸引读者注意的价值也有所不同。研究表明，假如以整版报纸的注意值为100，那么版面上各个部分的注意值如图 6-4-1②。

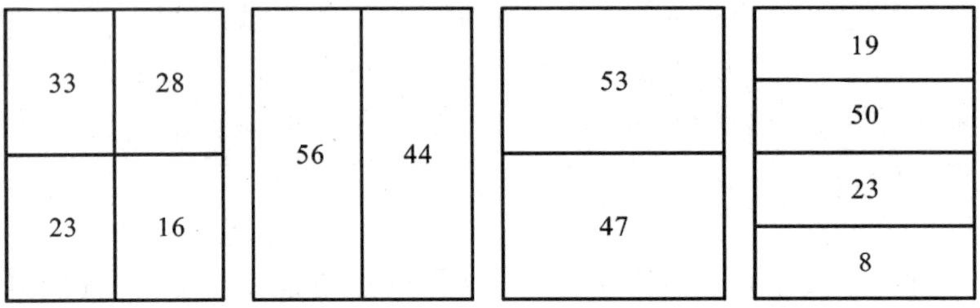

图 6-4-1　不同版面位置的注意值

图 6-4-1 表明，左半版比右半版注意值大；上半版比下半版略易于吸引人的注意；如果把整版按上下左右划分为四部分，那么注意值的大小顺序是左上、右上、左下、右下；如果整版从上到下分为四部分，那么注意值大小顺序是中上、中下、上上、下下，即版面中间位置的注意值较大。

人的阅读习惯与文化有关，因而版面位置的注意值因文化不同而异。阿拉伯人对印刷品的阅读习惯是由右到左，在他们的心目中，右页比左页能产生更大的注意值。

二、杂志中广告的位置效应

在杂志上，由于每一页的面积有限，所以大多数情况是，每页只刊登一则广告，不同的广告刊登在不同的页码上。杂志广告刊登的位置一般包括封面、封二、扉页、内页、正中内页、底扉、封三和封底。研究发现，在这些不同的位置上，如果确定最高的注意值为100，那么各版面位置的注意值如图 6-4-2③。

由图 6-4-2 可见，位于相对突出位置（如封面和封底）的广告，其注意值较高。处于内页位置的广告，注意效果则差得多。

杂志广告的效果还受附近的文章的影响。有一项研究让85个被试分为3组，阅读杂志中的

---

① 《新世纪新形象》，《羊城晚报》广告小册子，2001年。

② 唐忠朴、贾斌：《实用广告学》，工商出版社1981年版，第167页。

③ 唐忠朴、贾斌：《实用广告学》，工商出版社1981年版。

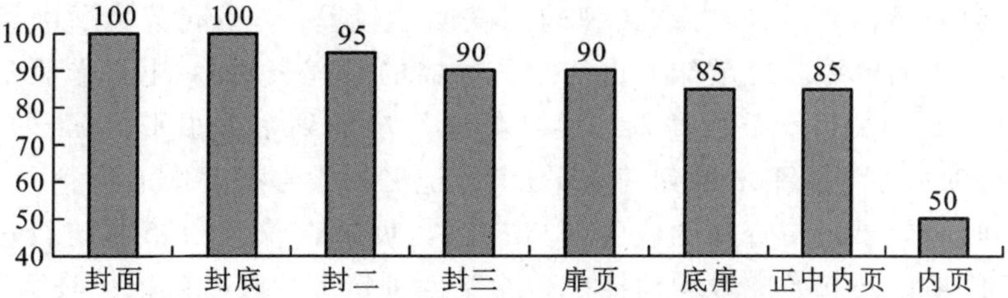

图 6-4-2　杂志广告各版面位置的注意值

一篇文章，并浏览整本杂志，然后测验杂志广告的再认。结果发现，被指派阅读文章附近的广告再认分数较高。[①]

杂志广告还涉及左右页以及一页中的上下左右位置问题。吉特森等人 1923 年分析美国两本流行杂志共二千余则广告，发现右页广告分别占 56% 和 52%；如果仅计算全页广告，那么右页广告分别占 82% 和 67%。分析 New York Times 杂志的广告也发现，235 则全页广告中 53% 在右页。其他 1000 页广告页，505 左页，495 右页。在 505 页左页中，左下角广告占 35%，右下角占 77%，左上角广告 115 页（23%），右上角广告 295 页（58%）；在 495 页右页中，左下角广告占 23%，右下角占 68%，左上角广告 155 则（31%），右上角广告 295 则（60%）。[②] 这一结果反映了早期的广告主在选择杂志广告的发布位置时有一定的倾向性，也反映了他们对不同位置的价值认识。

三、广播电视中广告的位置效应

在广播、电视上，广告常常是许多条集中在一起播出的。根据心理学关于系列词汇材料学习效果的研究，置于最末位置的学习材料，记忆效果最佳（近因效应），其次是最前面的学习材料（首因效应），置于中间的材料记忆效果最差。以新闻内容为材料的许多研究则发现，被试对新闻内容的记忆效果没有出现明显的系列位置效应，但是最后一则新闻的记忆效果却比其前一则新闻的记忆效果好[③]。关于电视广告的研究也发现，那些被放置在广告插入结尾位置的品牌获得最高的回忆。[④] 所以在发布广告时，要注意发布的位置。

在当今的广播、电视媒体，特别是电视媒体中，广告经常以赞助节目播映的形式播出，因而被安排在赞助节目之前、之后或之中。这样，广告的收听、收视效果在很大的程度上就决定于节目对观众的吸引力。例如中央电视台曾播出的《三国演义》《水浒传》《雍正王朝》《大宅门》等电视剧，由于深受广大观众的欢迎，其赞助广告也因此而得益。但是不同节目内容对受众对于品牌的回忆和态度也会产生不同的影响。普雷索德和史密斯 1994 年调查了男孩子对紧随高暴力节目和低暴力节目之后的广告的反应。研究发现，对紧随低暴力之后的广告来说，紧随高暴力之后的

① Kellogg W N. *The influence of reading matter upon the effectiveness of adjacent advertisements*. Journal of Applied Psychology, 1932(16): 49-58.

② Kitson H D, Barnes C W & Iuppenlatz C. *Right and left hand pages in magazines*. Journal of Applied Psychology, 1923(7): 10-15.

③ 彭聃龄、黄合水、黄方明：《电视新闻收视效果的研究》，《中国广播电视学刊》1989 年第 4 期。

④ Tse A C B & Lee R P W. *Zapping behavior during commercial breaks*. Journal of Advertising Research, 2001, 41(3): 25-29.

广告文案再认分数明显较低，对广告和品牌的态度明显较差。[①] 不同节目所唤起的广告卷入程度也影响着插播广告的效果。对足球节目的广告插播的研究表明，对电视节目的卷入与广告记忆和广告态度成倒 U 形关系。节目卷入程度从低水平增加到中等水平，广告效果也逐渐升高。然而，节目卷入程度从中等水平增加到高水平，广告记忆和广告态度均下降。[②]

插播广告的收听效果还与听众的收听情景有关。贝尔森曾经（1953）比较过在家听广播和在学习情景中听广播以及起始广告和插播广告交叉四种情况的收听效果。收听节目后所做的回忆测验结果显示，在家听广播（自然状况）时，起始广告优于插播广告；学习情景则相反。[③]

广播电视媒体中的广告位置效应还与广告播出的时间段有关。在一天的节目播出时间中，不同时间段的收视、收听率存在着一定的变化规律，这一规律是不受播出广告影响的。广告主或广告代理者在安排广告播出时，值得对此加以重视。图 6－4－3 是 2002 年调查的一天中各时段的收听率和收视率变化曲线[④]。从图中可以看出，中国主要城市的收视趋势是，绝大多数的收视行为发生在黄金时段（晚上 7 点至 10 点），另一个收视高峰发生在中午，但低很多。收听情况则恰恰相反，收听高峰发生在早晨 6 点到 8 点之间，另外两个低得多的高峰发生在中午和傍晚（傍晚 6 点到 7 点之间）。与收视走势相比，收听走势从早晨 6 点到 9 点半之前具有很大的领先优势，然后到中午、下午直到傍晚 7 点以后收听率落后于收视率。

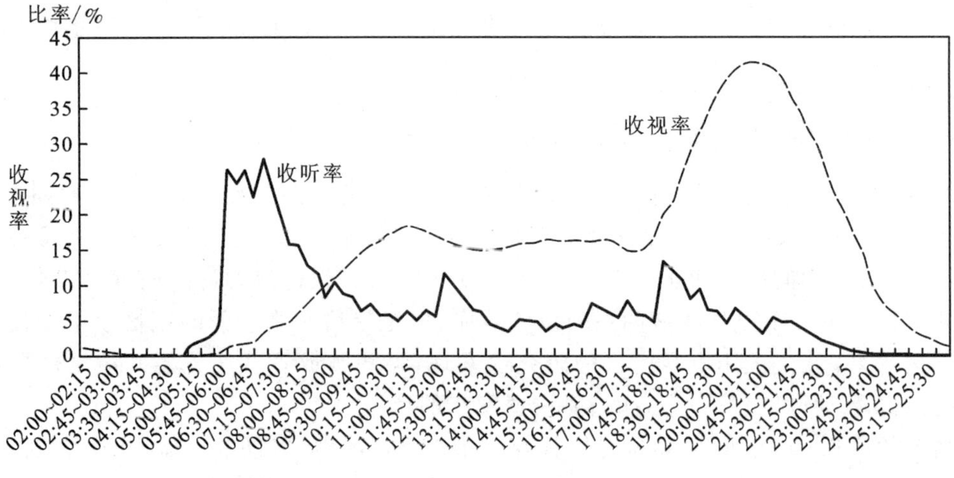

图 6－4－3 各时段的收视率和收听率

四、互联网广告的位置效应

业界和学界普遍认为影响网页广告传播效果的因素主要包括四个方面，一是广告自身的基

① Prasad V K & Smith L J. *Television commercials in violent programming: An experimental evaluation of their effects on children*. Journal of the Academy of Marketing Science, 1994, 22(4): 340－351.

② Tavassoli N T, Shultz C J & Fitzsimons G J. *Program involvement: Are moderate levels best for ad memory and attitude toward the ad?* Journal of Advertising Research, 1995, 35(5): 61－72.

③ Belson W A. *The effect on recall of changing the position of a radio advertisement*. Journal of Applied Psychology, 1953(37): 402－406.

④ 央视市场研究股份有限公司：《2002 年收听率调查结果分析》，3see 网 2002 年。

本特征，例如色彩、大小和样式等；二是广告内容，即广告创意；三是广告内容与媒介内容的相关程度；四是广告摆放的位置。其中广告摆放的位置，即广告位是广告运营商在广告定价和广告主在竞价中最需要慎重考虑的因素。一般而言，受众更加容易看到首页顶部的广告，因而，门户网站首页上顶部的广告位要比页面底部的广告位更贵。在学术研究和实际应用中，常常把网页划分成九宫格，如图6-4-4所示[①]。据Google的研究表明，网页首页上方的A行横幅广告、内容页面中的A1位置的广告以及第3列广告的点击率比较高。

	1列	2列	3列
A行	A1	A2	A3
B行	B1	B2	B3
C行	C1	C2	C3

图6-4-4　网络广告九宫格位置示意图

除广告在网页所处位置与广告效果有关外，广告与网页上新闻的位置关系也将影响广告传播效果。受众对新闻上方与新闻中间的网页广告的注视次数多且注视时间长。对位于新闻下方的网页广告注视次数最少且注视时间最短。这就是说，与位于新闻下方的网页广告相比，受众对新闻上方与中间的网页广告加工水平更高。

由于受众多数用智能手机上网，因而他们看到的网页是长方形的，并且需要通过不断地向下滑动来观看剩余内容。依据心理学规律首因效应和近因效应，处于网页的开头和结尾处的广告最能吸引受众的注意力。有研究表明，植入微信公众号文章中的广告位置跟广告效果（点赞数和评论数）显著相关，植入文章的开头位置效果最好，其次是文章结尾处，受众对品牌的记忆，与品牌出现在主视觉领域之外的位置相比，品牌出现在游戏界面的中间位置时，广告效果更好。[②]

网络视频广告所处的位置或时间顺序对于传播效果至关重要。人们在实践和研究中发现视频播放前缓冲期间的广告注意率最高，播放中弹出的广告注意率也较高。网络视频贴片广告的时长与电视广告相类似，主要包括5秒、10秒、15秒和30秒等，广告时长与视频时长之间有很大的联系，当播放长时间视频时播放短时间广告，受众比较能接受，如果短时间视频时插播广告，尤其是30秒广告，则容易引起受众的厌恶情绪。

第五节　广告重复的效果和方法

广告的重复刊播，在媒体上（特别是电视媒体上）早已是司空见惯的现象，绝大多数的大众媒体广告（特别是广播、电视广告）都有重复现象，只不过是重复次数多少的问题。既然广告的重复刊播是必然的，那么，对于广告主和广告人来说，最重要的是如何进行重复，以使广告传播达到最佳效果。所以，了解广告重复的效果及方法是十分必要的。

---

① 卫强、阮楠、单艺：《网络展示广告位置对点击率CTR影响的实证研究》，《信息系统学报》2010年第4期。

② Lee M, Faber R J. *Effects of product placement in on-line games on brand memory: A perspective of the limited-capacity model of attention.* Journal of Advertising, 2007, 36(4):75-90.

一、广告重复的效果

关于广告重复的效果问题,20 世纪 20 年代就有人进行过研究。亚当斯及其同事 1927 年研究了广告中重复的注意价值以及重复对记忆的影响,并认为重复是有用的。[①] 那么广告重复有哪些作用呢?

1. 提高品牌知名度

广告重复刊播能够提高或巩固品牌的知名度,对此似乎没有人会产生怀疑。事实上,绝大多数的知名品牌或企业之所以知名,跟广告的频繁重复是分不开的。无论是名牌进口产品,如可口可乐饮料、松下电器、柯达胶卷、佳能复印机,还是知名的国内产品如海尔电器、格力空调、伊利牛奶、中华牙膏,消费者都反复在电视或其他媒体上看过或听过。

雷和索耶(1971)研究广告重复对回忆、态度、购买意图和优惠券回应的影响时发现,随着重复的增加,回忆率迅速增加,重复对态度、购买意图、优惠券回应的影响则没有那么明显(如图 6-5-1)。[②] 黄合水和彭聃龄(1990)曾直接以电视广告为实验材料做研究并发现,受试者见过率在 80% 以上的广告,再认成绩显著地高于见过率在 10% 以下的广告。产品名称重复播讲三次或三次以上的广告,其再认成绩明显高于产品名称播讲不到三次的广告。[③] 由此可见,如果要达到扩大品牌或企业知名度的目的,广告可以尽可能多、尽可能频繁地重复刊播。

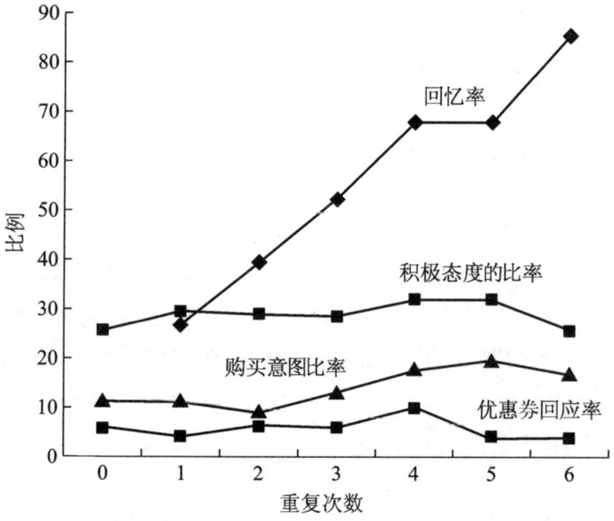

图 6-5-1 重复与回忆、态度、购买意图、优惠券回应的关系

① Adams H F & Dandison B. *Further experiments on the attention value of size and repetition in advertisements*, Journal of Applied Psychology, 1927, 11: 483-489; Adams H F, *Memory as affected by isolation of material and by repetition*, Journal of Applied Psychology, 1927, 11: 25-32.

② Ray M L & Sawyer A G. *Repetition in media models: A laboratory technique*, Journal of Marketing Research, 1971, 8(1): 20-29.

③ 黄合水:《电视广告效果的测量及影响因素》,《中国广播电视学刊》1990 年第 4 期。

2. 促进广告内容的理解和记忆,实现广告的说服目的

众所周知,在广播、电视媒体上,广告信息瞬间即逝。或许当你准备认真听或注意看时,广告已经转瞬即逝。在你下一次再听到或看到时,可能你还来不及弄清楚广告的第一句话说什么时,下一个广告又开始了。如此下去,当你真正对广告内容有了充分的理解时,你可能已经听过或看过好几次。而你要记住广告的内容,可能还要接触广告好几次。这说明要使受众真正理解并记住广告内容,需要广告多次的重复暴露。特别是那些信息量相对比较大的广告,广告重复次数需要更多。

消费者对广告内容的理解和记忆是广告发挥作用的基础,消费者理解并记住了广告的内容之后,经过自己把这些信息与其他渠道获得的信息进行整合、分析,就可能从情感或态度上接受广告的宣传,接受广告的产品。所以说,广告要实现说服的目的,重复是一个重要的条件。

3. 影响品牌的感知质量

广告重复会影响人们对品牌的感知质量。广告重复(不管是黑白还是彩色)与感知质量的关系,受到消费者对制造商努力的感知和对企业信任的影响,而不是受到疲劳或厌烦的影响(如图 6-5-2)。① 换言之,当消费者信任企业,觉得企业的广告重复是企业努力的一部分时,感知质量提高。但是如果消费者不信任企业或者认为企业不够努力,那么感知质量就会下降,原因可能是消费者认为企业利用重复广告来推销质量一般的产品。

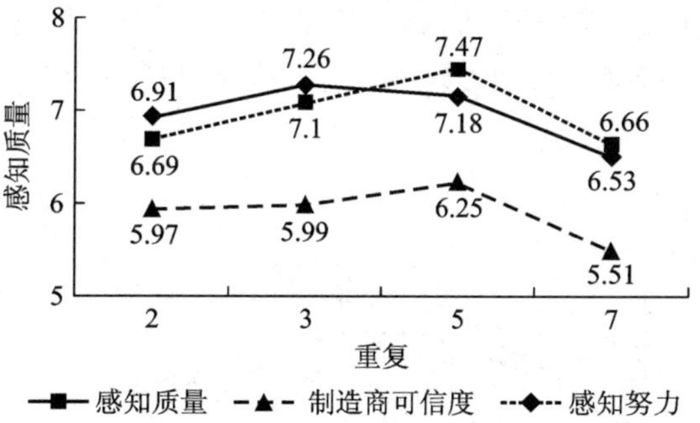

图 6-5-2　重复与感知质量等的关系

二、重复次数与效果的关系

广告重复有正面的效果,也有反面效果。广告重复可多也可少。那么重复的次数与广告效果的好坏、大小关系如何呢?这是广告主很关心的问题,也是一个很值得探讨的问题。

1. 克鲁格曼的观点

20 世纪 60 年代,广告理论家克鲁格曼认为,了解广告重复的作用,只要考虑第一、二、三次暴露的差别。在他看来,第一次暴露激发了受众产生"它是什么"的反应,即受众设法了解传播的实质。第二次暴露产生三个效果:首先是继续"它是什么"的反应,特别是对广播和电视广告而言更是如此,因为首次暴露不能达到对"它是什么"的了解;其次是评价性的"它是什么"的反

① Kirmani A. *Advertising repetition as a signal of quality: If it's advertised so much, something must be wrong.* Journal of Advertising, 1997, 26(3): 77-86.

应,受众确定广告是否重要、是否可信,同时对信息作评价;再次是"啊哈,我以前看过这则广告"的反应。第三次暴露基本上是提醒作用。第四次以及其他任何附加的暴露都是再一次的第三次暴露。①

根据克鲁格曼的看法,广告暴露所导致的说服作用仅发生于第二次暴露,任何多于第二次暴露的效果都一样,仅仅起到提醒作用。克鲁格曼的这一观点虽然在理论上和实践中都没有得到太多的支持,但他引起了广告研究者对广告重复问题的重视。

2. 二因素理论

二因素理论最早是由伯莱恩于 1970 年提出来的,后来经过他自己和其他研究者如斯坦、索耶的补充和发展而不断完善。② 伯莱恩等人认为,在传播过程中,有两个相对立的因素决定着受众对重复刺激的态度,一个是积极的学习因素,另一个是消极的冗长乏味因素。在刺激重复次数少的时候,积极的学习效应迅速增长,而冗长乏味因素的负效应增长缓慢。此时,受众对刺激的态度表现出积极增长。但是,随着重复次数的不断增多,积极的学习效应增长缓慢以至趋于稳定,而冗长乏味因素的副作用迅速增长。当重复超过一定次数时,冗长乏味的负效应开始大于积极学习因素的正效应,并起决定作用。总之,在重复次数不断增长的过程中,先是积极学习效应迅速增长,而后则是消极的冗长乏味的负效应迅速增长。这两个因素的效应是可以叠加的,其净效应表现为倒 U 形曲线(如图 6-5-3)。阿克塞罗德对广告效用研究的回顾也得出类似的结果。他认为,以观众的注意、广告回忆、品牌意识、广告态度、品牌态度转移、优惠券回赎行为为效果指标,广告效用曲线是一个上升、高原、下降的生命周期,广告效用是暴露频率和时间的函数。③

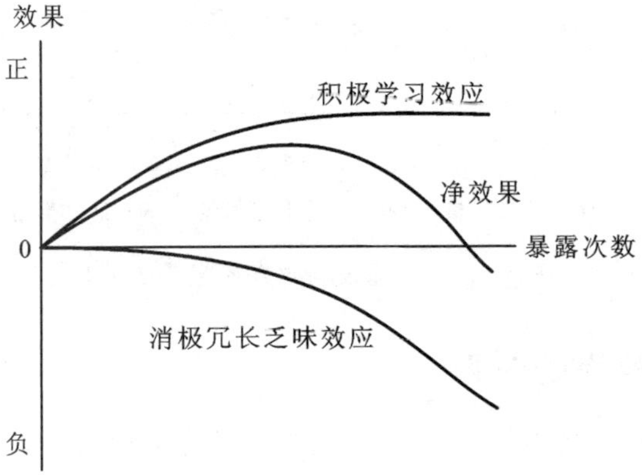

图 6-5-3 重复暴露的二因素理论模型

在解释为什么会出现学习效应时,伯莱恩强调认知的作用,认为在开始学习时,新异刺激的不确定性逐渐减少,消费者逐渐对新异刺激增加了了解。斯坦则强调需要满足的作用,认为开始的刺激重复为受众提供了学习的机会。

---

① Krugman H E. *The impact of television advertising: Learning without involvement*. Public Opinion Quarterly, 1965(29): 349-356.

② Alwitt L F & Mitchell A A. *Psychological processes and advertising effects: Theory, research and applications*. LEA, 1985.

③ Axelrod J N. *Advertising wear out*. Journal of Advertising Research, 1980, 20(5): 13-18.

对于冗长乏味负效应的产生，索耶认为，在多次重复之后，受众没有新的学习内容，因而产生疲劳、厌倦，进而对刺激产生消极的态度。

3. 二阶段认知反应模型

二阶段认知反应模型是卡西奥波和佩蒂提出的。[①] 与伯莱恩的观点一样，他们主张广告效果与广告重复之间成倒U形曲线关系。但在解释形成这一关系的原因时，二阶段认知反应模型则与二因素理论不同。该模型可以用图 6-5-4 来形象地加以表示。

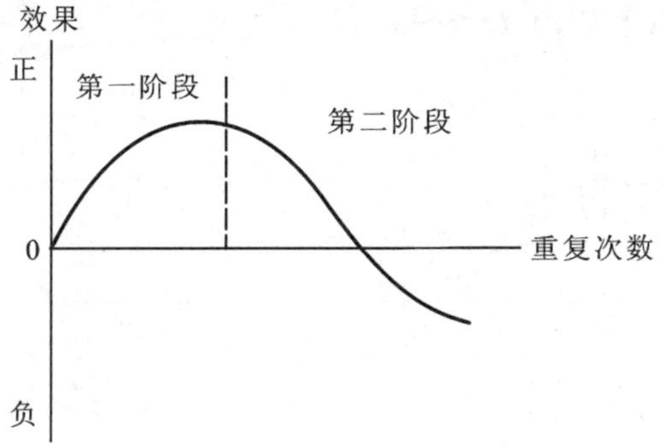

图 6-5-4　二阶段认知反应模型

佩蒂和卡西奥波认为，在第一阶段，即广告暴露次数少时，重复暴露为受众提供了更多的机会去考虑广告的内容及其含义。重复呈现克服了人们进行信息加工的时间限制，使得精细加工的可能性随重复次数的增加而提高。精细加工使受众充分地接受广告信息的说服，因此增进了说服效果。在第二阶段，适当地重复促进了人们对广告论点的客观评价。但是，随着冗长乏味的唤起，信息加工开始转向有异议的论点，同时也指向广告诉求的情境因素。当重复次数过多时，受众会尽量回避接受广告诉求，把认知活动转移到其他信息上，如看杂志时翻到下一页，看电视时调到别的频道。在这种情况下，态度不会改变。但是，如果受众不可能或不愿意回避接触广告，如不得不观看精彩电视节目中穿插的广告，此时受众一方面可能进一步对广告进行精细加工，找出广告论点、论据的毛病，因而产生一些反对性的看法；另一方面，受众可能唤起一种消极的心境，容易对广告或广告陈述的观点产生消极的态度。

三、广告重复多少次为妙

由上述可见，广告适当的重复暴露，有助于提高广告宣传效果，但过多的重复不仅浪费了广告费，还会产生副作用。那么，广告究竟重复暴露多少次为妙？对此，一些广告学家曾作过探讨。广告心理学家斯图尔特早在 1964 年的研究就发现，某一产品广告重复 4 次之后就出现负效果。但另一广告呈现了 8 次，消费者的接受曲线仍在上升之中。日本每日新闻社 1973 年对两则广告的兴趣度进行测量的结果表明，其中一则广告在发布开始的两个月后兴趣度达到最高，随后开始下降；但另一则广告一开始兴趣度就比较高，在 11 个月之内都保持缓慢上升的状况。另有一项研究发现，对于缺乏商品知识的受众而言，长广告在少量重复时购买欲提高，重复增加到 5 次时，购买欲下降。对于有丰富商品知识的受众来说，长广告的购买欲随重复先上升而后下降，短广告

① Cacioppo J T, Petty R E. *The need for cognition*. Journal of Personality and Social Psychology, 1982(42): 116-131.

则随重复增加而不断上升。[①] 这些研究结果以及其他证据说明，广告宣传效果不仅受重复次数的影响，还受广告本身及受众的商品知识的限制。重复次数究竟多少才能达到最佳宣传效果，没有一个统一的标准。

格林伯格和苏汤尼 1973 年回顾以前的电视广告研究认为，多则广告比单则广告疲劳得慢；广告内容充足可以减少疲劳；不常购买产品的广告比常购买产品的广告疲劳得慢；暴露间隔越长，越可抵御疲劳。[②] 另一项探索重复与品牌熟悉性程度关系的研究发现，不熟悉品牌比熟悉品牌的广告容易疲劳（wear out）（如图 6－5－5、图 6－5－6）。[③]

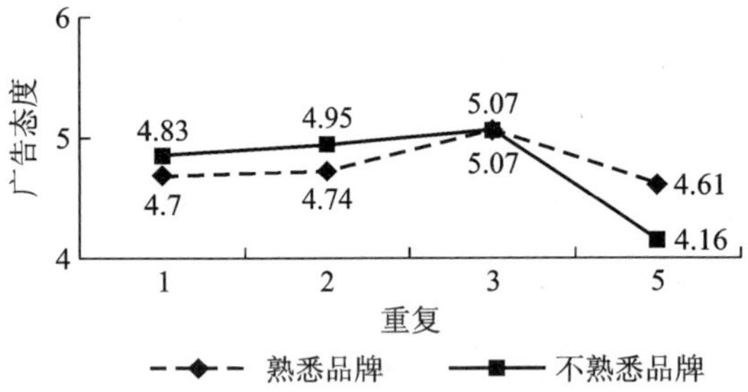

图 6－5－5 重复对广告态度的影响

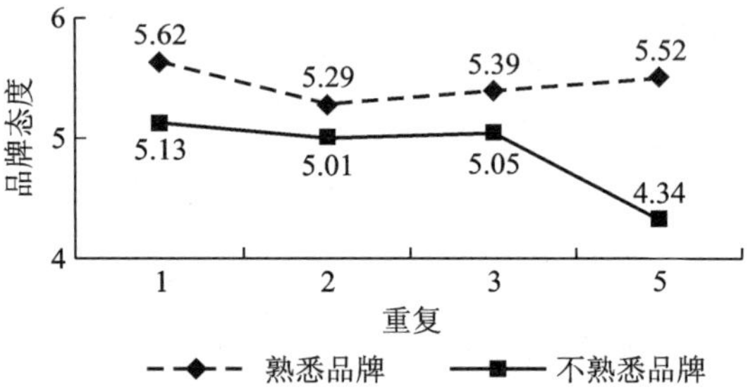

图 6－5－6 重复对品牌态度的影响

综合上述理论观点、研究结果和实践经验，为了达到更佳的宣传效果和尽量节省广告费支出，广告主和媒体策划者需注意下列几点意见。[④]

（1）内容抽象、复杂、信息量大的广告应加大重复量；相反，内容具体、简单、信息量小的广告则不宜重复过多。

（2）受众了解少的产品，其广告重复次数可以多一些；为人熟知的产品，广告重复次数可以少一些。

（3）不太引人关注的产品，其广告可以加大重复量。

（4）消费者信赖程度高的产品应少重复；反之，则要多重复。

（5）幽默广告不宜有太多的重复。

（6）广告论据有力，可以多重复；论据无力时，则少重复为佳。

（7）受众喜欢的广告可以多重复，受众不喜欢的广告则要少重复。

（8）存在大量竞争广告时，应该加强重复。

（9）如果需要大量重复，则要围绕同一主题不断地改变广告的表现形式。

四、广告的重复策略

除了重复的数量会影响广告的宣传效果之外，广告的重复策略也是一个不可忽略的因素。广告的重复策略一般有两种：一种是集中策略，另一种是分散策略。前者指在较短时间内，以较

① 蓝三印、罗文坤：《广告心理学》，天马出版社 1979 年版。

② Greenberg A & Suttoni C. *Television commercial wearout.* Journal of Advertising Research，1973，13(5)：47－54.

③ Campbell M C & Keller K L. *Brand familiarity and advertising repetition effects.* Journal of Consumer Research，2003，30(2)：292－304.

④ 黄合水：《广告的重复及其效果》，《广播与电视》1992 年第 2 期。

大的密度进行重复;后者指把一定量的重复次数分散在较长的时间之内。这两种重复策略的广告记忆效果不同。齐尔思克 1959 年把同一品牌的 13 则广告以每周(共 13 周)接触一次(集中策略)和每隔 4 周(共一年)接触一次(分散策略)两种方式进行重复。结果(如图6－5－7)发现,集中策略的学习速度快,13 次接触后(即 13 周后),全部受试者的平均回忆率达 63%。而同样的接触次数(即一年后),分散策略最高回忆率为 48%。然而,在停止广告的 4 周后进行的调查发现,集中接触 13 次的受试者回忆率减低了 30%,而一年接触 13 次的受试者回忆率仅由 48%减至 37%,减低了 11%。①

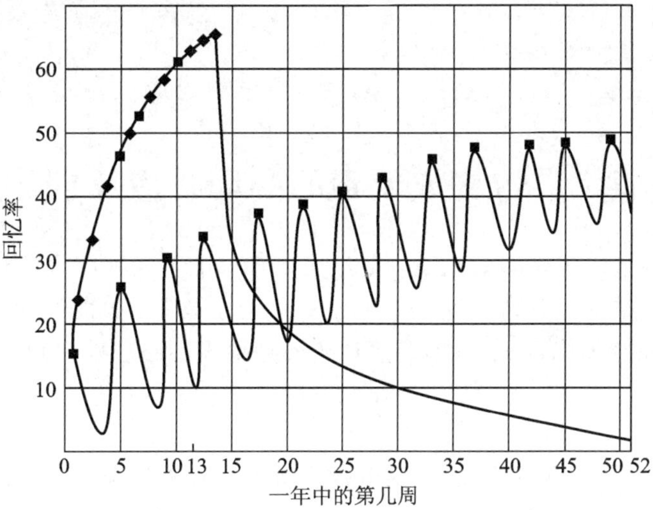

图 6－5－7　家庭主妇各周记住该广告的比率

根据研究结果,齐尔思克作出如下结论:

(1) 相同接触次数在学习速度方面,集中策略比分散策略快。

(2) 如果对广告不作连续性接触,则立即会发生遗忘。

(3) 接触次数增加,则遗忘速度减慢。

(4) 如果广告目标是在短期间赢得大量记忆者,则以集中策略为佳。

(5) 如果广告目标是在广告期间争取最多的平均记忆者,则以分散策略为要。

由上述研究结果可见,集中策略和分散策略各有利弊。因此,在具体的媒体策划时,采用何种策略应根据现实情况而定。一般说来,新产品或季节性产品的广告活动宜采用集中策略,这有利于达到迅速告知的效果;老产品则应采用分散策略,便于维持品牌知名度。广告内容较为复杂、需要想一想的,宜采用集中策略;内容简单、一目了然的广告则要采用分散策略。

在重复中,还有一个值得注意的问题就是,版面大小不同的广告是应该先大后小,还是应该先小后大呢?亚当斯(1920)对大小不同广告的顺序对系列广告记忆的影响的研究指出,如果一个公司做四次大小不同的广告,那么虎头蛇尾比逐渐增大更有效。②

① 转引自傅汉章、邝铁军:《广告心理学》,华中师范大学出版社 1988 年版。

② Adams H F. *The effect of climax and anticlimax order of presentation on memory*. Journal of Applied Psychology, 1920(4): 330－338.

第七章　广告要素及其心理效应

一则广告作品可以从很多角度加以解剖，将它分解成若干部分、若干要素，或若干特征。每一个要素在广告中都有一定的作用。了解各种要素的心理效应，有利于广告创作者综合运用各种要素，创作出理想的广告作品。

第一节　广告构成要素的心理效应及创作原则

画面、语言和音响是广告作品的三个主要组成要素。除了电视广告、网络广告包含这三个要素之外，其他媒体广告基本上只包含这三个要素中的两个要素（如报纸、杂志和广播）或一个要素（如一些户外招贴和直邮广告）。本节着重讨论各种要素的心理效应和创作原则。

一、画面

广告画面在印刷媒体上常称为插图，在电视媒体上有时称为画面，有时称为图像。插图是静态的，图像一般是动态的。插图和图像在一则广告中具有某些相同的功能，但也存在着某些差异。

1. 吸引和维持受众的注意力

国外有一家化妆品公司曾以一张普通的黑白广告和一张相同图案的彩色广告进行注意效果程度差异的调查。其结论是，两幅广告中，最引人注意的地方都是商品的照片，彩色印刷广告的注意率达 84.1%，黑白印刷广告为 46%。文案部分注意率都比较低，注意率最低的是文字标题，彩色印刷广告注意率为 7%，黑白广告第一眼注意标题的人几乎是零。[①]

对于网络广告来说，一则广告可能只是一幅插图（画），一幅变化的插图。广告能否产生效果，关键就在于这幅插图是否吸引人。如果这一插图有足够的吸引力，网民不仅会注意到广告介绍的品牌，还可能点击该广告，进入相关的企业网站或广告网页。

在电视媒体上，最先引起人们注意的不一定是图像，因为当观众边看电视边进行其他活动时，他们是用听觉来监视电视节目的。但要使观众把注意维持在电视广告的收看行为上，图像的重要作用则是不言而喻的。

图像能够维持观众注意，原因有三个方面：[②]

第一，图像提供了丰富的视觉刺激，因而能有效地把观众的注意力从别的方面吸引过来。心理学的研究表明，人需要适当的刺激量才能维持注意状态，当人面临的情境刺激量太小时，就容

---

① 傅汉章、邝铁军：《广告学》，广东高等教育出版社 1985 年版。

② 黄合水：《略论电视广告画面的作用》，《广播与电视》1993 年第 1 期。

易分心或疲劳。

第二，图像能适当地满足观众娱乐欣赏的需要。观众观看电视节目往往是带有某种目的的，如消遣娱乐，欣赏一些美妙的景物等。只要节目能满足他们的需要，他们就会认真地观看。商业电视广告一般只有15秒或30秒钟，在这短短的时间里，投入广告的人力财力往往要比电视上其他节目高得多，因而画面视觉效果比较理想，具有较强的吸引力。

第三，图像提供不断变化的刺激。对变化的刺激感兴趣，这是许多动物都具有的本能，如青蛙不吃死虫。人也是如此，对平淡无奇的事物不予关注，只有新奇变化的事物才能让人兴奋。电视广告在15秒或30秒内的画面变化一般远比其他节目丰富，这为它赢得观众的注意起到了极其重要的作用。

2. 强化受众对言语信息的理解和记忆

广告向受众传递情报性信息主要是借助广告语言来实现的。通过广告语言，广告主能够向受众比较详细地描述商品的性能、用途、质量、购买时间、地点等各方面情况，为广大消费者提供确切的信息。广告能否达到这一目的，要看受众能否很好地理解和记住广告所传递的信息。而受众对广告信息的理解记忆程度又部分地取决于广告画面。我国心理学家彭聃龄等人(1989)在一项研究中探讨了电视图像对观众理解记忆节目内容的影响。[①] 他们以电视新闻为材料，比较了图像加声音的电视呈现方式和只有声音没有图像的广播呈现方式的记忆效果。结果发现，不管是采用自由回忆，还是采用提示回忆，受试者对电视呈现方式的记忆水平都高于广播呈现方式(如图7-1-1)。这说明图像促进了受众对电视传播内容的理解记忆。图7-1-2的广告也说明，有了插图，人们对广告语“独立4温区，保鲜更精细”的理解就容易多了。

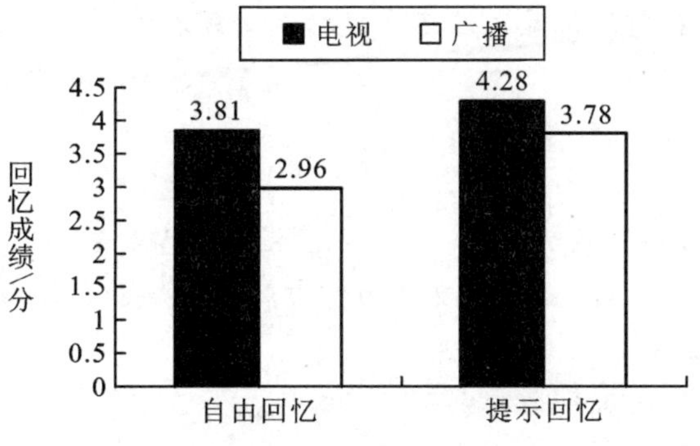

图7-1-1　电视广播新闻收视效果比较

图7-1-2　海尔冰箱广告

① 彭聃龄、黄合水、黄方明：《电视新闻收视效果的研究》，《中国广播电视学刊》1989年第4期。

画面强化广告言语信息记忆的心理机制有二：其一，广告语言与画面中特定的人物、景物由于同时或连续呈现，受众会产生联想记忆。这样，那些比较容易记住的人物、景物便可能成为广告语言的有效提取线索。例如只要说到乔丹，就容易想起“耐克运动鞋”。其二（针对电视广告而言），图像与语言表达内容相同时，它们分别同时刺激人的听觉和视觉器官，信息分别由听觉系统和视觉系统进入记忆系统，因而达到双重编码的功效，所以记忆效果比较好。

3. 起边缘说服作用

据广告心理学家佩蒂和卡西奥波的观点，广告说服有两条线路，即中枢线路和边缘线路。广告画面能作为说服的中心线索负载某些情报性信息，达到中枢线路说服的作用。[①] 但是相对而言，广告画面更主要是作为边缘线索起边缘说服作用。边缘说服是指运用非论据性的信息如使用有吸引力的人物、展示精美的包装或配上悦耳的音乐等，让受众将对这些边缘线索产生的情感或态度直接迁移到广告品牌或广告主上，即所谓爱屋及乌。例如在动感地带广告上，观众可能因为对明星周杰伦有良好的印象，因而对动感地带产生良好的评价。不过，大量研究表明，边缘说服作用只是暂时的，随着时间的延长，这种作用将逐渐消减。

由上述关于广告画面心理功能的分析描述可见，画面的设计制作是相当重要的。关于画面如何进行设计制作，罗斯特和佩斯（1986）在《广告和营销管理》一书中，归纳出下列广告视觉表现原则[②]：

① 总的来说

A. 多用比言语内容更有影响力的视觉内容。

B. 多用高意象（较具体）的视觉内容，少用抽象的视觉内容。具体的视觉内容是指描述那些看得见、摸得着、听得到的人物和事情。

C. 将产品与视觉内容中的产品使用情境和人物联系起来。

D. 利用色彩唤起情绪，黑白提供信息。

② 对印刷广告来说

A. 运用尽可能大的插图。

B. 利用多要素的插图（有趣的细节）以保持注意而非吸引注意。

C. 将插图置于标题和文案被阅读之前能被看到的位置。这不是说标题必须在插图之下，而是说插图应该先能吸引注意。

D. 在不同的广告中围绕同一主题改变插图，防止注意疲劳。

③ 对电视广告来说

A. 确保关键画面保持至少 2 秒钟，关键画面要么显示商标，要么描述主要信息点。

B. 与关键画面有关的声音应该跟在关键画面之后，置于次要画面之中。次要画面是给观众时间以停顿和注意听觉文案的填充性或过渡性画面。

C. 在词的运用上，肯定句中应运用高意象词，而否定句中则用低意象词。

---

① Petty R E, Cacioppo J T & Schomann D W, *Central and peripheral routes to advertising effectiveness: The moderating role of involvement*, Journal of Consumer Psychology, 1983, 10: 135 - 146.

② Rossiter J R & Percy L. *Advertising and promotion management*. McGrow - Hill, 1987.

D. 不同的广告围绕同一主题改变画面，减少各种形式的疲劳。

为了使画面充分地发挥上述功能，在画面设计或拍摄时，要注意画面素材的选择运用。下面我们介绍一些能有效实现上述功能的人物和景物，供广告设计制作者创作时参考①。

（1）名人。名人包括各行各业的杰出人物，特别是在大众传播媒体中经常出现的。受众对他们较为熟悉，或者有一定印象。把他们与商品联系在一起，对于扩大品牌知名度大有好处。关于名人，后面还要介绍，这里就不展开讨论了。

（2）个性鲜明的普通人物模特。每一个人都在塑造自己的个性形象，每一个人也都有喜欢或崇拜的个性形象。个性鲜明的人与商品结合在一起，有利于塑造品牌形象，而且易于给受众留下深刻的记忆。外表刚毅、智慧、幽默、温柔、贤惠、活泼的人都是较好的广告人物模特。

在图 7－1－3 联想电脑广告中，可爱的小女孩突出了家用教育电脑的品牌诉求，人物模特和产品定位相呼应，能够给观众留下深刻印象。

图 7－1－3　联想电脑广告

（3）奇特的人物。孙悟空、猪八戒、哪吒和阿凡提等都是经过艺术加工而又众所周知的奇特人物。广告中可以运用动画形式或者化装技巧、摄影艺术来塑造这类人物形象。奇异的人物容易引起人们的兴趣、好奇和注意，因而记忆深刻。如果广告中的人物是观众熟知的艺术形象，那么把他们作为商标信息的提取线索，效果更佳。如江中草珊瑚含片的电视广告就是用“阿凡提”这一奇特的人物形象。

（4）特殊标志的人物。奇特的人物是想象出来的艺术形象，现实中并不存在。特殊标志的人物却是现实中存在的。只不过他们比常人多了一些易于辨识的标志，在记忆中不会与其他的人物形象相混淆。蒙上眼罩的“独眼龙”、戴着铁盔的骑士、嘴上贴着胶布的推销员、拄着拐棍的伤残人、矮小的侏儒等均属特殊标志人物。这类人物的确便于记忆，但要有良好的创意，否则容易引起受众的反感。

（5）可爱的动物。许多动物本身都有观赏价值，屏幕上的动物对观众同样具有吸引力，如凶猛的老虎、高大的骏马、温顺的花猫、憨厚的熊猫、机灵的猴子等。动物在广告屏幕上出现得不太多，有新鲜感。此外，许多动物在人们的心目中都具有象征意义。利用动物也可达到塑造品牌形

① 黄合水：《电视广告画面素材选择浅谈》，《广播与电视》1991 年第 3 期。

象的目的，如图 7－1－4。

图 7－1－4　佳能相机广告

（6）名胜古迹。优美的风景、著名的古迹总是人们乐于观赏和谈论的，如长城、泰山、西湖、天坛、九寨沟等都是人们百看不厌的景物。利用它们作为品牌信息的画面背景，具有加强记忆和边缘说服的双重功效，如图 7－1－5。

图 7－1－5　中国银行广告

（7）有特色的景物。弯弯的小溪、碧波荡漾的湖泊、一片白云、一束鲜花、一叶轻舟、一棵古树、一幢大楼、一束色光，甚至人体的部分器官等，只要具有一定特色，哪怕是日常生活中最常见的景物，经过艺术加工，都可以用做合适的画面素材，如图 7－1－6、图 7－1－7 和图 7－1－8。

世界上的事物千姿百态，前面所提到的几种素材都俯首可拾。只要广告创作人员充分发挥想象力，就可以设计出许许多多富有特色的符合观众心理的广告画面。

二、语言

广告语言包括标题、文案、口号和解说词等，是广告必不可少的重要组成部分。几乎任何广告都少不了它。广告语言在广告中的主要作用有以下三个方面：[①]

① 黄合水：《略论电视广告语言》，《广播与电视》1993 年第 3 期。

图 7-1-6 别克汽车广告

a. 大海篇

b. 沙漠篇

图 7-1-7 中国联通广告

图 7-1-8 爱玛仕香水广告

1. 传递商品或服务信息

关于什么是广告所欲传递的信息,或者说广告信息主要指什么,著名的广告研究者雷斯尼克和斯坦恩(1977)在对广告进行广泛研究的基础上,概括出 14 个方面。它们分别是:①

(1) 时间地点:产品在哪里购买,什么时候可以购买。

(2) 功能用途:产品有什么用途,与其他产品相比较,该产品的使用效果好到什么程度。

(3) 质量:区别于其他竞争产品的特点,包括对工艺、技术、结构、耐久性、特殊服务、关心细节、职员等方面的客观评价。

(4) 价格:产品值多少钱,满意价格为多少。

(5) 独立研究:由独立机构提供的关于产品的研究结果。

(6) 担保:产品购买后有什么保证。

(7) 安全:较之其他产品,该产品有什么安全特点。

(8) 构成成分:产品由什么构成,包含什么成分或要素;产品内包含什么附属品目。

(9) 包装或造型:产品有什么包装,这种包装应该更容易激起人的购买欲;产品有什么样的特殊造型。

(10) 特殊提供:对特定的购买可以得到什么赠送。

(11) 公司研究:公司把该产品与其他竞争产品作比较的资料。

(12) 营养:该产品的营养,或与其他产品营养内容直接比较的资料。

(13) 风味:产品被潜在顾客认为是较优品味的资料(广告主的意见不包括在内)。

(14) 新观念:在广告中引入一种全新的概念,新概念的优点是什么。

---

① Rice M D & Zaiming L. *A content analysis of Chinese magazine advertisements*. Journal of Advertising, 1988, 17(4).

2. 广告语言是广告实现“二级传播”的基础

众所周知，广告的传播面越广，广告效果就越佳。广告传播面的大小，取决于下列几个因素：

（1）媒体的覆盖面。覆盖面大，传播面也大，反之亦然。例如中央电视台、《人民日报》、中央人民广播电台都覆盖全国，传播面均相当广泛。其他电台、电视台和报纸一般只覆盖某一地区，传播范围相对小一些。

（2）广告刊播的位置。报纸的不同版面位置，电视的不同时间段，其阅读率、收视率也不同。所以说广告刊播的位置不同，传播的效果也不同。

（3）广告本身的创作水平。优秀、新颖的广告，能够吸引读者、听众和观众。没有吸引力的广告，则会使受众视而不见，听而不闻。

（4）“二级传播”。这也是一个相当重要的因素。这里我们所谓的“二级传播”，是指媒体把信息传递给某些受众之后，由这些受众进一步把信息传递给其他受众的过程。广告可能因为前面几个因素都把握得好而吸引大量受众，但客观地说，真正接触到某一广告的受众仍然是有限的。因此，如果能让接触过广告的受众将广告信息进一步加以传播，那么传播面和传播效果必将大大地提高。

在前述诸因素中，前两个因素是外在因素，后两个因素则源于广告本身。其中第三个因素与广告的视觉表现手法有密切的关系。第四个因素“二级传播”，其可能性则取决于广告中的语言。这是因为“二级传播”要求信息载体具有结构性、意义性，容易被记住并能进一步传递出去。广告中的画面、音响结构性差，所传递信息的含义不明确，受众很难把所接受的信息重新呈现或复述出来。音乐虽然结构性也比较强，但难以与广告信息联系起来，无法造成“二级传播”，提高广告的传播效果。语言是一种结构性强、意义约定俗成的信息载体，受众可以把它接受进来再完整地传递出去。所以说，广告语言是广告实现“二级传播”的基础。

举一个例子来说，当我们看过一新产品广告后并向他人推荐“××品牌产品看来质量不错”时，听者就能接收到“××品牌”的信息。但如果我们说“有漂亮画面的电视广告的品牌产品质量不错”，听者依然不能知道产品为何种品牌。这样就起不到“二级传播”的效果。

在现代电视传播中，“二级传播”的作用尤其应引起人们的重视。特别是针对青少年儿童的商品广告，“二级传播”对于广告的产品促销起着相当重要的作用。许多少年儿童的家长，由于工作繁忙，没有太多的时间看电视，而且他们对电视广告的兴趣也不大，他们所知道的许多商品信息都是由他们的子女传播给他们的。所以说，电视广告中的语言对电视广告“二级传播”、扩大传播面功不可没。

3. 借助于语言，广告效果才得以持久

一种商品在市场上的推广，往往不是一两个月的短期行为。一则广告的刊播，往往也不是为了获得暂时性的效果。大多数广告主都希望广告所获得的传播效果越持久越好。然而，当回忆所接触过的广告时，我们所能回忆出来的大多数是广告语，“如车到山前必有路，有路必有丰田车”（丰田汽车广告）；“Just do it”（耐克广告）；“钻石恒久远，一颗永流传”（戴比尔斯钻石广告）；“牛奶香浓，丝般感觉”（德芙巧克力广告）；“农夫山泉有点甜”（农夫山泉广告），等等。这不是偶然的现象，它说明了广告语在维持广告传播效果中的作用。

广告的传播效果以时间为标志可分为近期效果和远期效果。近期效果是在广告刊播之后短时期内所获得的效果。远期效果则指广告刊播之后较长一段时间内仍然持续的效果。一般而言，前者是广告的各种成分（画面、语言和音响）共同作用的结果。其中画面的作用尤为突出，它是引起受众注意，激发受众情绪的主要因素。然而，广告刊播之后，随着间隔时间的延长，广告的远期效果则必须依靠广告语言来维持。

实质上，长时间之后的广告传播效果体现在受众对广告信息的记忆及由此所导致的购买行为中。从心理学的角度来说，图像材料由于意义的不确定性，而容易在人们的记忆中消失。语言由于结构性强、语义确定，一旦进入人们的记忆之中，可以保持相当长久的时间，而且具有相对稳定性。特别是那些重复呈现次数多、顺口押韵的语言材料，记忆更加持久、深刻。

为了有效地发挥广告语言的功能和作用，罗斯特和佩斯归纳出了广告遣词造句的创作原则：[①]

① 关于标题或副标题的创作原则

A. 限制在3—8个词之内。

B. 强调名词、形容词及与个人有关的词。

C. 把商标名称置于最后。

D. 不要用疑问句。霍华德和巴里1988年调查101名美国广告代理公司的创意总监关于印刷广告疑问标题的运用。72%的人指出，没有什么产品最适合于疑问标题的运用。[②]

E. 不要命令或要求。

② 关于文案或解说词的创作原则

A. 运用简单或熟悉的词。

B. 运用高意象（具体的）的词。

C. 运用主动句而不用被动句。

D. 运用肯定句而不用否定句。

E. 不要运用模棱两可的词或双关词。

三、音响

音响是广播、电视广告的一个重要组成要素，由于音响不能直接负载商品信息，所以在广告创作中常常被放在次要的位置，没有得到充分的重视。不过，20世纪80年代以后，广告音乐越来越受到人们的重视。例如在美国的电视广告中，以音乐为主的产品广告占有相当的分量（大约三分之一），愈来愈多的歌唱家进入广告圈。有些广告主也不惜重金制作广告音乐片。

音响包括音乐和效果声。由于一般广告音响都是以音乐为主，所以下面我们着重探讨音乐的心理功能。音乐的心理功能主要表现在以下几个方面：[③]

1. 辅助画面和解说词塑造出某种情感气氛

例如，节奏明快的音乐可以创造出欢快活泼的气氛。在饮料广告中，配上这种音乐能让人体

---

① Rossiter J R & Percy L. *Advertising and promotion management*. McGrow-Hill, 1987.

② Howard D J & Barry T E. *The prevalence of question use in print advertising: Headline strategies*. Journal of Advertising Research, 1988, 28(4): 18-25.

③ 黄合水：《广告配乐的功能与运用》，《广播与电视》1991年第6期。

验到喝这种饮料的乐趣；运用于服装广告中，则可让人感到服装的现代感。节奏舒缓的音乐配在广告中，可给人舒适、浪漫的感觉。

2. 唤起人们的注意

人们接受外界信息主要是通过眼睛和耳朵，眼耳的协调配合使人们不仅能抓住某一目标对象，还能监控周围环境发生的事情。在一般情况下，当人用眼睛去捕捉注意对象时，人就用耳朵来监控其他事物。反之亦然。受众对广播电视媒体的接触，常常是边进行其他活动（如聊天、做作业、织毛衣等），边收听广播或边观看电视。因此，当他们的注意力不在媒体时，一个美妙的音乐旋律可能就会引起他们的注意，使他们不自觉地认真看、认真听。不过，能唤起听众注意的音乐一般是听众比较熟悉、比较喜欢的曲调。

3. 加强广告信息的记忆

根据联想记忆原理，当两种刺激物在相邻或相近的时空出现时，人们就容易把它们联系起来储存在记忆之中。之后，当一种刺激物重现时，另一种刺激物也容易被唤起。在广告中，一首曲子，一个旋律经过多次重复之后，就会跟广告产品名称及有关的广告信息发生联想关系。这种联想关系是很有益的，受众以后在其他场合再次听到该曲子或旋律时，就会不自觉地联想起该产品的广告，这有利于巩固受众对广告产品品牌和广告信息的记忆。斯图尔特等人（1990）利用音乐作为汽车广告运动的记忆线索的研究指出，当以产品名字为回忆线索时，62% 的人指出他们记得看过产品广告；听完广告音乐后，83% 的人指出他们记得该音乐代表的广告，①也就是说音乐作为线索更有利于回忆。

4. 发挥边缘说服的作用

广告心理学家帕克和杨（1986）进行过一项研究，通过控制受试者的卷入条件（包括认知卷入、情感卷入和低卷入），来检查音乐行为意图（Behavior Intention，BI）和对品牌的态度（brand attitude，Ab）的影响。该研究发现，在认知卷入条件下，没有音乐的电视广告比有音乐的电视广告对观众的 Ab 和 BI 的改变有更大的影响，说明音乐起了消极的作用；在情感卷入的情况下，有无音乐差异不大；在低卷入条件下，有音乐对 Ab 和 BI 的积极影响比没有音乐大②。庆幸的是，在大多数情况下，观众和听众都是在低卷入条件下接触广告的。因此，可以认为广告音乐一般起着积极的作用。

5. 娱乐听众的作用

众所周知，广告的插播对受众是一种侵扰，一般受众并不喜欢广告，并且尽量地避开它。因此，当一条广告配有优美的旋律时，就能部分地减少受众对广告的厌烦，并给他们带来一点乐趣。正如不喜欢跳舞的人进入舞场，他们从欣赏舞曲和别人的舞姿中获得快乐。

广告音乐具有上述多种功能，但是要有效地发挥它的积极作用，在音乐的选择或创作时，应该注意三点：

（1）不要使用其他竞争产品使用过的曲子或旋律。否则，在你的广告发布初期，实质上是部

---

① Stewart D W, Farmer K M & Stannard C I. *Music as a recognition cue in advertising - tracking studies.* Journal of Advertising Research, 1990, 30(4): 39 - 48.

② Park C W & S M Young. *Consumer response to television commercials: The impact of involvement and background music on brand attitude formation.* Journal of Marketing Research, 1986: 23

分在替竞争产品作宣传。

(2) 选用现成的曲子应该是知名度高、大众较为熟悉的，如流行曲及一些经久不衰的名曲。创作新乐曲应该让听众易学、易唱。曲调流畅、节奏感强的曲谱比较容易学，也比较容易流行。

(3) 使用于广告中的乐曲要跟广告所要制造的情感气氛相适合。例如在制造一种怀旧气氛时，可用柔板、慢板的乐曲；创造欢快气氛时，可用节奏快的曲子如圆舞曲；要使人产生古朴的情感联想时，则用空灵的、意境深远的古典器乐曲。

第二节 广告中画面和语言的配合

画面和语言的配合是许多媒体广告(特别是电视广告、杂志广告)创作设计中的一个重要问题。画面和语言配合得好，有利于广告的宣传效果；配合得不恰当，则会影响广告的信息传递及说服作用。

一、关联或不关联

从信息内容上看，画面和语言配合经常出现两种情况：一种是二者都描述商品或服务的特点、属性，即关联情况；另一种是画面和语言所描述的信息内容截然不同。二者之间没有必然的逻辑关系，即不关联情况。例如，画面表现一个翩翩起舞的漂亮女郎，解说词则在陈述与模特儿联系不上的某种品牌鞋油的特点。在关联的范围里，又可以分出两种情形：相同和相异。相同指画面和语言共同描述商品或服务的某些特点、某些方面；相异指画面描绘商品的某一特点如功能，而语言陈述商品的另一特点如价格。

一般说来，不关联广告是广告表现上的失败，但有时也可能是广告创作者有意设计制作的。根据认知心理学关于记忆的双重编码理论和深度加工理论，关联性广告或由于它能使受众在接受广告信息时进行双重编码(表象编码和言语编码)，或由于它能促使受众进行深度认知加工，广告信息的记忆效果优于不关联广告。对关联广告中的相同情形而言，广告由画面和语言向受众呈现相同信息，使受众对同一信息进行双重编码，因而记忆较为牢固，容易回忆出来。在相异情形下，由于语言和画面描述商品的不同侧面，受众在接受画面信息的同时，会对语言内容产生期待，期待相同信息的出现。当语言描述的内容与他们所期待的内容不一致时，受众就会进行深入的认知加工，即对从外界输入头脑中的信息进行分析、综合，并将它们与已有的知识经验联系起来，从而导致较佳的记忆效果。

在印刷广告的研究中，伊德尔和斯特林(1983)根据受试者对与品牌有关的项目和广告各方面(如版面编排、色泽)的回忆，将系统化图画、非系统化图画和纯语言内容三种广告加以比较。[①] 系统化图画指包含等同于图画内容的语言材料的广告画，即关联广告；非系统化图画指仅有画面内容没有语言叙述的广告画；纯语言内容指仅有语言描述的广告。由于不关联广告中不相干的信息会相互干扰，所以非系统化图画和纯语言内容的广告在宣传效果上等效或者优于不关联广告。他们的研究结果表明，系统化图画的信息记忆与非系统化图画、纯语言内容广告相比，有明

① Houston M J, Childers T L & Hecker S E. *Picture - word consistency and the elaborative processing of advertisements*. Journal of Marketing Research, 1987;24.

显的优势。换句话说,关联广告比不关联广告的广告信息更易于记忆。

在关联的相同和相异的两种情形的比较中,豪斯敦等人(1987)以文案回忆总成绩、回忆出来的产品类别个数、品牌名称数量、文案特征信息以及文案的其他信息为记忆效果的指标的研究表明,在相异情况下,受试者对已看过广告中的各种信息的回忆优于相同情形的广告。① 简言之,用插图和文案分别描述商品的不同侧面,信息记忆效果更为理想。

对于电视媒体来说,关联广告比不关联广告有利于广告信息的记忆,这是不言而喻的。然而,电视广告的图像和语言是在一段有限的时间内呈现出来的,每一个画面、每一句解说词都是稍纵即逝的,观众对广告信息的深度加工受到时间的限制。因此,如果图像和解说词分别描述商品的不同方面,由于没有足够的时间进行认知加工,记忆效果就不会太好。在这种情况下,要使广告信息得到有效的记忆,图像和解说词描述同一信息内容是较为合适的。在印刷广告中,有一项关于普通杂志中广告插图关联性的价值的研究指出,包含关联插图广告的回忆率大约是无关联插图广告的 10 倍。②

二、同步与不同步

画面和语言同步与否这一问题主要是针对电视广告而言的。将画面和语言表现的同步与否与它们描述的信息内容相同与否结合起来,可分出四种情况,即:(1) 描述同一内容的图像和解说词同步呈现;(2) 描述同一内容的图像和解说词不同步呈现;(3) 描述不同内容的图像和解说词同步呈现;(4) 描述不同内容的图像和解说词不同步呈现。其中第(2)、(3)种情况实质是一样的。根据注意原理,不同的刺激作用于不同的感觉器官,如眼睛接受的是一种信息,耳朵接受的是另一种信息,那么两种刺激之间就会相互干扰,影响人们对信息的心理加工;在另一种情况下,如果作用于不同感觉器官的刺激包含不同的信息内容,呈现又不是同步的,那么只要信息量不太大,观众也是可以顺利接受的。据此,在上述四种情况中,第(1)种情况最有利于观众的认知加工,第(2)、(3)种情况对信息加工不利,第(4)种情况视广告所传递的信息量的大小而定,这实质上也说明了在电视广告中信息量大是不理想的。

三、画面表现的充分性

语言是一种约定俗成的社会交际工具,它能准确地描述某种事物或概念。在这一点上,画面则远为逊色。正是由于这一原因,画面表现往往带有很大的随意性。那么如何把这种随意的画面表现和语言结合起来以达到较佳的信息传递效果呢?英国心理学家甘特(1979、1980)以电视新闻为材料,比较了下列三种材料的记忆效果:

第一种,解说词 + 电影剪辑画面

第二种,解说词 + 静态画面

第三种,解说词 + 播音员画面

① Houston M J, Childers T L & Hecker S E. *Picture - word consistency and the elaborative processing of advertisements.* Journal of Marketing Research, 1987;24.

② Laslett H R. *The value of relevancy in advertisement illustrations.* Journal of Applied Psychology, 1918, 2(3): 270 - 279.

结果显示,第一种结合方式效果最佳,其次是第二种,第三种效果最差。① 这是可以预料的结果,但它说明了画面表现充分的重要性。美国国家广播公司(NBC)和丘斯林调查公司于20世纪70年代进行的广告效力调查也表明,画面表现要充分体现解说词的内容,才能使广告达到更佳的效果。② 例如在一则电视机的广告中,广告的中心意思是要大家明了该电视机的技术设计。研究者用了两种不同的画面表现作比较,一种画面表现是仅由播音员手指完整的电视机,解释装配过程;另一种画面表现则将电视机内部的主要零件陈列在桌上,由播音员一边解释其优点和装配过程,一边做演示。结果前一种画面表现的受试者记忆率仅为5%,而后一种画面表现的记忆率高达41%,二者之间差距非常明显。

四、画面为主还是语言为主

在广告创作设计中,创作者经常要考虑以画面表现为主体,还是以语言描述为主体,才能达到理想的宣传效果。关于这方面的研究有很多,结论莫衷一是。泰勒和汤普逊1982年的研究指出,画面内容过多地加到语言信息上,并不比单独地呈现语言信息有更明显的作用;吉斯流斯和斯腾塔尔1984年的报告显示,与单独的语言陈述相比较,产品的语言陈述伴随着线条画的类似物会增加品牌信息记忆,但减弱了积极的品牌态度;罗斯特和佩斯(1978)发现,以画面为主语言为辅比以语言为主画面为辅的广告产生更积极的情感;伊丽莎白(1986)的研究表明,纯语言的广告刺激与受众的实用和理性知觉相联系,纯视觉刺激的广告与受众的亲密性知觉相联系。③ 由此可见,对以画面为主或语言为主两种表现形式的任何断言都可能导致错误。在实际广告创作设计中,究竟采用哪一种表现形式,应根据广告宣传的目的和重点来决定。美国广告学家沃森·邓恩在《广告与商业》一书中对在什么情况下强调语言,在什么情况下强调画面作了如下概括:④

(1) 当你要推销的产品注重外形时,那就应该强调它的视觉效果。

(2) 如欲使产品造成人们情感上的联想,那么就应该强调视觉效果。

(3) 为了达到广告的宣传目的,越注重事实,则运用文字宣传的重要性越高。

(4) 在广告说明中如叙述部分很重要,则文字部分亦趋重要。

(5) 产品越新则更需要强调广告的文字。

(6) 为了强调所要采取的行动,一般最好用文字说明。

沃森·邓恩的这些概括虽然针对印刷广告,但对于其他广告也同样具有指导意义。

---

① Gunter B. *Recall of belief television news items: Effects of presentation mode, picture content and serial position.* Journal of Educational Television, 1979(5): 57-61; Gunter B. *Remembering of televised news: Effects of visual format on information gain.* Journal of Educational Television, 1980(6): 8-11; Gunter B. *Remembering of televised news: Effects of picture content.* Journal of General Psychology. 1980(102): 127-133.

② 高渠:《电视广告创作学》,华视出版社1986年版,第87—88页。

③ Houston M J, Childers T L & Hecker S E. *Picture-word consistency and the elaborative processing of advertisements.* Journal of Marketing Research, 1987: 24.

④ 沃森·邓恩:《广告与商业》,工商出版社1981年版。

第三节　广告颜色的心理效应及运用

颜色是光波作用于人的眼睛所引起的视觉经验,有广义和狭义之分。广义的颜色包括非彩色(白色、黑色和各种不同程度的灰色)和彩色(红、橙、黄、绿、青、蓝、紫);狭义的颜色仅指彩色。在电子技术和印刷技术高度发达的今天,彩色在广告中的运用已经相当普遍,甚至连一直只有黑白灰三种颜色的报纸广告,彩色的运用也越来越常见。

在彩色被运用于广告之后,人们一直就很重视彩色的作用及彩色运用效果的研究。美国广告学家斯坦利曾经归纳认为彩色在广告中具有如下作用:①(1) 吸引人们对广告的注意力;(2) 完全真实地反映人、物和景;(3) 强调产品和宣传内容的特定部位;(4) 表明销售魅力中的抽象质量;(5) 使广告在第一眼就给人以良好的印象;(6) 为产品、服务和广告主本身树立威信;(7) 在人们记忆里留下更深的印象。

斯坦利所归纳的这七点,在下面我们对广告中颜色使用有关问题进行分析探讨时,还会进一步加以证实。

一、彩色广告与黑白广告的对比

从彩色广告与黑白广告的对比研究情形来看,彩色的确有助于提高广告的吸引力,使广告得到更多受众的注意。美国芝加哥有人做过一项试验,将同一份目录印成彩色和黑白两种,寄出数月之后进行的统计发现,彩色目录的促销作用为黑白目录的 15 倍,说明接收者对彩色目录的注意率远大于黑白目录。吉尔伯特 1933 年给 36 名大学生显示 14 则彩色和非彩色广告,每则 10 秒钟。后来测量他们的记忆效果发现,彩色广告的产品回忆增加 44%。② 日本新闻协会 1975 年的研究表明,同样版面的彩色广告,其注意率比黑白广告增加 10%,注意时间和记忆效果也提高两倍以上。③

美国广告研究者施塔奇曾对美国《生活》和《星期六晚邮报》两种刊物刊登的 7 种产品的 3 819则广告做调查。结果发现,彩色品种太少并不一定比黑白广告更能吸引人的注意,但彩色种类多时,其效果就变得显著(见表 7-3-1)④。

表 7-3-1　读者对不同广告的注意率

广告颜色	半页广告	全页广告	双页广告
黑白广告	100	100	100
双色广告	110	97	105
四色广告	185	153	150

注:表中假设以黑白广告的注意率为 100。

① 唐忠朴、贾斌:《实用广告学》,工商出版社 1981 年版,第 151 页。

② Gilbert H H. *An experiment with colored and uncolored advertisements.* Journal of Applied Psychology, 1933(17): 49-55.

③ 中国广告协会秘书处参考资料,总 189-190 期。

④ 傅汉章、邝铁军:《广告学》,广东高等教育出版社 1985 年版。

罗斯伯格(1956)研究也发现,彩色广告能引起更多人的注意。但是如果把广告费也考虑进去,以元为单位计算,彩色广告则不如黑白广告有效。不过,另有一项研究则发现,四色广告的成本比黑白广告高出50%,但通常它们的记忆度高出100%。[①] 格朗豪哥利用333则杂志广告对大约1000名被试进行的测验还证实,广告再认成绩与色彩的运用成正比相关。[②]

在色彩与企业形象方面,华纳和弗朗赞1947年让992名各种社会阶层、年龄、性别的人评价10则彩色全页广告、10则黑白全页广告。结果发现,彩色广告有维持和提高熟悉品牌的声誉的好处,但对于激发兴趣似乎没有优势。[③] 不过,后来格斯特1966年让消费者评价相同内容的彩色与黑白广告发现,彩色广告并没有提高公司的威望。[④]

由上述研究可以看出,彩色广告总的来说比黑白广告能达到更好的注意和记忆效果。不过值得注意的是,黑白广告的适当运用有时也会达到彩色广告所不能及的引人注目的效果。根据强烈的对比反差能吸引人们注意的原理,在大多数广告都是彩色广告的时候,以黑白为基调的广告就容易变成"鹤立鸡群"。丹修等人(1993)关于户外广告的研究证实了这一说法。他们对一段道路两旁的户外广告牌的研究发现,黑白广告的无助回忆和有助回忆都优于彩色广告,但是黑白广告仅3块,而彩色广告则有7块。[⑤]

二、颜色的心理意义

颜色具有使人产生某种心理联想和唤起某种情感的作用,这是人们常常在特定情况下使用特定色彩,或者在特定的颜色情境中经常发生某些带有情感色彩的事所造成的心理联想关系。一般来说,每一种颜色都与一些相应的情感相联系。白色一般会使人想到清洁、纯洁、神圣、诚实。少女穿上白色的服装会给人纯洁的感觉。但在中国的许多地方,送葬时穿的是白色服装,因此,白色也会产生死亡的联想。黑色是夜晚的象征,因而会使人产生罪恶、悲哀、压抑、死亡、庄重的感觉。红色具有刺激人的生理欲望的作用,同时与温暖、危险、争斗、愤怒相联系。此外,红色还有吉利、吉祥、好运气的意思。黄色表示愉快、舒适,同时也可能使人产生富裕、高贵的联想。绿色是生命的象征,容易使人产生和平、充满生机以及平静、安宁的感觉。蓝色与广阔的天空和大海相联系,会使人联想到遥远、冷淡、寂寞、朴素。紫色可以使人联想到优雅和威严,还有优美、满意、希望、生机的感觉。青色是鬼火的颜色,具有冰冷、恐怖、神秘的感觉。

对于颜色的情感效应,卢基以12种彩色为例做过专门的实验研究,受试者63人,要求他们把12种彩色与兴奋、安静和严肃三种情感联系起来,受试者的判断结果见表7-3-2[⑥]。由表7-3-2可见,波长越长的彩色,越容易使人产生兴奋;波长越短的彩色,越倾向于与严肃的情感相联系。

---

① Russell J T, Verrill G & Lane W R. *Kleppner's advertising procedure*. Prentice-Hill, 1988.

② Gronhaug K, Kvitastein O & Gronmo S. *Factors moderating advertising effectiveness as reflected in 333 tested advertisements*. Journal of Advertising Research, 1991, 31(5): 42-50.

③ Warner L & Franzen R. *Values of color advertising*. Journal of Applied Psychology, 1947(31): 260-270.

④ Guest L. *Status enhancement as a function of color in advertising*. Journal of Advertising Research, 1966, 6(2): 40-44.

⑤ Donthu N, Cherian J & Bhargava M. *Factors influencing recall of outdoor advertising*. Journal of Advertising Research, 1993(5)/(6): 64; 72.

⑥ 唐忠朴、贾斌:《实用广告学》,工商出版社1981年版,第153—154页。

表 7-3-2　色彩与情感的联系　　单位：人

	深红	绯色	浓橙	黄橙	黄色	黄绿	绿色	青绿	青色	青淡紫	淡紫	紫色
兴奋	41	56	59	55	53	14	28	32	11	0	0	3
安静	0	0	0	6	6	39	32	23	21	17	6	1
严肃	10	0	0	0	0	5	0	6	30	45	54	48

我国心理学家马谋超对349名知识青年进行的关于颜色与心境联系方面的调查发现，在日常生活中，人们已经把特定的颜色同一定的对象以及心境或情绪体验联系起来。红色同节日喜庆连在一起，另外还同火、血、危险建立起联想；橙黄引起阳光明媚、充满希望的感受；绿色使人想起春天、万象更新的景象；蓝色与天空、海洋发生天然的联系；洁白更容易与纯洁对应；灰黑则令人伤感不安（见表 7-3-3）[①]。

表 7-3-3　颜色与心境、对象的联系

颜色名称	心境或情绪体验	联想的对象
红	振奋（兴奋、激动）、喜悦、幸福、朝气蓬勃、热烈占69.2%；危险、不安占8.2%	红旗、红衣服、节日、喜事、太阳、红花占51.6%；血、火、信号灯、危险标志占29.4%
橙	喜悦、轻松、幸福、希望、爱慕、朝气蓬勃、温暖占52.7%	橘子、水果占56.7%
黄	幸福（喜悦）、轻松（明快）、朝气蓬勃、振奋、爱慕占35.8%	服装、丰收的田野、家具占31.4%
绿	轻松、希望、朝气蓬勃（有生机）占49.1%	草（草原）、树叶、春天的田野、森林、植物、青山绿水占71.8%
蓝	轻松、安静占25.9%	蓝天、海洋占83.5%
紫	冷淡、严肃、寂寞、不安、忧郁、消沉占30%	紫花、服装占34%
白	纯洁占45%；安静占13%	白雪、医院、白衬衣、白衣战士、白花占50.3%
灰	消沉、失望、冷淡、忧郁、不安、伤感占61.4%	阴天、灰衣服、灰建筑物占51.9%
黑	严肃、恐惧、悲伤、不安、伤感、寂寞、忧郁占52.7%	黑夜、黑衣服、黑纱、丧事、追悼会占80.8%

由于不同的颜色各有其不同的心理意义，所以在进行企业形象的视觉设计以及个别广告的创作设计时，应该注意颜色的运用要与广告活动的理念、主题、基调以及产品的特点相协调。从一些国际知名品牌的广告活动中，我们也可以看出，它们非常重视广告色彩的选择运用。例如万事发香烟广告，都是以天蓝色为基调，来衬托该商品的“淡雅飘逸”的特点。而万宝路香烟则以红色作为广告的基色，来进一步突出西部牛仔的“冲劲”。

但是，在颜色的选择使用时，也要注意到颜色的心理意义因地区和文化的不同而不同。在许多国家，绿色都象征着生命和和平，而在马来西亚，绿色则会让人想到森林和疾病；绿色还是埃及和叙利亚的国色，用在商品上不受欢迎。在我国，红色象征着喜庆、欢乐和胜利等，爆竹染上红色

① 马谋超：《广告心理——广告人对消费行为的心理把握》，中国物价出版社1997年版，第202页。

是合情合理的事,而德国和瑞典人不爱滥用红色,所以我国原先出口到这两个国家的红色爆竹不受欢迎,改为灰色后则销量大增。爱尔兰、瑞典的国旗上有红、白、蓝三种颜色,所以在食品中禁止使用这些颜色。在伊拉克,商业上避免使用橄榄色,因为伊拉克国旗上有这种颜色。蓝色是伊朗人丧服的颜色,用在商品上会引起反感。在大多数拉丁美洲的市场中,紫色普遍被排斥,因为它象征着死亡。面向法国的广告和包装就要尽量避免墨绿色,法国人十分仇视希特勒军队的墨绿色军服。

三、颜色偏好

在广告色彩的运用中,颜色偏好也是一个值得注意的问题。关于人们对颜色的喜爱和偏好,历史上许多国内外的心理学家都进行过研究。国外心理学家卡茨和布里德研究5—10岁儿童的颜色偏好顺序是蓝、绿、红、紫、橙。我国著名儿童心理学家陈鹤琴对小学生颜色爱好的调查结果是:对光谱两端颜色的爱好胜于对居中各种颜色的爱好。温肇桐调查小学生颜色爱好的顺序,男生是:紫、黄、橙、绿、红、青、黑、白;女生是:绿、橙、紫、红、黄、青、白、黑。周先庚和陈汉标对大学生测定的结果是:白、蓝、红、黄、绿、黑、橙、紫、灰。陈立和汪安圣对四种基本色测定的结果是:红、蓝、绿、黄。英国艾森克总结了各国学者对不同民族调查的结果,发现各民族之间对颜色爱好有一定差别,但也有共同的倾向,爱好顺序是:蓝、红、绿、黄。①

广告学家施塔奇对色彩偏好也进行过研究。他发现,颜色偏好在单独评价和在广告上评价,其结果(见表7-3-4)有所不同②。

表7-3-4 一般人对颜色的喜爱次序

颜色	紫青	青色	青红	黄橙	红色	淡紫	黄色	绿色	橙色	黄橙
广告见时	1	2	3	4	5	6	7	8	9	10
单独见时	7	2	9	4	1	5	8	6	3	10

值得注意的是色彩的偏好不是一成不变的,世界时装新潮的流行色就说明了这一点。所以在广告色彩的运用,特别是包装广告的色彩运用时,要注意消费者当时的颜色偏好。

四、颜色与易读性

易读性是阅读材料容易被感知程度的衡量指标。阅读材料越容易被感知,其易读性就越高,反之亦然。颜色对易读性的影响表现在两个方面,即颜色的光强度和颜色的匹配。

各种颜色的光强度有强有弱,美国广告学家赖斯根据光度测定法,测出了11种颜色光的相对强度(见表7-3-5)③。以白色光的强度为1.000,其他颜色光的强度均小于1.000。

表7-3-5 颜色光的相对强度

颜色	白	黄	黄橙	橙	赤	绿	练瓦	青绿	青	紫	青紫
强度	1.000	0.938	0.864	0.579	0.348	0.348	0.283	0.231	0.161	0.125	0.120

① 朱智贤:《心理学大词典》,北京师范大学出版社1989年版,第833—834页。

② 傅汉章、邝铁军:《广告心理学》,华中师范大学出版社1988年版。

③ 唐忠朴、贾斌:《实用广告学》,工商出版社1981年版,第153页。

物体的易见度与光的强度有密切的关系。光的强度愈大,其易见度也愈高。广告学家斐雪也曾对表7－3－5中的11种颜色的易见度进行测量。结果发现,各种颜色的易见度顺序与赖斯所测的光强度大小顺序相一致。说明不同的颜色,其易见度是不同的。

关于颜色匹配对易读性的影响,美国广告学家卢基做过专门的研究。研究结果(见表7－3－6)表明[①],黄色背景黑色文字的印刷材料或书写材料最为明了易读。对此,卢基认为黄色光强度大,看起来有缩短距离的感觉。

表7－3－6　各种颜色匹配的易读性等级

等级	1	2	3	4	5	6	7	8	9	10	11	12	13
底色	黄	白	白	白	青	白	黑	赤	绿	黑	黄	赤	绿
面色	黑	绿	赤	青	白	黑	黄	白	白	白	赤	绿	赤

颜色匹配对易读性的影响,有些研究认为是对比度高低所致。[②] 但是也有研究表明,在对比度最高的12种文字与背景组合(见表7－3－7)[③]中,有些高对比度的匹配让人晃眼,不易阅读,其中第11和12种匹配,还会让视觉缺陷者产生色觉混乱。

表7－3－7　12种对比度最高的文字与背景组合

等级	1	2	3	4	5	6	7	8	9	10	11	12
底色	黄	白	白	蓝	白	黑	红	橙	黑	黄	红	绿
面色	黑	绿	蓝	白	黑	黄	白	白	白	红	绿	红

第四节　广告中人物模特的作用及运用

在现代广告中,大量广告都运用人物来表现产品的功能、用途,介绍产品的使用方法、特点以及树立品牌形象。那么,人物在广告中如何运用?人物广告的运用能获得什么样的效果?这些问题都是广告主、广告创作者和广告研究者共同关心的问题。本节分三个方面来进行探讨。

一、用或者不用人物

邀请一个模特来拍摄广告照片或广告影片是要付报酬的,有时要付高额报酬。因此在考虑是否运用模特来拍广告时,首先要明确用与不用模特,其广告宣传效果有无差别。

黄合水和彭聃龄(1989)在一项有关电视广告的研究中,受试者对56条电视广告作印象评价,56条广告中有27条有人物(包括动画人物),29条没有人物。结果是有人物的广告的平均

---

① 唐忠朴、贾斌:《实用广告学》,工商出版社1981年版,第153页。

② Magaret B & Foster J J. *The visibility of colored characters on colored backgrounds in viewdata displays*. Visible Language, 1982, 16(4): 382－390.

③ Magaret B. *Hidden meaning of color*. Advertising news review, 1981(10):2.

印象评价明显高于没有人物的广告。[1] 著名广告研究者斯塔奇对广告中人物模特的作用也曾进行研究。在该研究中,他让受试挑选出50幅最好看和最不好看的广告。研究结果发现,在被认为最好看的50幅广告中,有29幅插图中心为人物。而在被认为最不好看的50幅广告中,只有10幅插图中心集中在人物上。此外,在前50幅广告中,没有一幅是单独介绍产品的图片,而后50幅广告中就有32幅是只介绍产品的图片。[2] 这些研究结果说明,从总体上看,运用人物于广告中是有益的。据此,建议广告创作者在广告创作实践中,尽量考虑运用人物。

运用人物有利于提高广告的效果,这也可以从理论上找到依据。根据社会心理学家奥斯古德的适应性理论,"倾听某人对某对象的主张,听者对主张者的评价与对对象的评价有一种趋于一致(均衡)的倾向"。[3] 在人物型广告上,由于人物一般都是经过严格挑选出来的,人物形象比较好,这样,由人物来发表他们对产品的评价,也就会促使消费者对广告和产品产生较为有利的态度。

二、用什么样的人物

广告中使用的人物大致分为四种类型,即名人、专家、企业家和普通人物模特。在广告中选用什么样的人物,应注意人物运用后的正、反作用。

1. 名人

名人一般指知名度大或众所周知的歌星、影星、体育明星等。20世纪初,美国汤普森广告公司(Thompson)率先在力士香皂的印刷广告中呈现明星照片,随后其他商品也纷纷采用名人做广告。例如,美国黑人田径名将欧文斯在1936年的柏林奥运会上脚穿德国的阿迪达斯牌运动鞋,巴西球王贝利在日本索尼公司贝塔牌录像带印刷广告上踢球,法国著名影星阿兰·德龙在广告中佩戴太阳眼镜,英国著名摇滚歌星斯汀仰天痛饮日本麒麟牌啤酒,美国篮球巨星乔丹穿着耐克运动鞋打球等。美国《商业周刊》上曾有一文估计,1976年美国的电视广告中含有名人的片子占总数的33%。

20世纪90年代初我国广告界自艺术家李默然初次在电视广告中介绍三九胃泰,自此之后,许多影视、体育明星也纷纷登台亮相。例如当今广告中,周冬雨是博柏利(Burberry)的品牌形象大使,刘雯为彪马的代言人(如图7-4-1),周迅是香奈儿的中国形象大使,赵丽颖代言特步运动鞋,杨洋为康师傅茉莉果茶代言,胡歌代言博朗剃须刀(如图7-4-2),鹿晗为vivo手机、卡地亚手环、一叶子面膜(如图7-4-3)、肯德基、联想笔记本电脑等多种品牌代言,姚明也为士力架、锐步、百事可乐和联通等品牌代言。

名人出现在商品广告中,具有多种作用。

第一,邀请名人做广告需要付出大笔的酬金,这样会给人以企业资本雄厚的印象,有利于企业和品牌树立良好形象,也有利于吸引经销商加盟。例如天后碧昂斯在2012年跟百事签下了一揽子合同:10年5000万美元;国际足球巨星克里斯蒂亚诺·罗纳尔多(C罗)2014年度的广告代

① 黄合水、彭聃龄:《电视广告效果的测量及影响因素》,《中国广播电视学刊》1990年第4期。

② 田中洋、丸冈吉人:《新广告心理学》,朝阳堂文化事业股份有限公司1991年版。

③ 郑瑞泽:《社会心理学》,中国行为科学社1987年版。

图 7－4－1　刘雯代言彪马运动鞋的广告

图 7－4－2　胡歌代言博朗剃须刀的广告

图 7－4－3　鹿晗代言一叶子面膜的广告

言费高达 3390 万欧元，而这其中，单是耐克一家公司就为其贡献了 1800 万欧元①；韩国演员宋仲基，各以 43 亿韩元（人民币 2398 万元）和 60 亿韩元（人民币 3402 万元）的报酬为中国大陆的

① 《年薪不如广告代言！C 罗豪揽 14 家赞助商超 3300 万欧》，网易体育 2014 年 11 月 16 日。

vivo手机及珀莱雅化妆品拍摄广告。[①]

第二,名人对普通消费者具有很大的影响力,人们在生活方式、衣着打扮和行为举止上常常会仿效名人。因此请名人在广告中表演、推荐产品、作为品牌形象大使或代言人,能产生较强的感染力和说服力,从而达到促进产品销售和品牌形象提升的目的。例如,美国饶舌天王、人称"侃爷"的坎耶·维斯特(Kanye West)与德国运动品牌 Adidas 联名推出的椰子鞋系列(Yeezy)在 2016 年引发了球鞋市场的热潮,最终售价是原定价的 10 倍,有些款式的售价在转售市场上甚至超过 4000 美元。而鹿晗作为近些年来我国的流量明星,对消费者具有极大的影响力和号召力。2012 年 9 月 10 日他转发曼彻斯特联队球迷俱乐部的一条微博创造了第一项微博上的吉尼斯世界纪录——微博上最多评论的博文;至 2015 年 9 月,这条微博评论数过亿,再次刷新他本人所创的世界纪录。[②] 鹿晗代言的品牌也取得了惊人的业绩,其中 2015 年他代言的佳洁士牙膏单日销售增长 10 倍,广告播出不到十天,天猫旗舰店在双十一销量增长中获第 1 名;2016 年 7 月他代言了国际奢侈品牌卡地亚,官宣广告大片一天点击量突破 1 亿,7 月卡地亚销售数据创历年当月最高。[③]

第三,名人容易引起人们的注意,增加人们对品牌名字的记忆。不管名人在什么地方出现,人们总想目睹一下明星风采,在广告中出现也是如此。所以,名人广告会因名人而得益,提高广告的受众接触率和品牌知名度。正如 H. H. 弗里德曼和 L. 弗里德曼 1979 年的研究所指出的,不管什么产品类型,名人广告对于受众对品牌名字和总体的回忆都更有效。[④]

第四,名人增加代言品牌的可信度。阿特金和布鲁克(Atkin & Block)1983 年检验明星代言酒类广告对 196 名年龄从 13 到 77 岁的人的影响。结果发现,运用知名人物对十几岁青少年很有影响,而对年龄较大被试的影响有限。但对所有年龄群体来说,名人被看作更可信任的人。当著名人物出现时,产品形象更好,受众特别可能将酒类品牌评价为令人愉快的、可享受的。[⑤]

此外,名人做广告有时会产生社会舆论效应,从而提高广告品牌的知名度。例如李默然代言三九胃泰,巩俐代言美的,姚明代言耐克等,都曾引起广泛的社会舆论。

然而采用名人做广告也存在一些问题,包括:

第一,受众可能因过分地注意名人而忽视其他广告信息。

第二,有的受众会认为名人是广告主用钱买来说话的,广告主要求他们说什么他们就说什么,其言不可靠,其行不可效。

第三,名人形象与产品或品牌不相吻合,反而不利于塑造品牌形象或突出产品特点。

第四,名人出现负面新闻,社会声誉降低时,会损害其代言的品牌形象,甚至直接影响产品销售。

2. 专家

专家是指在某一科学技术领域有较深造诣的学者。专家在一般人眼里具有相当的权威性,专家的观点、意见容易为一般人所接受。著名社会心理学家霍夫兰和韦斯 1951 年在研究中向被试提出一种观点:"不久的将来即可造出核潜艇。"然后告诉一些人,该观点是由一位著名的威望极高的

① 《宋仲基赚中国代言费远超鹿晗、黄子韬?》,搜狐娱乐 2016 年 5 月 23 日。

② 《鹿晗已经第三次创造吉尼斯世界纪录了!》,搜狐娱乐 2016 年 3 月 28 日。

③ 《造星运动的巅峰产品,鹿晗会是最后一个吗?》,网易号时代周报 2017 年 10 月 10 日。

④ Friedman H H & Friedman L. *Endorser effectiveness by product type.* Journal of Advertising Research, 1979, 19(5): 63-71.

⑤ Atkin C & Block M. *Effectiveness of celebrity endorsers.* Journal of Advertising Research, 1983, 23(1): 57-61.

原子能专家罗伯特·奥本海默提出的；而告诉另一些人，该观点是由真实性和客观性有问题的苏联《真理报》报道的。结果表明，前者中的大部分人都接受这一观点，后者中则很少有人相信。[①]

专家往往被看作是可靠的信息来源，在广告中用他们来介绍产品特点，具有很强的说服效果。例如让医生来介绍药品，让工程师推荐机械设备，让营养师介绍营养品等都是有效的宣传手段。

3. 企业家

企业家代言是企业家利用自己良好的公众形象，通过各种形式为本企业或者其他品牌代言，其目标是在塑造企业家个人品牌的基础上，建立企业家与企业、品牌一对一的联想，从而深化并优化公众对企业和品牌的认知[②]。企业家代言实质上是以企业家的声誉为品牌背书，让受众将企业家形象联结到品牌形象，利用企业家的号召力、影响力提升品牌地位和市场影响力。例如马云、张朝阳、董明珠、王石、潘石屹等著名企业家都为自己的企业与品牌或其他企业品牌代言。

与名人代言相比，企业家较少出现负面新闻，作为广告信息的信源，其社会责任感、权威性、专业性等特质令公众产生更高的信任度和认同度，并且企业家形象与企业品牌形象关系密切，代言人与品牌的配性好，往往取得较好的广告效果，实现企业家个人品牌和企业品牌形象同时提升的目的。

4. 普通人物

广告运用的普通人物一般是产品或服务的潜在顾客。例如，药品广告以病患者为模特，女性化妆品以青年女郎当模特，儿童食品则用儿童做模特。

普通人物用于广告宣传中的作用也是多方面的。第一，人物模特有利于创造产品使用的真实情景，促使受众把产品或服务与自己的生活联系起来；第二，良好的人物形象能使受众产生情感迁移，即把对人物的良好印象迁移到产品或服务上；第三，普通人物的运用能使广告更具有人情味，这有助于广告为受众所接受。

由上述分析可见，在选择什么类型人物模特的问题上，要考虑到广告费用投入、广告目标和产品的类型。当广告以树立品牌或企业形象为目的且广告费用投入充足时，就可以采用名人做广告；当产品专业性、技术性比较强，适用面比较窄时，聘请专家来推荐产品就比较合适；普通人物在一般广告中均可采用；企业家则主要看其公众形象如何。

三、如何运用人物模特

人物模特的身份、形象及其在广告中的表演对于广告的宣传效果有着重要的影响。恰当地运用人物模特不仅能增加广告的说服力，也能提高广告信息的记忆水平。下列几点是运用人物于广告中应该加以注意的。

1. 注意人物的特征

人物的特征包括可信度、专业性、身体吸引力、熟悉性、可爱程度等，这些因素是管理者选择明星代言人时考虑的标准，也是关于消费者研究中发现的影响明星代言广告效果的重要因素。[③]

---

① J. L. 弗里德曼、D. O. 西尔斯、J. M. 卡尔史密斯：《社会心理学》，黑龙江人民出版社 1986 年版，第 354—355 页。

② 涂方祥：《企业家代言研究回顾与展望》，《学术论坛》2014 年第 5 期。

③ Erdogan B Z, Baker M J & Tagg S. *Selecting celebrity endorsers: The practitioner's perspective*. Journal of Advertising Research, 2001, 41(3): 39 - 48.

可信度是指人物值得信赖的程度，它通常因人而异。专业性与代言人对所从事的工作以及在相关行业的造诣有关。身体吸引力指的就是外在的形象，漂亮不漂亮，帅不帅。熟悉性是指代言人对所代言产品的熟悉程度，通常与代言人是否使用所代言的产品有关。可爱程度则指一个人的个性魅力，它与外在形象有关，但不完全取决于外在吸引力。

2. 尽量表演

众所皆知，一个呆板的演员对观众是不会有太大吸引力的。要把握、捕捉观众的吸引力，演员必须不断地表演。在电视广告中也是如此，特别是一些介绍产品使用方法、表现产品功能的广告，更应该让演员充分地表演。因为当某一行为经过实地表演而完成时，会比语言描述给人更深的印象。有人曾经对宣传“容易洗掉油腻”的两个不同表演程度的清洁剂广告进行对比研究。一则广告让一位家庭主妇右手拿着一罐清洁剂，左手拿着一个干净发亮的平底锅，用解说词说明用该清洁剂洗锅毫不费力，但没有表现去污过程；另一则广告让家庭主妇表演了平底锅的整个去污过程，同时用解说词加以说明。结果记住第一则广告的受试者仅占6%，记住第二则广告的受试者占28%。留心宝洁公司产品广告的消费者不难发现，他们的模特一直都在表演。

3. 让人物模特说话

在国内的许多电视广告中，人物模特都是“哑巴”。也许不让人物模特说话可以减少很多制作上的麻烦。然而，黄合水和彭聃龄(1990)的研究却发现，是否让人物模特说话与观众对广告的态度有显著的正相关。① 换句话说，让人物模特来表达解说词的广告，比有人物模特但不说话的广告能获得观众较高的评价。大卫·奥格威也曾经说过：“研究资料表明，旁白比较不能吸引观众，最好还是让演员直录。”②

由人物模特来表达解说词显得较为亲切、自然和真实。因此在电视广告制作时，应该加以重视。

4. 服饰切合身份

表演者的衣着打扮很重要，同样一个人不同的打扮，会给人不同的形象。在广告中表演者的形象要与产品使用者的形象相吻合，这样才能引起观众的认同感，否则会让观众产生不真实感，损害广告的宣传效果。例如有一则食品广告分别由一个妇女用两种不同的服饰来作宣传。一者穿戴时髦，像一位交际小姐；另者打扮成家庭主妇模样。两则电视广告的记忆效果测试结果分别为63%和100%，后者明显高于前者。利夫等人1987年检验妇女的角色(现代与传统)描绘对广告效果的影响，研究发现妇女的角色描绘强烈地影响着广告效果。广告角色描绘与受众角色定位一致，有利于消费者产生对广告和代言人更积极的态度，这些态度还迁移到产品上。③ 另一项研究也发现，黑人更可能回忆出带有黑人模特的广告，而不是白人模特的广告。④

在当今的电视广告和印刷广告中，广告创作者为了吸引受众对广告的注意，常常让人物模特穿戴时髦、奇特，如穿比基尼泳装等。这类广告的确能吸引受众的注意力，但受众的注意力往往只会集中在模特身上而忽视其他广告信息，所以，在服饰使用上一定要谨慎。

---

① 黄合水、彭聃龄：《电视广告效果预测和评价方法的研究》，《社会心理研究》1990年第3期。

② 大卫·奥格威：《奥格威谈广告》，机械工业出版社2003年版，第111页。

③ Leigh T W, Rethans A J & Whitney T R. *Role portrayals of women in advertising: Cognitive responses and advertising effectiveness.* Journal of Advertising Research, 1987, 27(5): 54 - 63.

④ Choudhury P K & Schmid L S. *Black models in advertising to blacks.* Journal of Advertising Research, 1974, 14(3): 19 - 22.

5. 代言人身份要与商品协调

一般而言，一种产品通常适合某一特定消费群体使用，例如长筒丝袜以青年女性为主，香烟以男性为主。消费者对何种商品适合何种人往往已形成观念，并以这种观念看待广告中的人物身份与产品的关系。当产品与人物身份相适应时，广告就显得真实。反之，则会让人觉得荒唐。例如美国有一项研究给观众呈现两则同样宣传内容的广告，其中一则广告用一个铁厂工人手摸下颌称赞刮胡刀片的锋利，商品与人物不很协调，受试者的记忆率为13%；另一则广告用办公室职员做同样的表演，商品与人物相协调，受试者的记忆率为32%，比前者提高一倍以上。

再比如，有一种甜饼粉食品原料，所需各种成分都已调好在粉内，用法极为简单，只须加水混合放入烤箱即可。一则广告用一个大厨师来表演，似乎把问题复杂化，小题大做，结果能记住该广告的人仅16%；另一则广告由一个顽皮的小女孩来表演，意味着小孩尚能做，主妇自然不成问题，该广告记忆率高达73%，效果明显好于前者。

弗里德曼等人1979年专门研究代言人类型与产品类别的关系。研究者准备了12则虚构的黑白印刷广告，代表4类代言人（明星、专家、典型消费者、没有背书人控制组）和3种产品（人造珠宝、吸尘器、饼干）的12种不同组合。360名被试随机分配到12个组，完成3页关于广告态度的问卷。48小时后，电话访问他们，要求他们描述他们所看过的广告。这种方法获得两个分数，即品牌名字的无助回忆和整则广告的无助回忆。研究结果表明：产品类别与代言人类型共同制约着广告的效果。由人造珠宝—明星、吸尘器—专家、饼干—消费者构成的广告得到最高的评价。这三种组合获得较高的产品态度、较高的购买意图、较高的代言人可信度。① 这一研究结果说明代言人与商品相协调的重要性。

6. 人物的性别

在消费者的观念中，任何一种商品都可以被归类为男性的、女性的和中性的。正如德贝韦斯和艾尔（1986）所指出的："过去的研究表明，人们的确有关于产品类别的已有性别形象，这些形象独立于推销者试图塑造的形象。"②这说明为了达到有效的宣传效果，注意广告模特与产品性别的匹配是很有必要的。

根据异性相吸这一普遍原则，女性模特容易引起男性的注意，男性模特容易引起女性的注意。所以有些男性商品的广告用女性模特来表演，而女性用品广告则采用男性模特，从提高广告的观众收视率来说，这一手段是有效的。然而，研究表明，用异性模特的广告，会影响受众认真阅读广告信息。康伦哥和潘恩（1973）的研究还发现，广告的传播效果与模特和产品的性别匹配有关。当模特的性别与产品性别一致时，其效果大于不一致的匹配。康伦哥和乔哈（1975）的进一步研究发现，男女模特同时出现（如图7－4－4和图7－4－5），传播效果最佳。③

人物在广告中的运用，常常也能起到塑造产品性别形象的作用。一种品牌以前被认为是男性的（或女性的），当用一个女性（或男性）模特介绍时，该产品将显著地被认为是较少男性的（或女性的），有时甚至会改变性别形象。例如万宝路香烟，最早被消费者识别为女性香烟，后来广

① Friedman H H & Friedman L. *Endorser effectiveness by product type*. Journal of Advertising Research, 1979, 19(5): 63－71.

② Debevece K & Iyer E. *The influence of spokespersons in altering a product's gender images implications for advertising effectiveness*. Journal of Advertising Research, 1986, 15(4).

③ Carter H C. Effective advertising, LEA, 1987.

图 7-4-4 美团外卖广告

图 7-4-5 雀巢咖啡广告

告中引入西部牛仔形象之后，消费者对它的性别形象彻底地发生了改变。所以广告也可以借人物模特来改变或塑造产品的性别形象。

第五节 广告大小的心理效应

大小是大多数视觉媒体广告的基本特征，报纸、杂志、招贴、路牌（看板）、霓虹灯等广告都具有大小这一特征。广告的大小对广告的传播效果有着重要的影响，大小不同的广告所产生的心理效应也不同。有时人们容易轻易地得出这样的结论："广告越大效果越好"，事实上并非都是这样，这要看如何去看待广告的大小。

在探讨广告的大小与其所产生的心理效应的关系时，区别一下不同媒体广告的大小与同一媒体内广告的大小之间的差异是很重要的。因为不同媒体的广告接触方式不同，而同一媒体的不同广告其接触方式则是一致的。

一、不同媒体广告的大小差异

在各种各样的媒体广告中，大小差异相当显著。大的媒体广告有的面积大至上千、上万平方米，如烟幕广告、飞机喷雾广告。在阿根廷曾经有一块列入吉尼斯世界纪录大全的最大路牌广告,长达146尺,高达57尺。1988年,日本的朝日啤酒公司在日本东京的葛西区,建起一座当时世界最大的霓虹灯广告塔,总面积为2460平方米,长164米,宽15米,灯管总长度达22千米。

与这些大的媒体广告相比,有些小的媒体其面积只有它们的几十万分之一、几百万分之一,例如台历广告、火柴盒广告、打火机广告、钥匙扣广告、网络广告等。这些广告有的面积只有几平方厘米,相对而言,它们可谓是微型广告。

从广告所产生的心理效应来看,大、小媒体广告各有利弊。

1. 大型媒体广告

大型媒体广告的优点主要有以下五个方面:

(1) 易于引人注目,视觉冲击强。不管主观上愿不愿意看它,当一块大型路牌广告矗立在眼前时,人们总会自觉不自觉地抬眼一瞥。特别是晚上那些灯光闪烁的大霓虹灯广告,更会使人眼不由自主。

(2) 易于引起受众的好奇心。做得好的大型户外广告,往往会成为受欢迎的旅游观光景物。世界上一些巨型的路牌广告、霓虹灯广告都曾经为该地区吸引了不少观光游客。

(3) 传播覆盖面宽。一个打火机上的广告,通常只有一个人拿到近处才能看清楚。一张贴在墙上的海报,所能覆盖的视觉距离一般是一两米远,也只有能几个人看。而一块大型路牌、一座大型霓虹灯,能覆盖几十米、几百米,甚至几千米,近处的人看得到,远处的人也看得见。

(4) 受众接触频度高。户外大型媒体设置的位置固定,设置的时间比较长,一般在半年以上,有的甚至好几年。因此在媒体覆盖范围内的受众,常常要接触几次、几十次,甚至几百次,对广告及其传播内容印象十分深刻。

(5) 有利于塑造良好的企业形象。俗话说财大气粗,但人们也常常反过来推理,即气粗财必大。做大广告要花大钱,所以,大的广告能够显示出企业的气魄,给人以企业资金雄厚、规模庞大的印象。

大型媒体广告不足之处是不能流动,只有到达媒体覆盖地域的人才能接触到,受众的接触率受到很大的限制。此外,它跟电视广告一样,有一定的强迫性。

2. 小型媒体广告

小型媒体广告大多是赠品广告,其优点突出表现在三个方面:

(1) 具有流动性,渗透力强。这类广告随赠品渗透到人们的日常生活中,可以由一个人传给另一个人,扩大广告的传播面。例如你可能会把"Winston"打火机送给抽烟的朋友,你也可能从你的亲戚或朋友那里接受他们赠送的"555"挂钟。

(2) 具有亲和性,容易被接受。小型的广告赠品往往是人们日常生活中的摆设物、装饰物或生活用品,由于是免费赠送,多数人都愿意接受。又由于这些东西一般做工比较精致,所以人们容易对它产生好感。与其他广告看多了人们会厌烦不同,这类广告即使天天接触,也不会太令人讨厌。这也算是免费赠送的报酬。

(3) 能被重复接触。受众常常随身携带小型媒体,或者摆放在家中显眼的位置,因为这些物品常常要接触、使用,因此受众接触广告的机会有很多,广告的重复到达率比较高。

此外,有些精致的小型媒体广告,也可以起到塑造品牌高质量形象的作用。

二、同一媒体内广告的大小差异

同一媒体内广告的大小差异主要体现在印刷媒体上。在杂志上，广告的大小一般分为双页、单页、半页、四分之一页和小于四分之一页等几种。在报纸上，一般分为整版、半版、三分之一版、四分之一版以及其他一些不同尺寸的版面。广告版面的大小不同，吸引读者注意的能力以及给予读者有关广告本身和广告主的印象也不相同。有关调查研究表明，随着广告面积的增减，广告的注意率也存在着相应的增减趋势。不过，这种关系不是正比例关系（见表7-5-1）①。例如报纸的广告版面增大四倍时，注意率只增大三倍左右，面积增大十倍时，注意率只提高七倍多。

表7-5-1 广告面积大小与注意率的关系

面积（cm × cm）	19.25	38.50	57.75	77.00	96.25	115.50	134.75	154.00	173.25	192.50
大小比例	1	2	3	4	5	6	7	8	9	10
注意率/%	9.7	16.5	23.2	30.0	36.7	43.4	50.2	56.9	63.9	73.4

斯特朗对杂志广告的研究也发现类似的结果，即如果以四分之一页广告的注意值为100，那么，半页广告的注意值为156，全页广告为240。②其他的研究还进一步指出，阅读分数的60%可以用报纸的广告面积大小和产品来解释；③广告再认成绩与广告大小成正相关。④

著名广告学家施塔奇早在1966年就把广告作品的版面与注意率的关系用下列公式表示：⑤

$$X = N + 0.01N(100 - N)$$

式中 N 表示原版面的注意率，X 表示广告版面扩大一倍时的注意率。

前面关于广告大小的心理效应分析表明，如果一个企业要树立良好的企业形象，那么采用大面积的广告是一种有效的手段，不管是采用大型的媒体广告，还是采用大版面广告。如果要增加商品或者企业与消费者的亲和性，那么，小型或者微型媒体广告（主要指赠品广告）是一种很好的广告形式。

此外，值得注意的是，对于大型企业和知名品牌来说，除非有特殊的考虑，否则没有必要做小版面的广告，因为这样做容易损害企业和品牌的形象。但精致的小型媒体广告可以做。从国内外的一些知名品牌的广告宣传情况我们也会发现，这些品牌的户外广告都是比较大的，在报纸和电子网页上做广告时，版面也非常大，例如图7-5-1，京东首页中，日用品广告占据网页中间位置，面积将近三分之一屏。

与印刷广告的面积大小特征相对应，电视广告的长度也可能与广告的效果有关。佩左1991年的研究检验15秒和30秒广告在品牌回忆、品牌态度、广告数量的知觉、总广告时间和节目满意度等效果的差异。1025人观看正常的节目并在看完之后完成问卷。研究结果显示，30秒广告比15秒广告更加有效。用30秒广告代替15秒的广告，会使被试感觉到更多的广告和更长的广

①② 转引自傅汉章、邝铁军：《广告学》，广东高等教育出版社1985年版。

③ Troldahl V C & Jones R L. *Predictors of newspaper advertisement readership*. Journal of Advertising Research, 1965, 5(1): 23-27.

④⑤ Gronhaug K, Kvitastein O & Gronmo S. *Factors moderating advertising effectiveness as reflected in 333 tested advertisements*. Journal of Advertising Research. 1991, 31(5): 42-50.

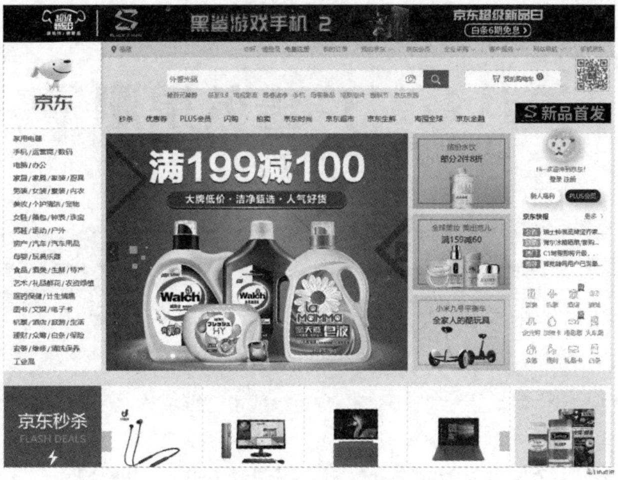

图 7－5－1　京东首页

告时间。不管是 15 秒、30 秒还是两种混合，都不会改变对节目的满意度。[①] 斯坦顿和波克 1998 年研究还发现，在 15 秒广告中有效的一些元素在 30 秒广告中则不太有效，反之亦然。[②]

---

① Patzer G L. *Multiple dimensions of performance for 30－second and 15－second commercials.* Journal of Advertising Research, 1991, 31(4): 18－25.

② Stanton J L & Burke J. *Comparative effectiveness of executional elements in TV advertising: 15－versus 30－second commercials.* Journal of Advertising Research, 1998, 38(6): 7－14.

第八章　广告效果测量

在广告实践中,广告效果测量是广告活动的一个重要环节,也是市场研究中的一个重要领域。广告效果的许多测量指标是心理学指标,许多测量的方法来自心理学的研究方法。

第一节　广告效果测量概述

一、广告效果测量的意义

广告效果测量具有下列几方面意义:

第一,可以提供广告运行效果的反馈信息,帮助广告主确定或修改下一个阶段的广告计划。例如,当调查研究结果表明某一正在运行的广告效果不理想,就可以采取相应的措施,如重新设计或制作一则广告投入刊播。此外,广告主也可以广告效果的测量结果来衡量广告的目标是否实现,评估广告公司的水平、业绩。

第二,无论是成功还是失败的广告活动,广告效果测量的反馈信息都可以作为广告经营机构的借鉴,便于制订正确的广告计划,避免犯同样的错误。在这一点上,广告效果测量的意义尤为重大。因为一个广告计划的成功与否往往会影响到产品的销售以至于企业的命运。成功的广告活动可以帮助企业扩大产品市场,而失败的或无效的广告计划可能使之失去应有的消费市场。

第三,广告效果测量可以对个别广告的个别要素的作用进行检验。当研究发现某一要素严重影响到广告效果时,如某一镜头观众很反感,那么在广告发布前就应把它删除掉,换上别的镜头,在今后的广告设计制作时加以注意。如果调查研究结果具有普遍意义,还可以把它作为广告创作的基本要求或事实依据。例如黄合水等人 1990 年的研究以及其他研究都表明,电视广告中有人物模特比没有人物模特,更容易赢得观众的好印象,①这就可以作为电视广告制作中是否采用模特的依据。

二、广告效果测量的范畴

广告测量实际上包括三个领域,即文案测量、传播效果测量和销售效果测量。

1. 文案测量

文案测量的英文是“Copy Tests”,这里“文案”(Copy)一词并非仅指“文稿”,而是指广告作品,既包括报纸广告作品、杂志广告作品、电视广告作品、广播广告作品、招贴广告作品、路牌广告

---

① 黄合水、彭聃龄:《电视广告效果的测量及影响因素》,《中国广播电视学刊》1990 年第 4 期。

作品等传统媒体广告，也包括微博、微信广告、移动APP广告、视频网站广告、电子商务网站广告及户外新媒广告等新媒体广告。文案测量是指对已设计创作出来的广告作品的测量。

在广告策划和创作阶段，广告创作人员一般要提供多种方案、多种"文案"，以备选择运用，但采用哪一种"文案"会更好地达到广告宣传目的呢？这不能凭空想象，不能主观臆测，而需要通过文案测验以检查和比较各种文案的功能、传播效力，然后从中选择出效果比较理想的文案投入实际广告运营之中。1984年一项针对73位大广告主和39位大广告代理公司的研究总监的调查发现，所有的公司都参与文案研究。被调查者普遍建议，电视广告在被选择刊播之前，必须进行2次以上的筛选。[①] 可见文案测验深受广告主和广告公司的重视。

2. 传播效果测量

有些广告作品投入运营前，虽然经过文案测验并被认为是较为理想的作品，但是在实际广告活动中作用如何呢？有些没有经过文案测量的广告作品究竟会起到多大的作用，是否适合传播对象，需要更改吗？这些问题是广告主很想搞清楚的，也是传播效果测量所要解决的问题。

传播效果测量实际上是检查广告对受众所产生的影响，包括对受众的认知、兴趣、偏好、欲望、行为等各心理层面的影响。

传播效果的好坏，并不一定直接决定产品的市场销量，但对产品的销售必然会产生某种程度的影响。换言之，良好的传播效果是达到理想销售效果的必要条件，但不是充分条件。尽管如此，对广告传播效果的测量仍然十分重要。因为直接的销售效果测量并不能对广告策划或广告创作的问题作详细的诊断，而传播效果的测定能对广告策略的修订，广告作品的修改、更换和选择提供重要的参考依据。广告效果的测定多数是关于传播效果的测定。

3. 销售效果测量

销售效果测量是以销售情况的资料来衡量广告的效果。广告宣传的最终目的是促进产品销售，所以直接用销售量来衡量广告的效果是自然而然的，但是必须认识到一点，这种测量是间接的。因为销售效果的好坏并不完全取决于广告活动，其他市场因素也可能产生重要的作用。例如某品牌空调经过一年的广告宣传之后，销量比前一年增长12%，这可能并不是广告宣传带来的，而是广告主激发了零售商积极性所致。可见销售效果测量也只能作为广告效果评价的一个方面。

第二节　印刷广告的效果测量

印刷广告的效果测量方法或技术主要有以下六种。

一、直接评价法

直接评价法是优秀广告作品评选的常用方法，但它也可以用于预测几则广告副本的效力，然后从中选出最有效力的作品投入实际运营。该方法是由目标消费者或广告专家填写已经拟定好的评价性问卷。有时只要求他们回答一个单独的问题，如"您认为这些广告作品中，哪一则最能

---

① Lipstein B & Neelankavil J P. *Television advertising copy research: A critical review of the state of the art*, Journal of Advertising Research. 1984, 24(2): 19 – 25.

促使您购买该产品?”但经常的情况是要求他们回答像表 8-2-1 中的多种问题,即给被评价的广告在吸引力、可读性、认知力、亲和力和行为力方面打分。

表 8-2-1　广告作品评价表

评价项目	评价标准	最后得分
吸引力	该广告吸引读者的注意力如何?(考虑其图片、标题、排版打字及配置的文案) 该广告对潜在购买者的吸引力如何?	15 5
可读性	该广告能使读者进一步详细阅读的可能性有多大?	20
认知力	该广告的中心意思突出吗?	20
亲和力	这种广告适合于读者吗? 这种诉求激起购买欲的有效性有多大?	10 10
行为力	该广告激起购买行为的作用有多大? 该广告引起潜在购买行为的作用有多大?	10 10

注:广告得分等级:0—20 极差;20—40 下等;40—60 中等;60—80 上等;80—100 极优。

直接评价法的理论假设是,如果一则广告能够有效激发消费者购买行为,那么它在表 8-2-1 中的几方面特性上的评价都应该得高分。换句话说,所得的评价分数越高,说明广告越有效。该方法在实际运用中,可根据广告所欲达到的目标而只选定其中的某些特性作评价。

直接评价法的优点是易于施行,但可信度值得怀疑。有的研究者认为该方法更适合于滤掉不良广告,而不适合于筛选优秀广告。

这种方法不仅适用于印刷广告的广告文案测验,也适合于影视广告的文案测验。

二、视向测验

视向测验是用一种叫作眼动记录仪的仪器来记录读者在阅读过程中的眼动情况,包括读者阅读广告作品各部分或要素的时间、顺序和次数,由此推断广告作品的布局、插图及文案的合理性。阿瑟和康早在 1947 年曾用眼动记录仪来研究学生阅读和浏览全页广告的差异。研究发现,浏览的人花较多时间在插图上,而阅读的人花较多时间在文本上,但没有统计意义上的差异。①

视向测验是一种文案测验方法,主要用于测量报纸广告、杂志广告、各种商品包装的设计和招贴以及其他印刷品的传播效力,有时也可用于电视广告作品的测验。

日本电通 1970 年曾采用该方法对一则获得电通奖的“佳能照相机”广告作品进行测量。测验对象是 6 名该公司的职员(3 男 3 女)。该广告的布局如图 8-2-1 所示,测验的结果见表 8-2-2 和表 8-2-3。②

① Asher E J & Kahn D. *The effect of "look" and "read" directions upon the attention value of illustrations and texts in magazine advertisements*. Journal of Applied Psychology, 1947(31): 431-436.

② 樊志育:《广告效果研究》,中国友谊出版公司 1995 年版,第 71—72 页。

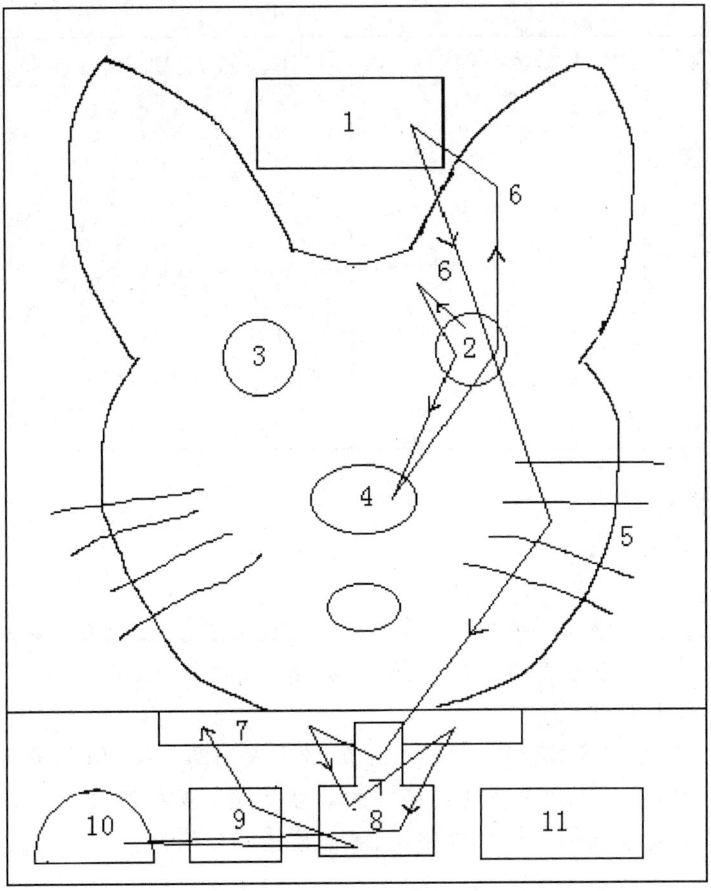

图 8-2-1　佳能照相机广告布局示意图

表 8-2-2　注目时间和要素注目顺序

视点号码	2	6	2	4	2	6	1	6	5
注目时间/秒	1.00	0.25	0.50	0.75	0.25	0.75	0.25	0.50	0.50
注目顺序	1	2	3	4	5	6	7	8	9
视点号码	8	7	8	7	8	10	8	9	7
注目时间/秒	0.25	0.50	0.45	1.00	0.50	1.25	0.25	0.25	0.75
注目顺序	10	11	12	13	14	15	16	17	18

表 8-2-3　视向测验统计结果

视点号码	广告要素	注目人数/人	总注目次数	平均注目次数	总注视时间/秒	平均注视时间/秒
1	大标题	5	7	1.4	4.00	0.57
2	猫左眼	5	10	2.0	4.50	0.45
3	猫右眼	6	13	2.2	6.50	0.50
4	猫鼻子	5	8	1.6	4.75	0.59

续表

视点号码	广告要素	注目人数/人	总注目次数	平均注目次数	总注视时间/秒	平均注视时间/秒
5	猫胡子	5	9	1.8	6.50	0.72
6	猫耳朵和额头	6	19	3.2	10.75	0.57
7	小标题	4	8	2.0	3.5	0.44
8	照相机	5	13	2.6	7.5	0.58
9	文案	2	2	1.0	0.50	0.25
10	标志	4	5	1.3	4.25	0.85
11	其他部分	4	8	2.0	3.50	0.44
12	广告框外	3	4	1.3	2.25	0.56

结果得出以下推断：

- 所有受试者都先从猫的眼睛及鼻子部分开始看，而后转向大标题，再转向广告下方的商品（照相机）。
- 大多数受试者都注意到插图“猫”，特别是图的右边部分，反复看的频率相对较高。
- 大标题和标志虽然反复看的次数少，但注视时间较长。
- 文字叙述部分不太引人注目。

视向测验作为一种文案测验手段，虽然很早就受到人们的关注，但并没有得到广泛的运用。其主要原因是仪器的使用不方便以及观察指标的效度问题。例如有人研究发现，采用视向测验得到的观看时间指标，对于预测销售效果来说，不如该指标与语言报告的购买兴趣指标二者的综合指标好。①

三、速示器测验

速示器测验法是一种典型的文案测量方法。测量仪器速示器（Tachistoscope）是一种能在极短时间（如 0.25 秒）之内呈现刺激，以检查读者对广告各要素注目程度的装置。测量时，先在极短的时间内呈现刺激物（广告作品），此时看不清刺激物。然后逐渐延长呈现时间，要求受试者把看到的东西画在纸上，根据刺激内容的注目程度和刺激呈现时间的关系，就可以判断广告或广告要素的效力。一般而言，先引起受试者注目的广告或广告要素，其效力比较大。从另一角度来说，达到某一注目程度的呈现时间愈短，效力愈大。

日本电通 1970 年还就上述佳能照相机广告采用速示器测验法进行测量。测量对象 6 人。测量时，分别把同一幅广告在每一位受试者面前呈现五次，每次的呈现时间分别为 0.25 秒、0.5 秒、1 秒、3 秒和 5 秒。每次呈现之后都要求他们将看到的内容画出来或写出来。研究结果见表 8－2－4。②

① Treistman J & Gregg J P. *Visual, verbal and sales responses to print ads*. Journal of Advertising Research, 1979, 19(4): 41－47.

② 樊志育：《广告效果研究》，中国友谊出版公司 1995 年版，第 81 页。

表 8－2－4　速示器测验结果　单位：分

	第 1 次（0.25 秒）	第 2 次（0.50 秒）	第 3 次（1.00 秒）	第 4 次（3.00 秒）	第 5 次（5.00 秒）	总计
大标题	6	11	15	16	17	65
猫眼	14	13	14	14	13	68
猫鼻子	7	5	8	8	8	36
猫胡子	9	9	12	12	15	57
猫耳朵和额头	14	15	16	16	16	77
小标题	0	0	0	4	9	13
照相机	0	1	4	10	11	26
文案	0	1	4	7	9	21
标志	0	0	2	3	9	14
背景	0	1	0	1	1	3
合计	50	56	75	91	108	380

注：得分标准如下：

3 分：文字、图案、照片或颜色等能够想起来并与实际状态完全接近者；

2 分：文字、图案、照片或颜色能想起一半以上者；

1 分：看见文字、图案、照片等，但想不起具体者；

0 分：连文字、图案、照片等都未看见者。

由表中结果归纳出如下结论：

- 各广告要素回忆顺序依次是：耳朵或额头、眼睛、大标题、胡子、照相机等。
- 文字部分在极短的时间之内，受试者几乎看不见，随着显示次数和时间的增加，能认知的内容也会增加，但仍欠正确性。
- 图解部分即使显示时间短，也能在一定程度上正确地识别其内容。随着显示次数和时间的增加，受试者记忆的内容变化程度不大。

四、阅读程度测验

阅读程度测验通常是作为评价印刷广告效果的后测方法。它的基本假设是：一则广告对读者的吸引力愈大，其推销力也愈大。阅读程度测验这一方法是著名广告学家施塔奇最先提出并加以运用的。他们曾对美国定期发行的刊物如《星期六晚报》《商业周刊》等报刊，于每期发行时在全国选取 150 位男性和 150 位女性或仅选其中一种性别的受试者（选择的条件依据读物的性质和读者对象而定），测量他们对报刊中的广告的“注目率”（也叫注意率，指记住自己看过某一广告的读者比率）、“联想率”（也叫泛读率，指记住看过该广告，且能够将它与品牌和广告主联系起来的读者的比率）和“阅读多数率”（也叫精读率，指至少读过该广告一半以上材料的读者的比率）等。① 这些比率也称为施塔奇分数。

在测验过程中，他们给受试者一本杂志，如果受试者读过该杂志，就一页一页地翻下去，询问

① Nylen D W. *Advertising: planning, implementation & control*. Southern-Western Inc., 1986.

受试者有关其中每一则广告的阅读情况，并对受试者的反应做记录，然后将记录资料加以统计处理就可以获得上述几种施塔奇分数。在美国提供这种服务的最著名的调研公司是 Starch INRA Hooper 公司。他们的测验涵盖 700 种各种形式的杂志，每一次测验，他们从 20—30 个城市抽取样本。每年该公司访问人数多达 75 000 人。该公司还提供一种叫作印象研究的服务，该服务是为后测印刷、电视和户外广告设计的，测量是定性化的，目的是识别广告的传播效果。在对个别受访者的访问中，先呈现一则广告，然后要求他们用自己的语言描述广告的意思是什么，广告有什么特征，以及从广告视觉和书写方面形成的对广告的印象。

阅读程度测验可用于不同报刊的比较，也可用于同一报刊不同时期的比较。例如表 8 - 2 - 5 是雷诺 R8 汽车在《生活》杂志上不同时期刊登的两则广告的调查结果，一则刊在 9 月份，另一则刊在 11 月份。

表 8 - 2 - 5 雷诺 R8 汽车广告的施塔奇分数

		注目分	联想分	阅读多数分
9 月广告	男	49	49	25
	女	19	15	7
11 月广告	男	35	32	24
	女	12	7	4

阅读程度测验费用低，易于理解。但是它存在一些问题，主要是受试者在做记录或回答问题时，容易高报自己的广告接触率。早在 20 世纪 30 年代就有研究表明，广告的假识别平均是 20%，范围在"很少"到 50% 之间，没有特殊的办法可以纠正再认测验中的假识别。①

五、回忆测验

回忆测验是通过读者对广告的记忆成绩来衡量广告的效果。与再认测验指出多少人看过广告不同，回忆测验能够说明他们中多少人有足够兴趣实际阅读了，而且常常阅读广告主试图告诉他们的内容。资料显示，印刷广告的三个再认者中，平均有一个能够回忆出来。②

盖洛普和罗宾逊公司在回忆测验方面提供两种服务：一种用于广告效果的预测，叫作快速广告测量(RAM)；另一种用于广告效果后测，叫作杂志影响研究(MIRS)。

在快速广告测量中，他们在美国的 5 个大城市邀请《时代》和《人民》杂志的稳定读者参加。广告主的广告在这些杂志的测验发布位置刊登，这些杂志被送到每一个测验地区的 150 名参与者家中，一天后电话访问参与者，在证实阅读过杂志之后，询问他们是否记得一系列品牌或公司的广告。③ 这种测验通常还涉及观念传播和说服等测量内容。

杂志影响研究的测验杂志是主要的消费者杂志，包括《时代》《花花公子》《体育画报》《商业周刊》《人民》和 *Bon Appetit* 等。受调查者来自 10 个大城市，他们至少读过上述杂志一本或一本

① Lucas D B & Murphy M J. *False identification of advertisements in recognition tests*. Journal of Applied Psychology, 1939(23): 264 - 269.

② Stapel J. *Recall and recognition: A very close relationship*. Journal of Advertising Research, 1998, 38(4): 41 - 45.

③ Russell J T, Verrill G & Lane W R. *Kleppner's advertising procedure*. Prentice - Hill, 1988.

以上,而且读过最近4期中的至少2期(但不包括测验的这一期)。在测验杂志被送到的第二天,对他们进行电话访问,15种品牌和产品类型被测验。

六、征询测量

征询测量常用于个别广告发布后的效果测量。测量的指标是消费者对广告作反应的数量。消费者的回复率被假定为广告导致销售效果的客观指标。不仅平面广告的效果测量可以运用这种方法,广播广告、电视广告也可运用此法。

征询测量是在广告上向消费者提供一些好消息,如可以函索产品样品、奖券或进行有奖征答等。如果消费者进行征答或函索赠品,说明他们看过广告,受到广告的影响。消费者的回复率大,说明广告的效力大,回复率小说明广告效力小。

征询测量也用于不同广告的效果比较,但是具体运用时,条件控制很严格。例如除了广告本身不同外,广告刊登的位置、时间和媒体以及提供奖酬条件都要求相同或相似。

由征询测量引申出来的另一种方法叫作分半测验。分半测验主要用于同一商品不同广告作品的比较。例如对同一种产品设计出A、B两种广告文案,将它们在同一种报纸、同一版面位置以同样的面积刊出,两种文案印数各占一半。发布后,根据两种文案的读者回复率的大小来决定今后该使用哪一种文案。

征询测量方法在广告效果的评价中运用很普遍,特别是在工业广告领域。这种方法的特点是测量的东西与购买关系比较密切,也就是说回复的消费者比较可能购买广告中的产品。此外,这种方法易于理解,费用低。不足的是征询方法把消费者的回复率作为销售效果的指标还没有可靠的证据证明其有效性。

报纸和杂志等印刷媒体都是静态的平面媒体,从媒体特性而言,门户网站的旗帜广告,微博、微信中的信息流广告、资讯类APP(今日头条、腾讯新闻等)的信息流广告、电商类或社区类APP首页的公告广告等多是以平面、静态的形式呈现给受众的,所以这些新媒体广告效果的测量也可以采用以上方法加以测量。

第三节 电视广告效果测量

电视广告效果测量方法主要有以下五种。

一、特征评价法

特征评价法是黄合水等人1990年在关于电视广告的研究中,依据心理测量的基本思想,针对直接评价法的标准表面信度高提出的。① 其基本假设是:任何优秀、有效的广告都可能具备某些稳定的特征,这些特征不一定对广告的有效性起多大作用,但它们却能在某种程度上反映出广告的有效性。如果一条广告具备这些特征,或者在这些特征上表现明显,那么该广告就能获得较为理想的效果。反之,如果这些特征不明显或不具备,那么该广告就难以获得较好的宣传效果。

研究发现,“广告语言由模特表达”(特征X_1)、“产品名称读音响亮”(特征X_2)、“画面与产

① 黄合水、彭聃龄:《电视广告效果预测和评价方法的研究》,《社会心理研究》1990年第3期。

品联系紧密”（特征 X_3）、“解说词的播读速度适当”（特征 X_4）、“广告新颖独特”（特征 X_5）、“广告具有人情味”（特征 X_6）是广告给观众留下好印象（Y）的几个代表性特征，这些特征与印象评价的关系形成如下函数式：

$$Y=0.56X_1+0.36X_2+0.30X_3+0.57X_4+0.23X_5+0.28X_6-3.10$$

在具体运用时，只需让若干评价者（专家或目标观众）对上述六个特征作评价。X_1 特征作有无判断，记分为“1”或“0”。X_2 至 X_6 特征的评价根据特征在广告中表现出来的鲜明性斟酌判分，最高分为“5”分，最低分为“1”分。然后求出各评价者对每一广告每一特征评分的平均值，并代入函数式计算，即可得出观众对广告的印象评价值。分值高为优，分值低为劣。该方法适合于不同广告作品之间的优劣比较和选择。

特征评价法的优点是它跟直接评价法一样，简单易于实施，而且可以降低评价者的主观性。它的不足之处是评价特征代表性不容易被理解，而且随着广告的发展，广告创作水平的提高，赖以评价的代表性特征可能会发生变化。

二、影院测验

影院测验取名于施测地点即电影院，该方法在美国、日本等地已被广泛运用于电视广告效果的预测（文案测验）。在美国各市场调研公司中，ASI（Audience Studies ，Inc）和雪林公司（Schwerin Research）在提供这种服务方面是最有影响的。[①]

影院测验的基本程序如下：

（1）从某地区居民中，抽取大约 250 名受试者，根据性别、年龄、社会地位、经济状况、电视视听时间等特性，选择合乎预定特性的 125 名（其中 25 名为候补）作为子样本，将他们分派坐在装有 ASI 即时反应测量器标度盘的座位上（这些人为标度盘组），再从剩下的人（非标度盘组）中，选出 8—10 名男性或女性作为参加小组讨论的成员。

（2）向全体参加人员分发标准 Enquete 用纸及事前品牌选择的 Enquete 用纸，请全体人员填写。标准 Enquete 用纸是为了分析测验结果而专门设计的，包含性别、婚姻、学历、年龄、职业、住址、子女数目等基本项目，耐久消费用品等拥有情况的项目以及所欲测验的商品的有关项目。事前品牌选择 Enquete 用纸，用来记录电视广告观看前的品牌选择结果。

（3）测验主持人向每一参加者分发所测验广告的商品品牌名单。要求他们从中选择一种自己喜欢的品牌填入 Enquete 用纸，并告诉参加者：填写完毕经抽签决定，中签者可获得该项产品一年的用量，以诱使他们作审慎的选择。

（4）开始测验之前，主持人向标度盘组的参加者说明 ASI 即时反应测量器标度盘的使用方法，并播放卡通片使其熟悉标度盘使用，检查有无反应异常者，如有不合适者免除其资格，由候补者代替。ASI 即时反应测量标度盘用以测量受试者对广告产生的兴趣程度。

（5）让全体参加者观看与测验无关的从未放过的 30 分钟的电视节目，标度盘组在节目放映时操作标度盘。节目放映后，要求全体人员将有关这一节目的观感填入 Enquete 用纸，同时收集已填好的事前品牌选择 Enquete 用纸。

（6）填完电视节目观感之后，播映电视广告片，要求标度盘组的受试者将每一电视广告与过

① Carl McDaniel，Jr. Roger Gates：《当代市场研究》（第三版），东北财经大学出版社 1998 年版。

去在家里看过的各种电视广告相比较,通过标度盘反映对所放映广告片的兴趣程度。

(7) 电视广告播映完毕,向全体人员分发包括“说服力量表”“形容词选择表”及其他问题的Enquete用纸,并要求各位填写。“说服力量表”用于测量受试者对广告商品的购买欲。“形容词选择表”用于测试受试者对广告片的态度。其他问题的Enquete用纸用于检查广告内容记忆等项目。

(8) 填写完毕,把非标度盘组原先选定的8—10人带到小组讨论会议室,让他们谈谈对看过的广告片的感想,以便作“质”的分析。剩下的人观看第二个电视节目,程序与第五步相同。第二个节目的Enquete用纸填写完毕,分发事后品牌选择Enquete用纸(与事前品牌选择Enquete用纸相同),待全体人员填写好立即收回。

(9) 放映与测验无关的卡通片,然后分发ASI记忆力Enquete用纸,要求全体人员写出所看广告片的商品、品牌和广告内容。

经过上述过程,影院测验可获得以下五个方面的资料:

(1) 趣味程度:通过即时反应测量器的记录获得(如图8-3-1)。

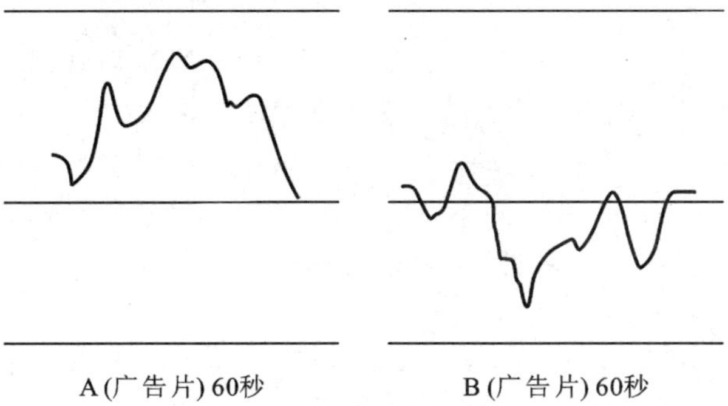

图8-3-1　全体观看者即时反应曲线

(2) 回忆率:包括回忆出广告片内商品名称者占全体人员的比例;所有参加者中,对出现在广告中的销售点(Salespoint)至少能想起一点者的比例,以及能想起两点以上者的比例。

(3) 态度(印象指数):从13个肯定意义和9个否定意义的形容词构成的词表中,选择肯定的形容词的比例。

(4) 品牌选择的对比:观看前和观看后选择广告品牌比例的变化。

(5) 说服力:即“说服力量表”资料的统计结果。

三、回忆测验

回忆测验是在观众看完电视广告一段时间之后,要求他们回忆出所看过的广告及其内容。在回忆时,可以不给予观众任何提示,也可以向他们提供一些线索。前者称自由回忆,后者为提示回忆(或辅助回忆)。

最经典的回忆测验方法是波克公司的“波克一天后回忆”。这是一种电视广告效果的测量方法。[①] 具体的做法是,在广告播出24小时之后,要求受调查者回答一系列问题,以此来确定他

① 黄合水:《广告调研技巧》,厦门大学出版社2003年版,第552页。

们记住了什么广告、广告的什么内容。访问者提供的问题不包括任何暗示。

“波克一天后回忆”访问包括如下问题（前 10 个是筛选题）：

Q1. 昨晚您有没有看过电视节目？
有………………………………………………………… 1
没有………………………………………………………… 2（中断访问）

Q2. 您昨晚是否看过××产品（测试品牌的产品）的电视广告？
有………………………………………………………… 1
没有………………………………………………………… 2（中断访问）

Q3. 您看过××产品中哪些品牌的广告？
提及测试品牌………………………………………………… 1（跳问 Q5）
没有………………………………………………………… 2

Q4. 您有没有看过××品牌的广告呢？
有………………………………………………………… 1
没有………………………………………………………… 2（中断访问）

Q5.（描述测试品牌广告前的场景）您有没有看过这个地方？
有………………………………………………………… 1
没有………………………………………………………… 2（中断访问）

Q6.（描述测试品牌广告后的场景）您有没有看过这个地方？
有………………………………………………………… 1
没有………………………………………………………… 2（中断访问）

Q7. 在前后场景之间的时间内您有没有离开电视机？
有………………………………………………………… 1（中断访问）
没有………………………………………………………… 2

Q8. 这段时间内您有没有做其他事？
有………………………………………………………… 1（中断访问）
没有………………………………………………………… 2

Q9. 在这段时间内您有没有转换频道？
有………………………………………………………… 1（中断访问）
没有………………………………………………………… 2

Q10. 您说您看过××品牌的广告，您记得那条广告的内容吗？
记得………………………………………………………… 1
记不得………………………………………………………… 2（中断访问）

Q11. 请问这条广告是关于什么的？里面播放了些什么/说了些什么？还有呢？

____

Q12. 请再想一下这条广告，您认为这条广告想告诉您关于这个品牌的什么信息？还有呢？

____

波克市场研究公司能够测量30多个城市消费者的广告回忆。在单一测验时，它常常只在3—5个城市做调查，受调查者一般有200人左右。在1977年至1981年期间，它曾测量过2758条30秒的电视广告的"一天后回忆"。"波克一天后回忆"测验是一种自由回忆测验。在波克公司之后，盖洛普和罗宾逊也开发了一种类似的电视广告测验方法，但他们的方法是提示回忆。[①]该方法在使用时受调查者可以从研究者提供的广告产品品牌名称、广告中有关的字眼及其他同类产品中得到暗示或提示。受调查者所要回答的问题如"广告说了些什么"等。受调查者的回答越多，说明他们从广告中获得的信息越多，广告的效果也越佳。该方法除了运用在电视广告效果的测验之外，还被运用于报纸、杂志广告效果的预测和审查。

盖洛普和罗宾逊对电视广告的预测通常在10个不同的城市进行，受调查者为150位男性和女性。测验时让他们在家观看带有6条测试广告和6条正常插播广告的录像带新闻节目。看完节目的第二天，研究者进行电话访问，测验其广告回忆效果。接着让受调查者观看只包含测试广告的录像带，然后要求他们提供对每一则广告的再认、喜欢、一般反应的评价。

"一天后回忆"由于在产品类别内以及跨产品类别中都有较高的信度，[②]因此在实践中得到广泛的运用。但是该方法仍然存在一些问题。如研究显示，"一天后回忆"不利于情感电视广告，有利于思维电视广告。[③]

四、收视率调查

收视率调查最早是用于了解节目的收视情况，为媒体决策和广告主的媒体选择提供依据。后来由于收视率调查技术的革新，Audimeter视听记录仪在调查中的运用，使广告收视率调查变得简单化。

在电视收视率调查方面比较著名的市场调研公司有美国的尼尔逊(Nielsen)公司、日本的电通、英国的Tnsofres集团等。它们都能以每分钟为单位来记录分析电视节目的收视情况。收视率调查已成为一种电视广告传播效果的测量方法。

收视率调查过程包括以下几个步骤：

(1) 随机抽出一定量的观众样本户构成相对稳定的调查网(观众小组)。样本大小视研究精度和地区规模而定。例如台湾益利市场研究顾问公司在台湾地区建立的调查网样本户是245个。

(2) 在样本户家中的电视机上装上Audimeter这种仪器，它能自动地记录调查对象家中收看电视节目的时间和频道。

(3) 每隔一段时间(如一周)把自动记录仪内的软片或磁带取下带回公司分析，就可以算出每日全部节目每一分钟的收视率。现在由于技术的进步，研究机构甚至可以通过电话连线随时从被调查户那里提取记录信息。

一般来说，收视率愈高，说明广告的传播效果愈好。

---

① 黄合水：《广告调研技巧》，厦门大学出版社2003年版，第554页。

② Higie R A & Sewall M A. *Using recall and brand preference to evaluate advertising effectiveness.* Journal of Advertising Research, 1991, 31(2): 56-63.

③ Zielske H A. *Does day-after recall penalize "feeling" ads?* Journal of Advertising Research, 1982, 22(1): 19-22.

五、生理测量

可用于影视广告效果测定的生理测量方法包括皮电测量、脑电波测量和脸部肌电测量。

1. 皮电测量

皮电测量方法(Psychogalvanometric)是将皮电测量仪的电极接在受试者的皮肤上,记录受试者在接触广告刺激过程中的电阻变化。这种仪器在公安刑侦部门很早就用来对犯罪嫌疑人进行测谎试验。运用这种方法于广告效果测验是假设观众在观看广告时,由广告引起的情绪卷入、激动或紧张都会导致出汗量的增加,从而使仪表上记录的电阻下降,因此,通过仪表上的电阻变化就可以了解到受试者对广告是否产生情感反应。艾克斯坦德和吉利兰特很早(1948)就在以销售量为效标检验皮电测量方法的可靠性的研究中发现,皮电反应可作为广告和广告诉求的客观的评价指标。①

2. 脑电波分析

这是运用于广告评价,尤其是运用于视频广告评价的新方法。该方法通过测量消费者的脑电波活动来分析他们对广告的警觉和卷入程度。有些精密的技术还可以对消费者在看每个广告画面时的脑电波进行记录分析。这些测量结果对于确定消费者对各个广告要素的反应水平都很有帮助。

脑电波分析主要用于评价个别广告或广告的个别要素,它具有测量严格、精细的优点,但是由于测量难度比较大等原因,至今仍未得到广泛的运用。

3. 脸部肌电测量

电视广告不断增加情绪要素以吸引注意和传播广告信息,因此文案前测受到挑战,因为标准的文案测验未能测量对广告的情绪反应。为了应对这种挑战,有学者利用自我报告和脸部肌电图(学术研究中有效的情绪测量技术)测量女性(20—53 岁)和男性(18—63 岁)对一系列电视广告的情绪反应。结果发现,与自我报告相比较,脸部肌电图是更加敏感的广告鉴别指标,与回忆关系更密切,肌电图的峰值与广告中的特殊情绪有关。

前面介绍了几种电视广告效力或效果的测定方法,在实践中,不同方法的价值以及使用程度是不一样的。根据一项来自对 37 家消费品公司(它们都是电视广告的最大用户)的副总裁的调查,最常使用的电视广告效果测量方法是"一天后回忆"、影院、焦点小组(也称座谈会,是一种常用的资料采集方法,不是专门的电视广告测量方法,所以这里没有加以介绍),而且在电视广告创作的不同阶段使用的技术不同。在评价故事板阶段,主要采用焦点小组;在毛广告片阶段,利用影院测验;在最终版本阶段,利用"一天后回忆"决定哪一则广告应该接受最大的媒体投入。②

这些电视广告测量方法目前也应用于广义的视频广告效果测量中。

广告效果指标包括微观层面的心理效果(传播效果)、中观层面的销售效果和宏观层面的社

---

① Eckstrand G & Gilliland A R. *The psychogalvanometric method for measuring the effectiveness of advertising*. Journal of Applied Psychology, 1948(32): 415 - 425.

② Coe B J & MacLachlan J H. *How major TV advertisers evaluate commercials*. Journal of Advertising Research, 1980, 20(6): 51 - 54.

会效果[①]。印刷广告和电视广告这些传统媒体广告效果测量多数都是测量微观层面的心理效果（传播效果），包括测量广告对消费者的认知（注意、感知觉、记忆）、态度、消费动机、品牌偏好、购买意愿与行为等心理指标的影响作用。而在测量时间点选择上，除了回忆测试和收视率调查放在广告投放之后，其他广告效果测量选择在广告投放之前，在小范围内试验或检查广告是否能产生预期效果，以降低广告投放的风险。

那么，为何传统媒体广告主要是收集广告心理效果的指标以及在广告投放之前评估广告效果呢？这与传统广告活动的运作方式有关。与互联网广告相比，传统广告有以下几个特点。一是广告活动周期长，由于传统广告的品质要求高，审查严格，媒体资源有限，广告从策划、制作到投放往往需要很长时间，以电视广告为例，需要提早半年到一年的时间就开始策划广告活动。二是广告刊例价格高，在报纸和电视媒体鼎盛时期，报纸广告和电视广告收费非常昂贵，以电视为例，热播电视台黄金时段 15 秒广告曾经要价上亿元。三是传统媒体广告效果难以监测，电视收视率调查和报刊发行量调查只能大概知道有多少受众看过该电视节目、阅读过该报刊，但不清楚其中有多少比例的受众注意到其中的广告，是否记住广告，看到广告后是否对受众的品牌偏好和购买行为产生了影响。因而广告主为了降低风险，在广告投放之前采用多种方法测量、检测广告对受众的认知、情感和行为的影响作用，对于广告中存在的问题和不足及时修正。如果创作的广告没有经过事先检测，直接投放到传统媒体中，有可能广告对受众的认知、态度和购买行为的改变没有产生预期效果，甚至广告可能存在问题，但没办法修改。这种情形下，广告主不但浪费了巨额的广告费，而且还要承担品牌形象受损的后果。

相对于传统媒体广告，基于互联网传播的新媒体广告制作快，投放迅速，即便创作难度大的视频广告也能在一天内完成拍摄和投放。如果广告存在瑕疵或问题，可即时更改更换。更为重要的是，互联网广告得益于数据存储和数据分析技术的发展，可以记录受众接触广告的整个过程，包括受众是否接触到广告、是否乐意进一步了解广告中的产品或品牌以及是否购买了产品。所以互联网广告可以在投放后再评估广告效果，并且可以通过数据挖掘分析广告对销售量的提升作用。

第四节　互联网广告效果测量

互联网广告效果的测量除了可以沿用传统媒体的广告效果测量方法，如问卷调查、实验室实验、回忆测试、生理测量，等等，还可以依赖大数据分析技术和互联网信息技术，收集各种各样的客观指标测量互联网广告效果，这种测量方式更加即时、准确、有效。

互联网媒介形态的日新月异催生了千变万化的广告形态，但是，这些形态各异的互联网广告，无论是在电脑终端呈现还是移动设备终端呈现，都包括展示类广告和视频类广告两种类型。展示类广告包括旗帜（横幅）广告、开屏广告、插屏广告、焦点图和信息流广告，等等，这些广告既可以是静态的也可以是与受众互动的；而视频类广告包括前贴片广告、中插广告、后贴片广告、暂停广告、视频角标广告和短视频广告等。针对众多的互联网广告形式，广告公司和互联网媒体开发出种类繁多的评估指标。依据受众接触广告的心理过程和行动过程，我们将这些指标分为展

① 贾洪芳、韩鹏：《广告策划》，北京大学出版社 2010 年版，第 214 页。

现、转化和互动三类评估指标(如表 8－4－1 所示)。

表 8－4－1 互联网广告效果的测量指标列表

展现指标	展示数	曝光量/展示量、目标受众曝光量、独立访问者数、目标独立访问者数、播放数、平均单次播放时长
	点击数	点击量、点击者、目标受众点击、目标受众点击者数、点击率、二跳量
	点击率	点击率、二跳率
	展示成本	千次展示成本、平均点击单价、独立访客付费
转化指标	转化数	下载量、有转化的点击数、咨询量、订单量、企业网站访问量
	转化率	转化率
	转化成本	每行动成本、每销售成本
互动/参与指标	一般参与	收藏数、点赞数、成为粉丝
	积极参与	评论、转发、回复
	深度参与	在线咨询、在线订购

参考中国广告协会 2015 年推出的《中国移动互联网广告标准》,我们将对一些比较抽象的互联网广告评估指标加以介绍。

《中国移动互联网广告标准》第一部分:互联网数字广告基础标准

一、展示类评估指标

门户网站广告和搜索引擎广告是最早的互联网广告,而曝光量/展示类评估指标起初就是为这些广告设计的。当然这些指标中大部分指标依旧适用于移动互联网广告,比方说微博、微信、视频网站及移动 APP 中的信息流广告,依然可用曝光量、点击量(点击率)、点击者、转化率、千人展示成本等来衡量。

1. 曝光量/展示量(Impression)

对展示类广告,是指定时间或周期内(例如 24 小时内),展示类广告被展现的总次数。例如,投放在门户网站中的旗帜广告,24 小时内被受众看到的累计次数;投放在新闻客户端的信息流广告,24 小时内被受众接触的总次数。而对于视频广告,视频素材首帧画面被展现即为曝光量(展示量),除此之外,还可以将视频播放过程分为 1/4 展示点、1/2 展示点、3/4 展示点和全部观看完毕。

2. 独立访问者(Unique Visitor, UV)

在指定时间或周期内访问某网站的一台设备即被记为一个访客,在指定时间或周期内相同的设备只会被计算一次。一般地,每个访问者都具有唯一标识,是网络唯一访客的标识称呼,所以称之为“独立访问者”。对于同一个网站或 APP 页面而言,独立访问者数比曝光量/展示量要少。

3. 目标受众曝光量(Target Audience Impression,TAI)

在曝光量中属于目标受众(即某类特定人群)产生的展现总次数。比方说,假如音频平台喜马拉雅 APP 开屏广告在 24 小时内的曝光量为 3000 万次,在这 3000 万次的曝光量中有 500 万是来自该广告的目标消费者——25 岁至 45 岁、具有本科以上学历的男士，则该开屏广告的目标受众曝光量为 500 万次。

4. 点击量(Click)

在指定时间或周期内，来访用户点击广告的总次数。一般地，“广告点击”的广义理解可以扩展到用户与广告的有效交互行为，如点击、摇晃、划动等，此行为将促成后续的行为。比如，受众在阅读微信公众号文章过程中，点击文章中的广告链接，则算一次点击量，如果该受众在指定时间或周期内点击 3 次，则点击量为 3。

5. 点击者(Clicker, Click UV)

在指定时间或周期内，点击过网站网页或移动 APP 网页某按钮或广告的总人数。例如，对于门户网站广告、电子商务网站、移动 APP 开屏广告或插屏广告和微信公众号广告等，受众在浏览这些广告时，点击了该广告，则该受众可算为一位点击者。一般地，每个访问者具有唯一标识，点击者就是在周期内产生点击行为的唯一标识的数量。

6. 点击率(Click Through Rate, CTR)

点击率是指某一广告内容或区域被点击的次数与被展现次数之比，即点击量与曝光量的比值。

7. 千次展示成本(Cost Per Mille, CPM)

千次展示成本就是按照广告每显示 1000 次作为单位收取的广告费用，是一种按展示次数收费的广告计费方式(注:Mille,在拉丁语中表示 1000 次)。千次展示成本是西方一些国家最常采用的收费模式之一，在网络广告上的应用已经比较成熟。计算公式为：

$$CPM=(\text{广告费用}/\text{曝光量})\times 1000$$

8. 独立访客付费(Cost Per Unique Visitor, CPUV)

独立访客付费指按照独立访客数量付费的方式计费。计算公式为：

$$CPUV=\text{总费用}/UV$$

二、转化类评估指标

1. 二跳量(Second Click)

二跳量是指当广告页面被点击到着陆页面后，用户在着陆页面上产生的首次点击被称为“二跳”，二跳的次数即为“二跳量”。

2. 二跳率(Second Click Rate)

二跳率是指二跳量与浏览量的比值。

3. 转化量(Conversion)

转化量是指在一个统计周期内，完成广告主预期行为指标的数量。例如：受众在看到门户网站广告或微信软文广告后，按照广告页面的要求，产生扫二维码、注册会员、填写资料或购买商品等行动的次数。

4. 转化率(Conversion Rate)

转化率是指在一个统计周期内，完成转化行为的次数占广告总点击次数的比率。计算公式为：

$$\text{转化率}=(\text{转化次数}/\text{点击量})\times 100\%$$

5. 行为付费(Cost Per Action,CPA)

行为付费是指一种按广告投放实际效果的计价方式,不限于广告投放量。如每单击成本、每行动成本等。每单击成本就是受众点击一次广告,广告主应当付的广告费用;而每行动成本是指受众按照广告主预期行为指标,每次行动应该付的广告费用,如每注册一个会员该付多少广告费,订购一件产品该付多少广告费。

6. 销售付费(Cost Per Sales,CPS)

销售付费是指一种以实际销售产品数量来计算广告费用的广告。这种广告更多地适合购物类、导购类、网址导航类的网站,需要精准的流量才能带来转化,即要将广告精准地投放到目标消费者,才更容易转化成订单量。

7. 下载量

下载量是指在电脑终端或移动设备上每进行一次有效点击下载的数量。例如,某位受众看到宣传某款移动 APP 的广告,对这款 APP 产生了兴趣,并下载了该款 APP,就算一次下载次数。

三、互动、参与类评估指标

与传统媒体广告相比,互联网广告的优势之一就是可以与受众进行互动,并激励受众积极主动参与到广告主的营销活动当中。按照受众参与程度强弱,可将互动/参与类指标评价指标分为一般性参与、积极参与和深度参与。

一般性互动\参与主要包括点赞、收藏和成为粉丝。例如,百雀羚于 2018 年推出一支长图微信公众号广告,该广告采用“一图到底”的表现手法讲述一位女刺客的故事,故事跌宕起伏的、引人入胜。许多受众看过该广告后纷纷点赞,甚至收藏起来以便以后慢慢观赏,还有的受众成为百雀羚公众号的粉丝。

积极互动\参与则需要受众对广告具有更高的卷入度,除点赞、收藏广告之外,还主动转发广告,对广告的表现形式、创意内容等加以评论,甚至回复其他受众所提的问题等。例如,国家博物馆为了迎接 2018 年博物馆日,携手陕西、山西、湖南等省博物馆在内的六大博物馆,共同打造了一支名叫《第一届文物戏精大会》的抖音短视频,尝试用流行的平台和玩法让更多人了解中国的历史文化以及国家文物。短视频播出后,累计播放量很快突破亿次,并且引发网友们的热烈评论和广泛转发,一大波表情包也纷纷上线。图 8-4-1 就是网友们观看《第一届文物戏精大会》抖音后创作的表情包,在网上广为流传,为这则广告的二级、多级传播创造了更多的机会。

深度参与则表明广告成功地将受众吸引至销售转化阶段,即成功说服受众采取实际行动,最终达到销售目的。这些实际行动包括在线咨询客户人员有关产品与服务情况以及在线订购产品与服务。例如,某个定位于科学育儿、商品推荐、亲子旅行、科学喂养及辣妈心语等话题的育儿类公众号,通过高质量的文章沉淀准妈妈和妈妈群体,时不时让自己和孩子出现在文章中,拉近公众号和粉丝距离,在妈妈群体中享有很高的知名度。该公众号每天推送 1 至 3 篇文章,其中头条基本为原创育儿文章,第 2 和第 3 条为软文广告或者商品信息,其广告效果非常好,不管是原创文章,还是广告软文和商品推荐,受众的互动性/参与度都很高,受众除了点赞、评论、转发给其他妈妈们外,还通过点击文章中提供的产品订购链接,直接订购所推荐的产品,月销售量可达 400 万元。

图 8-4-1　网友们基于《第一届文物戏精大会》抖音短视频创作的表情包

第五节　广告活动的综合效果测量

一场广告活动,通常不只是在单一媒体上进行,而是多种媒体同时进行。因此对一场广告活动的综合效果作测量也是十分必要的。

常见的测量广告活动效果的方法有以下几种。

一、知晓测量

知晓测量是抽取一定量的消费者,有时消费者抽样要依据一定的标准,如年龄或其他统计学特征进行,然后对被抽取到的对象进行访问。询问的问题如“您能说出哪些饮料品牌?”“您能说出其他的吗?”“您能记住某种品牌的产品广告吗?”“在这个表中(表中包含许多品牌和企业名称),哪种品牌、哪个公司您听说过?”“这条广告有句什么口号? 有什么画面?”,等等。访问者所提出的问题都是依据应答者对前一个问题的回答而定,提出问题的多少根据研究目的决定。

知晓测量需要周期性进行,如每年或每六个月进行一次,然后将多次测量的结果加以比较来检查整个广告计划的效果。

知晓测量的优点主要是可以采用电话访问等方式,抽样量大,而且可以通过抽样的随机化来提高样本的代表性。此外,知晓测量还可以作为长期的广告活动评价方法。

知晓测量的最大局限是研究结果难以解释,不能提供描述性信息来诊断整个广告计划或个别广告在哪些方面存在着问题。

二、销售分析测量

销售分析测量具体包括销售增长统计、零售决算、扫描器资料系统和消费者小组。

1. 销售增长统计

销售增长统计直接以广告运营期间产品销售量的增长为指标。其假设是：如果销售量提高了，说明整个广告活动是成功的。反之，如果销售量下降，则说明整个广告活动是失败的。具体的统计计算方法有增长幅度和广告利率。

增长幅度即计算广告活动前后销售量的增长程度，计算公式为：

$$A=(S_2-S_1)P-R$$

式中 A 表示广告效益，S_2 表示广告宣传后产品的销售量（件数），S_1 表示广告宣传前产品的销售量（件数），P 表示每销售一件产品获得的利润（元/件），R 表示广告费用（元）。

广告利率，即计算每投入单位广告费获得的利润。计算公式是：

$$r=\frac{(S_2-S_1)P-R}{R}$$

式中 r 表示广告利率。这种计算方法可用于比较不同广告活动的效益。

销售增长统计是一种非常简单的方法，但存在着下列几个严重不足：

（1）用销售量来检查广告活动的效果没有排除其他因素的影响。

（2）销售量测量的是某一时期的效果，但广告的效果可能在其他时期更明显。

（3）销售量反映的是中间商的购买反应，并不是消费者的购买反应。

2. 零售决算

零售决算方法也比较简单，即搜集和统计代表性取样的零售商店的各类产品销售量，并由抽样结果推算出消费者总体的购买情况。美国尼尔逊调研公司也提供这种服务，该公司每 60 天用电话询问 1 300 家商店，对这些商店每种产品的销售量进行统计。

零售决算方法获得的信息很详细，包括销售、存货、零售价格、展览、产品陈列等方面的信息。

3. 扫描器资料系统和电商数据分析

传统的线下超市或商场都装有激光扫描收银系统，通过扫描每个商品的国际条形码，获得商品价格、名称等信息，以加快结账的速度。后来，商家发现扫描系统记录下的销售数据是一个宝藏，可以通过分析和挖掘这些数据，监测每种商品的促销活动和广告活动对销售量提升的影响，从而评估广告效果。

随着电子商务的兴起和发展，越来越多消费者在线上购物。大数据时代的到来，使得数据存储和计算的方式有了质的飞跃，商家可完整地将消费者在电子商务平台上的每一笔交易、每一次点击记录到服务器中，并且通过大数据挖掘和分析技术来还原广告活动如何影响消费决策，促进购买的过程（参见表 8－4－1 互联网广告效果的测量指标列表）。例如，京东的“6·18”活动，在微信、微博、抖音、各大视频网站等互联网媒体开展了全方位的促销和广告活动，京东不但可以记录其电子商务平台上的销售量，还可以收集通过各种广告媒体链接到京东网页的点击数据，进而分析销售量和点击量之间关系，达到评估每种媒体广告效果的目的。

4. 消费者小组

消费者小组由一定样本的商品购买者组成，如我国的央视调查咨询中心的消费者固定小组，由5100个样本户构成，网盖全国六大行政区的十大城市：沈阳、北京、天津、上海、南京、济南、广州、武汉、西安、成都。消费者小组成员所要记录的内容包括每天购买的产品类型、品牌名称、产品型号、购买数量、价格、包装容量或重量、购买金额以及购买者等。调查记录的产品类别通常是日常消费品，包括食用植物油、饼干、方便面、奶粉、豆奶粉、乳酸制品、白酒、啤酒、汽水、功能性饮料、果菜汁、包装水、胶卷、香皂、肥皂、洗衣粉、卫生巾、牙膏、洗发水、护发素、沐浴液、摩丝、发胶、护肤品、干电池等。

通过对消费者小组日记记录资料的统计分析，研究者可以了解消费者的购买频率、每次购买数量、每次购买金额、品牌忠诚度、品牌转换情况以及各竞争品牌的市场占有率，进而分析产品类别的市场容量、竞争对手的状况、品牌的市场地位以及品牌的目标消费群体、潜在消费者等。

消费者小组资料对于企业评价广告策略、销售策略、价格策略、包装策略具有相当重要的价值。

美国市场研究联合体（MRCA）就是提供消费者小组资料服务的机构之一。它从遍布美国各地的大约7000个家庭中收集资料。该公司让每个被调查的家庭对自己每天购买的商品按其价格与包装等项目记日记，其中包括每个家庭成员所购用的商品，然后于每星期六晚间或星期一上午从邮局寄回。由此公司可以了解家庭中哪些成员购买了哪些品牌的产品，其购买频率如何。此外，还可以根据不同的年龄、家庭的大小、收入情况及其他因素对受调查者的购买活动进行研究。①

互联网时代，日益普及和简便化的网络调查突破了地域和时间的限制，市场调查公司可以招募全国各地甚至全球的消费者，也不用像传统的线下问卷调查那样需要统一施测，而是由消费者依据自己的时间安排自行登入平台填写问卷。例如，开放型的艾瑞调研社区是艾瑞市场咨询（iResearch）自主研发的专业调研平台，网民可以进行自由注册成为会员，调研平台通过积分奖励等措施鼓励会员积极参加问卷调查，高效地收集消费者的行为和态度数据。

---

① Nylen D W. *Advertising: Planning, implementation & control*. Southern-Western Inc. 1986.

附　录

广告五字诀

黄合水

【1.1 广告本质】

广而真告之，策划创意始；设计制作后，传播交媒体；
关联引注意，说服出业绩；重视 C R M，忠诚得维持。

【1.2 广告难题】

广告之难题，效果如何知；信息已备齐，怎样来传递；
费用分媒体，多少才适宜；点子众人提，谁是好创意。

【1.3 广告奥秘】

广告之奥秘，投入硬道理；策略把方向，媒体传信息；
创意虽重要，倚仗执行力；效果常监测，调整要及时。

【1.4 广告现实】

广而实告之，此行不容易；企业求销量，媒体要赢利；
代理苦差事，随时听指示；好在常变化，精彩又刺激。

【2.1 广告理论】

广告之原理，首先论创意；形象定位外，还有 USP；
说服 E L M，效果 H O E；网传 C C M，运动 I M C。

【2.2 广告心理】

广告之心理，决策有所依；诉求倚需要，表现靠认知；
说服遵态度，效果循测试；读懂消费者，成功一半矣。

【2.3 广告诉求】

诉求点之事，不得不重视；创意之原点，表现之要义；
需求把握准，优点搜集齐；二者相配合，必有说服力。

【2.4 广告表现】

表现之要旨，细节需注意；口号有意思，标题应出奇；
画面求精致，商标凸显示；文化得尊重，品牌必受益。

【3.1 广告调研】

决策之情资，调研予落实；访问仍在用，大数据崛起；

方法应得当,统计该仔细;步步皆客观,资料有价值。

【3.2 广告策划】

广告策划事,有理又有据;目标可检视,对象能达之;诉求一一来,表现求新异;媒体巧整合,效果常测试。

【3.3 广告预算】

广告预算事,企业很在意;目标弄清楚,费用可推知;若按销售比,不比对手低;市场变化快,增减要及时。

【3.4 媒体选择】

媒体用与使,调研获信息;阅听参与率,二者皆得知;媒体达与信,权衡利与弊;发布之位置,环境需重视。

【4.1 广告创意】

广告之创意,人人求新奇;二旧化一新,脑力激荡之;模仿中学习,未必是坏事;关键是效果,以此断价值。

【4.2 文案写作】

文案写作事,重点在标题;关键内容是,优点加利益;简短有新意,捕捉注意力;正文换位写,尤胜好文笔。

【4.3 平面设计】

平面之设计,优劣凭功底;掌握新软件,熟悉纸墨笔;主题记心里,形成好创意;简洁又精致,新颖生魅力。

【4.4 影视制作】

广告之影视,音乐要心怡;口号有韵味,画面引注意;制作应精细,形象才能立;借助新媒体,随时验效力。

【5.1 广告代言】

代言之要义,几点需提示;人物紧相连,个性两相宜;男女成比翼,婴儿添魅力;知名可信赖,独特有气质。

【5.2 品牌软文】

软文之本质,定义尚不一;既不是广告,亦非新消息;借用他人笔,隐藏真目的;巧妙与善用,品牌可得益。

【5.3 促销实质】

促销之真谛,消费者趋利;利大皆欢喜,利小没人理;过度行促销,形象受损失;适当把握之,是个好本事。

【5.4 品牌赞助】

赞助之实质,或许你已知;借活动气势,展企业实力;知名度易提,好感度鹊起;事件广流传,品牌留记忆。

【6.1 公益广告】

论广告公益,有诸多目的;改传统陋习,化社会问题;
树正确观念,立良好风气;融品牌传播,使公私得益。

【6.2 广告法规】

法律与条例,要点我提示;国徽不能使,领袖不能提;
假话不能讲,代言需诚实;最字不能说,对手不要比。

【6.3 虚假广告】

虚假广告例,存在多形式;无中硬生有,言过无其实;
承诺不兑现,强词还夺理;提醒广告主,此法害自己。

【6.4 广告大忌】

广告之大忌,企业请切记;一违反法律,二不遵条例;
三欺骗受众,四违背伦理;未究暂无事,一究输彻底。

【7.1 广告效力】

广告四效力,层层需达之;品牌意识提,产品信息知;
喜欢偏好增,购买欲望起;四效皆未成,广告之过失。

【7.2 广告潜力】

广告多潜力,好好挖掘之;经销更积极;员工愈心齐;
社会增投资,政府予重视;利益攸关者,倍聚向心力。

【7.3 社会效益】

广告之功绩,未必人尽知;缩贫富差距,促流通贸易;
增消费知识,兴文化创意;繁大众媒体,荣国家经济。

【7.4 效果测试】

效果之测试,指标需重视;品牌提及率,态度购买意;
周期性评估,比较有价值;洞察各指标,决策必受益。

【8.1 广告企业】

企业广告施,关键在代理;看提案介绍,听道理分析;
查过往业绩,评团队实力;要服务成效,需双方默契。

【8.2 广告媒体】

媒介广告事,内容吸引力;客户所求者,阅听率第一;
优势说详细,服务现真挚;传播有效力,顾客必满意。

【8.3 广告代理】

广告之代理,沟通靠 AE,精通广告学,客户认知己;
设身又处地,事事必顺利;经验创模式,发展有潜力。

【8.4 广告教育】

广告教育事,实际四层次;专科练技能;本科学知识;
硕士训思维,博士研专题;理论动态知,宏图大展矣。

【9.1 广告大事】

广告大事记,七九复开始;教育源八三,八七联总理;
八九首代言,九二后成势;九四法律颁,央视招标启。

【9.2 媒体发展】

媒体发展史,吆喝叫卖起;先门匾吊幌,后报纸杂志;
外招贴看板;内广播电视;旧媒体失势,新媒体崛起。

【9.3 实践发展】

广告活动史,最早重设计;策划与创意,品牌 CIS;
植入 IMC,搜索关键词;网店大展示,社交藏信息。

【9.4 教育发展】

广告教育史,厦门大学启;小平南巡后,高校始重视;
九九大扩招,院系纷纷立;未满三十载,二三百何止。

【10.1 促销趋势】

促销之形式,先从折扣起;旧新二送一,优惠把分积;
电商崛起后,疯抢双十一,高级行促销,首推会员制。

【10.2 媒体趋势】

媒体之态势,特点是基石;报刊存物证,广播随车起;
电视变手机,户外人密集;搜索随人意,网店传售齐。

【10.3 广告趋势】

未来谁先知,值得提一提;教育重提质,市场还增值;
媒体网络化,视频为主体;品牌多植入,旨在无意识。

【10.4 广告角色】

广告与营销,难分此与彼;公关与广告,无须争第一;
分销与广告,融合在一起;企业与代理,利益共同体。